榆社文化记忆

YUSHE
WENHUA
JIYI

主　编 ⊙ 李旭清

吉林人民出版社

图书在版编目（CIP）数据

榆社文化记忆 / 李旭清主编 .-- 长春 : 吉林人民
出版社，2022.6

ISBN 978-7-206-17525-1

Ⅰ.①榆…Ⅱ.①李…Ⅲ.①文化史－榆社县Ⅳ.
①K292.54

中国版本图书馆 CIP 数据核字（2020）第 173545 号

榆社文化记忆
YUSHE WENHUA JIYI

主　　编：李旭清

责任编辑：田子佳

装帧设计：李跃飞

吉林人民出版社出版　发行（长春市人民大街 7548 号　邮政编码：130022）

印　　刷：廊坊市海涛印刷有限公司

开　　本：170mm×240mm　　　1/16

印　　张：24.5　　　　　　　字　数：411 千字

标准书号：ISBN 978-7-206-17525-1

版　　次：2022 年 6 月第 1 版　　印　次：2022 年 6 月第 1 次印刷

定　　价：98.00 元

文化的记忆（代序）

王晓峰

　　文化是灵魂的皈依，是血脉的传承。在数千年的历史长河中追溯，岁月的积淀与山川的变迁，形成了丰富多彩的地域文化。榆社文化就是姹紫嫣红的地域文化中绽放的一树奇花，既散发着远古文明的朴拙，又显示了现代文明的勃勃生机。上下数千年，漫漫求索路，榆社人民以自己的勤劳和智慧，辛勤孕育了文化的硕果。这是榆社的魂魄所在、气韵所蕴、精神所附。回眸既往，历史的荣光已被榆社人民深深镌刻在灵魂深处；展望未来，发展的车轮又在不断拓展着榆社人民崭新的梦想。榆社文化中所蕴含的精忠务实的报国情怀、自强不息的进取精神、和谐淳朴的处世理念，是榆社人民引以为豪的宝贵精神财富，在经济、政治、社会生活中显现出越来越重要的作用。

　　这里有山川的秀丽风情。榆社山清水秀，风景独好，素有"太行明珠"之称；境内重峦叠嶂，沟壑交错，空气清新，生态保护完好，有山高林茂的悟云山，有险峻挺拔的果老峰，有雄伟屹立的文峰塔；特别是镶嵌在河峪、云簇两个乡镇之间的云竹湖，既有江南烟雨的诗情画意，又不失雄浑苍茫的太行风情，春韵秋晖，夏梦冬致，四时之景各不相同。

　　这里有历史的沧桑变迁。在这片黄土地上，埋藏有距今700万年至100万年的古生物化石，被誉为"古脊椎动物化石的宝库"；这里是闻名中外的"化石之乡"、国家级"古生物化石地质公园"；上古时期，这里是炎帝八世榆罔领地，并建有祭祀历代炎帝之神社，"榆社"因此而得名；商朝时，这里曾是商纣王叔父、太师箕子的采邑，故榆社也有"箕城"之称；这里还是一代传奇人物、后赵开国皇帝石勒的故里。

　　文化底蕴深厚是榆社发展的优势所在。生活在这片历史悠久、文明灿烂的土地上，榆社人民有着强烈的文化自信——我们自信于自己的文化。然而，在当今文化竞争激烈的时代，如何才能更全面、深刻地向世人把自己的底蕴展示出来，让更多的人了解榆社、宣传榆社，则是时代赋予我们的光荣使命。为此，榆社县委、县政府把文化建设放在经济社会发展的重要位置，因地制宜，提出建设生态文明强县的战略目标。几年以来，榆社在各个领域快速崛起的同时，文化旅游建设也取得了长足发展，不但完成了以云竹湖景区开发为龙头，悟云山自然生态游、福祥寺佛教文化游为衬托的总体规划，而且进行了初步建设。榆社的山水文化、佛教文化、化石文化、民俗文化等相继得到梳理和构建，呈现出了前所未有的繁荣景象。这是生态文明强县建设的必然结果，也是榆社地域文化建设与发展的辉煌成就。

为了彰显榆社地域文化，使榆社厚重的文化传承与信息化时代接轨，从而提升榆社的整体文化品位，激发全县干部群众热爱榆社、热爱家乡、全身心投入榆社文化强县事业的豪情，2016年下半年，县委、县政府开始策划编撰出版能全面、具体地反映榆社精神风貌的书籍。这样一项重大的文化工程，需要能够承担它的文化人才。于是，文旅局局长旭清同志担负了这个重任，组织了该书的撰写、编辑和出版任务。他迅速组建了一支能够挖掘榆社本土文化的作者队伍，经过三年多的努力，完成了书稿的整体编撰，现已结稿。

《榆社文化记忆》第一次较为系统、全面地展示了榆社的文学风采、历史人物、民间故事、民俗风情和古迹遗址，可谓荟萃众美、雅俗共赏。它是一套既能像地方志一样承载和弘扬榆社源远流长的文明，又能突破地方志简略化、格式化的束缚的文献；是一部集文学性、学术性和可读性于一体的文化大传。它既有学术的支撑，又不做无谓的考辨；它以清新明丽的散文笔法成章，令人心旷神怡，又没有晦涩难懂的深奥语素；它不抄袭档案资料和文化讲义，而是将民俗文化和典籍描述有机结合，辅以写作者的文学个性，给榆社文化注入现代气息和新的思考。所以说，《榆社文化记忆》采用了一种突出榆社文化的新的文体，能够吸引广大榆社人参与其中，对于提升广大干部群众对榆社文化的知晓度、提升榆社文化的整体价值、助推榆社精神文明建设等都具有十分重要的意义。

三年多来，编写组的全体成员，特别是旭清同志，在县委、县政府的领导下，在社会各界的鼎力支持下，苦心孤诣、孜孜不倦奔走于县域乡村，寻访于田间地头，忠实记录所见所闻，付出了极大的心血和辛劳。在此，我谨代表县委、县政府对大家的殚精竭虑和不懈努力致以崇高的敬意。这本书的出版，使榆社的地域文化元素提炼升华，使之内化为广大干部群众的精神自觉和行动自觉，形成统一认识、共同意志和继续前进的不竭动力。我相信，它会激励榆社在全面建成小康社会的历史性跨越征程中阔步向前，走向新的辉煌。

是为序。

2020年4月于榆社

（作者为中共榆社县委常委、宣传部部长）

内容简介

榆社历史悠久，文化灿烂。

这里是远古地球生命的信息库，是炎帝八世榆罔和商代仁臣箕子的邦邑之地，是后赵皇帝石勒的故里，是早期佛教文化的博览室，是抗战时期的"出兵、出粮、出干部、出经验的模范县"，是太行山区民间传统文化的储藏室，是现代都市人回归自然的休闲园。

引领大家回眸历史，把灿烂的历史文化呈现给大众，让所有人都可以感悟沧桑、激发热情、传承美好，是文旅部门的一项重要工作，也是这本《榆社文化记忆》要记录和叙述的主要内容。

《榆社文化记忆》共分八章。第一章"沧海遗珍"，主要从"化石文化"的视角，追溯榆社化石的生成，以及发现和研究榆社化石的重大意义，再现"化石之乡"的文化魅力。第二章"秀美山川"，着重记录和介绍榆社境内主要的山川河流，以及"依附"其上的人文古迹。第三章"乡风民俗"，介绍榆社本土长期以来形成的传统文化习俗、风土人情等。第四章"红色榆社"，通过介绍本地的抗战歌曲和抗战遗址，梳理和挖掘本土红色文化。第五章"乡野佛踪"，重点分析佛教文化"扎根"榆社的历史渊源和影响，并通过文字和图片实景的展示，对榆社野外佛教遗迹予以详细"保存"。第六章"榆州文韵"，介绍榆社文学发展历程，展示本土文学创作成果，用"另一面镜子"映照榆社人文历史的泪迹和光耀。第七章"艺苑风采"，重点记录榆社文化机构变迁和文化艺术发展历史，并展示这一过程中部分优秀艺术代表作品。第八章"名优荟萃"，主要从传统文化积淀产生的影响着笔，浓墨重彩推介和宣传榆社名优文旅产品，助推县域经济发展壮大。

《榆社文化记忆》是我们留在岁月里的一段足迹，是我们窥望乡土文化的一扇窗口，是我们走向榆社历史深处的一条小径。

目　录

第一章　沧海遗珍

◎张　玉

作者简介

张玉，女，1981年生，山西榆社人。中国作家协会会员、山西省文学院第四届签约作家，发表诗歌、散文、小说百余万字，出版个人文集《北寨以北》《表里山河行经处》。曾获多种奖项，作品入选多种文学选本。

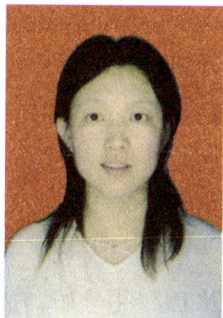

榆社是远古地球"生命信息库"，是闻名世界的古脊椎动物化石宝库、化石之乡。榆社化石是世界古生物研究领域的一颗璀璨明珠，是深植于榆社文化沃土之中的一株常青树，也是榆社通向世界的一张文化名片。

第一节　榆社化石简介

化石俗称"龙骨"，是远古地球生物演化的实物遗存。在公元前2.5亿年至公元前2.0亿年的三叠纪时期，榆社地区就有早期爬行动物肯氏兽、山西鳄等出现。在700万年—100万年前的榆社，气候炎热，植物繁茂，湖网交错，河流纵横，是地质史上典型的河湖相沉积盆地。在茂密的森林、碧绿的草地和蔚蓝的河湖中，剑齿虎、剑齿象、嵌齿象、三趾马、原河猪、郊熊、转角羚、野牛、马鹿、大唇犀等各种动物，或在恬静地吃草，或在凶猛地追逐，或在调皮地戏水。在长达百万年的地质变迁中，这些古哺乳动物随着环境的改变而慢慢消亡，有的就形成了化石。

1961年，国务院确定榆社全境为"古脊椎动物化石重点保护区"；2014年，榆社被国土资源部确定为全国首批重点古生物化石集中产地、古生物化石国家地质公园，榆社凭此成为闻名世界的化石之乡和史前地球生命信息库；1983年，国内首家也是我国当时唯一的县级化石博物馆——榆社县古脊椎动物化石博物馆正式落成。从此，榆社为全人类守护着的这些珍贵的自然遗产，开始以一种更为雄浑庄重的仪态为世人瞩目。

中国晚新生代的哺乳动物化石在古代就为劳动人民所了解。从很早的时候开始，哺乳动物化石以"龙骨"之名进入了中国传统的医药之中。在中国北方的土状堆积和南方的洞穴堆积中发现的哺乳动物化石，都曾经大量被销售到中药铺。最早在1918年，瑞典地质学家安德森（J.G.Andersson）曾到榆社地区进行过初步的考察。他注意到这个地区有大量被称为"龙骨"的哺乳动物化石。1931年，时任"国家地质调查所"技工的刘师固进一步发现在山西榆社地区收购的"龙骨"十分丰富。1932年，中国古脊椎动物学的奠基人杨钟健院士和法国古生物学家德日进（P.Teilhardde Chardin）来到榆社地区考察，并发现了一批化石，他们的研究成果分别在1933年和1935年发表。从1934年开始，法国神父桑志华（E.Licent）和汤道平（M.Trassaert）开始大规模在榆社地区收集和发掘化石，一直持续到抗日战争爆发。他们获得的化石相当丰富，主要收藏在天津的北疆博物院（天津自然博物馆的前身）。从1930年开始，美国自然历史博物馆的弗里克（C.Frick）通过瑞典人新常富（E.T.Nyström）雇人在中国北方收集化石。他雇佣刘师固和甘传宝两人，主要在包括榆社地区在内的山西中部一带活动，一直进行到1939年。这批材料现在被收藏在纽约的美国自然历史博物馆。中华人民共和国成立后，中国科学院多次派专家到榆社考察化石。著名历史学家、中国科学院首任院长郭沫若曾在1956年亲赴榆社调查了解化石的情况。此后，政府开始严禁私挖、倒卖化石的活动。中国科学院古脊椎动物与古人类研究所的周明镇、邱占祥、孙艾玲、邓涛，以及北京大学的曹家欣等专家，对榆社地区的化石和地质进行

1987—1991年，邱占祥和美国学者戴福德在榆社进行了为期四年的考察研究

广泛深入的研究，发表了上百篇论著，尤其以邱占祥在1987年发表的有关鬣狗化石和三趾马化石两本专著最为重要。1987—1991年，由邱占祥和美国自然历史博物馆的戴福德（R.H.Tedford）领导的中美榆社盆地联合考察取得了丰硕的成果，在这个地区建立起我国第一个有丰富哺乳类化石和古地磁年龄的上新世完整剖面。

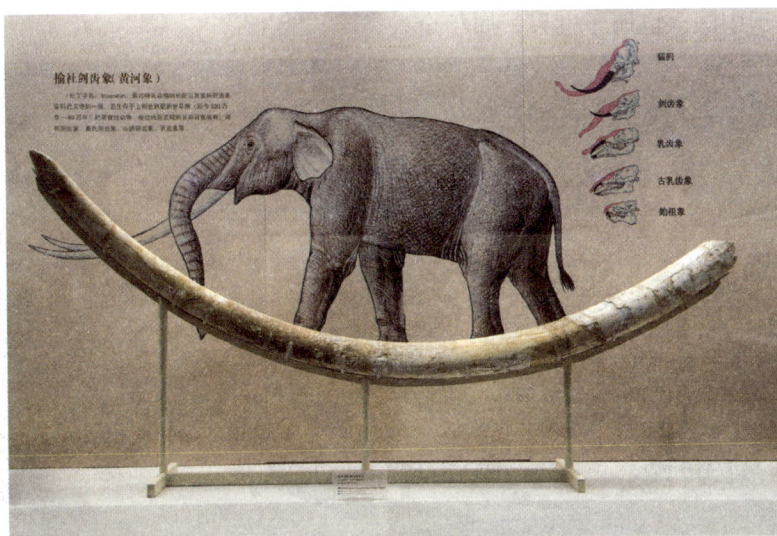

榆社剑齿象门齿化石和现代象的比较

榆社地区为河湖相沉积盆地，不但化石丰富，而且晚新生代地层沉积时限较长，从中新世晚期直到更新世早期，地层出露也好，因此是研究新生代生物、地质和环境的重要地点。榆社地区的哺乳动物化石种类之多、数量之大，为世界罕见，迄今共发现300多种，主要属于距今550万年的中新世晚期至150万年的更新世早期，尤其以530万年至250万年之间的上新世地层中所产化石最为丰富。国际上对中国上新世的地质年代不但以"榆社期"为之命名，而且其中几个单位也分别用榆社的一些地名命名为"马会组""高庄组""麻则沟组""海眼组"。榆社的哺乳动物化石可以分为两个大的组合，即中新世晚期至上新世的三趾马动物群和更新世早期的真马动物群。

榆社全县9个乡镇200多个村的地下都有哺乳动物化石蕴藏，主要分布于浊漳河两岸，面积达1 100平方千米，以云竹盆地和泥河盆地最为富集。除了哺乳动物，榆社地区还蕴藏了大量距今2亿多年的三叠纪爬行动物化石，其主要的研究成果以孙艾玲1963年发表的《中国的肯氏兽类》和杨钟健1964年发表的《中国的假鳄类》为代表。

化石是生物演化的实证，也是地球有生命以来地球表面（包括岩石圈、水圈和气圈）变化的产物和见证。根据权威古生物学家的估计，地球上曾经生活过的生物种大概只有不足1%，甚至只有1‰，能够变成化石。化石是十分稀有的不可再生的珍贵科学研究材料。因此，榆社化石具有极高的科学研究价值，它是世界上少有的、非常珍贵的自然遗产。榆社化石不仅属于榆社，属于中国，也属于世界，属于全人类。

剑齿象门齿化石（摄影　张卫兵）

第二节　榆社化石的源流

一、榆社化石的发现

榆社化石形成于距今700万年至100万年间新生代时期。当时的榆社地区气候炎热、植物繁茂、湖网交错、河流纵横、动物众多，这是地质史上典型的河湖相沉积盆地，而这正是可以形成化石的必要条件。在长达百万年的地质变迁中，生活在榆社地区的大部分古脊椎动物逐步消亡，有的就形成了化石。目前，在榆社发现的化石有7个目、17个科、100余种。榆社化石以其数量大、种类多、延续时间长，被我国著名的古脊椎动物学家贾兰坡先生称赞为"古脊椎动物化石的宝库"。特别是距今530万年—250万年间的榆社化石，填补了世界古生物研究中的空白，在当时及其后相当长的一个历史阶段内，具有唯一性、不可替代性和承上启下性。

对榆社化石的发掘、收藏、研究始于20世纪初。早在1918年，瑞典考古学家安德森就开始在中国收集化石，所收集的第一批化石中就有榆社化石。1931年，刘师固发表的关于榆社化石的论文，引起了德日进教授和杨钟健博士的重视。1932年7月，德日进和杨钟健专程来榆社考察，采集了大批化石，制作了地层信手剖面，并发表了学术论文，在世界古生物界引起轰动。由此，引发了长达十年之久的当时国内外专家、学者不断来榆社收集、考察化石，大量的榆社化石流入了原北疆自然博物馆（今天津自然博物馆）和美国自然历史博物馆。时至今日，除在北京自然博物馆、天津自然博物馆收藏有大量的榆社化石外，在美国、英国、法国、瑞士、瑞典都收藏有大量的榆社化石。中华人民共和国成立后，国内外专家、学者对榆社盆地的研究更加系统化、全面化，取得了大批科研成果，发表的论文和专著数以百计，研究范围涉及化石、地层、古生物、古地磁、古气候、古地理环境等各个门类。这些研究成果成为我们了解、研究、保护、宣传、开发榆社化石，普及地学科学知识重要的科学资料。

古中华野牛角化石

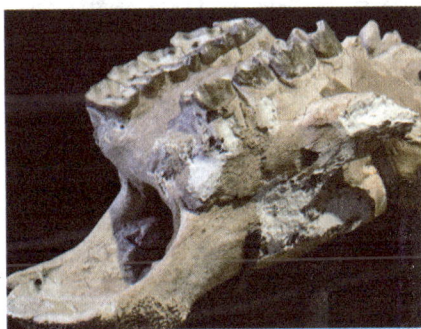

披毛犀牛头骨化石

自然法则，适者生存，优胜劣汰。时光岁月的流转，带走了一个个鲜活的生命；沧海桑田的变迁留下了弥足珍贵的自然遗产。"榆社区"不仅有丰富的化石资源，也有形态各异、美不胜收的土林，还有填补"保德期"与传统"静乐期"之间缺失、距今540万年至340万年间的标准地层剖面。这些不仅具有重要的科学价值，也是专业地学旅游资源。

二、榆社区地质结构的演变与古生物化石的形成

榆社有着得天独厚的大量古生物化石遗存，是国务院确定的国家重点古

生物化石保护区，是当之无愧的"古哺乳动物化石宝库"和"化石之乡"。2014年1月，榆社因其丰富的化石资源，被国土资源部、国家古生物化石专家委员会评为第一批全国重点"古生物化石集中产地"；同年，榆社古生物化石省级地质公园被国土部评为国家地质公园。依据榆社地区出露的地层可知，对榆社区地质遗迹具有重要控制意义的是中生代以来的构造运动和沉积作用。根据保存的地层和沉积物记录，榆社区域的地质发展史可划分为四个阶段。

第一阶段：二叠纪、三叠纪沉积阶段。地质历史上溯到距今3亿到2亿年以前的二叠纪和早中生代三叠纪时期。这一时期正值印支构造造山运动期，

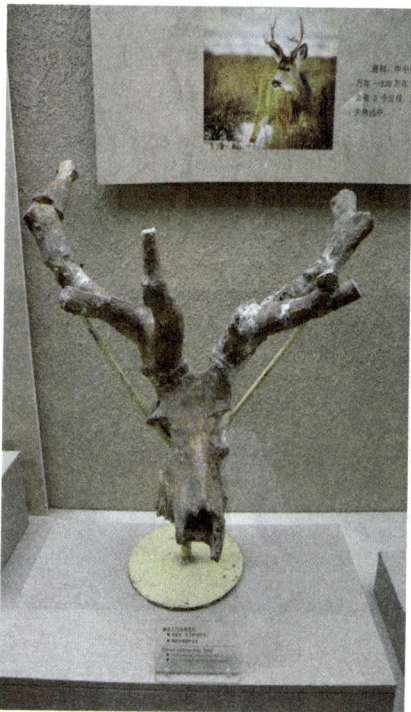

加拿大马鹿角化石

造成榆社地区晚古生代二叠纪地层与早中生代三叠纪地层的连续沉积，在二叠纪之上形成巨厚的三叠系地层。在榆社有的地区二、三叠纪沉积厚度近千米，这也是榆社地区煤炭埋藏比较深的一个重要原因。

第二阶段：构造隆起剥蚀阶段。自三叠纪之后，榆社地区一直处于地壳抬升阶段，风化夷平作用强烈，早期爬行动物的生存环境发生了很大的变化，造成侏罗纪、白垩纪（距今2亿年至6 500万年）地层的缺失。榆社肯氏兽动物群的消亡，也是榆社地区没有发现恐龙化石的重要原因。

第三阶段：新生代湖河相盆地形成与沉积阶段。到了距今1 300万年的新生代中期，由于受喜马拉雅造山运动的影响，华北地区整体抬升，榆社地区逐渐发生断陷并形成一个盆地，下游河段由于构造隆起，河床抬升，水流受阻，使榆社盆地形成浩渺的湖泊，盆地周边的碎屑岩石颗粒被洪水及河流冲刷搬运堆积到盆地之中，形成巨厚的湖河相沉积。这套沉积物粗细颗粒相间，层理特征明显，组成了色彩多变的地层，便是"榆社群"。据古地磁测定资料表明，榆社区湖河相的沉积地层形成于距今540万年的新生代晚期。根据中国中、上新统的标准地层单位，榆社群分为马会组、高庄组、麻则沟组、海眼组。不

同的岩性组合，展现了榆社盆地的沉积演化历史。

乳齿象头骨化石

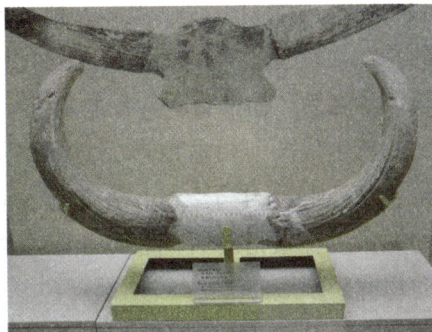

原始野牛角化石

　　新生代时期，榆社地区是地质史上典型的河湖相沉积盆地，而这正是可以形成化石的重要条件。当时的湖泊周围植物繁茂、草地深厚，吸引着众多的哺乳动物繁衍生息，而一些死去的动物尸骨被埋藏于地层中成为化石。榆社因含有丰富的哺乳类化石而闻名于世。这些化石种类繁多、新老更迭，构成种属丰富而演化序列完整的"榆社哺乳动物群"。根据生物的生存年代和化石的出土层位，榆社哺乳动物群又可分为"榆社Ⅰ代动物群""榆社Ⅱ代动物群""榆社Ⅲ代动物群"。榆社Ⅰ代、Ⅱ代、Ⅲ代动物群主要对应马会组、高庄组、麻则沟组、海眼组地层。

　　榆社化石和标准地层是重塑地球历史的重要证据。正是因为"榆社群"的化石，才填补了世界地质史和古生物化石早期研究中530万年至250万年这一时段的空白层位，在世界地质研究中占有不可或缺的地位，也就有了国际地质年代中被命名的"榆社期"。

　　第四阶段：湖泊消失与黄土堆积阶段。到了距今180万年左右，在榆社地区浊漳河形成，出现了黄土堆积，在距今60万年至10万年间榆社盆地的湖泊逐步开始消亡。"榆社群"之上广泛堆积了黄土地层，形成了今日的榆社盆地黄土地貌。

三、榆社盆地概况

　　依据榆社地区出露的地层和沉积物记录可知，榆社盆地的形成大致可以分为两个阶段。

　　三叠纪沉积阶段。在距今两亿五千万年以前二叠纪和早中生代三叠纪时期，早期造山运动，造成榆社地区二叠纪地层与三叠纪地层的连续沉积，以灰绿色、浅灰色砂岩，紫红色泥岩居多。这一时期，这里曾经有潺潺的河流和碧绿的内陆湖，气候温和，植物繁茂，是早期爬行动物的天堂。尤其著名的是，在这里漫布的肯氏兽、副肯氏兽、山西鳄和初龙类爬行动物，古生物学家称之为"榆社肯氏兽动物群"。

新生代湖河相盆地形成与沉积阶段。根据中国中、上新统的标准地层单位，榆社群分为马会组、高庄组、麻则沟组。这一时期是榆社新生代哺乳动物大量生存繁衍的时期，产生了众多的古哺乳动物化石，统称"榆社新生代动物群"。

在距今60万年至10万年间，榆社盆地的湖泊逐步开始消亡，浊漳河出现，"榆社群"之上广泛堆积了黄土地层，形成了今日的榆社盆地黄土地貌。

四、榆社化石在世界古生物研究中的重要意义

化石是大自然留给人类的非常重要的自然遗产。化石在地质研究、生物进化研究中，都是非常重要的实物材料。世界各地，包括中国的其他地方都有化石发现。榆社的化石有两个亮点：一个是榆社地区的三叠纪的似哺乳爬行动物，主要有银郊中国肯氏兽、山西鳄等，是早于恐龙时代的动物，在中国只有在新疆和山西榆社地区有发现；另一个是上新世（距今530万年至180万年）的哺乳动物化石。世界上其他地方也可找到这种化石，但大多零星破碎，而榆社盆地的上新世哺乳动物化石非常完整、丰富，数量大，种类多，出土层位也很完整，有很多完整的头骨、下颚骨等化石材料。因此可以知道，在中国甚至整个欧亚大陆，榆社盆地的上新世化石是发育得最丰富、保存得最完整的地点。它的唯一性、完整性就显而易见，也就注定了榆社化石在世界哺乳动物研究中占有的重要地位。还有一点，榆社上新世化石对标定上新世地层的地质年代具有非常重要作用。在榆社盆地找到的上新世的榆社化石被作为一个典型的剖面标志。别的地方没有完整的化石，一些零星的化石材料就需要与榆社的地点进行对比，从而确定它的出土层位、地层年代。因此，榆社化石对研究生物进化、古环境变化、确定地质年代都有非常重要的意义。

五、榆社地质结构在国际地质研究中的地位

榆社新生代新近纪与第四纪早期的湖河相沉积，记录了中国北方540万年

来的地球演化信息。在国际地质界中确立的"榆社群"标准地层剖面，如同记录地质历史的"万卷史书"，是哺乳动物化石和其他动植物化石得以保存的基础，是地球演化史上重要的地质遗迹。

榆社化石和标准地层是重塑地球历史的重要证据。正是因为"榆社群"的化石，才填补了世界地质史和古生物化石研究中530万年至250万年这一时段的空白层位，在世界地质研究中占有不可或缺的地位，也就有了国际地质年代中的"榆社期"。

榆社化石和标准地层是研究地球环境演变的一个重要组成部分。如果将地球比喻成一本史书，那么榆社化石和标准地层剖面，就是书中精彩的扉页。保护好榆社化石、标准地层，就是保留地球珍贵的史籍。

有了"榆社群"地层，才有了以榆社命名的各种化石，如"银郊中国肯氏兽""榆社原大羚""白海狐""云簇犀"等。而这些化石又是进行地质年代划分，寻找矿产资源最可靠、最经济的手段。保护好榆社化石、标准地层，就是为人类留存一把打开地下宝库的钥匙。

榆社地层记录了新近纪与第四纪古生物生存、发展、消亡的过程。通过对"榆社群"的研究，我们能更好地掌握古环境演变、生物进化的规律，从而能更好地珍惜和保护当代绿色地球家园。

"榆社群"化石是不可再生的自然资源。这些化石不仅是我们的物质财富，更是一笔巨大的精神财富。科学界对榆社地层的研究已有近百年的历史。近年来，我国在国外顶尖刊物（如《自然》《科学》等）上发表的学术文章中，古生物学的文章占有很大比例。"榆社群"地层为我们进一步研究新生代地质环境与生物演化提供了物质基础和难得的场所，其科学价值在今后的地学研究中将更加显现。

附：

榆社化石

邓　涛

今天，我很高兴在榆社——这个化石之乡做关于榆社化石的讲座。为什么要做这个讲座呢？因为榆社这个地区对于我们研究化石（也就是我们后面提到的龙骨）的发现和科学上的价值都具有非常重要的意义。首先，我们要特别感谢榆社的父老乡亲。因为在将近一百年的时间里，我们的老百姓在生活、生产中发现、收集、整理和保护了这些化石，为我们的研究提供了极其丰富的材料。我今天在这里给大家讲榆社化石。实际上，大家对榆社化石可能比我更了解，因为你们生活在这片土地上，很早就接触榆社化石相关的东西。

我们先来了解一下什么是化石。我们在榆社，特别是比较偏远的山村，做田野考察时，如果对老乡说"化石"，可能有的人不太清楚你说的是什么东西；但如果说"龙骨"，大家就都明白了，并且会很和善地告诉你：我们这里就有。那什么东西是龙骨呢？龙骨与化石又是一种什么样的关系呢？大家可能有这样一种比较粗浅的认识：龙骨是从地里面发现的像骨头一样但很重的东西。"龙骨"这个词，在中国古代典籍里很早就有了。那么在古代，龙骨是用来做什么的呢？它是一味中药。如果大家去中药店，就会发现很多药匣子，其中一定有一个匣子上面写着"龙骨"二字。这说明龙骨作为一种中药有很悠久的历史。那么为什么要把这种地里面挖出的骨头叫作"龙骨"呢？那是因为在古代，人们的科学知识比较缺乏，在地里面发现很大、很奇怪的骨头，想象不出那是什么东西，而且它和我们在墓葬里面发现的骨头又不一样。我们在地里面或墓葬里面发现的几百年或几千年的骨头是很轻的，而这个龙骨非常重，因为它经过漫长的岁月，已经变形了，成了石头。因此，科学上，我们给它取名为"化石"，而在民间则通常称为"龙骨"。关于龙骨，还存在着这样两种说法。第一种认为龙骨与传说中的龙有关系。当然，现在大家知道龙是一种传说中的动物，并没有这样的动物存在。既然没有这样一种动物存在，也就不可能有这样动物的化石存在了。但是在古代，老百姓虽然都没有见过龙，但在他们的精神世界里，龙却是实实在在存在的，而且非常神圣。那么对于这种地里面发现的奇怪的骨头，老百姓无法解释，便联想到龙。这大概就是"龙骨"一词的来源吧。第二种认为龙骨与恐龙有关。恐龙是一种绝灭的动物，那么龙骨是不是恐龙的化石呢？实际上也不是。龙骨这个词比恐龙这个词的历史要早得多。大概在两千多年前的中国古代典籍中就已出现了"龙骨"这个词，而恐龙是大约18世纪英国人最早发现了一种体形巨大的爬行动物的化石，取名为"Dinosaur"，翻译成中文就是恐龙。所以说，龙骨第一和龙没有关系，第二也不是恐龙的化石。

那么龙骨究竟是什么东西呢？实际上，龙骨是一些远古的哺乳动物骨骼的化石。大家对哺乳动物是比较了解的，比如说，人的小孩要吃奶，家畜马、牛、羊的幼仔也要吃奶，因此这些动物就是哺乳动物；再比如说，小鸡吃奶吗？不吃。鱼吃奶吗？不吃。那么，鸡与鱼就不是哺乳动物。所以，哺乳动物一个最重要的特征就是吃奶。实际上，在榆社发现的龙骨，就是哺乳动物骨骼的化石。这里，我给大家讲述几种比较典型的哺乳动物的化石。第一个是在榆社比较有代表性的动物三趾马的头骨化石。三趾马是一种已经绝迹的马。我们为什么把它叫作三趾马？有农村生活经历的人就知道家里养的马、驴、骡只有一个脚蹄子，三趾马是今天的马、驴、骡的祖先相近的类型，却有三个脚蹄子。第二个是犀牛化石。大家知道在中国已有一百年没有发现犀牛的踪迹了，只是报道在西双版纳发现过，但没有实物证据。如果谁说在中国发现了犀牛，大概要比"华南虎"还要轰动，但在榆社地区，和三趾马化石一起被发现的还有很多犀牛的化石。这说明犀牛在中国曾经是很繁盛的。第三种动物化石也是很有代表性的，就是在榆社发现的剑齿虎化石。为什么叫剑齿虎呢？就是因为它上面的犬齿非常巨大，像剑一样。第四个是长颈鹿的头骨化石。我们知道长颈鹿只生活在非洲，但是在榆社却发现了许多长颈鹿的化石。上面讲的这些动物化石在今天都还能找到和它们有亲缘关系的动物，如剑齿虎跟今天的老虎有很亲近的关系，长颈鹿跟非洲的长颈鹿有亲缘关系，而马、犀牛在今天也可以找到它们的近亲。但是，我们这些动物化石和它们今天的近亲已完全不一样，这就是进化。这里还有一个重要的问题。你到老乡家，问龙骨，他知道；问龙牙，他也知道。那龙牙是什么东西呢？龙骨和龙牙是什么关系呢？其实，龙牙和龙骨不是两种独立的东西，龙牙只是广义的龙骨里面一个特别的部分，就是哺乳动物的牙齿化石。为什么要把龙牙单独列出来说呢？大家都知道牙齿包括我们人的牙齿，是生物体内比较硬的部分，比骨头硬得多，更不容易被风化掉。一个动物的骨骼在地下埋了几百万年甚至几千万年有可能骨头没了，而牙齿还在。所以说，我们找到牙齿的机会比找到骨头的机会要多一点。但是，牙齿只是整个骨骼的一小部分，毕竟数量少，所以也更加珍贵一点。还有一点，老百姓为什么要把龙牙单独收集起来呢？我们知道，它最早是作为一种中药。那龙骨与龙牙的药用价值是不是不同呢？我们不太清楚，但从研究化石的角度来看，龙骨和龙牙的成分的差别不是那么大。主要原因是药材收购站骨骼的价格要比牙齿的价格便宜得多。以前，一斤龙骨卖两毛钱，而一斤龙牙可以卖到一块钱。因此，老乡发现挖出的化石有牙齿的话，就把它敲下来，分开，然后分别以不同的价格卖到药材收购站。但是在化石研究领域，牙齿确实是研究动物化石极其重要的部分。大家都有这样的经验：你要去买一匹马，要看它的年龄。那怎么知道呢？大家可能比我更有经验，就是看它的牙齿的磨损情况，根据磨损程度来判断年龄。动物的牙齿跟它吃的东西有非常密切的关系。因为它们吃的东西不同，所以它们的牙齿必然不同。动物的骨头虽然也是不一样的，但差别是简单的。拿一块骨头，我可能不容易分辨是马的骨头还是猪的骨头；拿一颗牙齿，一看就知道是马的牙齿还是猪的牙齿。对于老乡来讲，牙齿与骨骼的价钱是不一样的；作为科学研究，牙齿化石提供的信息要比其他骨骼化石多得多。因此，科学上也更加重视牙齿的价值。这里给大家列举几种动物的牙齿化石。第一种是刚才提到的犀牛的牙齿化石。第二种是早期猪的牙齿化石。第三种是已经绝灭的叫獠兽的动物的牙齿化石。这种动物是长着爪子的。大家也许认为，长爪子的动物就是食肉的，其实并非如此。

通过前面的介绍，我们了解到化石里面有很多奇怪的东西，这就是今天人们很喜欢到化石博物馆看这些化石的原因。通过博物馆内的化石，我们了解了今天一些活的动物的远古祖先的一些形态特征。它们之间保留了一定的相似性，但确实是不一样的。例如长颈鹿，我们知道，最大的特点是脖子长，站起来的话，脖子有5米长。可是在榆社及其他地方发现的早期长颈鹿的化石只有5米高，脖子远远要比今天的长颈鹿的脖子短，但已经是长脖子了。那么最早期的长颈鹿是什么样子呢？是不是跟不长长脖子的动物差不多呢？这个还不太清楚。这就需要我们古生物工作者在包括榆社在内的地区进行不断的考察、发掘，也希望大家在工作和生活中发现什么化石线索的话，能尽快提供给当地的专门机构，如文物局或博物馆。也许你的一个线索，就意味着科学上更加重要意义的发现，能够解决科学上很多的难题。

刚才，我们一直是以动物的局部分化石来说明问题的，如头骨化石、牙齿化石。如果能在地下发掘出完整的动物骨架，如榆社博物馆的大唇犀骨架化石，那是再好不过了。但一般情况下，很难发现这样完整的骨架。这就需要通过科学研究，一块一块来识别，它是那种动物的骨骼化石，是那种动物的那部分的骨骼化石。当全部识别出来之后，我们就把这些零散的化石装订在一块，复原到它们原来的样子。大家看《动物世界》，宽阔的非洲草原上，稀稀拉拉的金合欢树，别的动物都没有办法吃到金合欢树叶，只有长颈鹿可以。早期的长颈鹿没有现代长颈鹿那么高，但已经比其他动物有优势，亦可以吃到比较高的树叶，所以生态复原时，我们把长颈鹿做成了这个样子。比如远古犀牛。通过它的牙齿和骨骼化石，可以知道原来它是很矮胖的动物，比今天的犀牛的腿还要短，肚子几乎贴到地面，可以想象它的运动能力是很差的。再比如三趾马，我们把它复原以后，发现它是一种腿非常长的动物，有快速奔跑的能力。这些都是通过研究零散的化石得到的。我们假想一下长颈鹿、犀牛、三趾马都正在吃草，这时一只剑齿虎悄悄地袭来。它们是没法和剑齿虎打斗的，只有两种办法：一是像三趾马那样很快地逃跑；二是如犀牛一样有很厚的皮肤、锋利的角和牙齿。当然，它的皮肤很难保存下来，但是我们可以通过它的骨骼的结构来判断。所有这些知识的获得，比如大家看动画片，可能要问那些动画片的制作者为什么要把远古动物做成那个样子呢？他们统统都是根据古生物学家研究化石得到的结论进行创作的。那么这些结论从哪里来的呢？就是古生物学家通过对包括榆社在内的许多地方发现的化石进行研究得到的。

　　现在，我们详细讲解一下动物的分类。大家刚才可能注意到我所在的单位是中国科学院古脊椎动物和古人类研究所。我们单位主要研究恐龙、剑齿虎等古脊椎动物，以及古人类如北京猿人。这两个研究方向都跟榆社有关系。我们在榆社发现了许多哺乳动物和爬行动物的化石，虽然还没有发现古人类的化石，但发现了许多石器。远古的祖先是不会用今天这样高等的工具的，只会把石头进行简单的加工。这些工具的存在，使大家相信榆社曾经是我们祖先繁衍生息的地方。我们知道动物分为两大类：第一类是无脊椎动物，如昆虫、蜻蜓，它们有骨头吗？没有。无骨头的动物就是无脊椎动物。第二类是脊椎动物。大家都知道人有一个脊柱，有脊椎骨，像人一样有脊柱和脊椎骨的动物就是脊椎动物。脊椎动物包括以下几类。一是鱼类。榆社也发现了鱼类化石。二是两栖动物。比如说青蛙，既可以在岸上活动，又可以在水里生存。三是爬行动物，如蛇、恐龙，它们的特点是产卵。它们跟青蛙产卵有什么不同呢？青蛙的卵必须产在水里，而爬行动物的卵一般产在陆地上阳光充足的地方。因为爬行动物的卵有一个非常硬的壳，可以起到保护作用。四是鸟类。鸟最重要的特点是能飞行。五是哺乳动物。这类动物最重要的特点是吃奶、胎生，但并不是所有的哺乳动物都是胎生、吃奶的。早期的哺乳动物，如澳大利亚的鸭嘴兽是下蛋却吃奶的。18世纪，英国人去澳大利亚考察，发现了这种下蛋却吃奶的动物，就把这种动物的标本带回欧洲。当时，伟大的哲学家马克思看到这样的报道时，根本不相信有又要下蛋又要

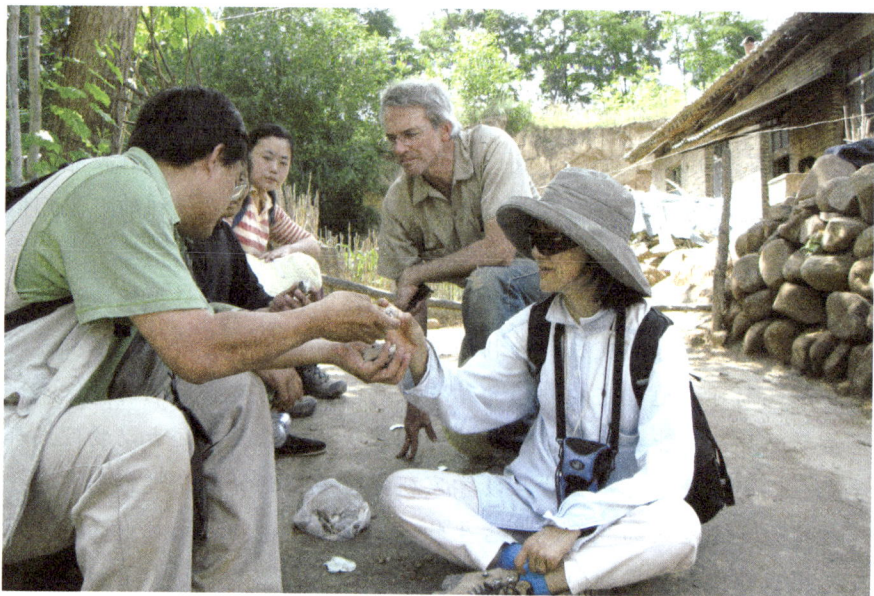

邓涛和美国学者拉瑞·福林2008年在榆社清风村考察化石（摄影 李旭清）

吃奶的动物，但最后科学证明确实如此。因此，我们可以知道哺乳动物包括人都是从产蛋的爬行动物进化来的，而早期的哺乳动物依然保留了产蛋的习性。我们再把哺乳动物进行更详细的分类。一是食虫类，最年轻的代表就是刺猬，它看起来跟老鼠一样，实际上是不一样的，是单独的一类。二是啮齿类，是大家最熟悉的一类，如老鼠、黄鼠。三是灵长类。为什么叫灵长类呢？意为万灵之长，通俗地讲，人和猴子有共同的祖先，其中一支变成了猴子，虽然人们总是觉得猴子是很聪明的，但已经没有了进化的空间，不会进化到更高水平；而另外一个分支变成了猿人，如北京猿人，再进化到我们人，但是人和猴子都是灵长类。四是食肉类。大家可能认为食肉类一定是吃肉的，如狼。实际上，并不是所有的食肉动物都是吃肉的，如我国的大熊猫是吃竹子的，但在分类上是属于食肉动物的。也就是说，熊猫的祖先跟狼、熊的祖先具有非常近的亲缘关系，只是熊猫这一支已经特化成吃竹子了。五是长鼻类。在今天只有两种长鼻类，一种是非洲象，另一种是亚洲象。顺便问一下，非洲象和亚洲象到底该怎么区分呢？实际上很简单，一是非洲象的象牙非常巨大，而亚洲象的象牙则比较小；二是非洲象的耳朵特别大，一个耳朵差不多有脑袋的一半大，而亚洲象的耳朵则小很多，大概只有脑袋的四分之一。但在远古时代，象的种类是非常多的。你如果还没有去榆社博物馆参观，那么以后一定要去参观，在榆社博物馆就可以看到很多种象的化石，有的象牙很长，有的象牙则很短，非常丰富。六是偶蹄类。大家想想家里养的羊、牛、猪的蹄子是单数还是双数呢？要么是两个，要么是四个，那么我们就把这样的动物叫偶蹄类。七是奇蹄类，蹄子是奇数的，如犀牛是三个蹄子，三趾马也是三个蹄子，而今天的马是一个蹄子。

我们再来讲解一下有代表性的哺乳动物化石。首先是猴子的化石，灵长类，跟我们人的关系很密切。接下来依次是猎豹、剑齿虎、鬣狗，这些都是食肉动物的化石，在榆社都有发现。再一个是牛的化石，它的后面是很长的牛角，上面有个角套，拔掉这个套，就可以看到很大的角心，说明当时它有非常大的角。旁边是一个猪的化石，大家可以看见这个猪化石前面有个独角，非常奇特。今天的猪长角吗？谁家的猪要长角的话，那可真是奇闻，但是在远古时代，就有长角的猪。接下来是一个羚羊的化石，跟秦岭的羚牛有很近的亲缘关系。下面是一个马的化石，在榆社海眼发现的，和在榆社其他地方发现的马化石是不一样的。榆社其他地方发现的都是三趾马化石，而这个马化石只有一个很大的脚蹄子。后面这个是一个象的头骨化石。通过这个化石，我们可以知道远古时候有一种象是上面有象牙，而下面也有象牙的。

现在，我们来讲讲剑齿虎的化石，保存在榆社博物馆，上面部分是剑齿虎的部分化石，下面部分是一个鬣狗的部分化石，两块化石保存在一块，非常奇特。也许是剑齿虎咬到一只鬣狗时，牙插得太深了，最后两个都死了，埋在一起。下来这个是我们刚才讲的长鼻类的一种——乳齿象的头骨化石，前面的这个位置是长象牙的，可惜的是象牙没有被保存下来。但是在榆社博物

世界罕见的重叠式大唇犀化石

馆完整地保存着一头剑齿象的象牙，有好几米长。这个是犀牛化石。我们说要找到完整的骨架化石是非常困难的，刚才展示的装架都是由零散的化石组合在一起的，但在榆社这个地方直接就发现一个完整的犀牛的骨架化石，而且不是一只，是两只，两只犀牛永恒地重叠在了一块。大家可以想象它们是夫妻呢？还是兄妹呢？这个在化石史上的确是非常珍贵的标本。

那么，榆社这么多的化石是怎样被发现的呢？在科学界究竟有着怎样的意义呢？今天，我们榆社的交通是比较发达的。我开车几个小时就可以到榆社。但是在20世纪初期，地处太行山腹地的榆社几乎是与世隔绝的。可是，那时榆社的化石就已经受到科学界的高度关注。这其中有什么特殊的原因吗？首先，我要介绍一下在榆社化石发现史上必须提的三个人：第一位是桑志华，法国传教士；第二位是德日进，法国神父；第三位是杨钟健，中国最早的古脊椎动物学家，陕西华县人。我们为什么要提到这三个人呢？因为他们在榆社化石的发现和研究上发挥了很重要的作用。前几天，我去了你们这里的林头村，发现村子里面居然有座教堂。这个很有意思。在这么偏远的地方怎么会有教堂呢？原来两百年前，欧洲的教会派了很多传教士到很多地方进行传教。传教士在世界各地传播宗教的时候，也注意收集各国地理、自然方面的材料，如动物的、植物的、矿物的，当然也包括化石。那么，在林头教堂里的传教士也了解到榆社这个地方有龙骨，并且有一定的发现。当然，传教士不一定专门研究这个东西，但是他会把这些信息报告给他们本国这方面的专家或政府。林头教堂里最早的传教士可能纯粹是个宗教人士。桑志华则是兼传教士和昆虫学家两种身份。他研究无脊椎动物里面的昆虫，并在天津募捐建立了最早的博物馆——黄河白河博物馆，即今天天津自然博物馆的前身。德日进可以说百分之八十是位古生物学家，同时也是一位传教士。杨钟键纯粹是位古生物学家。我们中国人很早就知道龙骨这个东西，可惜的是，一直只把它当作一种中药，而没有真正认识到它究竟是什么东西及其在科学上的价值。当欧美人在我国各地疯狂收集各种珍贵的化石标本时，中国人还只是把龙骨作为一种中药来使用，所以在包括榆社在内的中国各地就出现了这样的情景：一位外国传教士或者叫古生物学家雇佣几位中国人帮他们在野外寻找、发掘化石，或是以极低的价格从老乡手中收购珍贵的化石。现在，我们还是具体看看榆社化石发现的情况吧。

1931年，刘师固来到榆社。他自己并不做研究，为什么要到榆社来呢？因为当时的这个地质调查所聘请了一位瑞典人，叫安德森，任矿业顾问。他来中国不只是研究煤矿、铁矿，当矿业顾问，而且对中国文化有极广泛的兴趣。我国非常著名的仰韶文化就是这个瑞典人安德森在河南渑池的仰韶村发现的。他听说在榆社有"龙骨"出现，觉得这是个很重要的情况，就派这位叫刘师固的技工来到榆社。刘师固到了榆社以后，发现这个地方确实有很多龙骨的线索，回去以后，就报告了这个消息。1932年，法国传教士兼古生物学家德日进和中国最早的古生物学家杨钟键来到榆社考察。他们很快发现榆社化石具有非常重要的意义，因为它们代表了一个特殊的地质时期。哺乳动物的化石在中国很多地方都能找到，如山西保德，但是出土的大部分化石的年限是700万到800万年前，而我们榆社出土的化石的年限则集中在距今530万至250万年间。这个年限的化石在中国的其他地方没有出现过，或者是非常少。也就是说，700万到800万年前的化石分布地点非常多，而距今530万到350万年间的化石分布地点非常少，而恰恰在榆社找到了，而且数量大、种类多。1934年，桑志华和另外一位传教士汤道平专门到榆社驻扎下来，就住在上面提到的林头村教堂里面。他们在林头周围发掘化石，同时还在周围的二三十个村子收购化石。银郊、北海、沤泥洼、张村等地区都是桑志华他们集中收购化石的地方。他们在榆社工作结束的时候，收到2 300多件很好的标本。这些标本都被运到天津，收藏在黄河白河博物馆，作为德日进、杨钟键等科学家研究的材料。他们很快就发表了许多关于榆社化石的著作，并且是以外文发表的，如英文、德文、法文等。因此，榆社化石很快就在世界科学界受到了重视，因为在世界上都很少见的距今530万至250万年间的化石在榆社找到了，而且非常丰富。这个消息也引起了一位非常有钱的美国人福莱德的兴趣。他就雇用了一位瑞典人新常富来到榆社，此人1935—1939年一直收集化石。这些化石都被运到美国去了，现在保存在美国纽约自然历史博物馆——世界上最大的博物馆。1949年新中国成立以后，中国科学院专门成立了古生物与古人类研究所，很快就到榆社长期开展工作。从1987年开始，中国科学家多次和美国、英国、日本、加拿大、法国等国的科学家共同到榆社来考察，合作研究榆社化石，并以中文、英文、德文等文字出版了很多专门的著作。在对榆社化石研究的基础上，我们又进一步了解了榆社化石的情况。

刚才，我们讲了榆社化石发现的历史。接下来，我们讲一下榆社化石的科学意义。

首先，我想顺便讲一下化石发掘的一些基本常识。假如榆社老乡在野外发现一个龙骨，并把它交给我时，我并不知道它是从哪里捡到的，老乡可能会告诉你是在什么什么地方捡来的，比如说白海。但是白海这个地方很大，究竟是从什么地方发现的呢？我们知道地球演变的过程中形成了不同的地层，那么这个化石到底是在500万年的地层中捡到的，还是在300万年的地层中捡到的呢？不清楚。因此，我们搞化石研究必须经过科学的发掘。我们要找到化石，首先要把这个地层揭开。地层刚揭开的时候，这里暴露了很多骨骼，十分杂乱，那么接下来该怎么做呢？我们的化石发掘和考古发掘类似，基本上有两种办法：一是在发掘现场盖一个房子，像陕西兵马俑一样实行原地保护；二是把它采集到博物馆进行详细研究。首先在原地用石膏盖在化石裸露部分，然后挖开，再用石膏把它包裹起来，然后翻个个儿，再用石膏把它整个包起来，这样骨头之间的相对位置没有变化，成了一整块；把它包起来以后，运回博物馆，然后把它舟打升，这样就保存了尽可能多的科学信息。很多就是按照上面的方法保存的。早期猪的化石，腿很长，和现在的猪不一样，属于鼬科动物。鼬科是什么呢？就是像黄鼠狼一样的吃肉动物。猫科动物的化石，和老虎关系很近。还有鬣狗的化石。当然，这些都是我们看见的一些比较大的动物化石。但在实际工作中，我们有时会碰到特别小的动物，如啮齿类中的老鼠，非常小，那么老鼠的牙就更小了，肉眼几乎看不见。我们是怎样找到它的呢？我们到了这个发现化石的地点，把这个地方的沙样全部挖出来，放在不同粗细的筛子里，用高压水龙冲洗，把里面的泥土全部冲掉，只把与老鼠牙差不多大的沙子保留下来，然后再做镜下筛选。最后，我们就得到了老鼠牙的化石。

正确的方法才能保留更多的信息，才能得到更多的信息，才能更有利于我们的研究。我们接着说这个老鼠牙的化石。老鼠牙还不到2毫米，非常奇特，与今天看到的老鼠完全不同。而几百万年前，在榆社这个地方就生活着很多这样的老鼠。它在进化史上是有很重要意义的。我们通过研究得到50万年前的长颈鹿和50万年后的长颈鹿差别不大，根本分辨不出来，而这个老鼠过5万年就完全不一样了，它进化的速度非常快。这就有非常大的意义。根据这样的化石，我们就可以更好地研究生物的进化。大家知道地球上是从没有生命到产生了生命，从简单的生命到复杂的生命，一直进化到我们人类。我们知道地球已有46亿年的历史了，大概从38亿年前，开始出现了早期的生命，即病毒。和我们人类相比，病毒的生命性非常简单，人类的遗传基因有30亿对染色体，而这个病毒只有几百个染色体。后来，地球又逐渐出现了无脊椎动物，最典型的就是三叶虫，到后来又有了爬行动物。这里，我们要特别提到"银郊中国肯氏兽"。银郊是榆社一个村子的名字。"银郊中国肯氏兽"是一种非常像哺乳动物的爬行动物，生活在距今两亿三千万年前，最早是由一个姓肯的外国人发现的，所以就用他的姓氏命名。在中国其他地方也发现过肯氏兽，但是在银郊发现的这只肯氏兽和别的地方发现的都不一样，因此就用"银郊"这个村名命名它为"银郊中国肯氏兽"。这个化石不但在榆社博物馆标签上叫"银郊中国肯氏兽"，而且在北京博物馆有这个照片、有这个标本也叫"银郊中国肯氏兽"，在国外如要放一张这样的照片说明生物进化，也必须写上"银郊中国肯氏兽"。这是它标准的名字，可以用不同的语言来写，但必须是这个名字。这个在银郊发现的化石被命名以后，全世界的人要提及这个化石的话，必须提"银郊中国肯氏兽"这个名字，不能用另外的名字。这就是科学上的优先律，谁优先给它取了名字就再也不能改变了。再比如白海狐，是在榆社白海发现的，是一个美国人从保存在纽约自然博物馆的、在白海发现的化石里面发现了这个很特别的狐狸化石，就给它起了个名字叫"白海狐"。

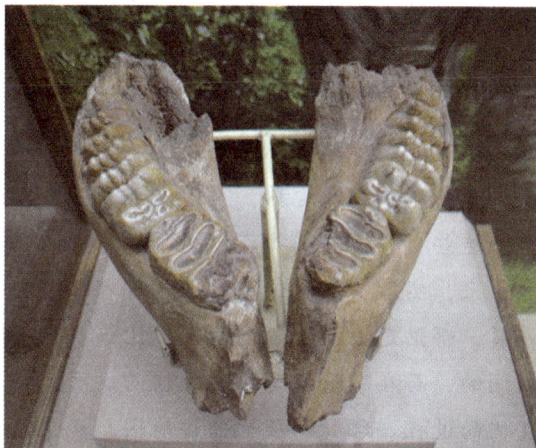

桑氏剑齿象上颌骨化石

白海狐是一种生活在距今500万年的很原始的狐狸。白海这个村子，也许有的榆社人可能不知道，但在古生物研究领域几乎是无人不知、无人不晓的。上面，我们只是讲了两种用榆社地名命名的化石，其实还有很多化石都是以榆社的地名命名的。但由此已足以说明榆社化石在世界古生物进化研究领域是具有非常重要的地位的。

接下来，我们看看榆社化石在研究古代环境演变方面的意义。今天，大家对这个环境是比较重视的，首先是污染问题，还有一个全球变暖。在地球演变的过程中，有时可能会出现很冷的时期，也可能会出现很热的时期，那么全球变暖究竟是人类活动所造成的还是地球自身演变的结果呢？我们也一直试图从化石中寻找答案。从中国新进纪一个时期的化石分布图可以看到榆社是一个很密集的区域。在中国发现化石的地方很多，比如西部的一大片，中国南方东南一大片，但都没有发现530万至250万年间的化石，而在榆社却大量出现了这个时代的化石。这注定榆社化石在研究古代环境演变中不可或缺的地位。

前面，我们讲过榆社大量发现三趾马化石，那么三趾马生活的环境和今天榆社的环境一样吗？三趾马化石在榆社不同的地层都有发现。首先，我们来看看马会组、高庄组和麻则沟组的情况。这三个组都是用榆社小村子的名字命名的地层名。研究发现，三趾马时代的生活环境跟今天的环境是完全不一样的。那时候，榆社是一个非常开阔的草原，有河流，有少量的树木，没有森林，气候比较湿润。我们再来看看海眼组。海眼组发现的马化石和上述三个组发现的马化石已经完全不一样。那三个组发现的都是三趾马化石，而海眼组发现的马化石和今天的马已基本一样了，脚上只有一个很大的脚蹄子。这个时候的环境和上述三个组的环境相比，已发生了很大变化，变得非常干燥。我们知道榆社是黄土高原的一部分。黄土高原上的黄土是什么时候开始形成的呢？就是从海眼组这个时间，大概距现在有250万年，开始出现了粉尘、沙尘和沙尘暴，并逐渐沉积下来，形成了黄土高原上的黄土。那么根据这些材料，我们就可以把每个地点和每个地层化石所反映的生态环境复原出来，然后在中国这个图上就可以知道在某个时期，哪里是草原，哪里是沙漠，哪里是海洋；某个地区，比如我们榆社，在马会组或高庄组，是温暖湿润的，而在海眼组是寒冷干燥的。因此，我们根据化石就可以研究出自然变化的过程。比如榆社及周边地区，其生态环境的信息就是榆社化石及相关的地层带来的。通过化石进行环境演变的研究，我们了解到远古时代是个什么样的环境，是一个怎样的变化过程。

从中国新进纪（距今2 300万年至250万年）重要哺乳动物群地点图可以看出，其中最有代表性的地点中有五个在榆社。第一个是麻则沟；第二个是高庄；第三个是贾峪村；第四个是后垴；第五个是大南沟。这个在地质年表上具有非常重要的意义。也正是这几个地方发现了可以标志一个时期的动物化石，才使我们榆社的这几个小村子的名字成了地质年表上一个时期的名称。先举个例子：我们中国人要说古代的事情，不会说这个年代是公元多少年多少年，而说汉代怎么样，唐代怎么样，后赵石勒那个年代怎么样，不会去想它究竟是公元多少年多少年。人类是在大约100万年前出现的，那么在人类之前是不可能有任何的如文字、图像记录的。但是，我们搞化石研究不能说3 000万年怎么样，5 000万年怎么样，所以为了研究的方便，给每个时期都用这个时期的代表性的事物或者是能标志这个时期的事物取了名字，如新近纪就代表了2 300万年到250万年之间。在古生物研究领域，人们都知道在榆社发现了距今530万年至250万年的哺乳动物化石，而其他地方没有或者很少，于是科学家就把距今530万年到250万年之间起了个名字就叫作"榆社期"。也就是说，我们一提到榆社期，就知道指的是距今530万年到250万年，而且不光搞古生物的人知道，只要是需要这个地质年表的人，如搞地质历史的，都知道榆社期代表了距今530万年至250万年。随着研究工作的深入，我们进一步发现榆社期还可以分为两个时期，因为我们发现榆社期的早期和晚期还不一样，于是就把榆社期分成两个时期，并也分别用它们代表性的地名来命名：距今530万年到340万年期间叫作高庄期，距今340万年到250万年叫麻则沟期。因此说，在地质历史的纪年里面，一个很重要的时期（距今530万年至250万年），算是和我们现在相距很近的一个时期，大的方面叫榆社期，如果分得更细，可分为高庄期和麻则沟期。国际地质年表中，关于距今340万年到250万年这个时期，表里面特别注明在北美洲有它的名字，在欧洲有它的名字，但在中国及整个东亚它就叫麻则沟期。因此，榆社化石不仅为生物进化研究提供很重要的材料，可以根据榆社化石了解过去气候环境的变化，更有意义的是，榆社化石的特殊性使得榆社及榆社的村子成了地址年表上的一部分。

最后，我们总结一下：榆社的化石有很久远的发现史，而这个发现犹如横空出世一般在科学界产生了空前的轰动。我们通过对榆社化石的研究，填补了生物进化链条上距今530万年至250万年期间这个空白，更清楚地了解榆社及其周边地区环境的特征及变化。更重要的是，科学界不但用银郊、白海等地名命名一些动物化石，而且用榆社这个名字命名一个很重要的地质时期。实际上，从很早的时候开始，榆社在古生物研究领域不仅走出了山西，还走向了世界。这就是我们研究榆社化石的意义。

（本文作者现任中国科学院古脊椎动物和古人类研究所所长；本文根据作者在榆社文化大讲堂讲稿整理，略有修改。）

第二章　秀美山川

◎苏宝银　杨海燕

作者简介

苏宝银，女，山西平定人，1967年生。晋中师专毕业，现为榆社中学教师，晋中市二、三、四届政协委员，榆社县高级知识分子联谊会主席，山西省作家协会会员，榆社县作家协会主席，著有诗集《水银月亮》《木月雪莲》，长篇小说《天堂鸟》，散文集《榆社行》等。

一个地方的山川，所形成的历史自然要比这个地方的人文历史要早得多得多。山川给人类的繁衍和生存提供了场所，而人类文明则赋予山川以无尽的文化魅力。一个地方的历史文化自然与当地的山川河流密不可分。成书于春秋战国时期的《竹书纪年》记载："上古帝榆罔凭太行以居冀州，榆罔之后，国为榆州。榆州之亡于西周之末。"晋代张华的《博物志》记载："榆炯氏之君孤而无徒，曲沃进伐之以亡。"清代吴倬信补注的《竹书纪年》云："烈山帝榆罔之后，其国为榆州。曲沃灭榆州，其社存焉。"山西史志研究院出版的《山西大观》云："榆罔帝统治的榆州地方，其中心就在榆社。"由此可以推断，榆社就是我国最早的"雏形国"榆州国之中心，"榆社"之名也正是由此而来。

榆社的一山一水，都深深地镌刻着悠久的历史文化印记。旧时文人墨客曾将榆社山水之美景荟萃为八景，即荆山晚照、漳水浮清、秀云叠翠、龙祠古岭、岳庙齐云、塔寺晓钟、北寺清泉、禅山云隐。

第一节　山脉概述

榆社山脉属太行山系西麓支脉，海拔在1 000米~1 900米间，共有9大山脉、若干支脉；海拔1 000米以上山峰87座，其中1 500米以上山峰23座；东部山脉由东北向西南伸展，西部山脉由西北向东南伸展，形成坡度较陡的倾斜狭谷。9大山脉是西部悟云山山系，北部尖山山系和板山山系，西北部空王佛山山系，东部黑神山山系，东南部清凉山山系，中部庙岭山山系和蛇盘岭山系，南部东方山山系。另外，还有狐爷山山系、三县垴山系、黑崖山山系、委山山系。从整体来看，东部和南部山脉山势舒缓，植被也相对稀薄；西部和北部山势较为险峻，林木较为茂盛。

一、空王佛山山系

空王佛山山系位于榆社、太谷、祁县交界处，由西北而东南，起于河峪乡吴娃背山（1 901米），经河峪、西马、箕城3个乡镇，主要山峰依次有大岭（1 532.8米）、王猫圪垯（1 592.1米）、大寨顶（1 440.8米）、磨盘岭（1 496米）、大梁山（1 483米）、牛王背（1 517米）、大西山（1 498.8米）、空王佛山（1 571.6米）、磨不直山（1 453米）、齐头山（1 371米）、仰层顶（1 269米）、方石垴（1 249米）、鄂道峪（1 200米）、马鞍架（1 220米）、庙岭山（1 243.5米），止于浊漳河。

吴娃背山，位于县境西部、河峪境内，于榆社、祁县、太谷交界处，海拔1 901米，为境内最高山峰。

庙岭山，亦名梓荆山，原名取之于山长梓荆树，后人写作紫金山。

二、悟云山山系

悟云山山系由西北而东南，起于吴娃背山，贯穿河峪乡全境，主要山峰依次有悟云山（1 879米）、天布袋（1 522米）、黑垴山（1 241.7米），止于云竹湖。

三、狐爷山山系

狐爷山山系位于云簇镇西南部，境内由西向东，起于狐爷山（1 225米），经二郎山（1 135米）、顶山（云簇镇境内，1 245.9米）、文峰塔山（云簇镇和平村附近，1 133米）山峰，止于云簇河。

四、三县垴山系

三县垴山系横跨榆社北部与太谷、榆次交界处，位于社城镇境内，起于三县垴（1 743米），由东北而西南，经主要山峰强盗圪塔（1 687米）、八赋岭（1 553米）、大圪垯（1 712.1米）、白崖山（1 566.4米），进入太谷境内。

五、尖山山系

尖山山系纵跨榆社东部与和顺、左权交界，由北而南，起于三县垴，经阎家寨（1 612米）、虎峪山（1 596.5米）、高垴（1 546.5米）、河杨垴（1 324米）、尖山（1 453米），向南经讲堂、岚峪乡进入武乡县。其中，武乡岭（因古榆社置武乡县，故名）位于箕城镇东部，海拔1 455米，为本县与左权县分水岭和交通要冲。

六、庙岭山山系

庙岭山山系起于北寨乡东南，进入箕城镇东北，由东北走向西南，经高垴（1 564米）、河杨垴（1 324米）、神坡山（1 244米）、北甲山（1 258米）、羊圈山（1 275.2米）、庙岭山（1 189.8米），止于浊漳河（备注：对庙岭山山系的组成，参考了1999年《榆社县志》记载，但几经勘察推论，与实际难以相符，故存疑，待考）。

七、大垴圪塔山系

大垴圪塔山系位于社城镇与北寨乡交界处，起于北寨乡阎家寨（1 612米），由东北走向西南，经社城镇大垴圪塔（1 558米）、神仙梁（1 418米）、方山（1 438米）、馍馍山（1 344米）、漫天岭（1 389.8米），止于浊漳河。

八、板山山系

板山山系纵跨社城镇东北部，由东北走向西南，起于阎家寨，经漫天垴（1 626米）、小杏山（1 600米）、板山（1 553米）、小板山（1 421.7米），止于双峰水库。

九、黑崖山山系

黑崖山山系位于社城镇石源村与官上村交界处，由西北而东南起于黑崖山（1 574米），经四平顶（1 530.5米）、西岭（1 381米）、母猪圪垯（1 330米）、南梁（1 253米），止于双峰水库。

十、委山山系

委山山系居社城镇西部，起于委山（1 492米），由西北走向东南，经前菜圪塔（1 446米）、后麦山（1 366米）、前麦山（1 311米），止于浊漳河。

十一、蛇盘岭山系

蛇盘岭山系跨西马乡北部与社城镇交界处，起于蛇盘岭（1 449.2米），由西北走向东南，经大岭（1 398米）、秋圪洞（1 346.5米）、东梁（1 292米），止于浊漳河。

十二、黑神山山系

黑神山山系起于箕城镇尖山（1 453米），由东北向西南，经讲堂乡、箕城镇、郝壁镇边界，贯穿黑神山（1 442.7米）、三义垴（1 279米）、大蒿地沿（1 267米）、东南岭（1 144米）、毛尖山（1 130米）、老爷山（1 052米）等主要山峰，止于浊漳河。

十三、清凉山山系

清凉山山系起于讲堂乡芝草垴东南部，沿岚峪与讲堂两乡交界处，由北向南进入武乡县界。

第二节　崇山峻岭

一、吴娃背山

吴娃背山，在榆社县河峪乡境内，地处榆社西南边陲，位于榆社、太谷、祁县三县交界处，海拔1 901米，是县境内的最高峰，堪称榆社屋脊。吴娃背山实际应被称为吴家背山，"娃"是乡民口语"家"之意。此山因历史上居于山之西北方向牌坊村吴姓富户，于此买山植树而得名。

吴娃背山与祁县境内的四县垴毗邻。从西马乡牌坊村进南沟（地名），便可看到吴娃背山的山顶。

吴娃背山山高林深，很少有人上去过，旧县志上几乎没有记载，所以，对于榆社人来说较为陌生。

由悟云山下的冀家沟方向经官地沟，顺河沟至沟掌的林沟（自然村名，已退居），向西南方向穿越白桦林高坡，可登吴娃背山。白桦林高坡，实际上就是吴娃背山的东北坡，山高坡陡，树高林茂。

白桦林的坡顶是悟云绝顶的最西端，两处相距约2 500米之遥。这道山脊也是由辉教翻越悟云山而来的榆社、祁县古道所

榆社最高峰吴娃背山（摄影 李旭清）

经之处。由这里向西北翻山而下，是榆社的牌坊和太谷的上黑峰、下黑峰，以及祁县的下凹等村；向东南平行而去，是四县垴；向西南而上，便是吴娃背山的顶峰。

吴娃背山顶峰并不开阔，地形呈长方形，总面积约300平方米。峰顶灌木丛生，醋柳、黄刺玫错杂相拥，人立其中，举步艰难。从峰顶边沿四看，眼界甚为辽阔。西北一侧坡大沟深，松林森然，松涛阵阵。东南不远，便是四县垴顶峰，上面白色的森林防火远程监控设施和疤痕似的防火通道清晰可见，仿佛触手可及。向东而望，林木覆盖着的悟云山绝顶则显得颇为矮小。

二、四县垴

四县垴地处榆社县西南端的榆社、祁县交界处，距离榆社县城约45千米，海拔2 023.5米。严格地说，四县垴实际上已属祁县境内，但从历史沿革来看，在一定时期也曾为榆社所辖，更多时候，则是因政权割据、兵戈四起等因素陷于"三不管"的状态。而从文化认同的角度来讲，四县垴更是与榆社山水相连、脉络互通，虽为他山，亦视为己山。

四县垴的名字早在清代康熙、乾隆、光绪三个版本的《榆社县志》上已有记载。"垴"字在汉字中的解释是"小山丘"之意，但在实际上，四县垴之"垴"已大大超越了此意。无论在志书上，还是在榆社人的思想里，四县垴都可以算得上是一座巍峨雄浑之山。更有深意的是，在古县志中，并未将四县垴录入"山川"之列，而是收进了"古迹"之栏。可见，四县垴的文化

含义早在清代就备受关注了。

在古代，大家把四县垴和悟云山混为一体，将之当成了悟云山的一个组成部分。清光绪版《榆社县志》载："四县垴即悟云山，在县西北六十里，有北顶、中顶、南顶诸名。上仞游氛，下临绝壑，俯视四县，宛在目前。"四县垴"一山之上，四季迥异"，开春时南边的树木已是花枝繁茂，竞相盛开，北边却仍是满树萧索，花蕾紧闭，欲说还"羞"。传说四县垴上曾有一棵大树，若遇雨天，树冠之下可容上千只羊避雨。

从榆社登四县垴，可走河峪乡西沟村，从村西出发，徒步约一个小时经悟云山草甸，往南穿过小树林至庙沿豁，沿山路向西南下山，再沿着小河向南行走1千米左右，折向西北，即是登上四县垴的山路；返回可选择原路，也可选择从四县垴顶峰西北穿桦树林下山，沿河沟往东南行，约1千米，再向东北上山，沿山梁往东直走，经悟云绝顶西侧的榆祁古道下悟云山返回（也可由此前往）。

四县垴植被丰富，山上有各种繁杂的野花，最多见的是黄刺玫，在春天恣意开出金色的花朵，给寂静山野平添了一种热烈奔放的风景。

四县垴东侧的半山腰，植被较稀，脚下随处可见裸露着的硕大石块。这些石块是一块块颜色各异的鹅卵型的石英石。在榆社，这种石头很稀有，旧时是火镰取火的火石，俗称"老洼牛"。

在接近山顶的地方，长着一片矮矮的醋柳，还有几棵杏树、山梨。高寒之地，蒿草生长得不多，倒是有一种叫铁箭蒿的植物高踞在山坡上，直上云天，颇有怒发冲冠之状。

山的北坡，却是另一种景象，一丛丛低矮的榛子、桦树、山青杨，将深浅不同的绿色舒缓地涂抹在宽广的坡岭沟岔。

登上四县垴顶峰，顿生"会当凌绝顶"的超然之感。

三、庙岭山

庙岭山，在榆社县城西南5千米处，海拔1 243米，原名梓荆山。据清代光绪版《榆社县志》记载，因山上有梓树（梓荆树），故名之梓荆山。后来山上建梓岳庙和响堂寺，山岭上的村庄称为庙岭村，当地人也因此把此山叫作庙岭山。后人也有将"梓荆山"书为"紫金山"的。

（一）消失了的梓岳庙

梓岳庙的历史很久远，旧县志记载其"不知创建及封号年代。明嘉靖十三年南厢人周保祖贾贤东等集资改建；万历丙申知县张志汤熙载督同乡耆老张思先等重修"。可惜，如今古庙和古树都已荒废，只有"每岁端午节，六社士民轮流祭赛"的乡俗被保留下来。只是没有了梓岳庙，祭赛的地点也改在了响堂寺。

（二）响堂寺

响堂寺始建于南北朝时期的北魏，屡遭破坏，又屡次重修。其保存下来的石窟造像雕刻水平较高、技艺精湛，是北朝石窟造像中的佳作，对研究佛教和石窟造像具有重要参考价值

据史料记载，响堂寺为"北魏至唐时依山造像，随之因像造宫，建成寺院，明清重修"。清代《榆社县志》记载光绪年间由"监生李兴隆独立重建"；抗战时被毁；中华人民共和国成立后，于1993年、2015年两次重修。

从响堂寺的山门步入寺院，可见古木参天，斗拱飞檐，流光溢彩；6株柏树由东向西一字排列，亭亭玉立，高约丈余，粗可盈尺；东西厢房已不复存在，只有两边石砌的院墙犹存，南墙和山门已坍塌。

响堂寺现存石窟一处和摩崖造像一处。

摩崖造像在大殿后墙崖壁上，直接依崖面雕琢而成，为一坐佛，高1.8米，双手残，结跏趺坐于高1.2米的莲台上，衣纹突起，线条简洁流畅，面形方圆温婉端庄，尽显大唐石刻造像风范，极为精准地体现了那个时期石刻艺术的最高水准，成为榆社境内众多佛教石刻造像中最具代表性的艺术杰作。

正因如此，这尊唐代石佛在1989年被来自香港的弘雄法师推选为香港天坛大佛的锻铸范本，使之以更为雄宏端庄的"替身"矗立于东方明珠怀襟。1995年佛头被盗，千年艺术精品终成一残

紫荆山响堂寺（摄影 李旭清）

缺之身，任人扼腕。现在的佛头，是之后佛门信众重塑，还了大佛一个完整身躯。

石窟位于寺院东北角崖壁之下，其状如瓮，洞内四周雕刻石佛有千余尊，高低不一，精雕细刻，神态各异，栩栩如生，故名"千佛洞"。

千佛洞，也称为石室方丈，宽2.4米、深2.55米。旧县志称其"状如瓮，人人其中，石声铮铮然。有石人二像，俗传梁山伯、祝英台大雅佛道也"。响堂寺之名由此而得，也由此而又被称作石室寺。

千佛洞坐东朝西，依崖而凿，方形覆斗顶，窟内雕较大造像6尊，四周千佛环绕计1 090尊。主佛像（东壁）通高1.33米，像高0.9米（可能就是旧县志中说的梁山伯或祝英台的造像），身披褒衣博带袈裟，内着僧祇支，结跏趺坐于束腰长方形平台上；其余低者8~9厘米；佛像始凿于北魏。这一时期的石刻造像多为高鼻深目、宽衣博带，异域风格特别明显，大多造于唐代永淳年间。

另有一石窟位于寺东墙外约20米处的北崖根下，大小与前洞相似，坐北朝南穹窟顶，顶部作莲花藻井，面宽不足2米，深约2.5米，高近3米；洞顶绘有4幅山水画，图案鲜明，生动艳丽；洞壁有8幅优美的山水、花纹、飞鸟图案，已模糊，但细观仍感生动传神、韵味无穷。但无石刻造像，盖为僧人修行打坐之所。

响堂寺石窟的洞窟形制为方形，四角攒尖顶。四角攒尖顶的样式最早见于北魏晚期的石窟中，隋唐以后这类洞窟则较少见。

响堂寺石窟虽然规模不大，只是作为地面寺院的附属体，但石窟造像雕刻水平较高、技艺精湛，其造像艺术价值和文化意义非同一般。

从造像样式来看，主要受到云冈石窟和龙门石窟的影响，而造像的某些特征，如菩萨像的服饰左肩斜披僧祇支至右胁，披巾敷搭双肘再沿身体内侧下垂的样式，以及洞窟作四角攒尖顶式，显示了与其他地区北魏洞窟较多的一致性。

自北魏以后，中原北方地区佛法大盛，开窟造像之举层出不穷。北魏平城的云冈石窟和洛阳新都的龙门石窟均为皇家所经营，而榆社正是沟通二京的重要通道，因而受到二京地区佛教的影响。这一沿线出现了较多的石窟寺院。响堂寺石窟无疑为研究这一区域的佛教和石窟造像提供了重要参考价值。

（三）禅师古塔

响堂寺背后石砌的墙体，高有数米，宽近2米，靠近西侧崖根处还有一孔半圆形的水道。可以看出，这面墙既是护寺的院墙，也是防洪的石坝。

墙坝北面是一面小山坡，沿着小路蜿蜒而上，至山巅，有一座方形单层砖塔，高约4米，为唐代禅师塔。这也是响堂寺留存的唯一一件较为完整的有着悠久历史痕迹的建筑遗存，同时也是被收录进《中华古塔通览》中10座榆社古塔中排名较前的一座。

庙岭山唐代禅师塔

（四）历史迷雾

寺庙东侧靠北的石壁上，有一竖行"梓相山石室寺太平兴国四年五月六日"石刻字样留存。此乃北宋太宗赵光义年号，"太平兴国四年"即公元979年，但不知为何将"梓荆山"书为"梓相"，或许是笔误。响堂寺西北石壁，有"成化十六年石室寺"石刻字样；有清道光年间荆山愚夫石刻题诗：

> 四百年前结下缘，相逢只待九三年。
> 迷迷惑惑重修寺，室殿森严复焕然。

庙岭山风光秀丽，远望群山环抱，四野苍茫，云蒸霞蔚；近看灌木丛生，生机盎然，虫鸣蝶舞，令人心旷神怡。寺前葱郁的松柏成林，林深谷幽，幽深之处怪石苍苔，有清泉汩汩流下叮咚悦耳。此泉即为紫荆山泉，泉水清澈，入口清凉甘甜，沁人心脾。凭借传承了数百年的、山西非物质文化遗产、榆社阿胶技艺所生产的榆社阿胶，所采用的商标正是用此泉命名的"紫金山泉"。

幽幽古寺，在静静地绽放着自己特有的文化之光。

四、二郎山

二郎山在云簇镇狐家沟村东南大约1.5千米处，海拔1 300多米，是榆社与武乡的界山。山的这边是狐家沟、巴掌沟、南村等榆社县的几个小山村；山的那边是武乡县的楼则峪、赵八峪、园则沟等村。这个山名来历，源于二郎担山赶太阳的神话传说。

据史料记载：二郎神原型名叫杨戬，是北宋人，但不知怎的，一来二去这个人就被神化了，家喻户晓，妇孺皆知。他的名气更得益于两部小说：一部是《西游记》，另一部是《封神演义》。前者记述其为"显圣二郎真君，见（现）居灌州灌江口"，有过一段放出哮天犬咬孙大圣的"恶行"；后者言之为"玉鼎真人之徒弟"。他在传说《劈山救母》里也做过扼杀亲妹三圣母爱情的"恶人"，但在民间，他"神"的地位和形象似乎从来没有过多少撼动。

相传，上古时期天上有九个太阳，天空炙热，大地焦黄，百姓无法生存。高居天庭的玉皇大帝得到消息，便下旨令二郎神驱赶太阳。力大无穷的二郎神于是拿起一根扁担，挑了太行、王屋两座大山开始驱赶太阳。自此之后，二郎神历尽千辛万苦，花费数年时间，终将九个太阳中的八个一个个都追赶到"手"，并压于大山之下。

有关这个传说，在榆社则被加入了本地文化元素：传说二郎山神担着两座山，往前急急追赶太阳，行至今天的云竹一带时，正巧被湖边一个洗衣裳的婆姨给看到了。这个洗衣裳的婆姨看到这大汉竟一肩担着两座大山在急急赶路，很是惊讶！再一细看，大汉肩上用来担山的不是木制的扁担，而是一根细细的麦秸秆！这一惊更是非同小可，她不由脱口就喊道："麦秸秆秆担大山，两腿生风走西川（指云簇一带）。看把你日能（榆社方言，指有本事）的啊，就不怕折了？"这一喊不要紧，一下子就把二郎神的法术给点破了。只听"咔嚓"一声，麦秆扁担果真从中间一折两截，两边挑着的两座大山也随之沉沉地落至湖边。二郎神恼恨地看那洗衣裳的婆姨一眼，也不搭话，只无奈地叹口气，便踏着湖水上了岸，朝着东南方向去了。

二郎神走出十多里来到一山梁上，忽觉靴中似有不适，低头一看，才知是刚才过那湖水，把两只靴子给湿了，于是索性就把靴子脱了下来，放到山脊上去晾晒，自己则找了一处树荫歇息下来。可未及多歇，空中便传来一声喝喊："玉帝有旨——骄阳如火，百姓受煎，命二郎神速速逐日，不得有误！"二郎神一听，靴子也顾不得穿了，赶忙起身急急而去。自此之后，二郎山的名称便替代了这座无名之山，而与二郎神晒靴相关的自然景观也被年长日久地"留"在了这里。

二郎山东南端山脊上有一块突兀的巨石。巨石上面还有几外不规则的豁口和缝隙，猛一看，还真像是摆着一双硕大的靴子，这就是二郎山的"地标"之石。"石靴"有5米多高，长、宽各约6米、2米。"靴面"上有一孔直径尺许、数个直径约10厘米的圆形浅坑，还有两道筷子粗细、半尺长短的白色浅痕。传说是神仙下凡时留下的"锅、碗和筷子"。与"石靴"相距不远的北侧，也有两块巨石静卧于杂草之中，在其东侧，则是一壁高约丈许的石崖，崖根长着几棵高高的杏树，崖缝则挤满灌木和杂草。在石崖高处，有一线巴掌大小的扁长石缝，传说是二郎神在此晒靴时将扁担插进石崖上留下的（这一传说与麦秸秆扁担的传说略有不同）。石崖东南一侧的大石上，便是传说中二郎神赤脚站立留下的两只长约尺许的脚印的地方。

从另一个角度来看，这"石靴"更像榆社博物馆中珍藏的远古动物化石大唇犀，正雄踞山巅，跃跃而前，更具动感。除此之外，山上还有石猴、石蛇、石龟，也有像王莽岭上垒摞成沓的"石书"。

五、禅隐山

禅隐山在县西河峪乡上赤峪附近，亦称禅山，海拔高约1 200米，沟壑纵横，林密谷幽。禅山有八景（亦称"禅山八宝"），即毗卢阁、千佛塔、卧佛殿、仙人洞、道人泉、利生桥、长老松、牛皮鼓。

著名的崇圣寺位于禅山山坳，因而也称禅山寺；创建于唐，初名崇严寺，宋嘉祐年间（1056—1063）改称崇圣寺，后毁于兵火；金大定十五年至二十六年（1175—1186）重建；元至正九年（1349），清康熙、乾隆、嘉庆年间及民国十八年（1929）屡有修葺；1988年、2015年两度维修；今占地面积约2 100平方米，坐北朝南，由上、下两座院落组成，中轴线上依次建有山门、天王殿和大雄宝殿，两侧为配殿、僧舍、厢房及东碑廊。现存大雄宝殿为元代遗构，其余皆为明清建筑，其中大殿和南殿，以建筑宏伟壮丽、庄严大方著称。寺内存有重修碑17座，元代石塔两座，明代砖塔一座。2006年5月25日，国务院公布崇圣寺为第六批全国重点文物保护单位。

山门内第一进院落中，左右建有禅房，而正面的石砌高台之上，建有背向山门的天王殿。天王殿左右分别是二道山门。天王殿为面阔三间、进深六椽的悬山顶明代建筑，前后檐插廊，殿内四椽，屋顶铺灰色筒瓦，屋脊嵌瑞兽，檐下彩绘色泽鲜艳、构图精巧。高耸的砂石基座石台正中有一洞神秘莫测，传说有高僧隐于此，故有禅隐山之名，洞名仙人洞。天王殿在清代及民国时期均有修葺，如今天王殿内两侧山墙的壁画均为清代所绘，保存完好。

天王殿高台向后可进入二道山门，又一院落，左右两侧建有观音殿、地藏殿和东西厢房，正面就是大雄宝殿。院中有一株高大的唐松，两人合抱粗细，高20多米，冠如华盖，其形如伞，故名伞松，其阴影面积百余平方米。传说避雨其下，不论人畜多少，均可受庇，不遭雨淋。近年，古松濒危，2020年枯死。

大雄宝殿是崇圣寺的主体建筑，建在约30厘米高的砂石台基之上；面阔三间，进深四间，平面正方形，单檐歇山顶，斗拱硕大，出檐巨深，前檐建廊；上铺灰色筒板瓦，屋脊置五彩琉璃瓦，两端嵌瑞兽。这种构架使得屋面坡度平缓，四角轻盈翘起，玲珑精巧，气势非凡。

寺门向南有一石砌拱券石桥，叫利生桥，横跨深涧，架通南北，长约20米，又名七步仙人桥。传说人过此桥，不管步大步小，只七步便可过彼岸。

寺东有白龙庙，庙前有泉名曰道人泉，俗称八角井，也十分神奇。传说一客僧来自五台山，于此投宿，叹羡寺小形胜，唯汲水困难。天明将行，客僧徘徊寺左，用禅杖画地，令人挖掘。挖了还不到一尺，僧遂去，继而泉水流出，不仅清澈甘洌，还能治疗多种疾病。原来这个客僧乃文殊菩萨显化，道人泉之名概源于此，只是不解佛家善果，何以道家名之。现井已干涸，内长一株黑枣树，枝繁叶茂，不见结果。

崇圣寺（摄影 欧阳君）

禅山长有一种柏树，其木纹如鸟，故名鸟儿柏。柏树通身被柏叶裹盖，不露躯干，千姿百态，是一种很好的风景树。榆社人传说鸟儿柏不下山，所以人们移植屡不成功。

禅山多云，白云最多，每每藏于山谷，飘于峰巅树顶，如纱拂面，若隐若现，缥缈迷离，给人以神秘莫测之感，蔚为壮观，被称为"禅山云隐"，名列榆社八景之一。历代文人墨客游咏颇多。明代乡儒李锦制有诗曰：

> 古刹云藏卓此山，一经入处净尘缘。
> 老藤缭绕龙蛇曲，怪石狰狞虎豹关。
> 鹤力松巅潜雾里，僧行峰外近宵边。
> 虹桥偃卧泉甘洌，徒以幽人兴未阑。

六、紫金山

紫金山在河峪乡南山村西南方向约5千米处，地处榆社、祁县、武乡三县交界处，海拔1 600米；上有紫金寺。

由南山村前行经寨底（自然村，1961年退居），再至牛口豁（地名），然后行数里即可至紫金寺。

寨底附近的山上在旧时曾是土匪山寨，叫红裙寨。紫金山有"九宝"，其中，有"六宝"就都集中在这一带，即金洞、银洞、煤窑洞、朱砂洞、白土坡、蚂蚁背。金洞、银洞传说是土匪藏匿财宝的"秘密金库"。煤窑洞自然是产煤的洞口。榆社无煤，自然视之为宝。清末民初曾有财主雇人挖掘，但埋藏太深，得不偿失。白土坡是产白土（白垩）的所在。过去乡民经常用它粉刷墙壁，或是洗衣除垢。蚂蚁背也颇为稀奇，此处蚂蚁极多，随便用镢头一刨，就是黑森森的一团。

另外"三宝"则在紫金寺附近，即韭菜崖、新龙池、旧龙池。

韭菜崖就在紫金寺西北角。这里峭壁悬崖，陡险奇绝，崖畔上到处是绿茵茵的野韭菜。

旧龙池在紫金寺下去的半山腰。而新龙池则在紫金寺北面不远处的山石下。说是新，但从龙池周围垒砌的石条和石条上的字迹来看，至少也是民国时期就有了。新龙池的位置几乎已到山顶上了，但无论旱涝，池水常年不涸，且清洌甘甜，既是水源，又是山中奇观。

今天的紫金寺，在过去叫金献龙神祠，亦名白龙庙。光绪版《榆社县志》载："金献龙神祠，在县西紫金山，上有五龙神祠。俗传金献龙王者是也。山为祁、武、榆三邑犬牙相错地。居民祷雨辄应。咸丰八年，前邑令叶兆晋亲祷，果得雨，是岁有秋因劝捐重修。"

据民间传说，这白龙庙供奉的小白龙，原是榆社潭村巩姓家族的一个小外甥。转世后，年幼的"小白龙"随母寄住在潭村娘舅门下。母子二人虽勤劳有加，仍为舅父、舅母所不容，最终还是被赶出家门。临行前，他的舅父曾发毒誓互不往来。后来，娘俩一路乞讨流落至现在的紫金山一带，才勉强住了下来。"小白龙"靠着给大户人家放牛为生，养活老母。也许是上天也有好生之德，故特意赋予"小白龙"一身特别的本领——每当雨天，山洪暴发，他就将一根根柴草横摆在洪水即将流过的山坳里，待雨过天晴，便可淤出一块块田地。但这地，"小白龙"却一垄也不要，全都拱手送与附近乡民。又传说，"小白龙"转世显灵后，有一年潭村大旱，村里推举一巩姓老者率队前往紫金寺祈雨。"小白龙"看到是舅舅家村里的人来求他了，虽然旧恨难消，但毕竟有"神"的胸怀，不但没有让舅舅家村里"死一口人"，而且给潭村施了一场好雨。只是，这"小白龙"也是童心未泯，祈雨队伍刚刚离开，便拿起供台上的半碗墨汁，照着潭村方向的半空中就猛地泼去。等祈雨队伍回去，才知这雨下是下了，而且还下得不少，但不知为什么，竟然是一场黑雨。

传说毕竟是传说，真实性无从考证，却更平添了紫金山的神秘色彩。

七、悟云山

悟云山位于榆社县西北方向，距县城70里左右，海拔1 879米，是榆社第二高峰。这里是一处以植被茂密、物种丰富、自然生态保存完好而著称的名胜。雄宏的山、幽深的谷、清澈的水，以及遍野的山果、扑鼻的花香，孕育着千百种生命。俯首四周，群山环抱，云雾缭绕，时而盘绕久久不散，时而扶摇直冲蓝天，置身其间，飘然若仙。

悟云山是榆社名山，其名气古已有之。从清代不同版本的《榆社县志》中可以看出，悟云山在弥陀寺始建之初的康熙年间，尚称之为"雾云山"，意在山色；到了之后的清代晚期，渐渐由"雾"变"悟"，终成为今天的"悟云山"，概为禅意。

由河峪乡西沟村而过，沿着河艾沟（河艾沟既是这道河谷的名称，也是一个自然村的村名）即可进山。沿途美景如画，更有大片艾草，河艾沟之

天然氧吧悟云山

名，大概由此而来。每年五月，山风起处，一股浓浓的艾叶味，夹杂着蒿草和野花青涩、淡雅的混合味道，掠过鼻翼，沁人心脾。

河艾沟南侧海拔略高的山上，是一坡间杂着杨柳榆杏和松树的林带，而靠近河沟的地方则是一丛丛高低错落的黄刺玫。

山路七拐八弯，纵横交错。这一带的植被仍以乔木居多。乔木中则以杏树、山梨、野山楂（乡民们称之为马公子）较多。而灌木，则是以醋柳为主。

夏季是满山皆绿色，来此最神清气爽。若到深秋，一树一树熟透的山梨、野山楂、醋柳蛋子，黄的、红的、甜的、涩的，让人流连忘返。

走过一段不太陡的"弓"字形山路，钻出林子，便是一处相对开阔的二坡地。这里便是河艾沟村的旧址。村子早已退居，土地也早荒芜，但地头的石堰还在，石房子的残垣犹存。隔着一条小溪不远处的高坡上，还有一间矮矮的小石房，据说是山神庙。而在小庙的后边，则有一处用作圈牛的石垒的圐圙。但现在这石圐圙也已废弃不用了。在悟云山上，牛是最幸福、最自由的生命。每年清明过后，主人将牛群赶到山里，除了隔十天半月来喂一次盐之外，就由它们自由地吃草、睡卧，包括"恋爱"、生育，直到小雪将近，山上草枯，牛方懒散地回到村里。这时，牛的主人会发现，凡是牸牛，都会有个小牛犊跟在屁股后边，活蹦乱跳，乐不可支。

转过山神庙，穿林登高，爬上一道长满杏树的土坡，就会看到一块足球场大小的绿草甸。老乡说这地方叫水圪洞，原先是一处洼地，因常年积水，便淤泥成田，又无人耕种，这才长出一滩茵茵绿草。草甸北侧略高点的平坦处，原来也是一片耕地，是悟云山上弥陀寺的田产，地名叫二十亩。但现在，二十亩也长满了灌草，成了牛和野鸡、野兔的乐园。而像这样的荒芜之地，在草甸四周星罗棋布，总面积有数百亩之多。

榆社民间素有"八宝禅山""九宝紫金山""十宝悟云山"之说。悟云山之"十宝"，指的是卧龙岗、四县垴、中金垴、八步石、水龙池、大钟寺（弥陀寺）、龙凤塔、旗杆院、莲花台、大石鳖。其中，卧龙岗（指弥陀寺所在的高岗）、中金垴（指草甸东南方向的山巅）、八步石（指草甸西侧山脚下一块长宽各约8步的大石）、水龙池（指弥陀寺前常年不干涸的一眼泉水）、四县垴（在草甸西南方向的另一道山上）为自然景观；大钟寺（弥陀寺中原挂有一口硕大铁钟，乡民因此呼之）、龙凤塔（指建在弥陀寺西侧的一座六角石塔，现已塌毁）、旗杆院（指弥陀寺前竖有一高大旗杆的院子）、莲花台（寺院中用大石雕成的观音菩萨之莲花宝座）、大石鳖（实为碑座，古称赑屃），则为佛教方面的文化遗存。

弥陀寺始建于清康熙四十三年（1704）。从碑文记载可以看出，弥陀寺在当时也曾是榆社、祁县、太谷、武乡四县香客信众顶礼膜拜的佛教圣地。只可惜，现在这些佛教建筑只剩下了一片残垣断壁。2014年，弥陀寺得以重建，但钢筋水泥的现代建筑，相比于几百年前的砖瓦石块，在建筑规制和艺术创造方面大不相同。

弥陀寺遗址背后的山坡，是一摞不规则的梯田，原来也都是寺中的田产，但现在全部长满了杂树。穿林而上，翻上西北方向的山梁豁口，再向南而上，便是海拔近2 000米的悟云绝顶；由豁口处西去不远，便可望见巍巍四县垴和吴娃背山；而在悟云绝顶的整个背坡上，则长满了挺拔茂盛的白桦林。通往祁县方向的悟云古道，就隐匿在这密密的白桦林中。

悟云山植被非常好，这里收纳着榆社最为齐全的植物种类。因为山高林深，动物也比别处要多，山上常有山羊、狍子活动，也有野猪，偶尔还有豹子出没。悟云山春夏秋冬时时皆有美景，山谷溪沟幽径险峰，处处都有情趣。

八、中金垴

中金垴在榆社县河峪乡西沟村南约5里处，距县城约75里，海拔1 853米。

中金垴为悟云山山系子山，被文人雅士列入"悟云十宝"之列，更是悟云佳境所在。清代光绪版《榆社县志》记载中有"南顶中顶北顶"之说，中金垴应是悟云山中顶，中金垴东南方向与之比邻的另一座山峰南金垴为南顶，四县垴为北顶。需要指出的是，清版县志常把四县垴和悟云山混为一谈，称四县垴为悟云山。从两山所处的地理位置来看，显然是不正确的。据此推测在古人的认知中，更突出文化意义上的悟云山，即使四县垴比悟云山高出一头，也只能从属于悟云山，成为其子山。

中金垴的风光与悟云山的风光极其相似，更与悟云山关系密切，在游赏中金垴时，是无法把它与悟云山隔裂开来的。

中金垴一带的风光最具悟云特色，这里的植被有别于榆社其他山脉，甚至与相距不远的马家峪一带也有天壤之别。其他地方像这样的阳坡多生山桃树，少有杏树生长，但在这里却满是杏树，花开的时候满眼雪玉。这里还有少量山核桃，果实类似于桃核，又略比桃核大，枝叶和家栽的桃核区别不大。这种树在南太行的山中常见，但在榆社别的地方几乎见不到。

从榆社与祁县交界处的庙沿豁，向下即是祁县地界，也是由东线登四县垴的线路；由此向东正是去往中金垴的方向。庙沿豁虽地处山脊，但面积较为开阔，可以看出原来这里大多是耕地，长满了山梨、野山楂、黄刺玫、住柴柴（麻叶绣线菊）等。中金垴南坡上植被并不茂密，一般有20分钟足可登顶。中金垴之巅也不宽广，且草木丛生。从这里可清晰望到西北方向的悟云绝顶、西端的四县垴、东边的果老峰。

下山时，可从南坡前往南金垴。俯瞰北坡，满是高大的蔡木，秋天来临，这里层林尽染，红叶无比壮观。由南金垴向东北穿越一面蔡木林陡坡蜿蜒而下，顺着一道山梁再向北行，便离西沟很近。由这里向东的沟谷，便是安国寺附近的石门沟；若向东北山梁而去，则是窑庄沟山林。这一带也多杏树。穿越松杏林再向北而行，是一面松林幽深的长长陡坡。这里的松林是20世纪70年代铁三局知青栽下的。只是现在的他们，早不知去向何处，此地只留松涛阵阵，山风习习。

九、果老峰

果老峰，亦称张果老峰，相传为张果老得道处；在榆社县河峪乡郭家山村南约8里处，距县城80余里；海拔1 800米。

果老峰顶有一座北齐佛教造像石塔。塔四周不甚宽敞，因有石塔在此，当地乡民把这处东临绝壁、西拥缓坡的地方称为塔儿背。由塔儿背远眺东南，清晰可见烟波浩渺的云竹湖；近瞰绝壁之下，则是一片二十亩大小鲜有草木生长的砂石坪，谓之驴打滚。与驴打滚相隔一沟的东南面山坡上的松林中，赫赫然有一壁丈余高的中间洞开，两侧直立着的硕大石门，乍看似人工筑就，其实是天然生成。这就是南天门，也叫通天门，是传说中张果老得道

果老峰（摄影　欧阳君）

成仙由此登入天界的地方。

　　果老峰石塔是已知的中国最早的佛教石塔，也是我国唯一一座连山佛教石塔，是榆社被录入《中华古塔通览》中的古塔之一，也是榆社古塔中历史最为悠久的一座，同时也是果老峰的地标性文物。

　　石塔为连山麦饭石石刻佛塔，呈四棱台形，共四层，顶平（塔刹不知何去），通高3.41米（历史资料记载为3.53米，可能是包括塔刹在内的高度），每层四面各雕有一个石龛，龛内雕菩萨、弟子、侍者共计54尊，塔形古朴大方，端庄别致。

　　塔西及西南数米处有巨石两块，北侧有略小者数块。西南的一块大石左侧高约20厘米处，凿有80×22厘米大小的一道凹槽，乡民谓之饮驴槽（并传言曾有用来拴驴的一根石楣橛），实际上是原来安置石碑的碑座，但石碑已经不知去向。西侧的一块约2米高的三角状的大石，靠东一面竖书三行大小不一、朴拙刚劲的石刻题字，多半字迹仍清晰可辨。

　　从石刻字迹"大齐国三年"和"弘治九年"等信息可以推断，这座石塔建于北齐。塔上原有塔刹，后遗失，可能在明朝弘治九年又补修新增过塔刹（不知何时又遗失）。

　　据县志相关记载，推断果老峰之巅原是一根高达丈余的石柱形的粗壮山石，之后由匠人雕琢为造像佛塔，石塔每层的石龛均镌有浮屠。但塔层为偶数（四层）的佛塔，在中国是少见的（如连塔刹计算，仍是奇数）。

　　果老峰石塔（包括石刻文字）弥足珍贵，是研究北齐雕刻和建筑艺术的珍贵实物，现为山西省重点文物保护单位。

山之上下，有诸如"通天门""驴打滚"之类的传说故事在世代流传，也有诸如凿在窑沟石崖上的佛洞、郭家山"石扇车"下的佛教石刻造像、安国寺等佛教遗迹留存。这种佛道共处一山的情形，让人浮想联翩。

果老峰山势险峻，山上灌木丛生，野花处处。仲春时节，满山杏花开。杏花开罢，参差错落的黄刺玫、住柴柴（麻叶绣线菊）、紫丁香等一丛一丛竞相开放，满山满坡野花烂漫，热烈奔放的、含苞欲绽的，黄的、白的、紫的……这样的山峰，除了苍劲、神秘，也不乏绚丽。

附：

《中华古塔通览》录入的榆社古塔共10座：张果老峰石塔（北齐）、响堂寺禅师塔（唐代）、青龙寺石塔（唐代）、空王佛山石塔（唐代，现已残缺）、邓峪造像石塔（唐代）、崇圣寺石塔（元代，共两座）、崇圣寺砖塔（明代）、文峰塔（清代）、南村砖塔（为南村陈氏祖坟塔，建筑年代不详）。

十、天布袋

天布袋山在榆社县河峪乡西形彰村西，距榆社县城约50里，海拔1 522米。

在过去，榆社人常用家织的粗布做成装粮食的口袋，称之为布袋。天布袋之名，盖由此而得。由平底、东形彰、东清秀等村远望，其势正像一只紧扎着口子的硕大布袋从天而降，突兀一方，稳踞群山。

由西形彰村西去不远半山腰上的碾盘圪洞（自然村，已退居）开始徒步，沿一条曲里拐弯的小路可进山。天布袋就在它的西侧，由此可望高矗入云的天布袋山巅。

沿着小路西去不远下到河沟处，可看到一条潺潺的小溪。顺溪往南几步又可看见一泓清澈小潭，潭之泉眼在西侧一块大石下，四周是人工堆积的土坎，放置木凿的羊槽，供羊饮水。溪畔不规则地长着一些杨柳树。由小水潭顺着山坡向西南，就正式开始攀爬天布袋了，山高坡陡，却胜境在即。山下南侧一片沟谷，是个天然而成的野杏沟谷。

行至半山，杏树渐多。这满山的杏花让人忍不住吼几句"桃花红来杏花白，翻山越岭来瞄你来"的开花调。山路边的灌木丛中一块高约1.5米的缀满铜锈般的苔藓大石头上，竟有4个刻有佛像的一字排列的佛教石龛。

由山巅极目四周，处处峰峦叠嶂，遥遥可辨北端的空王佛山、西边的果老峰，甚至四县垴。据西形彰村的老人说，山顶上树丛中有一眼深不可测的大石洞，洞底直通十多里外海眼村的海眼泉。此洞多深，扔一块石头下去半天听不到落底的声音。

由天布袋山顶南侧下去，是稍低一点的一处山脊。在这道山梁尽头的东南端，是道裸石壁立的断崖，而在断崖的最东面，则是由山崖断裂时形成的几尊天然"石人"，乡民谓之美人山。由美人山南去不远，再翻一道山梁下去，即是地处禅山的崇圣寺。

十一、空王佛山

空王佛山在榆社县河峪乡东庄则村附近，距县城约50里，海拔1 571米。清代县志中载"峰峦高耸，为西乡第一主山"，乡民呼之为"康佛山"，实则是"空王佛山"读音上的谐音。

空王佛山之名，实际上应为"空望佛山"。相传秦王李世民征战上党路经此山，忽闻山上有诵经之声，待登上山顶，却只见寺庙空空，寻觅许久也不见诵经之人，只好感叹一声"来此空望佛也"，又徘徊许久，方带着迷茫下山而去。李世民登基后，得知当日那个只闻其声不见其人的诵经人，是一位叫田志超的高僧，便封其为空望佛（也称空王佛）。现在已说不清空王佛山之名是在李世民由此发了一番感慨离去时人们命名的，还是在后来封了田

空王佛山唐代石塔（摄影 李旭清）

志超空望佛后而命名的。

空王佛山坡陡、路险，曲折盘绕，虽无太多的乔木林带，但灌草丛生，乱石峥嵘，可尽享登山之乐；山巅尚留有半截唐代佛塔，山间有青龙寺遗址，曾有土匪山寨；山之东侧有马鞍山、磨不直山、罗成顶之"马蹄印"等险要奇观，更能增添访古之乐。

空王佛山西北坡山脚下不远是西马乡的南岔村，再向北数里是319省道。北坡植被茂密，若由此登山，几乎无路可寻，所以一般登山者选择的都是从河峪乡东庄则村附近出发，由植被稀疏的南坡而上。到东庄则村路过西周村和龙王堂两个村子。西周村是一个古村，也是一个文化古村。这里曾发掘过王建立墓。王建立是唐末五代时期辽州榆社人，历仕后唐、后晋两朝，后晋时封为韩王。村西曾有龙凤山，因早年间劈山运土，现已不存。旧县志描述其为"山形如纱帽，上建有寺院，下有龙池，天旱祷雨甚验"；村中曾有亚岳庙，现已不存，旧县志对此庙做了专门介绍："祀唐长子令崔府君名珏，祷雨辄应"。但亚岳庙是否就是建在龙凤山之上的那座寺院，尚待考证。村顶有定觉寺，寺中老松及南殿尚存。2017年，考古部门在村西偶尔坪（地名）发掘出一处战国城址，更是把这一带的文化历史推向一个更为神秘的境地。

龙王堂村名因旧时村口河边建有龙王庙而得。但在多年以前，庙已坍塌，唯余废墟。从东庄则村的北端沿着河道前行里许，向东北处有一沟谷，名道沿沟。此沟原名道人沟，传说山上曾建有道观，住有道人。由此北上，可登山。若不走道沿沟，需继续向前再行大约3里，至一岔路口，向西北而去，则是杀人沟，入沟掌可登大西山，若折而向东北而上，便是通往空王佛山的山路。由此而北上，小路如绳，缘绳左拐右盘，蛇行而上约一个小时，便可登顶。山顶上几乎没有乔木，只有一些醋柳和胡荆。那尊被录入《中华古塔通览》的半截唐代古塔和寺庙坍塌后的几截石柱、石梁静静蹲伏在一丛丛杂乱的灌草之中。石塔造型优美，雕刻精致典雅，为唐代石塔中的精品，具有较高的学术价值和艺术价值，是不可多得的艺术珍品。

在东侧与空王佛山巅遥遥相对的是马鞍山山巅，旧志称其"怪石嶙峋，高矗云汉，中分两歧，形如马鞍，故以为名"。若从山北远望，马鞍之状更为逼真。其西北坡上原有个小村叫南山塔，东北面的半山腰有马鞍山村。由空王佛山向东而下，至马鞍山南坡的半山腰，山桃处处，地势险要，据说旧时曾被土匪盘踞，称为黑山寨。由黑山寨向东而去的山脊上，是一道豁口，豁口南侧高处有一大石，状若虎头，得名老虎豁。由此而下东北不远的半山腰间，便是马鞍山村。向东南沿山脊行走，大约3里之遥，下到半山之上，便是磨不直山。此山造型怪异，高险奇特，妙趣横生。这里本来是一处相对平坦的干石山顶，但又在砂石顶端杵出一方占地不足一亩、高约二十多米的巨石。巨石下阔上窄，腰部有天然石檐、石洞；顶端狭窄处渐渐变为一根粗壮的石柱，整个造型看起来酷似一盘揭去磨扇的石磨。而那石柱，便是用以榫接上下磨扇的磨轴——乡民谓之"磨不脐"，在旧县志里的表述则是"磨不直"。

从河峪乡鱼头村一带或是西马乡东马村一带远眺，磨不直之石柱形状尤为显眼。从磨不直山的西北面远看，此山又极像一大一小两只猴子的造型，所以附近村庄也称这一景观为"大猴背小猴"。

磨不直山的西南端，是一线陡峭的山崖，崖畔一处大石上，留有四五个碗口大小的圆形浅坑。此处便是乡民称之为罗成顶的地方，就是罗成策马上山所经之处。而那些圆石坑，传说就是罗成跃马于此而留下的马蹄印记。

十二、黑神山

黑神山在榆社县城东25里处，古称黑山，海拔1 442米。

黑山之名，被录入清代《榆社县志》"山川"之列，言其"在县东二十五里，其高为诸山之最，松树茂密。山巅建有黑山神庙，土人以七月十五日祭赛"。由此也可推测，正是因黑山上建有山神庙，久而久之，乡民为着顺口，便将黑山改称黑神山了。

相传，黑神山的一个山洼里曾埋有一只聚宝盆，那里长着的青草总是头天被割掉，第二天就又重新长出，繁茂如初。后来，这聚宝盆被一个放牛小子给挖到了，但他"有眼不识金镶玉"，以为挖到的只是一只破瓦盆，随便往家里一扔，却让老母亲顺手做了喂鸡盆。但怪事出现了，不管第一天往盆子里放多少鸡食让鸡吃掉，第二天就又会有多少鸡食出现在盆里。老母亲毕竟经历的事情多，心想："莫非是人们传说的黑神山的聚宝盆跑到我家来了？"她便悄悄地把瓦盆洗净，用它盛了一盆白面放在柜子里。还真是，头天明明是把那面吃了，可第二天又是满满一盆面原样放在柜子里了。这下子把老母亲乐坏了，干脆直接在盆里放了一些碎银子。不用说，有吃、有穿、有钱花的好日子就这样很容易地来到了。但好景不长，过了月余，从辽州方向过来一伙溃军，闯进村里烧杀抢掠，无恶不作。一家人赶紧逃难而去。当然，临走之前，别的东西拿不拿无所谓，聚宝盆必须带上。可世道混乱，带在身上又怕遭抢，于是一家人就上了黑神山，找了棵歪斜着身子的松树将盆埋在树下。为了将来便于寻找，还特意在松树枝上系了一缕红布。又过了月余，打听到溃军撤走，一家人回来赶紧就上了黑神山去寻找聚宝盆。可风吹雨淋，红布条已不见，歪身子的松树也记不清是具体长在什么位置了。没办法，他们只好找类似的松树挨个儿挖，挖了一天没找见，第二天上山准备接着再挖。可谁知道，上山一看，一夜之间，整个黑神山竟然都密匝匝地长满了一模一样的歪身子松树。

聚宝盆的故事看似与黑山神庙无关紧要，但实质上也是以另一种形式渲染了黑神山的神秘色彩，并以此换得民众更为真切的崇拜与向往。

若登黑神山，可从箕城镇暖水站村南出发，从沟口西侧找到半山腰上的羊肠小路，便可一直往南而去；约3里多，即到黑神山北端的山脚下。从这里扒开横斜的灌枝躬身而过，便又见上山小路。顺路向东南爬坡而上至山梁。

黑神山沟坡植被多为黄刺玫、沙棘、铁箭蒿、河艾等灌草，以及零星散落的杨、柳、刺槐、杏树。越往上走，松树渐多，松林正密，青翠欲滴。沿着松林中半山腰的小路折而向南再行2里上去，就是黑神山主峰。

建在黑神山之巅的山神庙现已不存，只有西侧一面用石条垒砌的大约3米之高的庙墙根基还保留着。簇拥着这面根基的是一丛长势蓬勃的牛荆。废墟上的乱草丛中零乱地散落着几面清代石碑和当初建庙的砖瓦石块，碑上的字迹已模糊不清，但依稀可以读懂当时建庙的情形。这里是周边数十里的一个制高点，向西可俯瞰县城概貌，向东远眺则是没入云雾的茫茫太行山群峰。

黑神山植被茂盛，常有野猪、山羊、狍子出没。黑神山最美景色在春季，在这个季节里，一连月余，先有杏花，再有黄刺玫，后有槐花，漫山遍野，绚烂多姿，花香四溢。

十三、阎家寨

阎家寨在北寨乡杏花庄西北5里处，距县城约80里，海拔1 610米，因旧时附近曾有阎家寨村，故山因村名而得名。

阎家寨是县北"后二区"一带海拔较高的一座山峰。"后二区"这一地理名词，是榆社人对榆社县北寨周边区域的称呼。从前，榆社的行政区划一直实行的是区村制，全县先后设置2至8个区不等。1949年12月，上级将原属和顺县的温泉、堡下、曲礼、上城南、郜村、白家庄、北寨、郊口、石源、道陆、刘王后、双峰12个行政村和97个自然村划归榆社，设为第五区，后来因撤去五区而划归二区。此时，全县共有4个区，即一区城关、二区南白村、三区云竹、四区郝壁。自此，榆社方有"后二区"之说。

　　杏花庄是登阎家寨的起点，也是一个既朴素又富有诗意的村名。现在的村子是由西去不远的杏花庄旧村搬迁而来的。杏花庄原名叫新村，相传最初由张、韩两家在此种山，起房盖屋，新立村庄，后改名为杏花庄。旧的杏花庄已无人居住，现在能看到的只是一些坍塌的墙院和破败的土窑，还有散落其间的几株老杏。

　　杏花庄偏居沟谷，位置隐蔽，距离抗日战争时中共太行第二地委、太行军区第二军分区驻地堡下村不足10里。正因如此，八路军在这里建起了一个自给自足的小型兵工厂，用来加工制造手榴弹、地雷等简易武器。

　　从杏花庄出发，沿村西的小河一直向西北方向行走，约3里之遥的西端，即是阎家寨。北寨一带多温泉，杏花庄东侧不远的邻村就叫温泉，而在杏花庄的山沟里随处可见。

　　从这个沟底登阎家寨，可有两种走法：一种是从河谷南侧沿山坡而上，这里有一条坡度较缓的山路，从南面山上的半山腰一直盘山而去，走到尽头即是与阎家寨南端衔接处的山脚下，然后再沿着阎家寨阳坡下方，向北至与背坡交界的山脊处寻小路向西直上阎家寨；另一种走法是沿河谷向西再行一段，至阎家寨山脚下直接向西直上。这段山路虽为捷径，但较为陡险。

　　阎家寨的半山腰处较为平坦，山腰下植被稀疏，乔木很少，只有几株山桃，其余多为低矮白草和铁箭蒿。半山腰上桦树、杏树渐多，灌木层出，整个阎家寨主脉从天而降，壁立陡直的山崖横陈，崖壁南北约2里之长，两端各舒缓而下与周边的山峦相接。在崖壁之上的缓冲带上，则是一片错综纷乱的桃林，间杂着一些榆、杏和山青杨。

　　从崖壁登顶除过大石间宽窄不等的缝隙可攀爬而上。顶峰是在整个大崖壁上突起的小崖壁，面积也不算宽广，呈长方形，长约百米，宽约二十余米。山顶散落着两块大石，大石四周是密密麻麻的灌木。崖畔长着一棵一人多高的杏树。

　　从山顶向西远眺，隐约可见大豁山，向西南望去，约十多里处，则清晰可见高耸入云的小杏山，西北不远则是奇峰突起的郭家寨。向东越过温泉、郭家社两村的山梁上，则是与和顺县交界处的佛爷岭。

　　下顶峰向西北，相邻另一座山梁上有块裸露的硕大巨石，恰似黄山之上的"天外飞石"；从山梁下去至南面半山腰沿崖畔小路往西南而去，大约2里，有一怪石奇观，高约6米、直径约2米，在一大石台上，形似立獴。

　　从此处返至阎家寨峰巅北端，于灌木丛中得一豁口，由此东而下，随陡坡下行约数百米之后，再向南行不远，是登顶所过的崖壁之下那片山桃林，经此可原路返至山下的杏花庄。

十四、郭家寨

郭家寨在阎家寨西北角，两山之间的直线距离不足10里，海拔相近，山名来历也相似，也是因附近曾有郭家寨村而得名。

贯穿北寨沟的泉水河是榆社境内浊漳河的五大支流之一。泉水河是榆社水源最为充沛、水质最为优良的河流。郭家社地处泉水河上游。泉水河就从郭家社乡民们的家门口流过，而它的发源地，就是村子西北方向的郭家寨。由郭家社村北沿河而行，一直向北约5里处，为卧牛坪（自然村，已退居）。从卧牛坪沿河继续向西南前行，大约3里之遥，便至郭家寨山脚下，但这一段的路较之前要难走一些。河谷两侧都是山峦，山上几乎全是林木，溪水淙淙。

郭家寨的阳坡上植被甚少，半山腰下是几株杏树，往上一带是黄刺枚，接近顶峰的台地上，则是一带葱郁的山桃林。穿过桃林，顺着羊肠路向西南方向斜斜地上到山梁上，这处地方较为平缓，名为马蹄豁。由马蹄豁向南而上是一处峭壁陡险、怪石林立的小山峰，山顶不甚宽广，只有数百米之长的一道窄窄的峰峦。

从这里向东南而望，阎家寨、小杏山，宛如眼前。顶端靠东的一块大石面上，留有数枚碗口大小的浅石坑，还真像马蹄踏过的印痕。只是印痕模糊，一时难以判断是人工开凿的还是天然生成的。

在马蹄豁一块较为平整的连山大石上，也留着一组呈五角形状排列的"马蹄印"。马蹄豁之名正是由此而来。但这处"马蹄"人工锻凿的痕迹十分明显，排列也较为规则，小者有4个，相距3米左右，呈长方形排列。这些马蹄印极可能是用作安置木柱的坑洞。这4个坑洞若被安插上4根木柱，正好可以支撑起一座小小的亭台建筑。而那个大点的坑洞，则可能是用作雨天蓄水的一个石坑。有登山者考证推断，这处建筑应当是当年通往寨顶的必经这路上的"哨所"之类的所在。既然如此，在郭家寨上类似于此的遗存应该不止这一处。这里在历史上极有可能是占山为王的土匪山寨。

由马蹄豁向北不远处而上就是郭家寨峰顶，在通往峰顶的石崖处，是一条狭窄陡直的天然台阶式的小"路"。果不其然，在高险的台阶顶端的石块上有两个"马蹄印"。这里是郭家寨"一夫当关"的"山门"所在，作用也与之前大致相同。

由山门而上，再沿崖壁小路向前，再折向西北而上，便到郭家寨峰顶。峰顶是一处面积近1 000平方米的开阔地，除过来路，四周皆峭壁悬崖，又高居险要，视野开阔，正适合用兵者做"易守难攻"的寨堡所用。峰顶上积着一层薄薄的黄土，在日久无人光顾的今天，已长满高高低低的胡荆、黄刺玫和蒿草，以及不多的几株山桃和野杏。就在桃和杏的旁边，有几处坍塌损毁的用石块垒砌的墙体和房基。

郭家寨作为北寨之北的榆社"北极"，它的魅力，除了那些神秘的"马蹄印"，还有许多天然之美。它的美，在山在水，在自然生态的原始与纯朴。

十五、狐爷山

榆社有两座狐爷山：一座在云簇镇狐家沟村南，另一座在北寨乡曲里村东。两座山上都有狐爷庙，山因庙得名。

两座山名字相同，山名也都是源于春秋时晋国大夫、晋文公的外祖父狐突。

晋献公二十二年（前655），宠妃骊姬欲使其子篡夺君位，设计害死世子申生，又欲加害公子重耳。狐突得到消息，安排两个儿子狐毛、狐偃，以及大臣赵衰、介子推带着重耳连夜出逃。榆社之地，当时辖于晋疆。相传，在重耳出逃期间，忧思难遣的狐突曾来箕城旧地凭吊先贤，察访民情。

重耳在外流亡19年，备受艰辛，最后终在众臣和秦国的相助下复国并继承君位，成为历史上著名的春秋五霸之一的晋文公。重耳复国前夕，狐突因拒绝晋怀公让他召回狐毛、狐偃的要求而被逼伏剑自杀。狐突临死，慷慨陈词："忠臣事君，有死无二""子无二父，臣无二君"。重耳复国后，厚葬狐突于少阳山（今交城境内狐爷山），并以其忠贤大义昭告天下，彪炳千秋。

一时之间，晋国大地，陆续建起许多狐爷庙，而榆社也因此建有多座狐爷庙。也就是在那个时候，狐家沟一带的老百姓感念狐突的恩德与忠义，就在家门前的青山上建起狐爷庙，并将他们世代生活的村子也改名为狐家沟，并沿用至今。

清光绪版《榆社县志》载："狐突庙，在县西三十五里狐家沟。"其《流寓》篇中有关于狐突曾经在榆社活动的记载。过去狐爷庙曾有每年农历七月十四日（狐突诞辰日）赶庙会的习俗，近年狐爷庙又得重修，但风格大不如从前；庙会习俗似有复起之势，但许多人已不太清楚庙中供奉何人。

北寨乡曲里村东边的狐爷山上也有狐爷庙，位于峰顶正中，面南背北，约有一间房屋大小，高3米有余，宽5米左右，建筑为拱形券窑，用材全部为加工精细的条状石材。这是榆社现存的寺庙建筑中极少见到的石拱形建筑。庙里原有狐爷神雕像，现已不存。

从北寨曲礼村，或从菜不则、东沟、东垴等村上狐爷山，需同过泉水河，但所走的山路、山梁不同，但只要是阴坡就会看到大片大片茂密的松林，而阳面的沟谷随处可见山杏树、灌木、摇曳的白草、裸露的砂岩。一山南北风光不同。

从东垴上狐爷山，途中会有一道满是杏林的沟，当地人都说这里叫段古城，也称种庄则。据说，这里曾经十分繁华，也曾是兵家必争之地。此处有城并不孤立，从东垴村西下泉水河边，上城南村之北曾有枣阳城，东垴村南有校场地名，在这些地方还曾挖捡到锈铁箭头和戍装残片。

北寨乡的狐爷山上，只见古庙，不见碑记，何年所立，已无从查考。周边村民，常上山来祭拜以祷祝平安，而狐突忠肝义胆的故事也一直在这一带流传。

十六、小杏山

小杏山本名小市（儿）山，亦名骆驼山，在社城镇刘王后村（自然村，现已退居）西北约6里处，海拔1 600米；距榆社县城约80里。

小杏山峰陡山高，矗立云端，在数十里开外的社城一带就可清晰而眺，宛如一只巨大的神龟，昂首向东，缓缓而行。到小杏山的附近泉滩村再看，则像一头高傲而沉稳的骆驼。所以，当地的人们也称之为骆驼山。

小杏山是榆社境内一处既有独特风景，又有人文积淀的自然景观。相传，山下的刘王后村是后赵皇帝石勒的正室刘氏皇后的故乡。

小杏山的名字，与许多神话传说密不可分。

据说，在很久以前，小杏山并没有这般高大。有一天早上，刘王后村的老乡们起来，忽然发现原本"相貌平平"的小杏山在一夜之间竟然长了如此之高，而且，眼看着还在向着云端慢慢拔高。众人惊讶万分，议论纷纷。这时，忽然出来个正要上茅房倒尿盆的婆姨，目睹此景，忍不住惊叫一声："怎还往高长嘞？"结果，一语道破天机，那山立马不再往高长了，于是就定格成现在的模样。

小杏山的阳坡上，是一面桃花坡。这里桃树颇多，并夹着一些杏树和黄刺玫。桃花坡所处的位置，已经是相当于小杏山的腹部。

从桃林里蜿蜒穿越而上，便到小杏山主峰南侧崖根处突出的一处石棱上。石棱长约百米，宽近10米。石棱内侧崖壁上约10米高的地方，凿有若干排列有序的椽孔，为当年寺庙建筑所用。崖根有一孔方形佛教石窟，名为喷珠洞。窟内正壁前原有石刻坐佛一尊，现已遗失，只剩座基；东、西、北三面壁根凿有相连着的一道离地高30厘米、宽110厘米的长条形石台，盖为当年僧人打坐念经之地。

附近乡民把喷珠洞称为仙人洞。

相传，以前下雨的时候常有羊胡赶着羊在洞中避雨。洞看上去不大，却有多少羊能放多少羊。有一次，一个不知情的羊胡看着越来越多的羊进来，担心地直喊："放不了，放不下了！"果然，再也多放不下一只了。从此以后，再无神奇。

从喷珠洞外向西北而上，转至小杏山主峰西侧，是一处较缓的山脊。山脊南端灌草掩映的一块大石头上，凿有一眼直径约30厘米的石臼。附近老乡把石臼称作石井，说这石井，常年积水，与山下刘王后村边上的河水是相通的，若是往井里扔根柴草什么的，不久便会从山下的河水里漂出来……

从凿有石臼的大石处往东北不远的灌木丛中，有一条陡险的小路沿着山崖盘绕

小杏山

而上，由此即可到达小杏山的顶峰。顶峰约200平方米，崖畔奇形怪状的岩石间稀疏地长着一些山桃和榆树，较为平坦的中间地段，散落着一些佛塔塌毁后的青砖。由此向西不远是一段低矮的石楞。石楞下凿出一个一米多高的摩崖石龛，内有石刻造像一佛二弟子。

小杏山是这一带海拔最高的山峰。于此远望，四周的扁山、方山、阎家寨、郭家寨等山尽收眼底。

小杏山主峰壁立千仞、孤峰直上，但整个小杏山其实并不是孤单独立的一座山峰。峰顶原建有佛塔，现已不存。由顶峰下至半山腰，向东南西北各个方向延伸，都有山梁与附近的山峦血脉相连。

下了顶峰，由石口处往西而上约百十米，便是一处较低的山峰。这里是金厢寺旧址，乡民称之为古寺顶。峰顶草木陈杂，巨石列峙，在一面十多米高的崖壁上，也留有2个高约1米的摩崖石龛，龛内各雕有数尊佛、菩萨、弟子和力士像，但因年代久远，风化严重。峰顶一株老松，松下一块大石，石上刻有一棋盘，但也已风化严重、模糊不清，乡人谓之"仙人棋盘"。

相传很久以前，距此十多里外的辉沟村有一后生来小杏山砍柴，看到松树下有两老者下棋，便将扁担和斧头撂在一边，一门心思地看起了下棋。也不知看了多久，后生只发现身边的花草树木绿了又黄，黄了又绿。吃的呢？当然也没有，只是看到两老者将吃剩的桃核扔到地上，他顺便捡起来含到嘴里"喂喂"舌头，竟也就不觉饿了。也不知过了多久，有位老者看到这后生还在看他们下棋，便笑了笑，说："你怎么还不回家？"一语点醒梦中人，后生一愣，顿时醒悟，赶忙转身去取自己的砍柴工具，却发现扁担和斧柯都已朽烂，唯有斧头还在，却也变得锈迹斑斑。后生回到辉沟，别说"儿童相见不相识"，就是村里须眉皆白的老人们，也只会"笑问客从何处来"。"山中方一日，世上已千年"。原来后生这一去一回，已经是好几代人的事了。这就是神奇而美妙的"烂柯故事"。

据说，金厢寺最初建在古寺顶南侧阳坡上的半山腰之中，后遭遇火灾，才迁至这里，再后，却不知何故又搬迁重建了。

现在的金厢寺，就在古寺顶北侧山下。因为年代久远，金厢寺只是一片废墟。从占地十多亩的寺庙遗址来看，当初这所寺庙的规模应该不算太小。虽有清代的重修碑记，但金厢寺的始建年代、更多的文化信息及有关寺庙的损毁时间，都无文字可考。

传说金厢寺建于石赵时期，到唐朝时李世民的爱将尉迟恭曾于此养伤，并重修寺庙。据北寨一带的老乡讲，20世纪50年代，附近学校每逢开春都要组织学生去金厢寺观赏牡丹。说寺院里有两株长了数百年的牡丹花，春天一到，姹紫嫣红，十里之外就可闻到浓郁的花香。也正因为这里的牡丹花远近闻名，许多老乡误以为寺庙的名称为"金香寺"而非"金厢寺"。

山中的云雾会随着季节的变化时浓时薄，而历史的烟尘终归要消散殆尽。镌刻在小杏山的文化符号几经岁月的磨损剥蚀，至今仍散发着历久弥香的魅力。

十七、扁山（板山）

扁山，在榆社县社城镇泉滩村西北，海拔1 553米，距县城约70里。扁山在社城、两河口一带，称云梦山；整个山势呈舒缓之状，也就是榆社人说的"板的"。在榆社方言中，把"扁"称为"板"，所以榆社人称"扁山"为"板山"。

登扁山可走郊口村，也可走泉滩村。

郊口村，原名蛟口，村南隔河有山，山名叫降塔山。山根有一天然洞穴，相传洞中曾有蛟而居，故村名蛟口，后改为郊口。由郊口上扁山，可由村南穿太焦铁路桥涵向东南沿河沟而行至刘王沟村旧址后登山。山的东面就是刘王后村。据说当年石勒从石源翻山越岭去看他未来的刘氏皇后，走的就是这条路。由此而上，沿山脊至约5里处有一山，叫小扁山。由小扁山向东北而下，行约3里，即至扁山西侧半山腰。一直向东南而行，翻过山梁下到扁山东南，即可到佛洞所在的悬崖处。

由泉滩村北去数里，有个村子叫王金庄村；村西北有一道沟谷，叫孙膑沟，沟里曾有过一个村叫孙膑沟村，传说是因为孙膑曾在这一带活动过。

扁山的神秘在悬空的佛寺。在水帘洞，有许多关于鬼谷子师徒扑朔迷离的民间传说。

孙膑与庞涓是战国时期两位著名的军事家。相传二人在扁山学艺，他们的师父就是鬼谷子（亦称王禅老祖）。榆社有民谣流传："榆社有个云梦山，王禅老祖在茅庵。教成高徒人两个，大的叫孙膑，小的叫庞涓……"

传说二人学成离开扁山，行至半路却兵戈相见，可二人武艺不相上下，血拼一天，未分胜负。孙膑不想两败俱伤，于是就钻到羊群里躲起来。庞涓知道孙膑就在羊群里，挥刀把羊头全砍下来，也没有找到孙膑，最后带着一身血污到了太谷与榆社交界处的马陵关村附近，被一群流民以为是坏人，便一拥而上把他给打死了。至今，马陵关村附近山上，不但有叫孙膑坡的地名，而且留有三座庞涓墓。

再说孙膑，从满地死羊堆里钻出来，看到放羊老汉在号啕大哭，便施展法术，把被庞涓砍得满地乱滚的羊头又重新"嫁接"到羊身上。羊是活了，却难免"张冠李戴"。所以，从那以后这一带的羊很少见有通体毛色协调一致的，不是黑羊长了颗白脑袋，就是花脑壳连着个白身子。孙膑沟也有座孙膑墓，近年已被盗。

对于大多数人来说，到扁山的主要目的不是登顶，而是拜谒扁山佛洞。然而，到达悬空佛洞却有一段路艰险难行。

泉滩村西是一道约10里长的深沟，名叫槽沟。入槽沟徒步约7里，然后向北上山，再沿山脊向北约3里，即可看到西北方向不远处整个扁山的雄浑山势。扁山佛洞，就在扁山东南端半山腰的崖畔上。这一带地表是一壁裸露的石崖，南北长约2里，高约30米。从槽沟上来再上到佛洞所在，还需折至山崖东北角的一个山洼里，然后再攀爬而上，可到一处十几亩宽阔的"石瓜片"上。在距离佛洞南端约40米处的"石瓜片"上，有一眼人工"石井"（也可能是储存雨水的石坑），常年积水，旁边凿有2个直径约10厘米的圆孔，推测为搭建遮挡"石井"的简易建筑的柱础。向南不远的一道石堰下，还有一片松林。松林间的"石瓜片"上有一处墓地。据当地人讲，墓主人叫史更宣，是民国时期距此30里开外的阳乐村的一户财主。在这块"蛇盘兔，必定富"的风水宝地上，史家雇了若干石匠，耗时近一年，硬从这大石头上凿锻而成这么一个墓穴。

大"石瓜片"东端，就是悬崖峭壁。由崖畔东北角沿一条开凿在悬崖间的宽约1.5米的小石径而下，便是佛洞洞口。洞凿在崖壁顶端，洞口朝东，距离崖边的宽度仅仅可容一人转身，有一条石径相通。洞门有内外两道，两道门之间是"前厅"；二道门内的石洞覆斗顶，原有彩绘，已脱落；洞中开阔，东西两壁各有供僧人打坐做功课的石台。附近乡民称佛洞为水帘洞。每至阴雨霏霏的夏季，积水从"石瓜片"上涌至崖边，再于洞顶分成无数雨线垂直而下，像一架天然的不规则水帘，故有"水帘洞"之说。这从洞口处凿有的水槽痕迹来看可得到证实。

洞口石径与石壁交汇处，凿有方形梁口，并有尺寸与之相配的横凿在石径内侧的半圆形凹槽，由此延向悬崖之外；在佛洞上方的石平面上，也有两道石凹槽及几眼圆孔等人工痕迹留存，许是当初安置建筑木料所用。这证明这里原有寺庙是一所悬空式建筑。可惜没有留下相应的关于悬空寺的名称、建筑年代、消失时间等文字信息。而这一带却留有丰富的民间传说。传说佛洞之北的山坡上，就是鬼谷子搭建茅庵之所。附近有一块炕席大小的石板，而石板上留有人躺着时留下的手、足、头、股等痕迹，相传为"孙膑修道遗踪"。

距此不远的北寨，附近有一个与历史上"庞涓死于此"的马陵道地势相似的地方，名为"马陵"。而在榆社与太谷交界处，则把一个叫"马岭"的关口，改为"马陵关"。这些地名都与鬼谷子师徒有关。扁山因为有着鬼谷子之传说（鬼谷子真正修身之所在河南的云梦山），所以当地人也就把扁山叫成云梦山了。

十八、方山

榆社方山的名气，大概是因《魏书》上记载方山"上有尧庙"的缘故。榆社的方山可一分为二，即榆社之北的"北方山"和榆社之南的"南方山"。《魏书》所载是"南方山"。

清代榆社知县费映奎留有《谒尧庙》诗：

> 西方山下水法法，茅屋三间祀放勋。
> 千古讴歌畿甸近，万家忠爱荔蕉芬。
> 夕阳影里鸟朝树，春雨晴时窗宿云。
> 才拙喜临勤俭俗，肃衣再拜圣明君。

榆社县梁寺头村东南方向的尧神岗南侧下的沟谷，十多年前有个自然村叫房家沟（房家沟之名，可能是因原有房姓人居于此，故有此村名；但也可能是因所居方山脚下而得名，后又因同音字演变而将"方"代之以"房"），其不远处东南方向浊漳河两岸的两个村子，一个叫东方山，另一个叫西方山。这些村落村名的存在，都说明历史上这里的山脉就叫方山。此山正是尧庙所在的北魏时的方山。

《魏书》中记述古榆社"上有尧庙"的方山，据清版《榆社县志》祠庙栏中记载："尧神庙，在县南四十里"；在古迹栏里记载："尧神岗，在县西南四十里。相传尧都平阳密迩斯地，尝因巡狩登此山，以柴望，人思其德立庙祀之。每岁四月八日，土人犹祀享云。"从县志记述可知，当初人们在此修尧庙的原因。这则记载从梁寺头一带流传的民间故事也可得到佐证。

相传很久以前，梁寺头、王宁、任家垴一带的山上土地肥沃，每年庄稼长势很好，秋天丰收满仓，百姓喜悦。有一年，不知从哪里闯到山上一匹"神马"，不吃野草，专吃庄稼，害得大好良田，年年歉收。村人虽多次组织猎杀，无奈"神马"太厉害，竟是没有人能奈何得了。百姓们苦不堪言。忽然有一年，来了一位本事非常了得的"王"，伏在树林中专等那"神马"出现，便拉弓搭箭，将"神马"一箭射杀。"神马"一死，老百姓安居乐业。为感念大王之恩，老百姓便自发建庙祭祀，并请人将"王射杀神马"的故事绘于庙中的墙壁之上。时至今日，年长者依稀记得很早以前的庙墙上确实有过一只马被弓箭射杀的图画。憨厚的乡民似乎并不知道他们所说的"王"，其实就是"尧"，而把"尧神庙岭"叫成"爷神庙岭"。

梁寺头村名的来历正与寺庙有关。"初由梁氏和尚于山头建寺院，名清梁寺，后更名"。这里说的寺，是指建在梁寺头村南的一座石拱桥南端的寺庙之名。除此之外，这里（包括石桥上方）还建有菩萨庙、关公庙、真武庙等等，地方不大，众神云集。梁寺头之名或因寺庙建于桥梁之上而得。尧庙在20世纪50年代还在，并且每年四月初八，四乡八村的人还要来此赶庙会。这与旧县志上的记载是一致的。

位于尧神岗上的尧庙遗址，远远望去，一座高岗孤孤地凸起，形状四方四正，与榆社之北的方山十分相似。岗上的方正之地，是当初人工筑庙修整土方而致。庙墙已不存，只有一些青砖灰瓦半掩在土中，可能是秦汉时的古物。庙东南角大石上有一眼风化残损的石臼。往东出沟谷不远，是由北而来的浊漳河，沿河而下就是与武乡为邻的关头水库，这里在历史上曾是有名的兵家必争之地昂车关；而由尧神岗再向北十几里外，则是另一处有名的历史名关石会关（今榆社县邱园村附近）。旧志云："石会关在县西二十五里，其西南即武乡之昂车关。唐会昌三年，刘沔讨泽路叛将，守昂车关，壁榆社，取石会关；光华五年，朱全忠遣其将步琮拔潞州趋晋阳，出石会关。盖潞泽北走晋阳之要道也。"由此可知石会关在古代军事战略上的重要性。

榆社之北的方山在榆社县社城镇泉滩村与北寨乡马陵村之间，与两个村的距离都在8里左右，海拔1 550米，距离榆社县城约60里。

榆北方山在榆社一带也颇有名气。这里既是这一带海拔最高的山峰，也是过去交通不发达时北寨一带与社城一带往来交流的必经之路，更是附近老百姓砍柴、刨药材、打杏、放牧牛羊的好去处。

于泉滩村西的扁山一带远望方山，其峰顶形状就像是在雄浑的山体之上倒扣着一只硕大的斗。由泉滩登方山，可由距离泉滩不远的东北面的四城沟而行。四城沟原为自然村，数十年前已退居，之后这个名字便成为原来这个村所在的这道沟谷的地名。由四城沟向东行约5里至沟掌，再折而向东南沿山梁而上，即可至方山。

从北寨乡马陵村也可登方山。马陵之名由孙膑、庞涓马陵道之战附会而来。当地方言把"陵"读为"龙"，称"马陵"为"马龙"。

方山之巅，向西和西北，可远眺扁山、小杏山、阎家寨等附近高山，东北或望曲里村东苍松披绿的狐爷山。向东南远望，太行苍茫、浊漳流转，云雾缥缈间，隐隐可见楼台林立的榆社县城。

十九、八赋岭

八赋岭在榆社县社城镇琵琶窑（自然村，已退居）北，海拔1 553米，距县城约90里。

八赋岭为榆社、和顺、榆次的名山，但榆社方面的历史资料鲜有记载，其原因主要是在1949年之前相当一段历史时期，八赋岭往南包括琵琶窑在内的大片区域都属和顺县管辖。民国版的《和顺县志》对八赋岭做了如此描述："在县西一百二十里。其岭有二关，西北曰黑虎关，路通太原；西南曰青龙关，路通汾平。"古和顺的文人雅士还把"八赋晚霞"列为和顺十景之一。

1989年出版的《榆社县志》中，有关八赋岭的记载是列入"三县垴山系"来描述，在插页的地形图上具体地标出了它的地理位置与海拔。

而1993年版的《和顺县志》则对八赋岭有如下记载："位于和顺西，为和顺、榆次界山。高崖深谷，道路险阻。岭上有2关——黑虎关、青龙关。明清时设巡检司，驻兵把守。今为邢台、榆次公路咽喉。主要山峰有人头山、盖天垴、尖儿堆等山。海拔1 743~1 791米。"

这段记载与《榆社县志》相比，对三县垴的介绍更为详细。我们可以理解为对八赋岭广义上的说明。它把八赋岭定义为包括人头山等诸山在内的一个整体的山脉，而且对这里主要的地理和景观特点也做了较为精准的概括。但也存在两点明显的不足：一是从广义上讲，八赋岭不只是和顺、榆次的界山，还应该包括榆社和太谷；二是在介绍八赋岭山脉诸山中遗漏了更为主要的一座山峰——三县垴。三县垴海拔1 743米，是榆社第三高峰。顾名思义，三县垴是三县之界山，但从严格意义上讲，应该是四县之界山。因为在1949年之前，其周边还没有榆社的辖区，只有太谷、榆次、和顺三县地界，故有三县垴之名；之后八赋岭往南划归榆社，从笼统的地域上讲，这一带已成为四县交界，但原有的地名一直延续未变。

《榆社县志》在"山脉"一栏中，把八赋岭纳入三县垴山系的"麾下"，似乎在"排名"上有重三县垴而轻八赋岭之嫌。事实上，三县垴较之八赋岭确实也有"过人之处"，既是四县之界山，也是这一带"独占鳌头"的最高峰。但相比之下，三县垴的名气还真没八赋岭大。这名气源于八赋岭千百年的历史文化沉淀。或许就是因为这一点，《和顺县志》方突出了八赋岭而忽略了三县垴。

八赋岭西南一侧的山脚下就是古村琵琶窑。村中高低错落的一眼眼石窑，在一百多年前曾是生意红火的客栈和酒肆，著名的"州八古道"（俗称"州八路"），紧贴着小河穿村而过，因山路崎岖，每隔8里就设有一处驿舍客栈。村北不远有一处石拱桥，桥头立有一清代石碑，记载着当年这条古道的重要性，以及榆社、榆次、太谷、寿阳等地商贾为了保持道路通达而募捐维修的概况。小石桥虽然规模不大，但位置相当重要。从史料记载的地理方位推测，这里可能就是八赋岭之南的重要关口——青龙关。在过去由琵琶窑上三县垴，是从青龙关前的小石桥往东的河沟进去，行约5里，再折而向北登山，即可上三县垴顶峰。

八赋岭除有"州八古道"外，还是浊漳河的源头。这两条文化之根，在八赋岭下都不约而同走向一个共同交汇点——琵琶窑。可以说，琵琶窑是八赋岭历

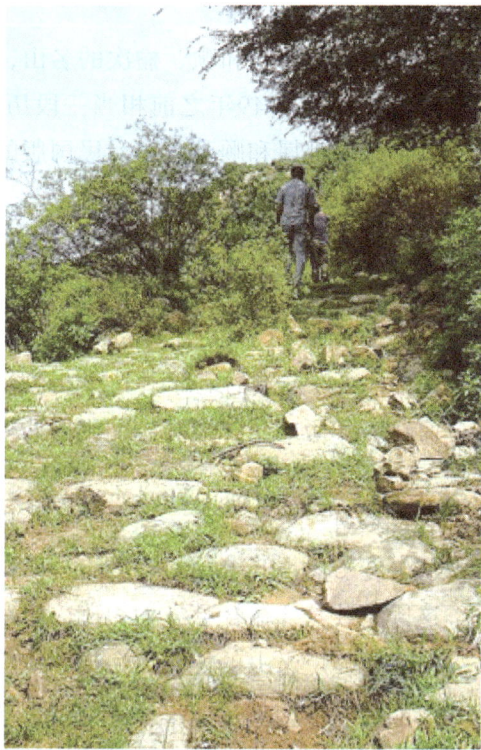

翻越八赋岭的琵琶窑古道（摄影　张卫兵）

史文化的集散地。

　　大河之源，往往是人类文明的发祥地。清代《榆社县志》载"漳河出和顺境之八赋岭"，进一步说明琵琶窑是浊漳河的发源地。魏晋时期，八赋岭名为武山，山下的县称武乡县，因当时的武乡县治设在今榆社县社城镇社城村，故把今榆社境内的浊漳河名为武乡水，把这里兴起的秧歌称作武乡秧歌（至今，人们仍习惯上把榆社和武乡境内流传的秧歌统称武乡秧歌）。这一点是远古榆罔为什么会选在这里建立邦邑繁衍生息的重要原因，也是后世历代王朝为什么会在距此不远的浊漳河畔建起古武乡城（今社城村）、古榆社城（今榆社城）、古偃武城（今魏城村）等诸多城郭的重要原因。所有这些，都成为琵琶窑地域文化中不可或缺的重要元素。

二十、漫天垴

　　漫天垴在榆社县社城镇沟儿岭村西北3里处、水泽村东南8里处，海拔1 626米，距榆社县城约80里。

　　由水泽村登漫天垴，沿途山上植被茂盛，阴坡多松树和桦树，阳坡则多蔡树（柞树，也称栎树或橡树）和山桃。蔡木是太行山上较为常见的一种乔木，每到秋季，蔡木叶子被寒霜染得如霞似火、鲜艳夺目，成为北方秋季最为引人注目的风景之一。

　　山脊上有羊肠小道，是往来于沟儿岭村和石会一带村庄的山路。这条路从漫天垴两边的沟底蜿蜒而上，穿过漫天垴南侧崖畔上的桃林，隔沟相望，可见斜对面东南端有一组造型极为奇特的嶙峋怪石："玉兔探月""石勒点将"等，造型各异，栩栩如生。

　　据当地人说，这组奇峰怪石演绎的是赵王石勒起兵反晋，在老家太行山上厉兵秣马、点将待发的故事。并能指认，那个魁梧高大者，就是赵王石勒；那个躬身领首者，是他手下某员大将；那个略带沉思者，是他的一名谋士；而那组排列在大石台之上的乱石，就是石勒麾下的铁骑雄兵了。当地百姓非常形象地将这个山梁称为"人人山"。

　　沿小路向东不远是个窄窄的垭口，从此翻下去再走一段山路，就是沟儿岭村。如果换个角度再看那组奇峰怪石，已完全不是原来的样子了。人人山东面的植被不够茂盛，倒是山崖根长着不少粗壮的山桃。若是"桃花含笑映祭台"的阳春三月，则是另一番别具风情的景色。

二十一、大黉山

大黉在榆社县社城镇石源村西北与太谷县交界处，距榆社县城约80里。大黉实际上是两山之间的一个垭口，榆社方言称之为黉口，故名为大黉。乡民把大黉南北两侧的山峰笼统地称之为大黉山。实际上，大黉黉口南北两侧的山峰各有其名，南称南山，北曰寨坡，最高处海拔1 500米。

大黉之景最为显眼的一是绝壁，二是苍松。

大黉之南的南山比北面的寨坡略高，崖壁也更宽广些。据说，南山上有一眼朱砂洞，在当地有许多神奇的传说。这里满山苍松，尤其壁立千仞的山势在榆社别处极为少见。榆社地处太行山的西麓，在造山运动史上很少留下像和顺、左权、平顺、陵川等地处太行山主峰一线断裂带的那种悬崖峭壁、陡绝深渊，而大黉山是一个特例。

由石源村到大黉约8里，途中需经过太焦铁路石会站与路家庄站之间的小东沟隧道南口。石源村向北，在民国之前，有一条通往太谷方向的商道，曾经驼队络绎不绝。商道经黄花沟、白鸡岭翻山而过，通太谷、榆次等地。由小东沟去往大黉的路也是一条古道，林中路虽是土路，宽不足2米，但年代已久。由此西去，可通黄山沟（自然村，2019年，最后留守的1户2人也迁移而去）和太谷的砚瓦沟、范村。

除古道外，在大黉北侧的寨坡之上，有一段唐代古长城遗址，是山西难得一见的历史文化遗存。

大黉实际上是一道分水岭，山之西北为黄河流域，山之东则为海河流域。从现代驻军防守的小东沟铁路隧道，到通过大黉的沧桑古道，无不显现出大黉由古即今在这一带战略位置上的重要性。

大黉在古代是一处军事要塞。《新唐书地理志》载："东南八十里马岭有长城，自平城至于鲁口三百里，贞观元年废。"清代雍正版《山西通志》又对这段长城做了进一步说明："自平城至鲁口，沿山屈曲延三百里。武德二年筑，贞观元年废。"清代光绪版《榆社县志》也有类似的记载。据考证，平城，即现在和顺县西的仪城村（原为春秋时期赵简子所筑平都故城，今改为仪城。隋朝至北宋近500年间，为平城县治所在地）；而"鲁口"就是今祁县东南的峪口附近；"马岭"则是榆社西与太谷东的界山，山中有古关马陵关。

从地理来看，史书记载的这段由仪城至马陵关段的唐初长城，大致呈弓背形，沿途所经之地，和顺、榆次、榆社、太谷各有，或为两县交界。而且，这条地处太行山向汾河谷地过渡的弓形地段，也是这条线上最为险峻的一道山脉，而由此翻越太行山向东，则是广袤的河北平原。从军事上讲，是"锁钥晋冀"的特殊战略要地。大豁正是如此。

这段长城在初唐的特殊背景下产生，当时与唐并存的还有14个割据政权，其中一支劲旅是依附突厥势力，并自封为皇帝的刘武周。武德二年（619）正是刘武周攻占李家发祥之地晋阳（今太原一带）和河东（今运城、临汾一带）大部分地方，并直逼唐都长安（今西安）的关键一年。为此，唐王朝迅速采取强硬手段，一方面派李世民带兵抵御，另一方面迅即构筑防御设施，即平城至鲁口之长城。如此，即使李世民抵御失败，让刘武周占去整个汾河谷地，也不能轻易让他再占去太行天险，否则，从战略上讲，河北、河南也就很危险了。后李世民大败刘武周，又登上皇位一统天下，到贞观年间，国力强盛，国泰民安。这段匆匆筑就的防御工事自然也就失去了用武之地。

从乱石铺砌的古道爬至大豁口，再向北而上寨坡，穿越松林而上，即可到峰顶。残留的唐代长城就静静地横卧在山峰西侧接近峰顶的松林和灌草之中，全长约200米，高宽皆不足1米，有明显的塌毁痕迹。当地乡民把这座山称为寨坡，可能是在这段军事工事被废址之后的漫长历史岁月中，曾经不断地有土匪响马凭借天险，据为山寨。

这一段唐长城建筑模式，与众人印象当中的高大雄伟且蜿蜒绵长的秦长城或明长城是完全不一样的。它只是就地取材，利用毛石干垒而成的简易防御设施，多是顺着山势而筑，借助断崖绝壁的天然险要，或为垛口，或为烽燧。初建时绵延300里，规模也算宏大，但因当时形势所迫，只能是匆匆而就。因此，这一段唐长城，实际上就是一段军事上的防御工事。唐代长城遗址在山西，乃至全国，都属凤毛麟角，其文化价值也非同一般。

二十二、黑崖山

黑崖山在社城镇石源村南1里处，距榆社县城约70里，海拔1 530米。

黑崖山形如山名，山的东侧一路横陈绝壁悬崖，山的西侧苍松覆盖，包容若干微小沟坡。从石源村村西行2里，再向南过小河，穿山林沿山脊直上，约3里就可到黑崖山山顶。从黑崖山顶峰向西南可达四平顶。四平顶海拔1 531米，是与黑崖山融为一体的山脉。黑崖山顶峰附近的西侧林间，有一段宽约1

米、高1~2米不等的人工垒砌的石墙，现已残破，可能是唐初"平城至鲁口"的一段长城遗迹（据李旭清《沧桑榆社》记述，有待进一步考证）。

黑崖山最美的季节是仲春，最美的景色是漫山桃花。花开时节，整个阳坡和整个山间小路，全被满山繁密的山桃花覆盖其中，花团锦簇，随处绽放、随处飘落的全是山桃花，分不清哪是路、哪是树，哪是峰、哪是沟。山桃树的枝干几乎全被白色的花瓣遮掩。或许就是因为生长于山野僻壤的缘故，山桃花只是在花蕾绽放之初微显粉红，很快都变成如雪似玉般的纯清白净，而整座山也变得繁纷陈杂，暗香弥漫……

十里桃花黑崖山（摄影　欧阳君）

从官上到石源，行走在十里山桃花织就的花的长廊，一步一景，一景一画，令人迷醉！桃花行将谢的时候，官上村村北及黑崖山山顶的万千杏花已争相绽放。桃花已醉游人眼，又有杏花扑鼻香。黑崖山满山花开，只为等你到来。

二十三、大圪垯、仰层圪垯

在榆社之北，与榆次、太谷接壤处，自东而西排列着三县垴、大圪垯、仰层圪垯三座高峰，构成榆社北疆的一道天然屏障。这里的地形形貌，虽仍以太行山西麓的峰峦叠嶂为主，但这几座山峰在方圆百十里的崇山峻岭中，当居领袖地位。

在榆社的方言中，不管是较小的山丘，还是较大的山丘，一律都可用"圪垯"来称呼。大圪垯和仰层圪垯就属于"较大"者。而且，乡民觉得用一个"圪垯"呼之不足见其高，于是便将其中一个称之为"大圪垯"，另一个称之为"仰层圪垯"。"仰层"是榆社人对瓦房中大梁之下小梁之上顶棚的称呼。顶棚位居屋"高层"，自然也有了"高"的意思。

（一）大圪垯

从石源村沿河向东北可上大圪垯，但路程较远，途经已退居的荒花沟、孔家岭、北平三村。其中，北平立村于千年之上的大唐王朝。

从石会村村东的已退居的村落柳棚沟，向北而上也可至大圪垯。石会本是五胡十六国时期后赵皇帝石勒手下一员大将，战死后葬于此地。当地村民遂以其名为村名，一直沿袭至今。过石会村向东不远的大路之北，即是柳棚沟沟口。从柳棚沟顺沟北行约3里，向西北沿坡梁而上，是由上面另外几道山梁交汇而成的一处谷口。谷口是雨水丰盛时期的淤泥地，不但较为开阔，而且长有高大的醋柳和附近村里人栽植的杨树，而高耸在北端的山峦就是大圪垯。

大圪垯峰巅少有乔木生长，只是一丛丛胡荆、醋柳等灌木。灌草之中有一副高六七米的木质三脚架，是当年测绘的遗存物。向西北俯瞰，是通向黄花沟、石源方向的幽深沟谷。依次向西、向南环视，虽有云雾时散时聚，但仰层圪垯、大豁山、架岭山、黑崖山、小扁山、扁山、漫天垴清晰可辨。

（二）仰层圪垯

石源村和石会村都是与"石勒"有关联的村子。1 700年前，羯人少年石勒曾经在这一带砍柴放羊、擂捶打架、娶亲成家。时至今日，这里的许多村民，仍承袭了胡人深目多须的容貌和生活习俗。据石源村人讲，仰层圪垯曾为土匪山寨。

从石源村出发，一直向东北顺沟而行，行至离黄花沟村约4里处，从北侧山梁登山。上至山梁，向北而望，就能看到峰顶尖峭的仰层圪垯。东北方向则是更高的大圪垯，俯瞰东南，清晰可见只剩了一座房屋的黄花沟村。这是榆社最北的一个村子，目前已无原住民居住，住在此地的是几个外来的羊胡。山下沟谷的另一面山坡上，仍有成片的油松林。脚下的山梁上，不时看到黑色枯朽的树桩。这些残留的树桩，是1995年春季石源林场森林火灾留下的。

沿山梁而上的小路渐行渐高，但整体坡度不算太陡，也没有大圪垯树林密布的景况。于石山的脊梁上，多是一些矮矮的醋柳和黄刺玫，山桃、山杏、松树、山青杨、青冈木等乔木散落在山坡上。行约3里，可到仰层圪垯南坡下。这里是一面较为平坦的缓坡，长满一人多高的青冈木和胡荆条。如果从黄花沟所在的河谷算起，这里已经是相当于仰层圪垯的"胸部"位置了。由此上至顶峰，也就是百十米的直线距离。穿过胡荆条织成的灌丛，约半小时，便可登顶。峰顶却不甚宽敞，只是东南至西北走向的一道宽十多米、长五十多米的狭窄地段，也不甚平坦，乱石横陈，灌木繁杂。

茫茫太行，浩浩蓝天，有多少传奇故事皆已没入山林，又有多少平凡岁月，正伴随你我行走……

二十四、石人山

榆社野外以"人"名山之自然景观多也，主要有社城镇新庄石人山、黄山沟石人山、沟儿岭人人山，河峪乡碾盘圪洞美人山，西马乡牌坊人人山等。

新庄石人山在榆社县社城镇新庄村附近，距离县城50余里，海拔1 300余米；石人山有"美人凝眸""一柱擎天""天外飞石""千年老妪"等奇峰怪石。

远望石人山，隐隐可见山峦中有几柱奇峰异石，峥嵘突兀，直指蓝天。石人山西北一侧山岭之上有片相对平坦的开阔地，面积足有数十亩，全是裸露着的山石。本地人称这样的地貌为"石瓜片"。这个位置，正处于整个石人山半山腰的水平线上。

（一）"美人凝眸"

近观"石人"，实为"美人"，高达10多米，周身直径约3米。再细看，但见盈盈含笑的唇角、微微隆起的鼻梁、深邃而祥和的眼眸、小巧而精致的发髻，活脱脱就是一尊"美人凝眸"的天然雕像。只是，大自然的鬼斧神工，只精雕细琢了她的头部，而忽略了她的腰身。所以，此"美人"的美丽只在头部，其他部分反而粗枝叶大、凹凸有致。

紧靠"美人凝眸"之南数米之地，是一尊略比"美人"高出数米的细长的石柱。远远望去，那种相随相伴的神态活灵活现，只是猜不出它是"美人"形影不离的贴身侍女，还是相濡以沫的爱情伴侣。

（二）"一柱擎天"

由"美人凝眸"再往南去不远的巉岩之上，一丛乱石层层叠垒、朝天而立，而在中间的最高处簇拥着的是一峰雄壮威武、直刺蓝天、高约10米、粗可数人合抱的锥形石柱。令人称奇的是，整个石柱的"下半身"通体浅黄、光洁细腻，而在顶端，则忽地变为纹理缜密的深褐色锋锐状。有人将之命名为"一柱擎天"。

（三）"天外飞石"

由"一柱擎天"脚下再向南而上，便是通向山南面的一处垭口。由此而过，有一条山路折而向东，即可到刚才这组奇峰所在山峦的东面山梁。这里植被更为稀少，但奇形怪状的大石遍布山脊，而最吸引眼球的是山顶和山脊上的两块"天外飞石"。山顶一处是一块"搁置"在整块连山石之上的铲状的大石，山脊上的一处则是歪斜着叠摞在一块大石之上的宽厚石板。两处奇石都似天外飞来，仿佛只想借此"宝座"临时歇脚。尤其是前面一块，两石相连处还露着空空的缝隙，而后面这块，虽"束之高阁"，却歪斜着身子势如危卵，人立其上，不免有几分恐慌心悸。

石人山（摄影 张卫兵）

沿"天外飞石"向东南的山梁而下，是一道南北走向的沟谷，依次分布着磨石、维垴两个小村。这道沟里的石质以锻造石磨所用的优质麦饭石为主。所以，在过去许多年间，这里一直以出产石磨而闻名。

（四）"千年老妪"

行至"一柱擎天"东侧数百米的一处崖边，有一块高近2米的大石，若从石之东侧细看，恰似一满脸褶皱、头发微翘的"老妪"头像。有人称之为"千年老妪"。但若再换一个角度观之，则已"面目全非"。

二十五、石红寨

石红寨在榆社县社城镇新庄村村南，距县城约50里。

石红寨南侧崖壁陡险，其岩石多为浅红色的砂岩，加之在历史上曾为土匪山寨，故有石红寨之名。现在的石红寨已非村非寨，徒留山名；山顶最高处海拔1 350米。因地理地势的不同，乡民又将石红寨分为大寨、二寨、三寨。东端峰峦最高者为大寨，依次向西并肩而立者为二寨、三寨，再向西南则是一道崖壁更为陡险的狭长山峰。

整个石红寨，其实就是一道由东至西南走向的峰岭。这道峰岭的西南面，几乎全是裸岩峥嵘的百丈悬崖，在半崖之上，又形成两道并列着的向崖畔突出的宽十多米的狭长台地。台地紧依着背风的崖壁，又厚积了一层由峰顶滑落的尘土草屑，为山桃生长提供了优越的自然环境。而在台地上下的崖壁上，多数地方难以攀缘。石红寨的这道悬崖峭壁，一直由东延伸至西南约5里之遥；而它的东南一侧，最初是一段陡坡，再向北环绕，坡度渐缓，直至西北一面，变为植被稠密的山岭沟坡。

沿新庄村村西南山坡上的小路可上石红寨。大寨顶是石红寨的最高处，面积不甚宽广，仅有一个篮球场大。从大寨顶西去二寨，需攀缘崖壁而上。二寨山顶有一处人工垒砌的石墙，极有可能是历史上的土匪啸聚之所。寨顶南侧有一面石壁，玉皇大帝神像就凿于石壁根部一石龛内，坐北朝南，共有线刻石像3尊。居中坐像高约0.8米，两边各有高约0.6的手持"龙凤扇"的侍者站像2尊。石像雕刻简约、粗糙。当地百姓称其"爷爷家""神圣家""玉皇爷"。从寨顶下至崖根的第一道台地，到西北角也有一尊凿于崖壁的石龛间的菩萨石刻造像。石像为坐像，虽风化严重，但容颜依稀、风骨犹存、凹凸有致，雕琢时间可能是魏晋时期。

石红寨一带多山桃树。阳春时节，鲜花盛开，远望峰顶和西南端斗拱勾连的沟岔山洼，处处是缤纷的碎琼乱玉，山崖间两道突出的台地上，如霜似雪，如飘拂在石红寨腰间的两条洁白的哈达。这里的为数不少的杏树，一律生长在向阳处，一旦绽放，漫山花飞花谢。三寨而前顺山巅行数里，与折向西南端的一道狭长峰岭连在一起。这里有一片如世外桃源般的桃花林，但为世人所不知。

二十六、玉泉寨

玉泉寨在榆社县西马乡康五科村西北8里处，距县城70余里；海拔约1 600米。历史上，玉泉寨曾是绿林啸聚、响马扬威的土匪山寨，现已徒留蒿草满山、孤峰一座。

从康五科村村北山梁上向西北行约3里，再从前方一座孤峰的半山腰而过，便到玉泉寨西南的陡坡之上。这里山桃处处，一株株粗细各异、高低错落，几乎占据了这面山坡的一多半。

山桃林的北侧是另一道东西走向的山峰崖壁，东面横陈着的便是玉泉寨西侧的绝壁；西北角两山之间是一处宽十多米的垭口，也是由大山的东西两面分别登临玉泉寨的必经之路。由垭口东侧拾级而上，行十多米，是一道人工开凿的仅容一人而过的石门，也是玉泉古寨的寨门。寨门西侧紧连崖壁，东侧脚下便是玉泉寨之东的峭壁悬崖。山门所处位置狭窄险要，由此而过，是一道由人工依山而凿的石径蜿蜒而上。在接近寨顶的一处崖畔平坦处，有一面灌草掩映着的大石，石面上凿有相距数尺的四孔类似马蹄印的圆坑——推测应该是当时用作支撑亭台或凉棚之类建筑柱础。这是山寨的第一道防线，寨门失，山寨危；寨门固，山寨安。

由坑凹处沿山路向南而上半里，便是玉泉寨寨顶。整个寨顶呈南北走向，是一面较为狭窄的平地，南北长约千米，东西宽约60米。平地中有一处乱石堆，乱石堆中还夹杂一些青色的碎砖片瓦，草丛中也依稀可见残留着的几道石砌的房屋根基。整个山寨，除过北面由寨门而来的地方一径可通之外，三面皆是无法攀越的悬崖峭壁，如果崖畔再驻防把守，可以万无一失。

从周边所处的地理环境来看，方圆百十里几乎全都是太行西麓波涌浪翻的苍茫山岭。山寨深隐于此，就如同沧海一粟，具备了战略防御上的安全要素。

玉泉寨东侧的悬崖之下，是一面树少石头多的陡坡，再下是沟谷。沟谷有一汪源自玉泉寨脚下的山泉，常年不涸，积水成流。玉泉寨之名也由此而得。在泉水附近的较为平坦处，过去曾建有一所庙宇，叫李黄爷庙，现已坍塌。

相传庙中供奉的李黄，是一位靠给财主打工放羊为生的羊胡。李黄虽穷，但生性善良，常借上山放羊之机采药，为附近乡民治病。可能是上天有好生之德的缘故，不知始于何时，李黄竟于冥冥之中获得一种神奇的法术。每遇干旱时节，山上水源奇缺，无法饮羊，只要他将羊铲从地上轻轻一划，便会有泉水汩汩而出。这泉水李黄不只是让他的羊喝，还会喊来附近的乡民饮用。当地一直流传，玉泉寨之泉，就是当年李黄用羊铲划出来的。在他死后，当地百姓特意在此建庙祭祀，并尊之为"爷"。

二十七、人人山

人人山在古关黄花岭外的牌坊村附近，距榆社县城80余里，海拔约1 200米。

牌坊村村南是一道七八里路的沟谷，是谓南沟，曾有村落。过南沟旧村约2里，便至人人山的山脚下。据牌坊村老乡说，人人山实际上指的是这里遥遥相对的东西两座山梁，两座山梁上，都有状似"人人"的奇峰怪石景观。

东侧人人山山势雄浑，高处已和自东北方向的河峪乡大圪槽一带的山峦融为一体。到近处，所看到的"人人"之景，也是一尊大约2米之高酷似人脸的大石，与整个大山相比，虽显得较为单一、"矮小"，却也颇有神韵。

西侧的人人山，是凸起在山梁之上的一道裸露着的、高20多米的砂石崖。石崖南端又塌陷、断裂出数块或单独或相挨着的直立的巨人状大石，极像是聚了一群身形各异的石人，神态逼真，浑然天成，令人佩服大自然的鬼斧神工。

石崖东侧崖根灌木丛中有小径，向北前行数十米，便可攀上崖顶。由人人山向南，可登其相邻的大山之巅；由山顶向西南而望，便可清晰地看到吴娃背山和四县垴顶峰；回首向西北远眺，隐隐可见太谷县上黑峰附近半山腰古寨的夯土高墙。

第三节　河流概述

作者简介

杨海燕，女，1976生，山西榆社人，教育工作者。中华诗词学会会员、山西省诗词学会会员、晋中市作家协会会员。作品散见于网络和《乡土文学》《并州诗汇》《晋中日报》等。

　　榆社境内主要河流有浊漳河北源和乌马河。浊漳河北源属海河流域、南运河水系。乌马河属黄河流域、汾河水系。全县河川径流多由雨洪产生。全年65%～70%的河川径流量集中在汛期6—9月，汛期洪水暴涨，使大量径流无法利用而流向下游；枯季则径流很小，且时有断流。河川径流年际变化也较大。最大年份年径流一般平均值为2~4倍；最小年份年径流仅为平均值的20%～30%。全县河水均属软水或适度硬水。云簇河、乌马河监测项目全部达到饮用水水质标准，是太行水区优质饮用水源，且符合渔业用水水质标准和灌溉用水水质标准。

一、浊漳河北源

　　浊漳河北源俗称县河，为本县最大的河流；发源于社城镇三县垴下的琵琶窑村村北，由北至南纵贯县境；流经社城、西马、箕城、郝壁四个乡镇；于郝壁镇关园村入武乡县，境内全长72.2千米；主要支流有云簇河、仪川河、武源河、南屯河、泉水河，流域面积1 747.2平方千米，河床平均纵坡6.6‰，侵蚀模数每平方千米1 400吨；一般年流量每秒3.36立方米，水位0.45米，流速每秒0.38米；特大洪水年流量每秒可达1 190立方米，水位2.4米，流速每秒3.78~4.82米；年径流量约1.79立方米，含沙量大。

二、云簇河

云簇河俗称西河，古称隐室水；发源于河峪乡磨盘岭，于箕城镇南马会注入县河；自西而东横穿云簇镇全境，沿途有15支5千米以上的小支流汇入，全长38.5千米，流域面积335.5平方千米；年径流均值0.42亿立方米，为浊漳河北源最大的支流。

三、泉水河

泉水河发源于北寨乡郭家社村附近，于箕城镇南河底村西南汇入县河；自东北而西南贯穿北寨乡全境，全长36千米，流域面积203.2平方千米，河床平均纵坡为9.8‰。

四、南屯河

南屯河发源于讲堂乡石门沟，于郝壁镇常银村西南汇入县河；自东北而西南流经讲堂、岚峪、郝壁三个乡（镇），全长30千米，流域面积198.95平方千米，河床平均纵坡13.1‰，沿途有11支5千米以上的小支流汇入。

五、东河

东河亦名仪川河，发源于箕城镇铺上村，于县城西南汇入县河；自东而西贯穿箕城镇，全长19千米，河床平均纵坡21.6‰，流域面积134.3平方千米。沿途有7支5千米以上的支流汇入。

榆社境内的浊漳河（摄影　常建恩）

六、武源河

武源河发源于西马乡漫天岭，于西马乡西马村村南附近汇入县河；自西而东贯穿西马乡全境，全长19千米，河床平均纵坡25‰，流域面积66.5平方千米。

七、乌马河

乌马河俗称冷平河，发源于西马乡西南部占岭山，于白壁村西北入太谷县，经祁县入汾河，境内全长12千米。

第四节　河水汤汤

一、浊漳河

榆社是浊漳河的发源地，而浊漳河是榆社的母亲河。现在，乡民把县境内的浊漳河主干统称县河。

浊漳河发源于榆社县北部八赋岭之下琵琶窑村村北，至关园则（村名）出县境流入武乡县关瓙水库；干流全长60余千米，流域面积1 585平方千米，占全县总面积的94.3%；主干流经社城镇、云簇镇、箕城镇、郝壁镇4个乡镇，于郝壁镇关园村入武乡县，境内全长72.2千米；其支流众多，汇入主

浊漳河北源——琵琶窑（摄影　张卫兵）

干，波及全境，比较大的支流主要有泉水河、南屯河、东河、云簇河、武源河等，流域面积1 747.2平方千米；特大洪水年流量每秒可达1 190立方米，水位2.4米，流速每秒3.78~4.82米；年径流量约1.79亿立方米，含沙量较大。由北向南纵贯榆社全境的浊漳河，哺育了灿烂的榆社文明，养育了世代勤劳的榆社子民，堪称榆社的母亲河。

河流是孕育文明的摇篮。作为榆社的母亲河，浊漳河源孕育了数千年的榆社文明。榆社是化石之乡，而浊漳两岸有世界上独特的研究远古地球生命信息的化石文化；榆社是农耕文化发祥地的重要板块，而浊漳河两岸孕育了农耕文明之祖第八代炎帝榆罔及其后人建立榆州国的炎帝文化；榆社是帝王将相之乡，而南屯河畔生活过献出《洪范九畴》助周武王立国的商代仁臣箕子，泉水河哺育了统一北方建立后赵的枭雄石勒；榆社佛教文化历史悠久，而云簇河源建有久负盛名的福祥寺、崇圣寺，仪川河畔更有被誉为天下第十八塔的大同寺舍利塔和集万民之力、振文峰功德的文峰塔。浊漳两岸星罗棋布的大大小小村落，在滚滚历史长河中与这些历史人物纠缠不休的村名来历、民间传说，让浊漳两岸——榆社这片土地散发着陈酿的历史文化芳香。

（一）榆社是浊漳河的源头

浊漳河亦名漳水、潞川、潞水，现统称浊漳河，属海河流域。榆社境内的浊漳河在不同历史阶段，曾有不同名称。

浊漳河的名称最早见于《汉书·地理志》上党郡长子县："鹿谷山，浊漳水所出，东至邺入清漳。"也就是说，汉代已经有了浊漳河的名字了，但因当时的古榆社被称为涅县（西汉）、涅氏县（东汉），所以历史上本县一些文人墨客也常用"涅水"一词来指代故地。比如，清代讲堂人田福谦就曾留下"祀典乡人重，恩随涅水流"的诗句。但真正的涅水，实际上还在今武乡县西北的故城一带。

北魏时期，也同样保留了浊漳河的称呼。据郦道元《水经注》记载："浊漳水出上党长子县发鸠山……涅水又东南，武乡水会焉；水源出武山西南，径武乡县故城西，而南得清谷口。水源出东北长山清谷，西南与轺辂、白壁二水合；南入武乡水，又南得黄水口；黄水三源，同注一壑；东南流经与隐室水合，水源西北出隐室山，东南注黄水。"这里的武乡水，指的就是榆社境内的浊漳河；武山指今榆社与和顺交界处的八赋岭；武乡县故城，指今榆社县社城村。

北河村村口遗存的清嘉庆二年
（1797）的石雕镇河"神针"

按文献记载，浊漳河源头有三，南源（长103.9千米，流域面积352.6平方千米）发源于长子县发鸠山，西源（长80.2千米，流域面积1 693.4平方千米）发源于沁县漳源村，北源（116千米，流域面积3 684.6平方千米；此数据含流经武乡、沁县等县的距离和面积）发源于榆社柳树沟（今八赋岭下琵琶窑一带）。由于浊漳河北源在三源中流径最长，所以作为北源的榆社浊漳河，可以说就是浊漳河真正的源头。

漳河由清漳河和浊漳河交汇而成。清漳河流域多为石灰岩和石英岩区，泥沙较少，水较清，故称清漳河。浊漳河流经黄土地区，河水浑浊，故称浊漳河。清漳河和浊漳河在河北省涉县合漳村汇合后称为漳河，向东流至河北省馆陶县入卫河，再入海河，汇入渤海。

　　榆社境内的浊漳河支流，今古也略有变化，旧时主要有清谷河、鞞鞈水、白壁水、黄水三源、隐室水、黄水。清谷即现在的清峪，而清谷河就是现在的泉水河（因源头温泉一带多泉水而得名）；鞞鞈水，即流经现在社城镇北河村的北河水；白壁水，即现在的武源河，推测古白壁与现白壁（今书之为白北）存在地理误差，很可能当时的白壁就是现在的黄花岭以东一带的一个地名，因满目为裸露着白色巨石的山岭而得名。"黄水三源，同注一壑；东南流经与隐室水合，水源西北出隐室山，东南注黄水"。黄水三源，即现在的峡口河、枯河、东河（仪川河）；隐室水，即现在的云簇河，隐室山指禅山；黄水，即现在的南屯河。由此也可以推断，北河水、枯河历史上水势曾经很丰盛。当时的峡口河、枯河、东河、南屯河都没有明确名称，因水势较大、泥沙俱下，故用"黄水"代称。

（二）历史上对浊漳河的治理

浊漳河的治理，自古以来便是榆社最大的水利工程。浊漳河绵亘县境，地形、水势每段不同，需要人力、物力巨费投入，而且涉及民田建设、村庄的移迁等，众多的问题给治漳带来重重困难，可谓兹事体大、工程浩大。但榆社历代官吏及仁人志士在此项工程上，一直都不懈努力，从未停止治漳工作。

据清光绪版《榆社县志》记载，每遇降水量大的年份和季节，"洪涛怒浪，两岸膏腴之地尽为河伯之乡"，河水泛滥，浸没良田、房屋、寺庙，土地荒芜，人民居无定所，庄稼颗粒无收，连战国名将廉颇墓碑也难幸免"没入水中"。社城、魏城首当其冲，饱受浊漳水的侵蚀。对于榆社城而言，城北有山石，鲜有水患。城东无山石，东河水涨时，折而向南。水势不得不流向城东古代建于九龙松之外的岳庙和扶舆阁，后因河流侵蚀而移建于九龙松之内。

道光初年，九龙松岳庙和扶舆阁旧址彻底被洪水吞没。县里教谕白谐下决心修筑，筹资几千两白银，又倾尽己囊，修筑岳庙，疏浚河道，最终也没有完成。原因是没有可依靠的山麓去修筑石堤，而只形成负隅之势。石堤径直在河中心，正对小下车村村口两条河交汇之处，修筑长堤几十丈来抵御洪水，离山石不远而没有开山运石，只以砖包砂土而筑，外面整齐，虽有石头做地基，但石下是沙泥，不足以依凭，因此最终治漳效果不明显。

光绪六年九月，上海人葛士达抵榆社任知县，巡视各乡，考察民俗。时值大旱之灾刚过，元气未复，一片萧条，百姓饥贫，葛士达感触颇深，吟诗"份榆零落商封旧，里社萧条劫后民""私心身切求雏牧，富庶何时转瘠贫"。他细观榆社境内浊漳河之地势，西北多高地，东南自魏城至东方山等处达关壑一带地形也高，前后高而中央低，形若釜底，是长期造成水患的原因。水源自高山，其势湍猛，猛不可遏；水的去路又不畅，必然倒置水流回旋，在社城、魏城平地处水流鼓荡，造成水患。葛公认为，榆社北面有与辽县、和顺连为一体的诸山，从高到低，势如高屋建瓴，水流湍急，至社城折向南，进入平地，水流落差大，水势迅疾，怒涛澎湃，旋涡不断，如有物激之、鼓之，成为箕榆水患之因。治漳必先疏浚魏城以南河道，使漳水去路深畅不阻，漳之害去之过半。葛公决计治漳，提出了独特而具体的治漳措施。在社城以南，估计其地形高下，顺其水势流向曲折，将漳水一分为二，以纾其湍急之势；一旦水势变缓，再于河旁多开水渠，纵横互注，仿古井田之法而变通之，以收灌溉之利；更择洼下之处，开凿池塘，随地储蓄，以备水旱之时所需。葛公上任数月苦思，治漳的宏伟蓝图在胸。这个把漳水之害变成榆社之宝的治漳之策，足见葛公一心为民的一片赤诚。如果这一美好畅想在当时变成现实，榆社有望变成华北小江南了。一邑得一贤令，则一邑治。天下皆得贤令则天下治。治漳工程浩大，而榆社当时历年所欠赋税无力交纳，民"室如磬悬""变鬻已尽，称贷无门""连年歉收"。虽经葛公上书免征赋税、赈济百姓，但要完成如此宏大的工程，实属不易。葛公深感无力回天，故写下《治漳说》，以期后来者能继其志完成治漳壮举。

治漳非一日一时之力。然而，当时城外浊漳水日逼东南隅，筑有天下第十八塔的大同寺在漳水冲刷下塌毁，屹立于河干的文庙也被浸蚀，榆社城城基亦因侵蚀倾陷，似不保旦夕，治漳迫在眉睫。葛公苦心思忖，终决计以工代赈，试为治河之举。于三月二十八日开工，纠集近城贫民，备具修河工具，于城外山角门口峰迴水汇处，将石滩凿掘一道河道分流，以缓解大同寺与文峰塔之间旧河道排水压力。此工程于四月十九结束。工成后，四月至五六月大雨至时，河流涨发，怒涛迸下时，使河水顺新河道而行。此举虽为治漳一小段之作为，却堪称治漳典范，给后人治漳很多的启发。

一直以来，榆社人没有停止过对浊漳河的治理。1988年以来，榆社县县政府出台治漳报告，由省水利厅审批，组织专家考察，制定出科学的治漳方案。1991年，根据县政府总体安排，治理从更修村起至魏城村河段，共计约60千米，可开发滩地6万亩，主要对两岸已修建的防洪堤坝进行加固修补，修建新的防洪堤及为控制水流的一些丁堤群等，共投资602.17万元。2002年12月，漳源大道主体工程动工修建，至2004年9月完成漳源大道一期路基工程——河道护坝，一号橡胶坝及附属设施蓄水池、泵站及机电设备安装等。漳源大道总长4 800米，高4.5米；修建土坝180米，高4.2米，顶宽3米，底宽19.8米；橡胶坝长120米，分三跨，每跨40米，坝高3米。2005年，漳源大道二期铺油、绿化等配套工程完工。该路的建成，彻底结束了浊漳河水患对县城的侵害。

（三）浊漳河上幸福桥

为方便百姓生产、生活，浊漳河上建有众多桥梁。桥的类型有石拱桥、漫水桥、砼板桥、公路桥、铁路桥等，如幸福桥（秀云桥）、西山木桥、廉村桥、河南街桥、板坡桥、东庄桥、青峪桥、讲堂桥、郝壁桥、太焦铁路桥等。

最有名的是幸福桥。原为榆社古八景"秀云叠翠"处的"秀云桥"，传说最初为一座木板桥，是明代县城附近的板坡村富户李恒发为方便其女省亲所建，惠及两岸百姓。秀云桥在中华人民共和国成立之前为县河最大木桥，长110余米。清康熙三十八年（1699），李恒发之孙庚生重修之。乾隆八年（1743）李庚生之孙中鲤、中鳞、中楷捐租粮为永久修缮之资。抗日战争时期，秀云桥由峡口村管理，亦名峡口桥。1958年，县投资30万元，组织民工于秀云桥处修建石拱桥，于1960年建成通车。桥长135米，共9孔，孔径12米，桥面宽6.5米，高11米，桥面允许荷载20吨；桥西接太长路，东连太邢路，为贯通浊漳河东西两岸的主要通道，名为幸福桥；2017年，又于省道南太线榆社过境改线规划线跨浊漳河处，太长高速榆社北出口东修建一座"新"幸福桥，桥全长206米，宽度23米。新幸福桥为榆社人民架起现代化幸福生活的新通道。原幸福桥则成为人文景观也仍然留在浊漳河上，并继续为民造福。

二、乌马河

乌马河属黄河支流汾河在山西晋中市境内的支流。《水经注》称之为蒋溪、蒋谷水。乌马河上游分东、西两源：东源出榆社境内黄花岭（古称轩车岭），俗称冷平河，发源于白壁乡东南部占岭山，即白壁沟支流，是榆社境内第二大河流；西源出太谷与祁县交界的上下黑峰、通天沟一带，亦称回马谷水，是太谷县境内第一大河。东源由东南向西北流，西源由西南向东北流，至水磨坡隘口相汇。合流向西偏北至大河底村折向东北，流至念沟、官寨南，又以90度角折向西北，后经回马口出山。其间，相继有左岸的黑梢沟、新五科沟、南峪沟，以及右岸的长畛沟、小店沟、鳌脑河等支流汇入。出山后流向渐转正西，经太谷的回马等村向西入清徐境。其间，又相继纳入发源于太谷境内南山的四卦、石河、咸阳等河，再向西至清徐县东罗村西北与象峪河汇流，复向西偏南入祁县境内汇昌源河，后注入汾河。乌马河全长93千米，经榆社境内12千米，平均纵坡4.6‰。

三、仪川河

仪川河，俗称东河，为浊漳河支流，从东穿越榆社城而过，东临文峰塔，南接笔架山。落日黄昏时分，霞光万丈，清流汤汤，碧波不惊，如带琉璃，清澈见底。

清光绪版《榆社县志》记载："仪川河有两个源头，一为出县正东四十里的武乡岭下，武乡岭上有漳龙庙。一为出县东北四十里狼儿岭下。俱经县东王景村，合流入漳水。"唐乾元年间，称辽州为仪州。古榆社当时辖于仪州，仪川河之名由此而来。

按现在的地名而言，仪川河发源于箕城镇铺上村分家沟，于县城西南汇入浊漳河。

近年，县政府在仪川河河南桥上游建起蓄水堤坝，东河公园一侧一桥飞架，造型如虹霓；2018年，在对板坡桥加宽的同时，又在其北侧不远处再建新桥，更加便利了两岸交通和城市的扩展，并对河道科学治理、美化绿化。河畔遍植杨柳，园内修葺凉亭，配置各种室外体育健身器材；夏夜和风习习，杨柳依依，红桥白亭，游人如织，或乘凉闲谈，或翩然起舞，或晋戏老腔；河中波光粼粼，岸上群楼倒映其中，如水宫世界。远望虹桥，掩映于烟柳中，仪川河歌声灯影、舞步翩跹，风光旖旎。仪川河的有效治理，极大提升了榆社县城市品位，完善了城市功能，在为广大居民提供休闲、健身、娱乐场所的同时，也给山水生态型宜居城市增添了一道亮丽的风景线。

文峰塔

文峰塔为榆社文化图腾标识，位于榆社县城东南（箕城镇板坡村南岭山上）；从康熙六十一年（1722）开始建，历时三年，至雍正三年（1725）告成。此塔乃是根据"塔在巽（东南方向）峰则文运胜"的风水学说为振兴榆社文风而建，初期直呼"文风塔"，其后名之"文峰塔"。塔为锥形砖木结构，共13层，高约38米，占地69.2平方米，内为空心，底层直径约3米。文峰塔的第一层和第二层有砖砌月梯及回廊，可拾级而上；三层以上有用木板、铁钉而成木梯以供攀高；其间石阶层层，盘道曲曲，如步云路一般。塔体的外面，每层都有仿木结构砖雕出檐、斗拱；四面开砌拱券洞门，以供凭览；洞门之上有砖雕塔匾，图案花纹十分精致，工艺绝伦，匾额所雕文字有"霞光普照""文曜高悬""攀蟾天柱""鸾翔凤集""岚御银汉"等，花饰图案有"一路（鹭）连科""封侯挂印""吉祥如意""鱼跃龙门""福禄

文峰塔（摄影 张卫兵）

寿"等；塔顶置宝瓶（2005年重修时已置换），玲珑剔透，角隅悬挂风铃，微风吹动，叮当之声不绝于耳。全塔造型美观，庄严宏伟。

　　榆社文峰塔不但构思奇特、工艺精巧、造型美观，而且选址巧妙，寓意深远，令人叹为观止。塔所坐之巽山，东倚崇峦，西俯榆川，南对笔架山，北临仪川河；塔建其上，宛如笔锋直插云霄，指星画斗；东方日出，塔影倒映仪川河水，如笔蘸墨，如虹饮池；从北向南望观，文峰塔尖正对准笔架山的3个山峰，其景颇似笔管搁在笔架之上。纵览文峰塔周围景观，上有层峦叠嶂，绵延千里；下有银丝玉带，清流掩映；塔身挺拔参天，足为大好河山添色增彩。

　　榆社县旧有端午节踏柳之俗。文峰塔建成之后，民间相传游塔可治百病，于是踏柳被游塔替代。2005年，古塔全面修葺，并在文峰塔主体建筑外，新建了石勒塑像、观亭、砚池、园门、喷泉等附属设施，新植绿化树种80多种、30余万株。

大同寺

大同寺旧址位于县城东侧榆社中学对面住宅小区。据清代光绪年间刊印的《山西通志·古迹考》记载："大同寺，在榆社县东南，永平十年（待考——编者注）建。"永平十年（67）是佛教传入中国的最起始阶段。从时间上看，大同寺比洛阳白马寺的建造还要早2年。如记载属实，大同寺佛塔当是我国民间建造的最早佛塔。唐代佛学巨著《法苑珠林》记载榆社大同寺为隋代建造，并将其寺内舍利塔列为"天下第十八塔"。据清道光年间刊印的《榆社县志》记载，大同寺之"塔寺晓钟"为榆社八景之一，但"不知建于何年"，宋治平四年（1067）重修，元至德年间改建。后寺全毁，仅存石佛。清道光八年（1828），邑令陈维屏督同乡绅王席宾、李天乙等重修。抗战时期，寺庙主体被日寇飞机炸毁。

2002年，大同寺旧址兴建住宅楼，出土北齐至隋唐佛像140尊，现存于化石博物馆石刻造像展厅。

新建于2019年的大同寺（摄影　孟杰）

2017年，重新选址的新大同寺，在箕城镇柳滩村村东动工兴建，于2019年落成。

四、泉水河

泉水河是北寨的主干河流，是浊漳河的五大支流之一。泉水河发源于北寨乡郭家社村西北的郭家寨一带，于箕城镇南河底村西南汇入母亲河浊漳河；自东北而西南贯穿了北寨乡全境，全长36千米，流域面积203.2平方千米，河床平均纵坡为9.8‰。

北寨乡有二十几个村落，几乎每个村落都有泉眼。泉水河像一根藤蔓，由这些泉眼而出的大大小小的溪流组成；又像一条条粗细不同的发辫，油光闪亮。这些河流都有着共同的特征，就是甘甜清澈、常年不断，多可直接饮用。其中，辉沟泉流量每秒14升，冬暖夏凉，为全县第一泉。这些泉水拥有一个共同的名字——泉水河，成为县城居民主要的饮用水源地。

泉水河河岸村落至少有26个泉眼，其中，以辉沟、东垴、尹沟、青峪、郭家社等几处泉眼最为著名。这些泉眼常年水流不断，有的时有水柱喷涌，有的时有瀑流成池，多静美暗涌、汩汩不绝。郭家社龙泉沟泉眼的水中含有矿物质；尹沟的泉水用于酿酒，其味甘醇；东垴的泉水做的豆腐味道鲜美；邰村的泉水做醋酸味香醇。泉水丰盛的地方，在古代也是多寺庙云集的地方，如青峪有寿圣寺、尹沟有夫子庙、水磨头有荫山庙等。

泉水河两岸山明水秀，古为诸侯帝王之家的福荫宝地。早在春秋战国时期，辉沟村附近就有过一座古城，叫枣阳城。传说是当时的一位王子的封地。东垴村的一座馒头山，传说是一位皇姑命名的，而皇姑墓也在东垴村最高处，村人耕种曾发现玉带等物。上城南、下城南之间也有座古城，此两处也发现过汉墓群。赵王村更是与赵王石勒渊源颇深。传说赵王石勒返乡病故后，葬于此地。此地曾有赵王庙，村名亦因此得之。

荫山庙

清版《榆社县志》记载，荫山庙位于县北15里的青峪村。荫山，平地凸起，石壁高数十丈，大约亩余，形如覆钟，林木荫翳，百鸟群巢。上建佛殿，亦佳境也。庙内供佛祖释迦牟尼。青峪村人曹名世为清道光庚子年任县邑训导、金鼎子，才学素著，精于地理。曾为荫山庙题诗，描绘当年荫山景象："突起孤峰立，中流一小山。横空磐石壁，绝顶锁禅关。荫翳松千石，空明水半湾。争鸣多异鸟，乘兴快登攀。"可惜，他笔下的荫山庙早毁于1938年的日寇炮火。今天所见荫山庙为2011年5月水磨头村民捐资重建的。青峪村与水磨头村间相望于荫山庙。荫山庙孤秀于平壤中央，独傲于泉水河畔。拾级而上，山上尽植松林外，还种了一树桃花。春风一来，远望桃花云红，飞檐流翠，如在仙境。从县城一路向北进入，群山环抱的北寨腹心，一路平旷，忽有荫山美景入眼，美不胜收。

赵王墓

清版《榆社县志》记载："离县城二十五里的赵王村中有赵王石勒墓，墓东有庙。"按《晋书》记载："石勒字世龙，上党武乡（今榆社北）羯人也。生时赤光满室，白气自开属于中庭。年十四，随邑人行贩洛阳，倚啸上东门，王衍见之长而壮大，有胆力。居武乡北原山下，草木皆有铁骑之象，家园中生人参，悉如人状。起兵从刘元海，拜辅汉将军平晋王。太兴二年称赵王，好文学，以光武自命，在位十五年，年六十死，再传而灭。"《晋书》载石勒死后："夜埋山谷，莫知其所，备文物虚葬号高平陵，岂陵在邺而实归葬于榆，袭魏武疑冢太智耶？"据现存于赵王村的清代石碑记载，与赵王墓隔河相望的放牛坡上建有赵王庙，建于大金明昌二年，后毁于1942年日军飞机轰炸。

后赵时期石勒修筑的社城土城墙

赵王墓位于县城北12公里赵王村东北，封土高10.8米，占地面积264.4平方米；坟墓封土坚硬，现仍依旧封存；1984年9月5日，被列为县级保护文物。

五、南屯河

南屯河发源于讲堂乡石门沟（自然村名，现有2户人家居住），自东北而西南流经讲堂、岚峪、郝壁三个乡（镇）后注入浊漳河。因屯村是这条河两岸最早的一个村庄，又因该河位于县城南面，故名为南屯河。该河全长30千米，河宽60余米，流域面积198.95千米，在河流中游的下赤土村修建小型水库一座。

南屯河流域有古镇讲堂，有古庙清凉寺，可谓历史悠久、古韵绵长。

箕子之封邑"箕"，其中心就是现在的距榆社县县城东南30里的讲堂村，范围大致包括今榆社全境、太谷东部，以及左权、武乡部分地方。讲堂村正好位于箕的中心，所以当时的讲堂被称作箕城。箕子，名胥余，是商纣王的叔父，曾任太师之职。箕，是他的采邑；子，是其爵位，故后人称之为箕子。箕子是继榆罔之后引领榆社历史文化的一位不可或缺的重要人物。商代的箕城因其显赫地位已在方国林立的局面中崭露头角。进入周代，迅速崛起的箕城又在晋国霸业成就中举足轻重。

箕神庙遗址在讲堂村西约2里的箕山上。箕山状如巨大的簸箕，而箕神庙坐落于其中心。清光绪版《榆社县志》记载："箕山，在县东三十里，即箕子始封处。山形如簸箕，上有三土峰峙列其顶。"

清凉寺

清凉寺位于山西省榆社县县城东南30千米的岚峪乡王家庄村村东清凉山；现存殿宇建筑有正殿、东西配殿各三间。这些殿宇，均为明、清所建；现为榆社县县级文物保护单位。

清凉寺始建于元代，明、清几经修葺、扩建，为五进院落，由南天门、观音洞、天王殿、阎王殿、钟鼓楼等建筑构成；占地800多平方米，坐北朝南，现存建筑由内外寺院组成，内院正北方为后殿（毗卢佛殿），院中有参天柏树2株，高20余米。

清凉寺四周环山，满山松柏，四季常青，桃李环抱，野果飘香，泉水潺潺，凉风习习，是历代文人墨客、富商巨贾的游春避暑之地，也是今人休闲旅游之所。古时文人骚客于此选胜，常以南天门（已废）、虎岩、温凉泉、凌云桥等为佳景。登临南天门，满山景色，尽收眼底。

六、武源河

武源河古称白壁水，为浊漳河五大支流中极其独特的一支，随源头漫天岭之流，自西自东贯穿西马乡全境，于西马乡镇府西马村村南汇入县河，也为一乡之河。武源河两岸自古山峰连绵，多红沙石壁，在灵山秀水处有起于北魏或更早年代的古迹遗踪——摩崖石窟，如武源摩崖石窟、新村石窟、官寨石窟、北山晕石刻等。

七、云簇河

云簇河，俗称西河，古称隐室水，发源于河峪乡磨盘岭，于箕城镇南马会注入县河；自西而东横穿云簇镇全境，沿途有15支5千米以上的支流汇入，全长38.5千米，流域面积335.5平方千米；年径流均值0.42亿立方米，为浊漳河北源最大的支流。

云簇之名，据《榆社县志》记载："相传立镇之初，五色云见，故以为名。"可见，名自天空有五彩祥云簇拥而生。今人将"云簇"书为"云竹"。

八、云竹湖

云竹湖（今云簇村、云簇镇地名以"簇"为准，云竹湖以"竹"为准）位于榆社县南，距榆社县县城35里；属人工湖，前身是云簇水库（海金山水库），湖水源自浊漳河北源最大的支流云簇河的15条支流；建造地临近云簇村，故以村名命名库名。又因其建于海金山山脚下，所以当地村民习惯上称之为海金山水库；近年为促进旅游发展改名为云竹湖。

云竹湖，四面环山，水源充沛；1959年动工兴建水库，1960年建成，海拔1 021米，坝长197米，坝顶宽7米，坝高21米，深水区水深18米，水域跨云

云竹湖（摄影　欧阳君）

簸镇和河峪乡，总面积21 700亩，其中水域面积21 244亩，总库容约8 700万立方米，流域总汇水面积353平方千米，一直以防洪为主，兼顾灌溉、水产养殖等功能，造福一方百姓。

云竹湖是华北地区少有的高山湖泊，景色宜人。湖岸蜿蜒曲折，湖水四面延伸，形态婀娜多姿，湖中有小岛，岸边港汊回环；周边水文生态环境良好，水质清纯；湖上晨凫昏雁，水下鱼族竞翔。广阔多姿的湖面，既可为泛舟水上观光游乐提供广阔场所，亦可为垂钓、休闲、开展各种水上运动提供所需空间，素有"太行明珠"之美誉。

云竹湖之美在于朝暮阴晴的如诗如画，在于四季变换的景色迷人。

细雨蒙蒙时来到这里，恍若仙境；阳光明媚时来到这里，疑至江南。云竹湖在任何时候，都会带来不同的美感。女子羡其柔美超凡，男人喜其幽深激荡，孩童乐其趣事诸多，多愁善感者对湖吟叹，劳于杂务者望湖息心，舞文弄墨者至此吟诗作赋，摄影写生者频举镜头、勤着颜色。清晨水汽随日出而云蒸霞蔚，碧水之上，白鸟掠于水面，与雾岚齐飞，妙不可言。暮色渐浓，霞光淡去，波涛拍岸，湖水如绸如带在青山间飘动。天渐渐暗淡下来，湖水恍若梦中，但湖水并不寂寞，垂钓者的鱼饵还在与鱼虾们嬉戏角逐……

春意萌动，冰雪消融，青山显秀，树吐新绿，杏花闹枝头，蜂蝶起舞，天鹅低翔，清风徐来，波光潋滟，湖东梨花绽放，清香流溢一湖。盛夏山翁郁、水缥碧、天蓝蓝、云悠悠，浩浩水波上，人影憧憧，寂静处钓者执竿。水岸浅湾，鸭、鹅、鸳鸯戏水，荷艳如霞如珠，令人心神为之痴迷。秋风萧瑟而不寂寥，碧水茫茫而不苍凉，湖光澄明，水天一色，立于水墨湖光中，别有情致。冬逢大雪，银装素裹，湖岸玉树琼枝，湖面坚冰如镜，云竹湖如一个天然的冰池，不仅供勇敢的游人来滑翔，还可供车马人流横穿而过。在这个时候，诗人们想象云竹湖曾是黄土怀里的一只透亮的眼，是榆社百姓深蓄眼中的一滴泪。

榆社的本土文人更用其生花妙笔描绘云竹湖胜景。

云竹湖镶嵌于太行山巅，上接星月苍天，下承万载厚土，近有鬼斧神工黄土林相伴，远有郁郁葱葱花草树相随。晴日风烟俱净，蓝天白云下青山隐隐遮不住，绿水悠悠流不断；阴日烟云离合，雾雨空蒙；拂晓即闻钟鸣资福寺，鸡唱海眼村；入夜但见明月出云崖，皎皎流素光，轻寒风剪剪，良夜景暗暗。春韵秋晖，夏梦冬致，四时之景各不相同，置身于云竹湖畔，犹如人间之天堂，欲界之仙都。振衣以高岗，濯足以清流，云竹湖可荡尽尘埃，涤尽污浊，去却凡俗之忧；非必丝与竹，山水有清音。云竹湖可传天地之灵气，奏天籁之佳音。霓裳曳广带，飘拂升太行，云竹湖奇山异水，天下独绝。

云竹湖，有诗有画有禅。这里是回归乡愁记忆的乐土。环湖有向阳、寄子、岩良、圪坨、偏良、下赤峪、泉之头（辖于武乡县）等村落。如一串珍珠镶嵌在湖岸四周，芦苇摇曳，蛙声阵阵，荷花飘香，白鸟时翔。湖畔人家，日出而作，日落而息。一方水土养一方人，他们依水生活，驾舟种田，除了和其他地方的人们一样种植玉米、谷子等农作物外，结合云湖景区生态旅游，还搞些特色农业，山上遍布苹果、梨、杏、核桃等。岩良村大面积种植了梨树。梨花盛开时河峪乡举办梨花文化节，带动地方经济发展。下赤峪古村落更是如湖畔明珠，唐代资福寺、明清楼院与湖光山色为云湖平添了厚重的文化韵味；环湖路上正在兴建的地质博物馆卓然矗立；向阳的农家乐小院，集饮食、观光、娱乐于一体，拿出富有地方农家风味的小河虾、银鱼、苦菜、笨鸡蛋、小米饭、杂粮面、大鱼块等绿色食品来招待远方的来客。来这里的游客冲着的就是这种田园的风情，为垂钓、为赏景、为体验农村生活，为在山水中怡养性情。

从2007年起至今，每年秋初，云竹湖均举办盛大的以"走进生态榆社，体验休闲之旅"为主题的"山西榆社云竹湖休闲旅游垂钓节"。每至此时，来自全国各地的数以万计的游客，云集于此，感受云竹湖独特自然原始的生态魅力，依此还进行一系列的活动，如垂钓大赛、高层文化论坛、悠闲游乐、媒体采风、摄影展览等。其中，最具魅力的就是垂钓比赛了，分3人24小时休闲垂钓赛、嘉宾休闲垂钓体验活动、全国垂钓大赛、72小时休闲垂钓等多个类型。全国各地垂钓高手于此切磋技艺，赢者亦乐、输者亦乐、观者亦乐，一场垂钓盛会，一座悠闲乐园，一个快乐节日。

2019年，云竹湖畔又迎来全国第二届青年运动会自行车大赛，更使云竹湖美名四播、游客纷至。

在秀色可餐的土林与群山中，泛舟湖上，水光山色尽收眼底。采摘瓜果园中，瓜果鲜菜唇齿留香，远离喧嚣，醉心于天蓝水清、旖旎风光，惬意于渔舟唱晚。云竹湖不是江南胜似江南，不是苏杭胜似苏杭。在北方，在太行山上，在黄土高坡上，有这么一泓碧水，有这么一片秀山，令人流连忘返。

福祥寺

福祥寺位于岩良村村东的云竹湖畔，建于后晋开运三年（946），金代重修，后历代皆有修葺。现存正殿，殿阔5间，进深6椽，单檐悬山式；斗拱较宋代略小，但朵数增多，出檐深巨；外檐施五彩装彩画，精致美观，栩栩动人；殿内梁架彻上露明造，采用减柱法置立柱4根，既开阔视野，又适应了殿内布置佛教群像，体现了艺术与实用相结合的设计理念，是典型的金代建筑风格。殿内保存的元代壁画，线条流畅，画彩和谐，构思生动，是难得的佛教彩绘壁画文物珍品。另有南殿3间，进深6架椽，明代重建。殿内原供有佛像5尊，院内出土早年埋藏的多尊残缺石刻造像、石刻经幢。福祥寺于2010年重新修缮；现为国家级文物保护单位。

福祥寺壁画（摄影 欧阳君）

第三章　乡风民俗

◎田永进

作者简介

田永进，男，山西榆社人，1976年生，本科学历。晋中市作家协会会员，榆社县作家协会常务理事，现供职于榆社县扶贫办。先后参与过《榆社县志》（2014年版）、《榆社县乡村文化记忆》采编工作。作品散见于《山西日报》《晋中日报》《乡土文学》等报纸杂志。

特殊的地理环境和历史变革造就了人们特有的性格、情感和生活习俗。榆社民风民俗之形成也大概如此：云簇沃野平旷造就了乡民的粗犷与豪放；河峪的高山大川形成了乡民刚毅与悍勇；北寨的闭塞幽静造就了村民委婉与质朴；社城、两河口深厚的文化积淀造就了村民聪慧与睿智；西马、白壁的交通便利造就了村民的活泼与开朗；岚峪、讲堂的清泉叠石诞生出乡民的纯朴与干练；箕城地处榆社政治经济文化的中心形成了乡民的世故与"时尚"；郝壁、韩村一马平川造就了村民的豁达与从容。但从总体来看，靠山吃山、靠水吃水的乡民，长久以来在同一条河流沿岸形成的风俗习惯大体一致。

第一节　生产习俗

榆社以农业生产为主，春种秋收，繁衍生息，世代相传。在榆社民间，土地有圪梁地（山梁上较平整地方开垦出的土地）、坡地（山坡上开垦出有坡度的土地）、湾地（山脚下沟壑间开垦的土地）、河滩地（沿河两岸的土地）之分。圪梁地、坡地一般种低秆小杂粮，通常产量不高。湾地大都种植大秋作物。乡民称下地劳动，为下地（儿）、去地（儿）的呀、去地（儿）动弹、去地（儿）做营生等，并自嘲为"受苦的"。

榆社方言对农作物和粮食都有特定的称谓。称粮食作物为庄稼，夏天收获的作物称夏粮，如小麦等；秋天收获的作物称秋粮，如玉米、高粱、大豆等。小麦加工成面粉称好面、白面，皮屑为麸子。谷子收获后称谷，去壳后称米、小米，谷壳为糠，秸秆为干草。玉米称玉茭的，高粱称茭的。农作物收获后，种谷子的地称谷茬地，种高粱的地称茭茬地，种玉米的地称玉茭茬地。油料作物，一是大麻（蓖麻，一般在地边上种，专种的较少），二是小芥（主要在豆子地里插花种植），二是小麻（大都种在村门、地边，麻籽可作为榨油原料，麻皮可纺绳）。胡麻、芝麻、葵花等油料作物较少种植。山药蛋、胡萝卜、南瓜等在20世纪80年代之前不只是蔬菜，同时又是主食，乡民几乎顿顿饭里都煮山药蛋、胡萝卜。南瓜、北瓜（西葫芦），除煮着吃外，还要把成熟了的镟成南瓜片子、葫条晒干，以备冬天和第二年春天食用。白萝卜的种植不如胡萝卜多。豆角也种植较多，一般都是与高秆作物玉茭种在一起，利用玉茭爬高，不必专设架子。豆角也有剪成条晒干，供冬春食用。其他蔬菜，如茄子、白菜、韭菜、黄瓜、辣椒、菠菜等，在过去一般人家很少种，大多是村集体菜园子里的"主角"。

初春，年节十五闹红火；二月二，龙抬头。之后，勤快的农民便开始往地里送粪，肩挑车拉，庄稼一枝花，全靠粪当家。民间有"九九加一九，耕牛遍地走"的农谚，预示春种开始。春种历来是农民最为看重的，也是农村较为忙碌的节令。春种作物一般为玉米、高粱、谷子、土豆、红薯、黄豆等。农谚有谷雨前后，安瓜种豆；芒种后夏收；头伏荞麦，二伏菜；头伏锄苗一碗米，二伏锄苗半碗米，三伏锄苗没米吃。立秋后，是大秋作物成熟的季节，白露过后逐渐进入秋收大忙季节。农民把收割的庄稼堆放到打谷场，把谷子、茭子的穗子钳下来摊开，用牲口拉着碌碡（乡民称之为碾磙）在场中反复碾轧，直至粮食碾尽，反复用木锹、木刮聚拢成堆，然后用扇车把皮屑杂物扇走。收获的谷子、茭子等不太多时，一般是用连枷反复击打来代替碌碡碾轧。20世纪80年代后，包产到户，大规模的打场景象基本消失。特别是随着机械化的发展，碌碡和连枷也极少派上用场了。

农村中较累的农活要数挽谷（间谷苗）和割麦。民间有"谷挽一寸，赛如上粪"的说法。一般谷长到一寸左右便开始挽谷。农民蹲在地里，手拿小锄，一边锄草松土，一边把弱苗和多余的谷苗拔掉，沿着谷垄前行，时间长久，腰酸腿困，汗流浃背，苦不堪言。夏天麦子成熟后，要挥镰猫腰收割，加之炎热难当，时间一长腰酸背痛，头昏脑涨。民谚有女人怕养孩（生孩）坐月的，男人怕挽谷割麦的。到20世纪90年代后，由于麦子产量低，种植成本远远高于玉米，农民大都换取或购买外调面粉。县域内麦子种植越来越少，逐渐成历史。20世纪70年代起，榆社有金藏、桃阳、乔家沟、韩村、西方山、郜村等少数地方种植水稻；包产到户后，水稻种植自动消退；从2015年开始，又有郜村、高崖底、仰天、赵王、乔家沟、桃阳等村先后恢复种植。

20世纪80年代实行家庭联产承包责任制后，以一家一户为单元从事农业生产。21世纪后，农家肥使用量锐减，化肥、农药，特别是锄草剂大量使用；机械化程度大大提高，传统农耕方式在发生重大变化。

第二节　生活习俗

一、服饰

穿着打扮与当地的传统习俗、气候环境有直接的关系，但更要受当时的经济条件和生活水平限制。在榆社地区，在清代，富家男子留长辫，平时外穿蓝色长袍（冬穿棉长袍）马褂，内着单裤、衬衫，样式宽大；穷苦人粗衣打扮、绑腿带，均为自织土布，家中常备有访友、探亲、办婚事时穿的自织土布长袍，戴瓜皮帽，穿二道眉的鞋，土布袜；有功名者在场面上着官服。女子裹足，上穿掩襟大袄，内套衬衫、布兜，下穿中式裤。青年女子则穿灯笼裤，绣花布底鞋；中老年妇女头戴手工制八洞神仙帽；老年妇女扎裤足带。婚嫁时，富户男子娶亲一般身着绸缎长衫，头戴镶玉帽壳，十字披红，脚踏高底鞋；女子穿绸缎衣裤，外罩蟒袍，腰围玉带，头戴凤冠。穷苦人只穿新布衣。

民国初，男子留齐脖短发，后改剃光头，衣着讲究合体，穷苦人不再穿套裤，洋细布开始流行于上层社会；女子改穿中式大襟小袄，有的穿旗袍。

抗日战争时期，男子改穿对襟小褂、中式裤，小男孩留"马鬃"；女子不再裹足。解放初，青年男子多留分头，多穿对襟西式袄、西式裤；女子梳短发，多系头巾，穿大襟花衣，布鞋。

20世纪50年代，男女多着制服，干部、教师中出现中山服、军干服、西式裤、戴沿帽。鞋有二尖口、圆口、方口布鞋、胶鞋，冬天穿老套鞋。袜子为机织线袜。服装颜色以蓝、黑、灰为主。少女喜穿花色上衣，梳两条长辫；中年妇女多留齐耳短发；老年妇女在脑后挽髻。

20世纪60年代，普遍兴穿军干服，男子冬天戴火车头帽，春秋两季戴蓝、绿色舌头帽。

20世纪70年代末期，服装样式增多，有春秋衫、羊毛衫、风雪衣、夹克服、筒裤等，开始出现西装。

改革开放以后，无论是男女装，还是童装，门类、品种、样式、颜色等日趋繁多。人们日渐重视衣着穿戴，服饰逐渐成为人们日常消费的重要项目。

20世纪80年代初，青年多穿夹克服、喇叭裤、牛仔裤、老板裤、登山服等；中老年多穿中山装。衣料多为涤纶。皮鞋、尼龙袜很普遍。夏着凉鞋，穿方口鞋者极少。女装样式更多，讲究美观、大方、得体，还新增蝙蝠衫、裙子、高跟皮鞋、凉鞋、旅游鞋等。女子梳辫的习俗逐渐消失，出现烫发、披肩发等。

20世纪90年代后，随着经济的发展、社会的进步，人们的服饰也呈多元化、多样化。随年龄、职业、体形、爱好、季节不同而不同，平时多穿西装或休闲装。冬季流行呢大衣、羊毛衫、羽绒服、皮衣等，内着衬衫、秋衣、背心。

进入21世纪，服装店分为童装店、中老年店、普通服装店及各种品牌服装专卖店。更多的是以销售青年男女衣服为主的服装店，尤以女性服装为多，而且四季都有品种齐全、颜色各异的服装，款式不断翻新，每年都有流行色。服装的丰富多彩，把整个世界装扮得多姿多彩、色彩斑斓。而后，裤子的种类有牛仔裤、西裤、打底裤、裙裤、紧身裤、直筒裤、阔腿裤、喇叭裤、铅笔裤、工装裤、背带裤、哈伦裤等。上衣有夹克衫、T恤衫、中西式上衣等，另有毛线衣、棉衣等。

二、传统饰物

中华人民共和国成立前，榆社妇女饰品以银器为主，主要有耳环、簪子、手镯等；幼儿脖子上戴银锁，手上有小手镯、小银铃等。中华人民共和国成立后，妇女佩戴饰物，一些老年妇女仍有戴手镯者。20世纪80年代后，城乡妇女多有使用化妆品者，佩戴金饰品耳环、戒指、项链、手链等。长期以来，男女结婚，女方将购买"三金"（金耳环、金戒指、金项链）作为时尚。2000年前后，以服务女性为主的美容店及美容美发行业逐渐兴起，炙手可热。

三、日常饮食

饮食是生活所需，也是一种文化习惯，与当时的生产力、经济的发展程度有着直接关系。历史上，榆社饮食以粗粮为主，一日三餐，早上一般是"煮疙瘩米汤"或者"窝窝头米汤"。所谓煮疙瘩，就是用谷子或玉米磨下的面，用开水和起来，捏成饼子状，煮在米汤里，煮熟后食用。窝窝也叫"窝窝头"或"片子"，是用玉米面或谷面、高粱面（掺入少许豆糁、称为黑蒸）用开水和起后捏成片状，蒸熟后食用。

在20世纪70年代之前，家常饮食历来单调。早饭喝米粥（米汤），吃煮疙瘩、吃窝头，高粱面黑蒸、粗面拌饭（俗称馉里）、撅疙瘩等。午饭以面食为主，一般吃茭子面掺豆面的面条和子饭，即红面和饭。饭里除小米外，要煮山药蛋、豆角角、红白萝卜、南瓜片子等，也有下白豆、眉豆和钱钱（白豆压扁）。条件好的人家面条质量高些，除茭子面、豆面外，要掺白面（麦子面），名曰"三和面"。主食擀面、和子饭、连汤饭、河面（焖面）、擦面、抿圪蚪、揪面、圪特儿、剔尖、捞饭。晚饭，有些人家是把中午剩下的饭菜热一下吃，这样可以省火、省时间。如中午没有剩下，或剩下很少不够吃，就熬米汤。这种米汤一般要下些豆钱钱，另外吃点煮疙瘩、窝窝头之类或炒面。炒面有好有差，较好的是把黍子和白豆炒熟，磨成面；次的是有点白豆、玉米，再掺一些谷糠，叫"糠炒面"。富裕者，隔十天至半月改善一次生活，吃顿白面面条。苗苗白、山药蛋为家常菜。民众亦喜食酸菜、腌萝卜、菜根等。

随着经济的发展，人们生活水平逐步改善。20世纪80年代起，饭食逐渐以白面、大米代替粗粮，饮食品种也逐渐增多。早、晚两餐，主食米粥、烙饼、蒸馍等；午餐食面条、刀削面、大米、饺子。食肉蛋类和新鲜蔬菜食品增多。中午、晚饭不再"一锅炖"，多样炒菜的人家逐渐增加。"盘盘碟碟"已进入寻常百姓家，条件好的人家下饭馆成为寻常事。

本地特色饭食有干面饼、拉面、灌肠、凉粉、莜面、荞面、枣糕等。城镇食用水均为深井自来水，乡村亦饮用自来水。

四、宴席菜肴

民间的婚丧嫁娶，主家都要设宴来款待宾客。民国年间，富户摆宴为八碟或八碗。中等之家为十张和打眼（实际上是肉丸子的别称），以萝卜、豆芽等为底菜，上披一层海带、粉条、豆腐、肉屑之类的烩菜，称为十张；在十张上面，按人数每人摆放1~2块红烧肉和丸子，称为打眼。丸子单数称单打眼，双数称双打眼。主食为枣糕、馒头。中华人民共和国成立初期，多四碟单打眼或双打眼。20世纪80年代后，改为十大盘或十几盘（一般为双数），且花样逐渐增多，讲究色、香、味。一般宴席都有鸡、鱼、大肉、丸子，主食仍为枣糕、馒头。如今大多地方在操办白事时，为抵制铺张浪费风气，多食碗碗菜（用碗自盛烩菜食用）和枣糕、馒头。

五、居室

民居的建筑与当地的气候、地理环境和经济条件有着直接的关系。在中华人民共和国成立前，普通百姓大多选择在朝阳的地方，按照山势，开凿土窑洞而居，后逐渐出现用土夯墼块，来建造土坯房。大户人家则建有青砖房。土坯房和青砖房都用灰瓦铺顶。一般讲究四合院，但真正的四合院很少，多为三合院，南房少，只有正房（北房）、东房、西房。有"有钱不住东南房"的说法。南面一般是附属建筑，即厕所、牛驴圈、鸡窝、柴草棚等，还有大门。一般院子，都有围墙，有讲究的建有门楼。宽敞些的地方，大门外还有一个院场，主要用来打粮食，或临时堆放柴草、建厕所、垒猪圈。房子的间数，一般都是单数，即3间、5间、甚至7间，1

民居中的戏曲石雕

间、2间的较少。房屋多为悬山顶或硬封山建筑样式。正房是最好的房子，大都是当家人住。有钱人家建全砖房（俗称精砖房），多为砖砌面或棋盘形，起装饰作用；绝大多数的房墙是用土坯垒的。

三间的房子最多，一般都是一间盘炕，一间做地，一间隔起来做储藏室。秋冬春，人们都在家里做饭，一边烧炕一边做饭。由于烧柴禾，家里挨着灶台都有一个1平方米见方的煤灰圪洞积攒柴灰，可做肥料。

20世纪60年代，人们逐渐告别土窑洞，开始新建瓦房（土坯房）。瓦房逐渐成为本县居民的主要住房，每户一般盖5间。随着人们经济收入的不断增长，盖房趋向新颖、美观、舒适。一般向南为5间主房，院内东、西建有平房，院门多留东向或南向，一户一所院落，一个院落由主房、平房、院墙、厕所组成，厕所一般在院落的西南角。一般房屋分2间或1间，中间用墙壁隔开，一间长一般为3米，入深5米或5.5米。最理想的住宅为"四合院"。一处院落一般长15米左右，宽14米左右。建房所用材料一般以土木结构居多，有的在前墙根基上垒数层灰砖。室内筑土炕，炕边置炕沿（多为枣木），炕上铺席子。

20世纪70年代末期，主房开始设里外间，分客厅和卧室，客厅有1间或2间，卧室一般为1间，一般由客厅进入卧室。建房材料无论城乡，大多数为砖木结构，经济情况好点的要用混凝土打地梁。

20世纪80年代起，兴起木床，而冬季大多数中老年人仍喜睡土炕。在县城和乡镇驻地逐渐建起居民小二楼住宅和砖木、钢筋混凝土结构房屋。平房入深也有所增加，有6米、7.5米不等。

20世纪90年代，县城部分单位开始集资兴建单元住宅楼，多以单位自建锅炉取暖。平房居民以火炉、蜂窝煤、小锅炉取暖做饭。

2003年，县城实现集中供暖，住宅建筑也趋向于单元楼的五六层建筑。单元楼住宅，一般面积在70~140平方米之间，分为卧室、客厅、厨房、餐厅、卫生间和冷藏室。

2008年后，县城开始出现新建高层住宅楼，先后出现鼎峰大厦、凤林西邸、仪川小区、府西小区、迎春嘉园等18层的住宅小区建筑。

2019年，易地扶贫移搬迁大移民，县城及城郊建起福满园、鑫悦、文景苑、惠民家园等多个住宅楼小区，农村建起邓峪、河峪、云簇等移民住宅楼小区。

六、室内陈设

中华人民共和国成立后，一般人家有立柜、方桌、柜子、椅子等，室内挂中堂画。20世纪80年代，开始出现组合柜、梳妆台、沙发、写字台、折叠椅等，室内装潢更具现代气息。20世纪90年代后，人们不再看重室内装潢的华丽，以实用、舒适、大方、美观、高品位为发展趋向。室内地板，客厅沙发、电视，餐厅餐桌和椅子，比较重视高档次；厨房和卫生间比较重视实用；卧室以舒适、美观为准；此外还要在屋内墙上挂一些字画作为点缀，以增加生活气息和生活品位。

七、柴火

榆社属于无煤县，过去煤炭全靠商贩从左权、武乡运入县内交易。再加上交通不便，只有少数有钱人家冬天用煤炭，寻常百姓做饭、取暖全靠柴火。柴火的来源一是农作物的秸秆和根茬，如茭秆、玉茭秆，谷茬、玉茭茬等；二是灌木、野草、树木根枝，甚至树叶子。随着经济条件的好转、交通发展，从20世纪80年代开始，烧煤的人家逐渐增加，先用煤屑和成煤泥或做成煤糕使用；到20世纪90年代多用蜂窝煤；21世纪后城镇使用电磁灶、液化气者开始增多，但农村仍有不少人在使用柴火做饭或取暖。

八、出行

旧时，榆社人们外出要看皇历，选"黄道吉日"，步行或骑毛驴，富户骑马坐轿。中华人民共和国成立初期，人们外出搭乘胶轮马车。20世纪60年代起，条件好的人家开始骑自行车，外出远行乘坐汽车。1977年，太焦铁路修通，改善了人们外出旅行条件。20世纪90年代后，县、乡、村全部通公路，村村有拖拉机或三轮车，大部分村庄通班车，县城出现私人摩托车，人们外出旅行，乘车极为方便。进入21世纪，随着太（原）长（治）、汾邢高速公路的开通，加之私人购买轿车数量增多，以及长途汽车班次的增加，人们外出更为方便快捷。2020年12月，太郑（太原—郑州）高铁通车后，榆社交通更为便利。

九、家谱、宗祠、堂号

（一）家谱

在本地大一点的家族，都有家谱。家谱除写在纸上用表格示意，还要用一块大白布，画上长方形格子，把已经去世的人名，一代一代地写在上面。有功名的人要写上功名称谓，如举人、进士等。上家谱的人员只写男子的名字，女子只写姓氏，如张氏、李氏、王氏等。成年人，死后都要写在家谱上，一年或几年续一次。一般都在清明、十月一续，而且要通过家族讨论后，才能上家谱。

有祠堂的大家族，家谱要挂到祠堂；没有祠堂，就由族长或推举可靠的人保管（也有轮流保管的）。过年、过清明、十月一祭祖时，家谱要悬挂在一个大的房子里的正墙上（最好是不住人的房子），摆上供桌和祭品，以便族人来祭奠。20世纪90年代以后，随着人们生活水平的提高，以及经济条件和信息的发达，在外游子对家乡、家族的思念，让榆社不少家族又开始续谱之事。

（二）祠堂

祠堂规模有大有小，一般为一座院子。过去，在一个村里，一般是家族大，居住久，族里有富裕人家，或者有居官者，才盖有祠堂。祠堂附带有土地，由族里人租种，收下的粮食作为族里的公共财产。这些粮食，第一作为修缮祠堂之资；第二供清明、十月一族人聚会时食用；第三救济族里一些特别穷苦的人。管理祠堂和族里的事务，主要是一些年长者。

（三）堂号

旧时，有钱有势的人家，都讲究起堂号。这些堂号皆用吉利之词，有明显寓意，如"四箴堂""三和堂""守善堂"等。不少人家把自己的堂号写在用具上，如口袋上、捎马上、灯笼上。

十、起名字

旧社会，一般人家生下孩子，取名字都比较随意，但也有些特点。一是按出生先后次序，小的、二小、三小……，闺女、二闺女、三闺女……，疙瘩、二疙瘩、三疙瘩……，丑的、丑二、丑三……二是用家畜之名，如狗孩、狗狗、狗小、猫孩、牛孩、牛牛、兔兔、马则、马孩，这些多为男孩的名字；女孩也有带动物名字的，但不多，如狗嬎的、狗闺女、猫嬎的等。三是女孩多用花草为名，多数带花、草、梅、兰、玉、仙、香、粉、娥、凤、丽、芬等字眼，这算是比较讲究的；不少女孩子根本不起什么名字，未出嫁前就叫闺女、娥的。

有些人家，为了孩子好养活，就叫一些奇怪的名字，如把男孩叫成和尚、讨吃的、臭孩、不死的、不走的、拴纣、縻的、锁的等。

多数人家，除乳名外，都要给孩子起个官名（主要是男孩）。官名（也叫大名学名）都是用吉利的字眼，如"富""财""忠""龙""杰""有""金""银"等。从名字上也可体现人们对财富和功名的追求心理。不过一般人往往不称呼别人学名，只叫奶名（也叫小名）。特别是一个人的外部特征和性格、毛病，如这个人爱"吹谝"，就叫他"谝什么"；这个人有毛手毛脚的毛病，就叫他"毛什么"；这个人腿有毛病，就叫他"拐什么"，瞎子、聋子、哑子、愣子等，都要把这些缺陷加到他的称呼里。这些称呼虽有歧视成分，但更多的是幽默和诙谐。

有时一个村重复名字太多，为了区别，人们常在他们的名字上加些附加词，如两个"臭孩"，就把年长者叫"大臭孩"，年小者叫"小臭孩"。有的加上本人住的地名，叫"圪洞儿愣小""南头愣小"。名字的来历与时代的特色密切相关。中华人民共和国成立后，起名字也有了变化，带"改"字、"补"字的名字逐年减少，就是带"孩""货""狗""牛"的名字也在减少，代之而起的名字是"建""新""东""华"等。到了20世纪90年代后期，名字单取一字者渐多。

十一、贴春联

民间讲究有神必贴，每门必贴，每物必贴，所以春节的对联数量最多、内容最全。神灵前的对联特别讲究，多为敬仰和祈福之言。常见的有天地神联"天恩深似海，地德重如山"；土地神联"土中生白玉，地内出黄金"；财神联"天上财源主，人间福禄神"；井神联"井能通四海，家可达三江"。粮仓、畜圈等处的春联，则都是表示热烈的庆贺与希望，如"五谷丰登、六畜兴旺""米面如山厚，油盐似海深""牛似南山虎、马如北海龙""大羊年年盛，小羔月月增"等。另外，还有一些单联，如每个室内都贴"抬头见喜"，门子对面贴"出门见喜"，旺火上贴"旺气冲天"，院内贴"满院生金"，树上贴"根深叶茂"，石磨上贴"白虎大吉"等。大门上的对联，是一家的门面，或抒情，或写景，内容丰富，妙语联珠。

第三节　岁时节日

一、传统节日

春节：农历正月初一，古称元旦。黎明时分，百姓设供桌，摆上香烛及供品，穿戴整齐，先跪拜天地诸神和祖宗，然后拜父母，早饭后出门拜本族和邻居长辈，此谓"拜年"，俗称过年。云簇镇崇串村和郝壁镇韩村、任家垴一带，有大年初一上坟祭祖之风俗。人们从腊月二十左右开始备年货。腊月二十四后，清扫房间，清洗家具，杀猪宰羊，蒸馒头、枣糕。不管男女老幼，都要理发、铰头、洗澡，清清爽爽过大年，民间有"有钱没钱，不能连毛过年"之说。腊月三十（除夕），午饭前，家家贴春联，有的贴窗花、挂年画、贴门神、挂红灯，呈现出一片文明、祥和、快乐的气氛；晚上，一家人包饺子，谈天说地，或回顾一年之艰辛与不易，或憧憬来年之美好幸福；直至夜半，方迟迟而睡，此谓守岁。现代社会，人们除了包饺子，还要看电视，用手机发短信，向亲朋好友祝贺新春。正月初一为新年第一天，无论男女老幼衣着一新，早起放鞭炮，点旺草，供祭神灵、祖宗，摆酒席，吃饺子。长辈给晚辈压岁钱、柿饼、核桃、糖果等，合家欢度春节。早饭后，结伴给宗族长辈磕头拜年。在榆社，一般都是初二上坟祭祖，之后开始走亲访友，互相拜年。但是，有的地方是大年初一上坟祭祖，如云簇镇崇串村。各种文娱活动，亦逐步在城乡展开。从2019年春节开始，榆社县城开始禁放鞭炮；从2020年国庆开始，全县禁放鞭炮。

破五：农历正月初五日，古称"送五穷"。黎明，各户将家院垃圾送至十字路口，烧香放炮，寓意把贫穷送得远远的，称"送五穷"。

元宵节：农历正月十五日，人们制作各种花灯、彩灯挂在门前。民间，出嫁女子回娘家团圆。抗日战争前，各村搭神棚，垒旺火，还请秧歌安神（抗日战争初废除）。1944年榆社解放后，设固定场所为群众演出。城镇机关搭彩楼，做彩车，放焰火。十六日，各机关单位、乡镇、村、学校的文艺队伍集中到县城表演扭秧歌、赶旱船、小花戏、武圪榄，红红火火闹元宵。

垒旺火也称塔塔火。榆社垒旺火、点旺草的习俗，最早可以追溯到两晋时期的后赵时代。风俗相传，每到元宵节期间（主要是十八晚上），临街住户、商铺、机关单位，都要用煤炭（后用蜂窝煤）垒筑旺火，以祈福禳灾。傍晚时分旺火燃起，男女老少成群结队上街丢少许零钱（意为丢百病），再聚拢到旺火前将馒头之类的熟食烧烤而食用，寓意可祛病禳灾。此俗20世纪50年代日趋减少，20世纪60年代消失，1978年复兴，至2018年因防治大气污染被国家禁止。

二月二：农历二月初二日，民间有"二月二龙抬头"之说。俗传天上管雨的龙抬头，天空开始响雷，雨水逐渐增多。百姓吃黍米糕相庆。大家通常在这一天理发剃头，认为在这一天剃头，会使人红运当头、福星高照。儿童理发，叫剃"喜头"，借龙抬头之吉时，保佑孩童健康成长，长大后出人头地；大人理发，则寓意辞旧迎新，希望带来好兆头、好运气。故民谚说："二月二剃龙头，一年都有精神头"。每逢这天，家家理发店都顾客盈门，生意兴隆。另外，民间有禁忌，正月都不光顾理发店，直到"二月二"才解禁。在这一天，人们不从水井往家中挑水，忌讳把"龙蛋"担回家而不吉利。

清明：人们剪纸钱（从21世纪开始附带印制的冥币）、带香火和糕点、生豆芽等供品，上坟祭祖。迁坟、修墓或家中庭院砍树等也在此日或前后三天。学校也在这日组织学生为烈士扫墓，悼念先烈。

端午节：农历五月初五日。清代称中天节，俗称端午节、端阳节。家家用软米、苇叶包粽子，吃粽子，门上插艾叶。五月初一日出前插有根艾；五月初五日出前插无根艾。儿童和妇女手足戴五色线，有的带荷包（布内装蒜、艾叶等），以祛病避邪。县城附近居民有游文峰园、登文峰塔的习惯。

六月六：农历六月初六日，牛、羊工节日。农户蒸鱼样食品（称鱼儿），吃面条，并为牛、羊工摆酒宴备丰盛饭食。今废。旧时六月初六至六月十九前后，亲戚之间有长辈给晚辈送"鱼儿"之习俗。

七月七：农历七月初七日，也叫乞巧。传说牛郎织女在鹊桥相会，午夜时分，静静立于葡萄架下，便可听到牛郎与织女的喃喃私语。

七月十五：农历七月十五日，古称中元节。各家以时令瓜果为供品，上坟祭祖。榆社县原岚峪乡、原讲堂乡无此风俗。

中秋节：农历八月十五日，古时称为仲秋，因此民间称为中秋。唐朝以后，中秋节才成为固定的节日。人们烧制各种月饼，走亲访友，拜见长辈，入夜先祭月亮，后合家饮酒讲食、赏月。

重阳节：农历九月初九日。百姓食黍米糕，俗语"九月九，糕大软米咬一口"，以示鼓励登高之意。1988年，国务院将此日定为"中国老人节"，倡导尊老、敬老之风。

十月一：农历十月初一，各家置五色纸，于坟前烧化，并供祭食品，俗称送寒衣。近年来为防止火灾，逐步开始废止烧纸的风俗。

冬至：数九的第一天。中华人民共和国成立前，缙绅拜阙，士人拜师长，子孙拜祖先，叫贺冬。今人冬至家家包饺子、吃饺子，以示拜上。

腊月初一：农历十二月初一，早晨起床前，吃炒豆、炒玉米（现增加爆米花、炒瓜子花生），称咬炒，意为祛病消灾。民间风俗咬炒也有讲究，早晨醒来，不能说话，就得先吃炒豆或爆米花，如果说了话再吃，就不起作用了。俗语有"初一不咬炒，这个人起来那个倒"之说。

腊月初五：农历十二月初五日，早晨吃五豆饭，即在米粥中煮五种豆类。旧有"初五不吃五豆，出门被人箍住"之说。

腊八：农历十二月初八日，早晨吃腊八粥，软米放枣熬煮。西马、白北一带有将少许粥放于果树枝上，喻来年结果多的习俗。届时由两人一人手拿斧头，另一人端着腊八粥，到自家枣树下或其他果树下，持斧者问："你结呀不结？"端粥者回答："不结。"持斧者挥起斧头狠狠向树干捣去，口中说道："打你个黑紫圪瘩。"端粥者赶忙说："结呀、结呀！"持斧者说："那就给他吃点甜饭吧。"于是，端粥者把软米甜粥喂到果树的伤处。此乡俗多数地方现已不存。

腊月二十三：农历十二月二十三日，旧时，差不多家家灶间都设有"灶王爷"神位。传说他负责管理各家的灶火，因此被作为一家的保护神而受到崇拜。灶王龛大都设在灶房的北面或东面，中间供上灶王爷的神像。没有灶王龛的人家，也有将神像直接贴在墙上的。有的神像只画灶王爷一人，有的则有男女两人，女神被称"灶王奶奶"。灶王爷从上一年的除夕开始就一直留在家中，以保护和监督一家；到了腊月二十三日便要举行送灶仪式。送灶，多在黄昏入夜之时举行。一家人先到灶房，摆上桌子，向设在灶壁神龛中的灶王爷敬香，并供上用饴糖和面做成的糖瓜等。

腊月二十四：家家户户打扫卫生、擦窗户、洗被褥，准备干干净净过年。

腊月三十：俗称除夕、年初下（有时是农历十二月二十九日）。家家贴春联，举家欢饮达旦。旧时这日，榆社人多食粉团，至20世纪70年代，人们早晨普遍食高粱面蒸饺（榆社方言称"团子"），表示全家团圆。至20世纪80年代初，大多数人家早晨改食饺子，即使有吃蒸饺的，也改为白面了。中午饭时还专留一点生面条放下年后再吃，象征年年有余。此日，家家打扫庭院，象征除旧迎新。

二、现代节日

元旦：1月1日，俗称阳历年、新年。是日，各机关学校贴对联，张灯结彩，庆祝新年。

国际妇女节：20世纪初，国际上确定3月8日为国际妇女节。这一天，榆社各级妇联组织妇女，开展座谈会、表彰会及各种文娱活动。机关妇女放假半天。

植树节：1979年，国家定3月12日为植树节。这一天，榆社各级政府组织干部、群众、学生于这日植树造林。

国际劳动节：5月1日，机关、厂矿、学校职工休假，县总工会及厂矿工会举办团体活动，以示纪念。

青年节：5月4日，团县委组织青年开展各种有教育意义活动。

儿童节：6月1日，各小学组织学生开展各种文体活动。县委、县政府到各学校进行慰问、祝贺。

建军节：8月1日。节日前后，各级政府机关领导到驻地部队进行慰问，军民联欢，并对县人民武装部官兵、军烈属，以及残疾、退伍、复员、转业等军人进行慰问。

教师节：1985年，国务院确定每年9月10日为教师节。此后，全县城乡每年于此日隆重举行庆祝大会，并由县委、县政府组织对教师进行慰问。

国庆节：10月1日。所有单位挂旗结彩，张贴标语，开展庆祝活动。

第四节　婚庆　丧祭

一、婚姻

旧时，男婚女嫁均由父母包办，实行一夫多妻制，民间有承诺订婚的娃娃亲、童养媳。一般婚龄男13~20岁，女14~20岁。妇女丧夫，不再婚嫁者，视为贞节。夫妻关系一旦破裂，男方只需一纸休书，即可离婚。

抗日战争时期，县抗日民主政府改革婚姻制度，提倡婚姻自主。人们婚姻观念发生变化，出现招女婿上门（倒插门）、妇女改嫁等现象。1950年，全县贯彻《中华人民共和国婚姻法》，废除封建婚姻制度，实行一夫一妻，男女平等，并按照法定男女结婚年龄男20岁，女18岁，建立新型的婚姻家庭。婚姻自主，自由恋爱，并实行登记。办理结婚登记时，男女双方亲自到所在乡镇办理登记手续；办理离婚登记时，注重调解，保护妇女及子女合法权益，如由财产、生活引起纠纷者，到人民法院起诉办理。1965年，本县青年男女响应国家号召，实行晚婚晚育。1978年，贯彻执行新婚姻法，法定结婚年龄，男23岁，女21岁。20世纪70年代，因国家提倡"晚婚晚育"，女二十六七结婚的极为普遍。2001年4月，重新修订的婚姻法规定，男不得早于22周岁、女不得早于20周岁结婚。

二、嫁娶

清末，榆社人嫁娶一般经过提亲、订婚、行聘、请期、迎娶5个过程。提亲时，男女双方不见面，由媒婆从中往来、说合。订婚：男女双方各写姓名、生辰八字，互换庚帖。男方给女方衣服、首饰；女方给男方文房四宝（纸、笔、墨、砚）。行聘：男方给女方衣物、钱财，多少由双方议定；男女双方设宴，媒婆及双方主婚人在场。请期：男方择取吉日，临婚嫁前3日，送羊、酒，女方报婚期；俗称送天气。迎娶：即嫁娶日；新郎至女方大门口，由新娘方主婚者迎入，宴毕，新郎拜丈人、丈母，娶新娘回家入洞房；次日，新娘盛装拜新郎祖先、父母、族人、亲友，男方至女方家拜父母、族人、亲友；第四日，新娘返娘家过百天。

中华人民共和国成立后，新婚姻法颁布实施，旧的嫁娶习俗废除，新型的婚姻关系一般经过男女双方自由恋爱、自己做主，礼俗程序减少了许多，但榆社仍保留了以下风俗。

提亲：由介绍人陪男方至女方家，与女方父母家人见面认识，并商谈求婚之事。

看家：由介绍人和女方姑姑或嫂嫂陪女方至男方家，与男方父母家人相见，并熟悉男方家境情况。

订婚：介绍人陪男方至女方家，共同确定婚姻关系。订婚时，介绍人要从中间与双方商定结婚时的彩礼及嫁娶事宜。

彩礼： 也叫聘礼，即结婚时男方给女方的聘礼。聘礼的多少，虽有民间约定俗成，但具体情况由双方商议，介绍人从中说合，并随着时代的发展而变化。女方亦有陪送嫁妆风俗。陪嫁物件视女方经济情况确定。结婚时必备的彩礼因时代不同而变化，但多讲究"四平八稳"，取双数。

送天气： 男方择定嫁娶日期，再由男方交女方最后核定吉日。择日后，准新郎家便请本村儿女双全的妇女来帮忙赶制新婚被褥。帮忙人须四个或八个，有"四平八稳"吉祥之意。在被褥内絮棉花时，被四个角内都要缝进红枣、小麻籽，寓意婚后早生贵子。

登记： 择日到民政部门办理结婚手续，领取结婚证书，成为合法夫妻。

嫁日： 按择定吉日，双方定做酒宴，张灯结彩，张贴对联、大红喜字，洞房内张贴窗花，悬挂结婚照，点"长明灯"，遍请亲朋及四邻赴宴。是日早晨，新人在各自家先吃同岁饺子（俗称"一窝猴"）。民间流传谁先吃饺子将来家里谁主事。这天，双方都要把附近的碾子（青龙）、磨子（白虎）、水井用毯子覆盖（现在城里多是用红纸覆盖窨井盖，实为对乡俗之误解），以辟邪呈祥。嫁日还包括抓富贵、绞脸、关门、上轿（车）、下轿（车）、吃大饭等诸多乡俗。

抓富贵： 新郎、新娘在各自家中梳洗打扮、穿好婚服后，由至亲将通用的钱（旧时是铜钱或现大洋，现在是人民币）放置盘子当中，新娘、新郎抓上一大把，能抓多少抓多少，越多越好，剩余的全部倒入新郎或新娘口袋中，寓意以后的生活中不缺钱花。男方带上一块毯

新娘出嫁前"抓富贵"的习俗（摄影　胡晋军）

子，备好新娘梳洗打扮的用品，割一块枣糕（俗称压轿糕），上插柏枝、一朵花、双头葱，再用红纸包少量米面（意为可以让新娘饮食无忧）。一切安排妥当后，便可拉鞭放炮出发，迎娶新娘。旧时一般用四人抬轿子或骑着毛驴，经济宽裕的人家雇八个鼓乐手。20世纪70年代改为自行车，到20世纪90年代后有了小轿车，迎娶的人员和车辆数也取双数。起轿或开车出发时，新

郎的母亲要将新郎替换下的上衣放在轿底或车轮底，让轿或车各进退三次，从地上捏起一小撮土，用上衣包好返回家中，中途不回头，也不和旁人搭话。这撮土要放置于洞房的墙角，寓意旺土。

绞脸：新娘在新郎的迎亲队伍到达之时，找一儿女双全的女性长者，用红线把脸上的汗毛采掉，叫作绞脸。绞脸完毕后要给长者三尺红布和适当现金以示吉利喜庆。

关门：新郎到达女方家，同辈或晚辈孩童都讨要扛门红包，与新郎逗趣。新郎将预先准备好的红包，适时从门缝中塞进，恳请开门。新郎由女方的舅舅接待。旧时新郎上炕而坐，不能脱鞋，身下垫一女方家准备的毯子，出发时带走。迎娶时除"关门"之外，新娘的亲朋好友要向新郎索要喜糖、喜烟，与新郎逗趣，叫"乱新郎"。中午吃饭时（20世纪90年代后逐渐改为上午把新娘娶回新郎家，午饭在新郎家吃），女方要高规格接待新郎，由新娘的舅舅、大爷（伯父）、伯伯（叔叔）陪同；新娘家要给新郎准备茶盅扣碗，红色筷子一双，由新郎的姐夫（同来迎娶者）用红筷子夹上四块丸子、四块大肉放在带去的碗里，回去时带回交予新郎父母，以示孝敬。

上轿：新娘化妆完毕，由新郎把新娘背或抱上车，同时把新娘的陪嫁礼品麦麸、针、香、艾（寓意相亲相爱真夫妻）、和气饼干、四个梨（红线系住梨把）带上。白壁、牌坊一带

出嫁前给新娘采脸（摄影　田馨）

女方要带七个糕、八个饼，用红布包个铁盒子，里面放铜、铁、荚子、白面、柏树枝、葱和其他嫁妆装上轿车。临行前由新娘母亲把新娘的上衣在轿（车）底，挝几下，叫作挝富贵，放回家中。新娘出嫁时，由姑嫂、弟媳或侄男女相伴同行，有新娘的舅舅或伯父、叔父一人同行相送，称送亲人。榆社箕城、社城、西马、郝壁、北寨一带为伯父当送亲人；河峪、云簇、讲堂、岚峪一带则为舅舅送女方出嫁；白壁、牌坊一带，两河口一带讲究"双送双接"，女方的哥哥、嫂嫂送，男方的姐姐、嫂嫂接，意为"哥哥送妹妹，好活一辈辈"。

下轿（车）：新娘到新郎家门口后在轿车上等候，由新郎的母亲送上大红包（俗称下轿钱）后，新娘子方下轿车，由新郎背或抱入洞房。

吃大饭：新娘初进夫家的第一顿饭要高规格的接待，俗称"吃大饭"。陪新娘"吃大饭"的主要是新郎的重要女性亲属，而且讲究是夫妻双方都健在、有儿有女的"全环"人，主要有有妗子、姑姑、姨姨、婶婶、大娘等，陪同新娘一起来的姑嫂等女性也一同上桌。女方的送亲人等由男方的舅舅或伯父、叔父接待。过去因迎亲多在下午，所以"吃大饭"也就成了晚宴；现在随着风俗的变化，迎亲多在上午，"吃大饭"也变成了午宴。

闹洞房：俗称"乱媳妇的"。晚宴后，亲朋好友在洞房内安排娱乐项目，让新郎、新娘逗趣，增添喜庆吉祥气氛。其间，嬉闹的人做白面疙瘩汤放上小麻籽和枣让新郎、新娘食用。拌疙瘩汤时念念有词："左手拌着疙瘩汤，右手儿女一筐箩，大的会坐来，二的会爬来，三的肚里又有来，圪铃铃帽虎头枕，孩子卧下一炕头。"疙瘩汤做好后，新郎倒坐在门槛上，新娘坐在炕上分别喝掉，喝到一半还要互换，喝不完剩下的倒在炕角的席子下，此时，让新郎姐夫或亲朋用筷子敲着升子并念念有词："梆梆敲升的，明年起来得孙的，大大跑，二二撵，三三爬在炕沿边，怀里抱着四娃娃，肚里还有圪都（方言指拳头）大"，寓意子孙兴旺、多子多福。洞房点着长明灯，一般放置八个大馍馍，四个枣馅、四个小豆馅（云簇、河峪一带则为四个大馍馍、四个大圆糕），新郎、新娘掰馍（糕），如果掰开里边包着枣则寓意生男孩，如果掰开里边包着小豆则寓意生女孩。新婚之夜，旧时点蜡

彰修村一带保留的娶亲时门口燃旺草的习俗
（摄影 李旭清）

烛，叫"花烛之夜"，后来变为点油灯，一夜点着，叫"长明灯"。现在多变为电灯。入睡前，新人还要吃由新媳妇从娘家带来的"和气饼了""和气梨"。次日早上，新郎的母亲过洞房来嘘寒问暖，互相行见面礼。婆母要给儿

媳妇"见面钱"，也叫"改口钱"。

回门：新婚三日后，新娘要回娘家"住百天"。男方要有人送，女方哥弟要来接。走前，男方要把新郎和婆母的鞋样子剪好，带给新媳妇做"百天鞋"（每人做一双，新郎奶奶健在的也要给奶奶做一双）。之后由新郎接回，回到婆家住"百天"，如果不回婆家住"百天"，有对夫兄不利的说法。其次是讲究清明、春节，新娘都不能在娘家过。待到元宵节，新郎再陪新娘到娘家过节。

送夏：结婚第一年，遇上夏至时节，男方要带100个（实为99个）馍馍去女方家，叫送夏。在北寨乡曲里、郭家社等"后二区"一带，则正好相反，是女方带100个馍馍到男方家"住夏"。

拜新年：婚后的第一年春节期间，新郎、新娘都要分别给双方的本家、亲戚拜年，称拜新年。本家、亲戚都要给新人喜钱，并设宴款待。旧时条件差，一般"宴请"也就是饺子、面条而已，现在生活质量提高，多为酒席。

百天：新婚的第100天，女方要返回男方家，给婆母和丈夫分别做一双新鞋（现在都改为买新鞋，鞋里不敢空，放两个核桃或硬币之类），意思是展示新媳妇的女红手艺。新婚当年如遇上清明节、腊月二十五，也同样做两对新鞋回婆家。

三、喜庆

迁居：乡民迁居住新房，亲友前来庆贺，俗称暖房。主人备酒款待。旧时乡村暖房，众人攒钱，买一两件暖壶、洗脸盆之类的礼品，把祝贺之语连同贺喜人的姓名写在一张大红纸上，贴在迁居者新房，再燃放几枚大炮，以示祝贺之意。

坐月子：结婚生子是长久以来百姓最大的期盼，而生育则是大家最为看重的大事。媳妇怀孕，婆母要及早准备婴儿用的小衣服、小被子和尿布等。临产前，男人要把丈母娘请来，侍候坐月子。旧时接生，由双方母亲负责；没有母亲的，可以请人帮忙。过去有钱人家讲究女人生了孩子，丈夫满月后才可进产房；孩子生下后，还要在门扇后烧一炉香，三天后再烧一炉；产前，炕上要铺谷草，产妇产后要坐到谷草上。现在随着生活水平的提高和医疗条件的改善，大多是到医院生产。

孩子出生后，产妇要在家中养足百日，以恢复身体。产房门上要系一红布条，第三天娘家人备好小米、红筷子前来看望（送小米是保障产妇奶水足，送红筷子寓意母子"快当"健康平安），俗称"打看"。半个月后，娘家要擀两和面面条，做干面饼给送去，意为给产妇添奶。

满月：榆社民间有做满月乡俗。孩子出生一个月，称满月。男孩应提前一天给剃头、刮眉毛，女孩为满月当天剃头、刮眉毛；在门扇底角旁，设香案、供品磕头感谢"送子娘娘"；然后把剃下的毛发用炒面包好扔给狗吃掉，意为孩子将来胆子大，不惧怕长毛的动物。娘家要做大小被子，送产妇一条裤子，让其倒坐在门槛上穿上。送孩子縻撅（小银棍棍）、伴哥哥（小银人）、银锁，以及衣物、食品、布老虎等，也有用红头绳串上三个铜钱送孩子戴。姥姥家对待给外孙做满月特别隆重，要把礼品用食络（木制的多层长方形箱子）抬去，其他亲友用盒子（木制的四方形）担去。除一般礼品外，还要放80个（实为79个）或40个（实为39个）花火烧（河峪、云簇、北寨以北、两河口一带是30个馍馍；白壁、牌坊一带没有此俗），其中有2个特别大的，专门给产妇吃。以上多为旧俗。今大多准备衣物，前来贺喜。

离窝：一般过满月后都要把产妇及小外孙请回娘家，由娘来照顾闺女，称离窝。据说不离窝怕孩子将来常用手抓人。临走时在水瓮旁边滴过水的地方摸一点泥土，抿在孩子的眉宇间，寓意"宜（泥）住姥姥家"。在孩子帽檐上别上7个缝衣针，再带上1升或2升小米，备好小煤块及用红纸剪成半寸见方的小纸片，从自家开始，每走一段就用小煤块压住红纸直到姥姥家门口，叫"捺奶"；沿路再捡适量小石子的叫"拾奶"；过河或路过井时扔一枚铜钱或硬币，叫"买奶"，意为不要因挪地方而让小孩断了奶水。到了姥姥家门口，应由舅舅门口迎接，意为"爹送舅舅接，孩的大了活一百"。到娘家后把石子全放到炕头烟洞圪角里，把孩子帽檐上的7个缝衣针分别送给7个好姓氏的人家，意为孩子将来好养活。离窝到娘家，住到半个月头上，婆母要拿上礼品要去打看探望一次；在娘家住够百天后，由女婿把孩子、大人接回自家去。

七个月：孩子满七个月时，亲戚来贺（社城、两河口一带不做七个月），俗称做七个月。礼物很有讲究：婆婆（奶奶）送帽、姥姥送袄、姑姑送裤、妗子送袜、姨姨送鞋，然后分别找70岁和80岁以上的、儿女健全、家庭境况好的老人（夫妻最好），先让70岁的老人给孩子穿戴整齐后，由父母抱着去转上7个姓氏的茅房（厕所），转转碾道、磨道，说孩子将来好养活；转回来让80岁的老人给孩子脱下衣服，再抱上孩子去骑一下碌碡（碾磕子），俗语谓之"七十的穿，八十的脱，骑上碌碡活一百"。过去人丁不旺的人家还要给孩子认干爹、干娘，为的是好养活。被认的干爹、干娘，一般是陈、赵、常、刘姓，又"全环"（两口子都健在，儿女双全）。有的为了使孩子好养活，还要向邻里众人攒上多块小布块，缝一个"百家衣"让孩子穿。还有人家，为表达保佑孩子健康平安的意愿，还要给孩子缝制各种帽子，如千岁帽、道士帽、莲花帽、虎头帽等。

周岁：孩子满一周岁，亲友前来庆祝称做生日。与做七个月时基本相同，还要蒸囹圄（至少3个），姥姥家要带囹圄和100个馍馍。囹圄上面要缀1个石榴、9个佛手面塑，俗语称之为"一石榴，九佛手，守着爹娘永不走"。囹圄要从门槛外给孩子头上戴一下，孩子咬吃一口才可放下。一周岁生日一般给长子、长女做，之后还要做三周岁和十二周岁生日。

裹缰：孩子在满月或年满一周岁时，找7个吉祥姓氏女人的红线，用一红布条裹起来，裹点骆驼毛更好（因骆驼是集十二属相生肖特色于一身的动物），大小以能宽松套进孩子脑袋为宜，上面系长命锁、糜橛、小铜镜等，以后每逢孩子生日时裹上一条红布，一直到孩子满十二周岁为止，叫作"裹缰"，意为用缰绳把孩子拴住，不"丢"失、好养活。

脱缰：孩子在年满十二周岁时所举办的一个"成人礼"，俗称做十二。亲朋好友前来庆贺，礼品除了婆婆的帽、姥姥的袄、妗子的袜、姨姨的鞋、姑姑的裤，需蒸够3个囹圄。姥姥家还要再准备1个可以让孩子从头顶套进、从脚下脱出的大囹圄，外加100个馒头。由孩子的舅舅给孩子把头剃掉，把缰上的长命锁用钥匙打开，把上面的小挂件取下，把缰高高扔到枣树上或屋顶上（云簇一带不扔，要挂在家里的墙上保存起来），意为"早有建树"，叫"脱缰"。

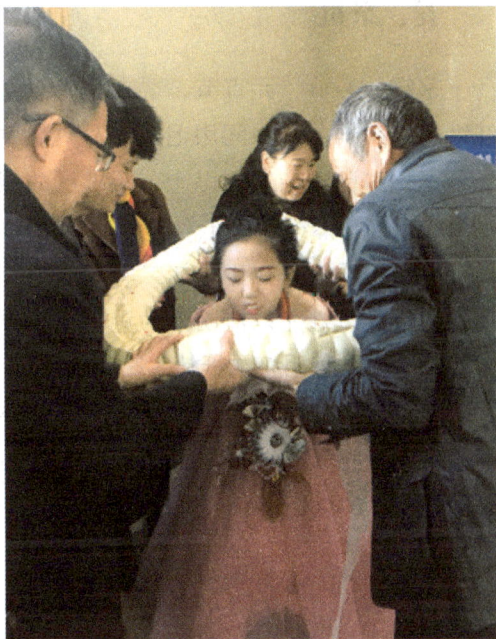

孩子十二岁生日"脱囹圄"的习俗（摄影　田馨）

祝寿：旧时，人活到56岁以后，儿成女就，每年生日时，儿孙后代都要相聚庆贺。庆贺80岁生日，名曰"庆八十"。子孙亲朋带面制寿桃及酒肉食品祝贺，晚辈行磕头礼。此为传统敬老行孝风俗。现在，榆社许多地方仍保留凡老人生日，儿女子孙敬奉礼品，同堂共餐之乡俗。

四、丧葬

人死后，子女要守灵。按照"排五一七"的传统，老丧一般停放三日、五日、七日。但少丧（一般指父母都健在，死者尚未成家而去世的人）是"热死热埋"，即当天去世当天埋葬。死者去世时所停放的房间叫丧房。丧房的地下要铺放干草（谷草），孝子孝女于干草之上跪拜，吃饭也要用谷草秆，表示不忘死者的养育之恩。灵前放一张小桌子，上摆长明灯、供品、香炉等。西川一带给凡来祭奠、帮忙者每人系一缕白布条、一缕红布条，其他地方仅系红布条。另外准备饭罐1个、大蒸饼（大馍馍）1个、红筷1双，在停丧期间，每顿饭开吃之前，都要用筷子往死者饭罐添置一些饭菜，到出殡日再用供品把饭罐填满，大蒸饼反扣在饭罐口上，用筷子从大蒸饼底部插下，带入墓室。榆社太多地方延续了三日而葬的古礼，即死后三日即可发殡安葬。

五、祭祖

家祭：春节、元宵节，要在家中正堂设祭祖牌位进行祭奠，通常牌位用红纸叠成碑样，在中间用毛笔书写"供奉×氏祖宗三代之神位"，以敬奉祖先，寄托对已逝亲人的思念，祈求已故祖先能够荫庇后代子孙。一般供品为水果、糕点、蒸馍、饺子等。节后将祖宗牌位送至坟地焚烧。

墓祭：通常是在正月初二、清明节、七月十五、十月初一，到先祖墓地祭扫，本县百姓尤以清明节为重。祭祖要在上午，到墓地后，摆好供品，然后上香磕头。清明祭纳纸钱（冥币），十月初一烧纸（俗称送寒衣）。

旧时过年家家祭神灵、祖宗。各业亦敬奉，如羊工、牛工祭山神，木工祭鲁班，读书人祭孔子，练武者祭关公，经商者祭财神。这一习俗20世纪60年代废止，20世纪80年代又有部分复兴。

第五节　家庭称谓

一、家庭

旧时，多数家庭不管贫富，均以几代同堂为荣，有提出分家者往往被视为大逆不道。年长者有家庭经济和家庭事务的支配权。民国二十六年（1937）后，大家族、大家庭逐渐解体，而经济独立的小家庭日益增多。中华人民共和国成立后，儿子结婚后随父母同炊1~2年，由男方父母择日宴请双方主要亲属，商议分家事宜，俗称"另家"。在一个家庭中，子女有继承家产的权利和赡养父母的责任义务。无子女也未领养子女者，由其兄弟之子女为其养老送终并继承遗产。榆社的传统习惯，一般是房产由儿子继承，女儿没有继承权。这应该是长期男尊女卑的封建传统所致。20世纪八九十年代后，十多口人的大家庭逐渐减少，三口、四口家庭逐渐增多，和睦、团结、男女平等、尊老爱幼、互敬互爱的良好风气成为村风、家风的主流。

二、称谓

（一）直系亲属称谓

直系亲属是指与自己有直接血缘关系或婚姻关系的人，如配偶、父母、祖父母、外祖父母、子女、孙子女、外孙子女等。丈夫称呼妻子"老婆的""婆姨""媳妇的"；妻子称呼丈夫"老汉的""汉"。妻子对丈夫的父亲，对外人称"老爷爷""老公公"，当面称"爹""爸"。妻子对丈夫的母亲，对外人称"婆婆"，当面称"娘""妈"。丈夫对妻子的父亲，对外人称"丈人""老丈人"，当面称"爹""爸"。丈夫对妻子的母亲，对外人称"丈母""老丈母"，当面称"娘""妈"。过去，也有女婿称呼岳父、岳母为伯伯、大爷和婶婶、大娘者。

（二）旁系亲属称谓

旁系亲属指和自己具有间接血缘关系的亲属，如堂兄弟姐妹、表兄弟姐妹、大爷、伯伯、姑姑、舅舅、姨姨等。妻对夫方之兄，对人称"大伯子"，当面随夫称"哥哥"。妻对夫之弟，对人称"小叔子"，当面直呼名字。妻对夫之姐妹，对人称"大姑子""小姑子"，当面称"姐"和

"妹"。妻对夫兄弟之妻子，通称"妯娌"，兄之妻子当面称"嫂子"，对弟之妻子一般是直呼名字。夫对妻之哥和弟，对人称"大舅子""小舅子"，当面称"哥"和名字。夫对妻之姐和妹，对人称"大姨子""小姨子"，当面称"姐""妹"。哥哥的妻子，称"嫂子"；弟弟的妻子对人称"兄弟媳妇"，当面称名字。

（三）其他称谓

曾祖父、外曾祖父称"老爷爷"；曾祖母、外曾祖母称"老婆"。祖父称"爷爷"，祖母称"婆"（21世纪后称呼奶奶者渐多）；外祖父称"姥爷"，外祖母称"姥姥"。

称父亲的哥哥为"大爷"，称大爷的妻子为"大娘"。两个以上，即按排行称"大爷""大娘""二大爷""二大娘""三大爷""三大娘"……称父亲的弟弟为"伯伯"，称伯伯的妻子为"婶婶"。两个以上，即按排行称"二伯""二婶子""三伯""三婶子"……

对远房长辈和外姓长辈，称呼一般都加名字，如"某某老汉""某某大爷""某某爷""某某伯"；称他们的妻子，常在前面加其丈夫的名字，如"某某老人""某某婆""某某大娘""某某婶婶"。

对远房的同辈和外姓同辈，比自己大的，称"某某哥"，称他们的妻子为"某某哥家"；比自己小的，一般都直呼其名，称他们的妻子为"某某家"。亲兄弟和叔伯、堂叔伯弟兄之间，妯娌之间，当面称呼，一般按排行称"哥哥""嫂嫂"；背后称呼，多数按排行，称"老大""老二""老三""老大家""老二家""老三家"等。

对过门的已婚女人，婆家的长辈和比自己男人大的同辈，在称呼她们时，常加上她男人的名字，称"某某家"。

已婚男女，双方的长辈及比他们大的同辈，在当着一方的面称对方时，常称"你家儿""你伙"。

已婚夫妻，对双方的家人、亲戚、本家和邻居们的称呼，都跟着对方称呼而称呼。但在过去，男子一般没有称呼女方"爹娘"的习惯；女方一般都称男方的父母为"爹娘"。

婚后男女双方，对别人称另一方时，一般都叫"俺伙""俺家儿""俺婆姨""伙他（她）"；中年以后，称"老婆的""老汉的"。

闺女的孩子和姐姐、妹妹的孩子，一般都称"外甥"，不称"外孙"。

子侄辈称呼叔伯辈男性，常以"老汉"相称，如称"大老汉""二老汉""三老汉"；对他们的妻子，一般是针对年纪较大者，常称老人，如"大老人""二老人""三老人"。

第六节 民间游戏

一、儿童游戏

爱玩是儿童的天性。旧时物质生活贫乏，孩子们只能就地取材，石头、土块、树枝、果核、皮筋都能成为他们童年的游戏工具，而且玩得津津有味，不亦乐乎。流行在榆社的儿童游戏主要有以下几种。

翻茅的：也叫翻麻架。由一根2尺左右长的毛线或细绳，把两个头相接，用两手撑开，然后使线绳在两手掌绕一圈，两手中指各向对方手心把线绳挑起，形成一个几何图案，然后由另一人按一定方法翻转，变成别的图案，如此反复进行。图案主要有拉面、豆腐块、圪针、茅坑等。此游戏也经常由父母和孩子一起进行，一般为两人游戏，也可数人。

打陀螺：俗称打懒汉、打撵转转。"懒汉"，指用木头做成的陀螺。做陀螺最好用梨木、枣木等一些较硬木料。找一截长约10厘米、直径约5厘米的木头，将一头用小刀削成圆锥状，便于着地旋转；另一头削成圆柱形，用于缠鞭绳。抽打陀螺的鞭子与牛鞭类似，找一截1尺左右的细木棍或者竹竿，在一头拴上一根2尺左右的绳子或布条即可。打"懒汉"的"黄金季节"是在冬天。每到下午放学，小伙伴们便带着自己的"懒汉"和鞭子相约到预定的场地开始游戏，用鞭绳一圈一圈地紧紧缠住"懒汉"的圆柱部分，让锥尖着地，然后迅速拉开鞭绳，抛出"懒汉"，待"懒汉"旋转起来后，便用鞭子"啪、啪、啪"地在"懒汉"的身上抽打，"懒汉"便快速地转动起来。最精彩的是飞速旋转的"懒汉"可以短时间在某一点上保持不动，或者从一地点上高高跃起，落下之后还保持着旋转状态。

打元宝：所谓"元宝"，是用烟盒之类的折叠成十字交叉形，互相对折插进四角之中。元宝一般为正方形，也有三角形。20世纪60—80年代纸比较缺，烟盒、食品包装盒、牛皮纸等都成为叠"元宝"的珍贵材料。打元宝一般为两人游戏，也可多人进行。先由一个小伙伴先把元宝放在地上，放平，另一个伙伴便拿自己的元宝朝地上的元宝打下去（手指不能碰到对方的元宝），只要把对方的元宝打反过来，就算赢；反之，对方元宝没被打翻，便可捡起来进行"反攻"，如此反复交替。打元宝在校园里，甚至在放学路上都可以进行。伙伴们的书包里、课桌里、家里的抽屉里常常存有大量元宝。玩"打元宝"者一般为男孩子。

跑油锅："油锅"，就是在校园里或者操场上徒手画一大圈子，类似"孙悟空三打白骨精"里孙悟空给师父在地上画下的圈子。"油锅"的大小因游戏人数的多少而定，人多时"油锅"大点，人少时"油锅"小点。该游戏两人以上即可以玩，人越多越热闹。先用亮"手心手背"的方式分成两组，然后再通过"剪刀、石头、布"的方式定哪组先后顺序。先跑的一组站在"油锅"里，另一组站在圈外。以圈边为限，只要"油锅"里的人跑出圈，圈外的人就可以追赶，直到追到为止。被追到的人站在原地"死了"，追赶的人在旁边看着，然后"油锅"里的人跑出去"救"他，旁边看着的人想方设法阻止"救人"。只要跑出去的同组伙伴在"死了"的伙伴身上拍打一下，"死了"的就被"救活"了，便可以继续跑，直到回到"油锅"里，如此反复。直到"油锅"里的一组伙伴被另一组伙伴追到"死了"，"油锅"中也没有后备队员来"救人"了，那么跑的这组就算输。然后两组交换位置，重复进行。

划冰船：划冰船实际上是一种冰上运动项目。冰船是用两根长约1.5尺、高2寸、宽1寸的木条做支架，再把约1.5平方尺的木板或者干窄木板，钉在平行放置的两根支架上，找两根豆丝固定在和冰面接触的支架底部做"冰刀"。这样"冰船"就做成了。再找两根2寸钉子，把钉帽截去，反钉在两根粗约3厘米、长约尺许的木棍子上，做划船用的冰针。划冰船，可以有许多的花样，有坐在或蹲在冰船上划的，有爬或仰在冰船上划的，也有倒着或者像汽车那样在行进中来个惊险的急转弯，或者三五个伙伴并排在冰面上，进行划"冰船"比赛。即使天寒地冻，孩子们却能玩得热气腾腾，有时棉鞋和棉裤被冰面上渗出的水弄湿了也浑然不觉，玩湿衣裤是常有的事。为了不让大人发现，孩子们往往找些干柴草，点起火堆，然后把鞋子和裤子去烤干。有时不小心，不是把棉裤烤得着了火，就是把棉鞋烤焦了，回去之后免不了父母的一顿教训。

绷琉璃蛋（球）："琉璃蛋"就是商店里卖的玻璃球。20世纪六七十年代，村里供销社用1毛钱就可买到一大把色彩各样的玻璃球。只需用铅笔刀在地上的直线上挖3个间隔1米的小坑，坑的大小可容纳下两颗琉璃球为准。然后在坑的一侧也是1米左右的地方画一准线，游戏就可进行了。玩法很简单，两个或两个以上的人，每个人出1颗琉璃球，用大拇指、中指或食指配合的弹劲来击打琉璃球，从准线出发，谁先绷着琉璃球进完3个坑就算赢。在进坑的过程中，各绷各的琉璃球，如1次进不去，就让另一个人进，如此反复排序进行。当然在进坑的过程中，只要进入坑里，就可出来击打对方的琉璃球，目的是把对方的琉璃球尽可能蹦得离坑远点，好让自己的琉璃球有充分的时间和机会进入坑里取胜。

打沙包： 所谓"沙包"，就是用家里废旧布缝制而成的六面体布球，里面用玉米或秕谷一类填充，也有少数用的是黄沙。这是一项可以多人参与的游戏。需两个投手站在大约间隔20米的两端，中间则是1个或几个人。投手使劲地把沙包砸向中间的人，被砸中者下场。如果被砸者能将扔来的沙包用手抓住，不仅不需要下场，还可以得到一次"豁免"的机会，可以留给自己用，也可以将机会送给那些已经下场的人，把他们重新"救起"上场。如果没有人营救，就得去充当投手。

滚铁环： "铁环"为废旧木桶的铁箍。通常铁环直径有30~40厘米，宽约2厘米，厚度在0.5厘米左右。滚铁环时先找根长约1米的豆丝，一端弯成开口在4厘米左右的"U"形，然后把"U"面与铁丝弯成直角，另在铁丝的另一端弯成手柄状，即可使用。滚铁环一般是男孩子的游戏。放学后或星期天，把圆圆的磨得光溜溜的铁环往肩上一挎，拿上铁钩，就找伙伴们滚铁环去。滚铁环也有许多花样，比如，把钩子从环外调到环内铁环照样跑，或者原地斜着转圈不倒，或者沿着一条直线前进不倒，或是左右手轮流使用，等等。

砸"油油"： 砸"油油"是冬天男孩子们爱玩的游戏，而且非常普及，材料随处都有。所谓"油油"，就是精心挑选的石片。石块多为圆形，直径约10厘米，厚度约2厘米。也有根据自己的喜好，把"油油"打磨成圆形的，有的打磨成正方形或长方形，平时就背在书包里或塞进课桌里。砸"油油"一般找一块较为开阔的场地即可。先在地上画上两条间距10米左右的平行线，然后找个砖头或石块当"老墩子"，立在一头的直线上，参与人数两人或多人均可。游戏开始需要用"锤子、剪刀、布"来决定谁先砸，开始后争到先砸者站在另一条直线后，用自己的"油油"击打对面的"老墩子"，其中有7项内容，每次能把"老墩子"打倒就算赢，分别是瞅牌、弹三、圪挺、前伐、后伐、过梁、杀。

瞅牌：手拿"油油"站在线上，然后迈出一步对准"老墩子"砸去，打倒"老墩子"就可进行第二项。

弹三：站在线上，先把手中的"油油"抛出一定的距离，但是不能过了对面的线，也不能砸到"老墩子"，以单脚弹跳3下，脚正好踩到抛出的"油油"上，再用着地的一只脚把"油油"对准"老墩子"踢出去，把"老墩子"砸倒即可进行第三项。

圪挺：站在线上，提起一条腿（左右都可，自己觉得哪条腿方便、有劲就用哪条腿），把"油油"放在提起的那条腿的膝盖骨上，把这条腿用力朝前着地，把膝盖上的"油油"甩出去，不能甩过了对面的线，也不能砸到"老墩子"，最后走到"油油"旁，再迈开步子，用一只脚把"油油"对准"老墩子"踢过去，砸倒"老墩子"，就可进行第四项。

前伐：站在线上提起一条腿，把"油油"夹在提起腿的腿凹里，然后扭动身体，用力把"油油"朝前甩出去，不能甩过对面的线，不能砸到"老墩子"，然后走到"油油"旁，再迈开步子，用一只脚把"油油"对准"老墩子"踢过去，砸倒"老墩子"，就可进行第五项。

后伐：和前伐类似，不同的是站在线上，背对"老墩子"把"油油"夹在提起一条腿的腿凹里，用力向后把"油油"甩出去。

过梁：站在线上，用手把"油油"朝"老墩子"的后面抛出去，也就是必须超过对面的线，尽量距离"老墩子"近点；然后用单脚弹跳四下，正好用脚踩到"油油"上，用着地的脚把"油油"对准"老墩子"踢过去，砸倒"老墩子"，就可进行最后一项。

杀：站在线上，在向前跨出一步的同时，抬起一条腿，把手中的"油油"绕到腿后从胯下对准"老墩子"砸去，砸倒"老墩子"者胜。

以上7项中如有一次没有砸倒"老墩子"，或违反了游戏规则，则由另一人进行游戏，如此反复。每次开始要接着上一次未完成的项目进行，谁先完成最后的"杀"，谁就取得本局游戏的胜利。

捉迷藏：俗称藏迷迷、藏明明。玩藏迷迷只要相互简单的约定和分配后就可以进行。常用的方法是用"藏迷迷，拔棍棍"的方法来决定谁去躲藏、谁来寻找。具体方法就是随便找一些细木棍，按参与人数多少分成数量等同的长短份，然后用一人把小棍握在手中，把上面的一头对齐，下面部分握在手心中，让人看不出哪个长、哪个短，类似抓阄一样，随便拔，拔到长小棍一组躲藏，拔到短小棍的一组寻找。由寻者大声数数，从"1"数到

"10"，才可寻找，全部找到后，调换角色。秋天的打谷场上是藏迷迷的最好地方。草垛子和谷垛子在偌大的打谷场上一座挨着一座，躲藏的范围也就划定在打谷场上。躲藏在草垛顶上或者掏一个草洞，躲进去，然后再用草把洞口挡住，听到寻找一方走远的脚步声，有时会忍不住窃窃地笑。但常常就在偷着乐的刹那间被杀个回马枪。童趣难忘，玩藏迷迷时常常从吃过中午饭一直玩到月上柳梢头还意犹未尽。

跳圈：跳圈也叫跳格格、跳圊圈，即用粉笔或石块在空地上画一个3米见方的正方形，然后把正方形均匀地分成9个大小相等的小正方形，这个"圈"就画好了。游戏用的道具通常用沙包（多数内装粮食），如没有沙包，用易于滑行的小石块、瓦块都行。

这个游戏男女生都爱玩，可两人或多人进行。用"锤子、剪刀、布"来决定出场顺序，用沙包先抛进右边的第一格，单脚跳进去把它往前踢。一格一格往前踢的过程中，成"Z"字形把9个格子跳完一个来回算一格成功。再抛沙包到第二格，从第二格开始踢，依此类推，跳完全部格子后，要用单脚跳着"弹遭"，即按"Z"字形跳一个来回叫"一遭"。一般情况下，需弹三遭。弹完"遭"后，站在格边，背对格子，将沙包由头顶向后抛出，叫"背瓦"，沙包落在哪一格，哪一格即为胜者的"房子"，可以画上记号，称"盖房子"。此后胜者跳至自己的"房子"，可以落脚休息。别人则不行，沙包落在别人房子里，或压了别人房子的界线，则犯规。

这项游戏规则主要有压到格子边线叫"压线"，脚踏到格边叫"踩线"，双脚着地叫"落地"，在一个格子里踢了两次叫"活动脚"；"背瓦"时出界或压杠，也算犯规，本次所跳格子无效。犯规会遭到淘汰出局，轮到下家游戏。下次跳接着前次未完成的进行。游戏以占"房子"的数量论胜负，谁占的"房子"多谁胜。

十字路口砍刀刀：玩这个游戏，人越多越好，男女皆可。在宽阔的操场上，两组队员要相距一定的距离，在10米以上，便于奔跑。两组伙伴手拉手一字排开，组成一道人墙。哪方先开始，也是通过双方用"锤子、剪刀、布"来决定。先开始的一方齐声向对方高喊："十字路口砍刀刀，你的兵马由俺挑！"

对方响应："挑谁嘞？"

先开始的一方高喊出对方某一名伙伴的名字。一般专拣对方身小力薄的队员。这样的队员对本队阵营的冲击力不大。被挑出的人铆足劲朝对方阵营冲去，当然也是朝着对方拉手的薄弱环节撞去。如能撞开对方的阵营，就算胜利，便可以挑选对方的一名队员带回自己的阵营；如冲过去未能撞开对方的阵营，就得"投降"对方，充实到对方阵营中。

然后对方再如此高喊，如此反复。直到一方队员都成为另一方成员为止。

有时冲撞的伙伴由于用力过猛，或对方队员故意松手，就会摔倒在地，弄个灰头土脸，逗得大伙一阵嬉笑。农村的孩子土里摔土里长，所以摔倒的伙伴不哭也不恼，拍拍身上的泥土，又迅速加入游戏当中，忘记了身上的疼痛。

老鹰抓小鸡：通常由1人扮老鹰，1人扮老母鸡，剩下的便是"小鸡"了，"小鸡"数量不限。游戏开始，"小鸡"躲在"母鸡"背后，相互拽着排成一排。"老鹰"要绕过"母鸡"去抓"小鸡"。"老鹰"左突右冲，"母鸡"随着"老鹰"奔跑方向护卫"小鸡"，"小鸡"则顺着"老鹰"相反方向躲闪，不让"小鸡"被抓到。"老鹰"一边来回奔跑，一边叫喊着装出凶神恶煞的样子；"母鸡"则伸开双臂高叫着驱赶着"老鹰"。"小鸡"们惊叫着左右摇摆。如果"小鸡"抓不牢衣襟脱手散开，"老鹰"就得到好机会，往往能成功抓到失去"母鸡"保护的"小鸡"。如果"老鹰"身强力壮，又有技巧，常常三下五除二便把"鸡"们追得四散奔逃，不仅抓完"小鸡"，"母鸡"也成为它嘴下快餐。如果"老鹰"身小力薄，又方法不当，往往累得筋疲力尽，也抓不到一只"小鸡"，只好干瞪着眼，坐在地上喘气。"小鸡"们则躲在"母鸡"的身后露出得意的神态。

拿规规：也叫拿枣蛋子。所谓"规规""枣蛋子"，是像小枣一样大小的鹅卵石。游戏时用7枚大小相同的鹅卵石。女孩子爱干净，总喜欢用块手帕包着石头；男孩子们干脆揣在衣兜里，随玩随取。拿规规的规则很多，一般是先易后难慢慢增加难度，先将7个石头在地上摊开，任它滚开去，再捡出一个石子作为母子抓在手中，然后余下6个分出一个一群、两个一群、三个一群，抓时先抓一个一群的，将母子往空中一抛，手抓住地上的石子再接到空中掉下来的母子。然后再抓另外一群，其间不能碰到其他石子。抓完后将7颗石子放在手心，翻手掌用手背接住，掉1个都不行，往空中抛投，抓住几颗得几分，可以几个累计，也可以单独竞争。还有更多规矩的，如抓地面的两子时要分两次抓，手背的石子抛投时第一次只能抓一个，第二次只能抓两个，如此累计。

踢毽子：旧时，毽子一般用公鸡羽毛和金属钱币做成。随着时代的发展，毽子制作的种类繁多，踢毽子也逐渐由儿童游戏发展为成人锻炼及体育竞技项目。

荡秋千：也叫打悠千。过去从正月十六开始，几乎每个村都要在村子开阔处或农家院内搭起高低不同的秋千架，进行活动，有的高达十几米，称老杆。2000年之后，建体育活动场所一般都有秋千架。荡秋千历史悠久，既可愉悦身心，又可锻炼身体和意志。

放风筝：放风筝一般是在早春二月前后，选择比较开阔、平整的场地进行。放风筝需要一定的技巧，有的由大人带着孩子边教边玩，有的是青少年互相竞技。

丢手绢：游戏男女不限，人员可多可少。参加游戏者在一空地上围坐成圈，由其中1人手拿一块手绢从圈外绕圈快跑，寻机把手绢放到任意1人背后，再继续绕圈跑，等转1圈后，背后被放手绢者还未觉察，丢手绢者坐下，被抓者开始拿手绢跑。如果放的手绢被发现，丢手绢者要站在圈中表演节目，一般是唱首歌或讲个故事，要不学学狗叫也别有一番乐趣。如此反复，趣味盎然。

跳皮筋：女生游戏，多人进行，最少3人。道具为一条5米左右有弹性的皮筋绳。游戏开始，把皮筋两头相接，成圆圈状，通过手心、手背分成两组，各组派1人"顶杠猜"（石头、剪子、布），胜者先跳，另一组则撑皮筋。如果是3人，则通过"顶杠猜"，确定老大、老二、老三。老大先跳，老二、老三撑皮筋。通常跳皮筋分4节，一节皮筋置脚腕处，二节置小腿，三节在膝盖，四节放胯部，游戏难度逐一增加。游戏方法主要有茅坑、一休哥、鸡蛋壳、小马过河等。跳什么及游戏规则由撑皮筋者定。能按规定全部完成一节所有内容者胜，然后进入下一节，如果违反规则视为失败。两组交换游戏。3人游戏则按老大、老二、老三排列顺序进行。在游戏过程中，跳皮筋者很有节奏地一边跳，一边念着儿歌。

二、成人游戏

成三：为两人游戏，在地头或石板上画个成三的游戏图，再找一些小木棒或小石子，便可进行游戏。可用石头、剪子、布来确定谁先走，然后交替先走，谁的木棒或小石子先一字排成"三"，就可拿去对方一子，直至对方无法成三为止。本游戏操作简单，房前屋后、田间地头都可进行。

憋茅的：憋茅的是两人游戏，游戏图画好后，每人找3根小木棒或3粒小石子，便可开始游戏，用石头、剪子、布决定谁先走，之后交替先走。只要把对方小木棒或小石子憋到一个角上，使对方一子弃去，连弃两子者输。

掰手腕：两人游戏，两人对面相坐，单肘放在同一平面上，把手臂竖起，稍向前倾，互握。第三方喊："开始"，两人同时用力，各向自己胸前下压，等到压至手与肘平，比赛结束，手臂在上者胜。

划拳：为酒宴、饭桌上的一种娱乐游戏，一般为两人一组进行，规则为两人在喊数的同时出拳，一方喊出的数等于两人所出手指数之和者为胜方，通常负方需喝杯酒作罚。口诀为"哥俩好、三桃园、四喜财、五魁手、六的六、七巧、八匹马、快喝酒、全来到"。现在已极少见。

第七节 民间活动

一、榆社霸王鞭

霸王鞭流传的范围遍及整个北方，甚至更远，但以榆社尤为兴盛。在过去也称为"打黄杆"，是一项有着悠久历史的民间舞蹈艺术。它集舞蹈、武术于一身，以节奏明快、粗犷豪放、铿锵有力、欢乐祥和的独特风格，受到群众的喜爱。西晋末年，生长于榆社的羯族首领石勒立志称霸中原。每当

榆社霸王鞭（摄影 张卫兵）

他在打仗获胜之后，便率领将士挥舞刀枪、马鞭尽情歌舞。这种歌舞流传到民间，逐步发展成为以舞蹈为主的民间艺术形式。因为这种舞蹈源于赵王石勒所在的羯族之舞，便名之为"霸王鞭"。清末至民国，霸王鞭活动在榆社就已基本普及，一度盛行。全县几乎所有的村子，都开展此项活动。城关附近，南川、西川一带，更为普遍，演技颇为精彩。中华人民共和国成立以来，党和政府十分重视民间艺术的挖掘、整理工作。20世纪70年代，榆社霸王鞭曾在晋中地区文艺汇演时获奖。改革开放后，榆社霸王鞭被注入了新的活力。1982年、1984年，"榆社霸王鞭"在晋中地区全区会演时，又两次获优秀节目奖。1992年，榆社汽车站排演的霸王鞭，在阳泉市会演时荣获一等奖。1994年，榆社霸王鞭被列为晋中地区民间传统艺术开发项目。随后，县文化馆专门对霸王鞭的舞蹈、音乐、配器等进行了大胆改革，使其更具时代特色。1995年，榆社霸王鞭被定为山西省第三届锣鼓艺术节表演节目，赴省城太原表演，受到省城各界群众的热烈欢迎和好评。之后，榆社霸王鞭多次参加晋商文化节、中国民间艺术节，以及晋中市在北京、深圳、武夷山举办的文旅推介会等活动，并屡获大奖。榆社霸王鞭现为山西省非物质文化遗产。

二、榆社土滩秧歌

土滩秧歌由于多在田间地头、街头巷尾土滩上表演，故名为"土滩秧歌"。因表演时头人高举灯伞，手持响环，故又名"走伞秧歌"或"伞把秧歌"。榆社土滩秧歌是由群众自编、自导、自演、自乐，且流传较广的一种民间小戏，同榆社霸王鞭并称浊漳河畔绽开的一对民间艺术奇葩。土滩秧歌最早出现于清乾隆年间，至今已有200余年历史。过去，人们为求岁月平安、风调雨顺，经常聚集在一起，选出头人，自编自唱，把对生活的向往与热爱，深情地灌注于自己的艺术创作之

羯鼓舞

中，之后渐渐形成一种随时随地可以表演、深受群众喜闻乐见的地方小戏。

土滩秧歌艺术主题集中，气氛活跃热烈，剧情简单紧凑，语言生动形象，韵律和谐，具有浓郁的乡土气息。唱词多用七字句或十字句，韵律统一，唱之上口，听之易懂，学之易记，艺术形式独特，表演形式简单，即排即导，易演易唱，既通俗，又红火，适于在农村、田间、街头演出，深受群众欢迎。到清代中后期，境内广为流传，80%以上农村均有此演出。土滩秧歌最初只配锣、鼓、镲、钹等简单武场乐器。到抗日战争时期，由于受梆子戏影响，服饰、扮相、道具、乐器等都有了较大发展，并且分行当念唱道白，构成了简单的故事情节。表演也从简单的扭、唱、转圈，到随剧情发展固定行当，分生、旦、净、丑等角色，分场结构，扮作唱白齐全，成为一剧一曲的单曲体声腔剧种。

土滩秧歌起初仅有《春生招亲》《会仙厅》等为数不多的剧目；到清末民初，剧目日增，主要有《王小二赶脚》《摘花》《偷南瓜》《拐豆腐》《九龙杯》等50多个剧目。特别是根据清末民初流传在本县农村的一段换亲故事改编而成的《圪麻凹儿打换亲》在本地流传甚广。但后来受现代影视发展影响，土滩秧歌几近失传。近年县文化部门组织力量，深入基层，走访群众，积极抢救、挖掘、整理民间艺术瑰宝，又使《圪麻凹儿打换亲》等小戏重见天日。

《圪麻凹儿打换亲》讲的是68岁高龄的马老汉花10块银圆，从河南买回一个17岁黄花姑娘山杏为妻，恰遇17岁的小伙冯林保经媒介绍花钱娶妻，却娶回一个53岁的老太婆李俊英。正当同住圪麻凹小店的山杏走投无路悬梁上吊的时候，被好心的李俊英救下，并与店家设计换亲，成就了两桩姻缘，被人们传为佳话。

第八节　庙会

农村的诸多文化信仰有封建迷信的成分，但主流是弃恶扬善，敬畏天地神灵，福佑劳苦众生。旧时村村都有神像、庙宇、寺院。

民间供奉的神主要有佛、菩萨、关公、天齐、文昌、阎王、五道、龙王、河神、山神、土地、城隍、天地、灶君、三官、孔子等。

敬神的日子集中在农历正月，主要是大年初一、初二、初三、初四、初五。正月十五家家户户敬三官，文武社火来来往往，给三官参神。在这段时间里，真是红火热闹，所有的神圣，不管外来的，还是本地的，都享受到香火和供奉。

人们为了敬奉神圣，便把敬奉的日子固定下来，称"庙会"。在榆社，规模较大的传统庙会有以下几种。

正月二十八日，榆社城"七神庙"庙会（庙上供奉的是神农、扁鹊、华佗、瘟神等），不少村庄出动社火、秧歌，到庙上献演，晚上还要排街大会演。

二月二庙会，主要是顶村土地庙庙会（俗称笌柁会）。这是县域内唯一的土地庙庙会。推测最初可能是"官方"发起而举办的祭祀活动。土地庙建在村西3里多远的山梁之上，当地人称龙脉山土地垴。每年二月二这一天，顶村从凌晨一点到中午十二点，来土地庙进香、拜谒、许愿、还愿的香客络绎不绝。祈求平安吉祥风调雨顺的、求子的、祛病消灾的、求财求富贵的……庙前香烟袅袅，人头攒动。

讲堂夫子庙庙会（摄影　张卫兵）

时至今日，从二月初一到初三，顶村里都要赶庙会唱大戏。早年是村里的土滩秧歌，演出《杨小武三盗九龙璧》等剧目。

顶村土地庙庙会源远流长，历数千年昌盛不衰，还有一个非常重要的原因，就是它的商业性。民谣"二月二，龙抬头，顶村赶会卖笌柁"，流传至今。顶村的二月二土地庙庙会，实际上就是方圆百里内的一场盛大的春季

赶庙会唱大戏

物资交流大会。商业不发达的年代更是如此,每逢赶会,榆社、辽州(今左权)、和顺、太谷、祁县、武乡等邻近各县、晋商诸家,甚至河南、河北、陕西、内蒙古等地的商客驼队都云集顶村。

交易商品主要有卖山荆条编制的箩柁、筐篮、耢,还有麻绳、皮条、犁铧、锄头、锹镢等农耕用具和一些农产品。卖针头线脑的货郎摇着拨浪鼓,钉锅钉盆钉碗的抖着铁片串,吆喝着招徕生意。每年来赶会的不下万人,从顶村坪到浊漳河岸边的大道,2里多长的路上,沿途有许许多多的饭摊。卖油麻叶的、拉面丢面的、羊杂割汤的、饸饹的、干面饼的应有尽有。

三月初一,仰天玉皇庙庙会。

三月初三,县城东岳庙庙会。

三月二十三日,鱼头、廉村庙会。

三月二十七日,寄子、向阳、高庄庙会。

四月初八,金藏庙会。

四月十四,崇串爱花圣母庙庙会。

四月十五日,社城庙会。

四月十八日,榆社城泰山庙庙会,会期三到五天。一般总是四月十七起会,四月十八敬香的人最多,尤其是妇女更多。这座庙在北门外(现在迎春佳苑住宅小区附近),坐北朝南,大殿盖得非常雄伟壮观,琉璃瓦屋顶,光彩夺目,殿内有泰山圣母像,东西配殿,是麻疹、糠疹娘娘塑像,还有老可可、老姐塑像。所以,妇女敬香的人很多,男人们只是陪着妇人前来。每逢庙会必唱戏,从北门外到城内街道上,都是人山人海,有卖山货、丝绸、布匹和日用商品的，有卖药治病的也不少，还有卖麻叶、饼子、拉面的，甚为红火热闹。做买卖的人有河南、河北的，也有山东、陕西的，邻近各县的商人就更多了。

四月二十一日，云簇泰山庙庙会。

四月二十四日，郝壁寿圣寺庙会。

四月二十八日，禅山崇圣寺庙会。

五月初五，庙岭山响堂寺庙会。

五月二十六日，榆社城城隍庙庙会，会期五天，二十四起会，二十八结束。这天，大街小巷人山人海，有前来敬香的，有来看热闹的。街上都是各地商号搭着商号棚叫卖各种商品，巷内小摊贩一个挨着一个，人们来来往往互相挤着向前走。这是榆社规模最大的庙会。

六月十二日，艾沿（自然村，现在已废弃）庙会。

七月初一，仰天、东汇庙会。

七月初五，兰峪、北泉寺庙会。

七月初八，金厢寺庙会。

七月十五，社城庙会、海金山庙会、上村庙会、黑神山庙会。

七月十七日，向阳、魏城庙会。

七月十八日，县城漳龙庙会、清凉寺庙会。

七月二十一日，云簇庙会。

八月初一，讲堂关公庙庙会。

九月初三，县城财神庙庙会。

九月二十四，县城大同寺庙会，会期三天，庙址在东门外（现榆社中学对面住宅小区），寺内有大雄宝殿，殿内塑释迦牟尼等三尊佛像，中间佛像背后有石佛，东西墙上有三佛得道的壁画。东配殿是十八罗汉殿，塑像非常逼真；西配殿是十大阎王殿；南过殿，坐南朝北，院内有七层舍利塔，素有"天下第十八塔"之称。每年会期，方圆10里左右的群众都要到庙上敬香，有的做纸轿，有的做三节楼纸架，敲锣打鼓，抬着前来敬会；敬香跪拜完后，用火点燃烧在香池内，以报答神灵的保佑。

十月十七日，县城真武庙庙会。

此外，各村还有不少不定期的庙会。

定期的庙会，不少是周围各村按年轮流办，如崇串南神头的庙会，由崇串、大平沟、金藏、斗角沟、桃阳、乔家沟、东庄、壁图画"八大社"一家轮流主办一年。每年奶奶庙庙会会期三天，农历四月十三起会，十五结束。

起会由附近"八大社"各推选两名负责人轮流操持庙会事宜，十六人中再推出一人总负责，称为"九首"。起会村先唱戏，神像随戏走，十四日正会日移到奶奶庙接着唱，本日在奶奶庙举行盛大的请神接戏仪式。郝壁的庙会是由郝壁、魏城、常银轮流主办。

还有一种是接力办的，如鱼头的三月二十三庙会。头一天，人们把常年在西周村大庙里的六尊神像抬来（关老爷、府君爷、天齐爷、龙王爷、河神爷、观音）。在鱼头赶四天庙会，唱四天戏，马上又抬到寄子赶三天庙会，接着又抬到西周村赶庙会。

庙会是敬神活动，但人们借这个机会，大搞文化娱乐活动和进行物资交流，同时也是人们走亲家、会朋友、相亲找对象的好机会。

第九节　集镇和商业活动

全县过去有四个集镇，即东乡的讲堂、南乡的魏城、西乡的云簇、北乡的社城。这四个集镇，赶集时间是（农历）：讲堂三六九；魏城二五八；社城一四七；云簇是逢单日有集；榆社城是逢双日赶集。

榆社过去的商业活动，全靠这一城、四集镇。榆社城是全县的政治、经济、文化中心，是最繁华的地方。不用说双日赶集天，就是单日，"字号"家的生意，也很活跃。比较有规模的商号有：义聚长、义鑫永、德兴永、协义恒、谦升通、吉祥玉、吉祥斋、庆和祥、魁盛成、记合号、瑞生祥……除此之外，一年之中差不多月月有庙会。赶会的时候，那就更繁华、更热闹了。

云簇镇，是四个集镇最繁华的地方。它紧靠武乡和祁县、太谷，所以到这里赶集的人很多，坐地字号也不少。街面上，一家挨一家的商号，挤满了街两旁的房子。名气大的商号有：同义公、谦升亨、宝聚公、公立成、福生源、仁和永、南酒坊等。

社城镇，平时不如云簇繁华，坐地商号也不如云簇多，有名的有：恒德利、福盛成等，最有名的、最红火的是一年两次庙会（四月十五、七月十五）。庙会上山货、牲畜特别多，来赶会的有太谷、榆次、和顺，甚至河北、河南。人称社城的牛市会最好。

讲堂镇，客商也不少见，以产煤的东武乡和左权客商居多。这里除了一般商业贸易之外，是榆社最大的煤炭市场。左权、东武乡上来卖煤的人很多。县城西北的人们，常赶着牲口到讲堂集上买煤。

魏城镇，是榆社南乡的一个集镇。它的特点是粮食市场非常活跃，到这里赶集的大多是粮贩子。每逢赶集天，赶着牲口、到镇上买粮食的粮商很多。所以，这里的斗店很有名，卖粮的合起来，一斗粮要卖多少就是多少；贩粮的拉起手来，要压价也很厉害。

在这些集镇上，有门面的"字号""铺子"，是住地商号；小摊贩赶集时来，不赶集就走村串户。他们实现了城乡物资交流。

在这些集镇上，粮食、牲畜是营业额最高的商品。农民们常年要背上粮食到集市上出售，尤其是秋后，卖了粮食才可以买棉花、扯布，以及购买生产、生活用品。商人们经常了解各种信息。有的人收购农民的粮食贩运到太谷、祁县，再把农民急需的棉花、布匹贩回来出售给农民。当时，主要靠骡马、毛驴驮运。

走村串乡的小买卖（叫挑八股绳的）也不少，有卖小百货的货郎担，有卖粉条、豆腐、灌肠、饼子的，有收鸡蛋、收羊皮的，还有收烂麻绳的（造纸原料）。不过，这些小商品，多数是物物交换农民的产品，如用油换小芥、小麻的，用豆腐换白豆的，用粉条换绿豆、荞子的，用纸换烂绳子、麻头的。鸡蛋什么也可以换。

大点的村子有作坊，如油坊、酒坊、醋坊、染坊、粉坊、磨坊等。有的村里也有小杂货铺。

有几种行业，主要是外地人经营，如铁匠、罗笼匠、皮革匠、粉坊、染坊等，多数是河南林县、河北武安和顺德府（公邢台市）等地人。榆社属丘陵地区，有山坡地、河湾地、沟地，旱涝都有收成，很少遭"死时候"。所以，人们对土地耕种很重视，做买卖、搞手工业的人比较少。

第四章　红色榆社

◎常彩萍　张年玲

作者简介

常彩萍，女，榆社北翟管村人，1963年生，《榆社县志》副主编，县《文峰》杂志编辑。山西省诗词学会会员、晋中市作协会员、县作协理事；曾参与《山西年鉴》《晋中年鉴》《晋中市历史文化丛书》《榆社乡村文化记忆》等书的编写工作，著有散文集《点燃记忆》。

张年玲，女，1977年生，大学本科学历。在榆社县机关工委工作，《火炬》《关心下一代》杂志特约通讯员，县《文峰》杂志编辑，晋中市作家协会会员，县作家协会秘书长，著有散文集《情漫山河》。

第一节　榆社红色非物质文化遗产

榆社是红色榆社，是在抗日战争中付出重大牺牲的革命老区。红色文化遍布箕榆大地，老区精神一脉相承。

一、抗战歌曲（24首）

敌炸榆社城

```
1·1 1 2 | 1·6 5 1·1 1 567 | 1 —
```

喇叭小胡琴　　呀，唱给人民听，
可恶的日本飞机　呀，炸坏俺榆社城，
要报此仇恨　　呀，就要下决心，

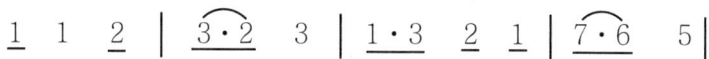

```
1 1 2 | 3·2 3 | 1·3 2 1 | 7·6 5
```

二月里二十来了日飞机呀。
老母亲妻子都被他炸死呀。
赶快参加抗日游击队呀。

```
6·5 3 | 1 1 2 | 6 5 | 6·5 3
```

弟兄们！空中　侦察三五分，
弟兄们！房屋财产一场空，
弟兄们！有钱无钱去抗日，

```
3·5 6 1 | 5·3 2 | 552 52 | 3·2 1
```

隆咚隆咚连声响炸坏俺榆社城呀！
携儿带女逃四方生活无保障呀！
有人出人去当兵抗日最光荣呀！

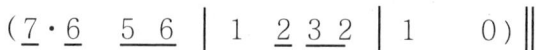

```
(7·6 5 6 | 1 232 | 1 0) ‖
```

齐心消灭野心狼

```
3 3 3 | 2 — — | 5 3 2 1 | 1 — —
```

小燕南飞，树叶黄呀，
飞机大炮，整天响啊，
父老兄弟，快反抗呀，

```
1·3 2 7 | 6 — — | 1·5 6 | 5 — — ‖
```

日本鬼子，凶似狼呀。
杀人放火，烧村庄啊。
齐心打死，野心狼呀。

北风吹

1̂2 3 | 2 — | 1̂2 3 2 — | 1·6 | 3 3 |

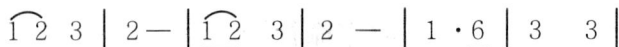

北 风 吹， 天 气 凉， 抗 日 队 伍
不 分 男， 不 分 女， 不 分 工 农
不 分 派， 不 分 党， 统 一 战 线
人 是 铁， 饭 是 钢， 饿 着 肚 子
八 路 军， 共 产 党， 统 一 战 线

2̂1 6 | 1 — | 6 6 1 | 2 3 | 1·2 | 7 6 |

上 战 场， 浴 血 奋 战 去 杀
兵 学 商， 男 女 老 少 一 齐
要 加 强， 不 分 穷 富 你 和
难 打 仗， 有 钱 出 钱 有 粮 出
好 主 张， 领 导 人 民 把 日

5·6 | 1 1 | 2 5 | 6 1̂6 | 5 — ‖

敌， 保 卫 祖 国 保 家 乡
干， 爱 国 青 年 到 前 方
我， 共 同 抗 日 献 力 量
粮， 大 家 一 起 来 帮 忙
抗， 世 界 各 国 都 赞 扬

坚壁清野歌

3 1̂2 | 3 1̂2 | 3 5 | 3 — | 3 1̂2 | 3 5 |

抱 定 决 心 杀 敌 人， 坚 壁 清 野

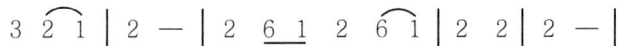

3 2̂1 | 2 — | 2 6 1 2 6 1 | 2 2 | 2 — |

要 认 真， 先 破 坏 公 路 后 填 井

5 3 2 | 1·2 3 2 | 1 1 | 1 6 1 | 2 2 | 2 0 |

将 一 切 用 物 搬 在 深 山 中， 遍 地 皆 一 空

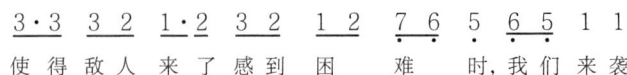

3·3 3 2 | 1·2 3 2 | 1 2 | 7 6 | 5 6 5 | 1 1 |

使 得 敌 人 来 了 感 到 困 难 时，我 们 来 袭

1 6 1 | 2 2 | 2 0 | 3·3 3 2 | 1·2 3 2 |

击，我 们 来 反 攻。 使 得 敌 人 来 了 感 到

1̂2 7̂0 | 5 6 5 | 1 1 | 1 6 1 | 2 2 2 0 ‖

困 难 时，我 们 来 袭 击，我 们 来 反 攻

支前小调

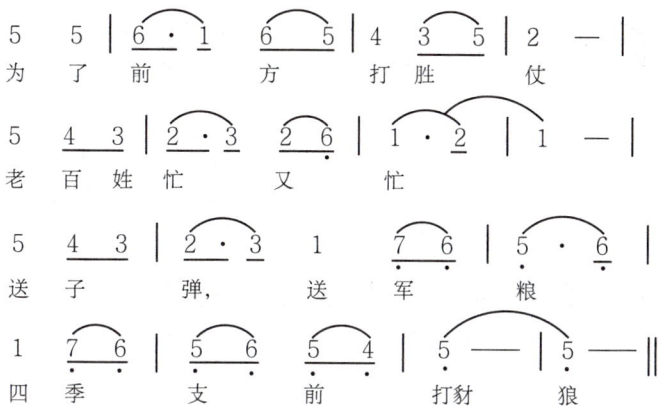

全家忙

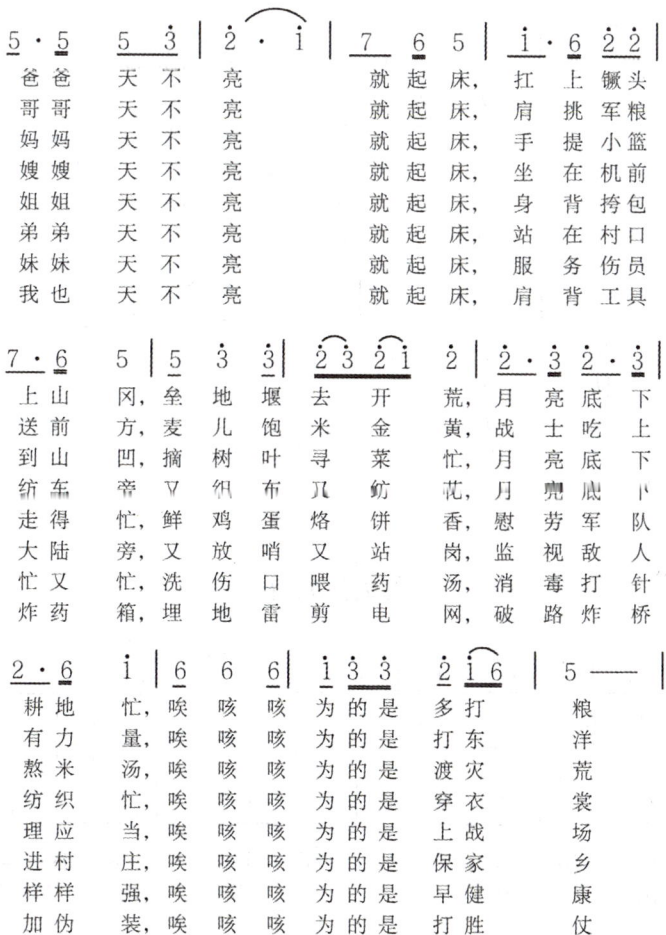

慰劳八路军

3 3 2 | 3 3 2 | 1 1 6 | 3 2 |

正月　里来　正月　正，
老乡　们要　听我　讲呀，
军队　作战　要帮　忙呀，
帮助　军队　要热　情呀，
八路　军来　共产　党呀，

1 3 3 | 2 1 | 1 2 7 6 | 5 — |

扭一个　秧歌　慰劳　八路军，
要增加　生产　有余　粮啊
帮助军队　打胜　仗啊
拥军优属　记好　在心啊
统一战线　好　主张啊

5 3 5 | 5 3 | 2 1 | 7 6 5 |

军队　人民　是一　家呀，
公粮　定要　筛一簸　净呀，
带路　送信　送情　报呀，
要按　农时　来代　耕呀，
领导　人民　打日　本呀，

2 2 | 3 5 | 6 7 6 | 5 — |

互相　帮助　杀敌　人一样啊。
军队　和自　己同　洋啊。
军民　合作　打东　心啊。
不负　国家　尽忠　强啊。
抗日　决心　越坚　

欢送抗日军

0 5 3 5 | 1 1 1 0 | 0 5 3 5 | 2 2 2 0 |

怀着火热的心，　欢送　抗日军，
怀着火热的心，　欢送　抗日军，

3 2 1 | 7 6 5 | 5 5 2 | 7 6 5 |

上前线，杀敌人，除汉奸　定民心，
为国为民族，　打鬼子保和平。

送夫参军

```
5 5  3 5 | 0 6  3 2 | 3 2  6 1 | 0  ·5 |
```

我 送 丈 夫　　去 参 军，勇 敢 上 前　　杀 敌 人，
你 去 前 方　　杀 敌 人，家 中 父 母　　我 照 应，

```
6 5  6 5 | 3 6  5 3 | 2·1 6 1 | 0 2  6 5 |
```

不 要 留 恋 我 一 人，　去 打 日 本　　最 光 荣。
前 方 后 方 配 合 好，　打 败 鬼 子　　有 保 证。

```
6 5  6 5 | 3 6  5 3 | 2·1 6 1 | 0 2  6 5 ‖
```

哎 呀 哎 呀 哎 哎 呀，　去 打 日 本　　最 光 荣。
哎 呀 哎 呀 哎 哎 呀，　打 败 鬼 子　　有 保 证。

送郎参军

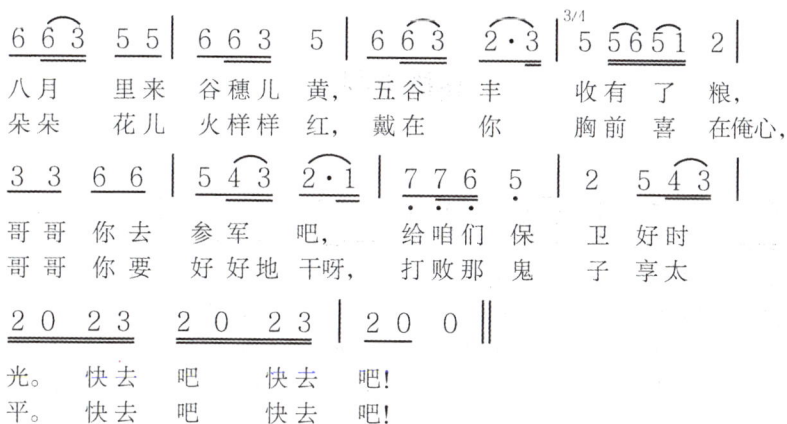

```
6 6 3  5 5 | 6 6 3  5 | 6 6 3  2·3 | 5 5 6 5 1  2 |
```
3/4

八 月　里 来 谷 穗 儿 黄，五 谷　丰　收 有 了　粮，
朵 朵　花 儿 火 样 样 红，戴 在　你　胸 前 喜 在 俺 心，

```
3 3  6 6 | 5 4 3  2·1 | 7 7 6  5 | 2  5 4 3 |
```

哥 哥　你 去　参 军　吧，　给 咱 们 保　卫 好 时
哥 哥　你 要　好 好 地 干 呀，打 败 那 鬼　子 享 太

```
2 0 2 3  2 0 2 3 | 2 0  0 ‖
```

光。 快 去　吧　快 去　吧!
平。 快 去　吧　快 去　吧!

军民一家

```
1·1  7 6 | 1·5  5 | 1·7 6 1 | 2 — |
```

军 队 人 民 是 一　家，骨 肉 不 分 离，

```
5·6  5 3 | 5  2 3 | 5·1  7 6 | 5 — |
```

你 要 爱 护 我 呀，　我 要 帮 助 你。

```
5·6  5 3 | 5  2 3 | 5·1  7 6 | 5 — ‖
```

你 要 爱 护 我 呀，　我 要 帮 助 你。

姐妹纺织歌

```
2·2  31 | 2  —  | 3·5  5 6 | 1  —  |
```
春风 呼呼 叫，　燕儿 梁上 飞，
纺花 机嗡 嗡响，天天 纺花 忙，
织布 机咔 咔响，天天 织布 忙，

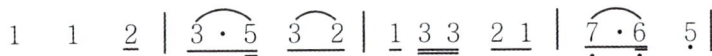

```
1   1   2 | 3·5  3 2 | 1 3 3  2 1 | 7·6  5 |
```
春 暖 花 开 呀，姐妹们 纺织 紧 呀，
车 儿 转 得 快 呀，线儿 抽得 长 呀，
织 出 那 布 儿，　一匹 又 一匹

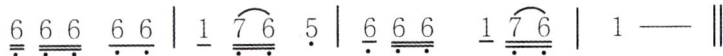

```
6 6 6  6 6 | 1 7 6  5 | 6 6 6  1 7 6 | 1  —  ‖
```
摇起那 纺花 车 得儿外，拉开那 布机。
纺出那 线蛋 子 细又光，一天八 九两。
匹匹布 儿平 又光，快快送 前方。

春耕小调

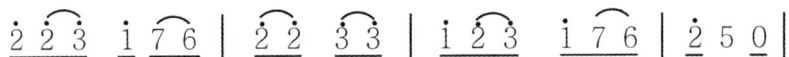

```
2 2 3  1 7 6 | 2 2  3 3 | 1 2 3  1 7 6 | 2 5 0 |
```
春风 吹来 野 花香，春雨 过后 好开荒，
没有 牛来 没 有粮，没有 种子 没有帮，
没有 钱来 有 法想，低利 借贷 好商量，
加紧 春耕 保 家乡，军民 吃饱 打东洋，

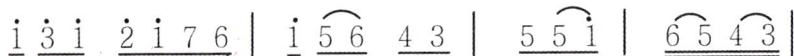

```
1 3 1  2 1 7 6 | 1 5 6  4 3 | 5 5 1 | 6 5 4 3 |
```
前线后 方要粮草，老哥 呀咱 们要 为 春
家俱肥 料都没有，老弟 呀有 啥办 法 去
村里还 有代耕队，老哥 呀你 莫灰 心 要
男女老 少一齐干，做一 个劳 动模 范 把

```
5 2 0 ‖
```
耕 忙。
开 荒。
自 强。
名 扬。

逃难歌

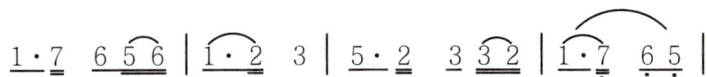

1·7	6 5 6	1·2	3	5·2	3 3 2	1·7	6 5

家 住 榆 社 县 哟, 一 区 东 汇 村,
男 人 担 一 担 哟, 女 人 掂 一 篮,
逃 难 上 了 路 哟, 娃 娃 抱 在 怀,
父 老 兄 妹 们 哟, 牢 牢 记 心 间,
青 年 要 当 兵 哟, 壮 年 要 训 练,

5·3	2 3	5·6	1 3	2 7	6 5 6 1	5 —

日 本 鬼 子 占 俺 村, 不 能 在 家 中。
今 天 呀 逃 难 出 去, 甚 时 往 回 返。
哭 了 一 场 好 西 惶, 饿 死 我 的 孩。
鬼 子 欠 下 咱 血 债, 定 要 偿 还 来。
男 女 老 少 勤 生 产, 积 极 来 支 援。

保卫春耕

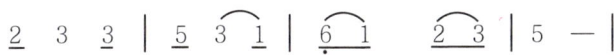

2 3 3	5 3 1	6 1	2 3	5 —

河 边 的 杨 柳 青 又 青,
亲 日 派 反 动 要 投 降,
民 兵 组 织 力 量 强,

5 2 3 5	1·3	2 6	1 —	1 —

春 耕 到 了 无 闲 人,
鬼 子 调 兵 来 扫 荡,
东 西 山 头 动 刀 枪,

3 5 1 3	2	2	2 —	2 —

黄 牛 毛 驴 力 气 大,
乘 机 破 坏 根 据 地,
山 沟 里 来 山 顶 上,

6 1	2 3	1 2	6	5·6	3 2 6

犁 头 镢 头 齐 放
好 叫 今 年 闹 饥
游 击 战 争 干 一

1 — 1 —

光。
荒。
场。

亲日分子真可恨

```
5·5  3 2 | 1·7 6 | 5·5  3 5 | 2·5  3 1 |
```

亲日　分子　真可恨，有枪　有炮　不去　打日
亲日　分子　真该杀，有钱　有势　不去　救国
亲日　分子　真混蛋，睁着　眼睛　甚都　看不

```
2 — | 1  1 6  1 2 | 3 — | 2  2 1  6 1 |
```

本。　反对咱　共产　　党，　　进攻咱　八　路
家。　一心要　投降　　呀，　　到处来　打摩
见。　中国的　老百　　姓，　　谁都受　你的

```
5 — | 3·2  3 | 5  5 3  2 3 | 5 — |
```

军。　你们　说　可　恨　　不可　　恨?
擦。　你们　说　该　杀　　不该　　杀?
骗。　你们　说　混　蛋　　不混　　蛋?

```
5·3  5 3 | 2·6 | 1 1  2 6 | 5·0 ‖
```

可恨　可恨　真　可　恨呀，真　可　恨。
该杀　该杀　真　该　杀呀，真　该　杀。
混蛋　混蛋　真　混　蛋呀，真　混　蛋。

蓝蓝的天

```
2 2  3 2 | 1·2 | 5·3  2 1 6 | 5 — |
```

青天　呀　　蓝　天，这　样　蓝蓝　的天，
叫声　呀　　老　乡，听　呀　听分　明，
八路　呀　　军　来，爱　护　老百　姓，
军民　呀　　团　结，大　家　一条　心，

```
5·3  2 1 | 6·1  3 5 | 1 6  5 3 | 2 — ‖
```

这是　什么　人的　队伍　上了　前　　线。
这就　是坚　决抗　战的　八路　军。
老百　姓也　要帮　助八　路军。
赶走　那个　日本　鬼子　享太　平。

反对买卖婚姻

$\underline{6\cdot\underline{6}}$　5 6 | 7 6 | 5 | $\underline{6\cdot\underline{6}}$　5 6 | 4 3 | 2 |

诸位	同胞	和姐	妹，	买卖	婚姻	要反	对，
第一	反对	家长	坏，	贪图	银钱	把闺	女卖，
第二	反对	坏男	人，	花上	银钱	说女	人，
第三	反对	坏媒	人，	专门	包办	说婚	姻，
第四	反对	坏妇	女，	结婚	为了	要东	西，

$\underline{2\cdot\underline{3}}$　5 3 | 5 6 | 5 | $\underline{7\ \underline{6}}$　5 | $\underline{5\cdot\underline{3}}$ | 2 3 |

拥护	政府	新法	令，	谁破	坏，	咱	就
闺女	受苦	你花	钱，	想一	想，	应	该
"冀南"	花了	三千	三，	看一	看，	丢	人
为吃	人家	一顿	饭，	真卑	鄙，	耍	嘴
只顾	眼前	巧打	扮，	将来	是，	自	己

$\underline{5\cdot\underline{6}}$　$\underline{7\ 2}$ | $\underline{7\ \underline{6}}$　5 ‖

反	对	谁。
不	应	该。
不	丢	人。
欺	骗	人。
害	自	己。

冀南：指当时冀南钞票

歌颂毛主席

$\dot1$　$\underline{6\ 3}$ | $\underline{5\cdot\underline{6}}$ | $\dot1$　$\underline{6\ 5}$ | $\underline{5\cdot\dot1}$　2 |

| 毛 | 主 | 席 | 好比 | 那 |

$\underline{\dot1\cdot\underline{6}}$ | $\underline{5\cdot\underline{3}}$ | $\underline{2\cdot\underline{3}}$　$\underline{2\ 1}$ | 2 — |

| 天 | 上 | 红 | 灯 |

$\underline{3\cdot\underline{3}}$　3 | $\underline{2\cdot\underline{1}}$　2 | $\underline{5\cdot\underline{3}}$　5 6 | 5 — |

| 领导 | 着咱 | 百姓 | 翻呀 | 翻了 | 身 |

$\underline{2\ 2\dot1}$　$\underline{6\ \dot1}$ | $\underline{2\ 5}$　2 | $\underline{\dot1\cdot\underline{6}}$　5 6 | 5 — ‖

| 给咱们 | 过得 | 好呀 | 光 | 景， | 嗯咳 | 哟。 |

军民一条心

```
6  5̆6 | 5̆·3  2 | 6  5̆6 | 5̆·3  2 |
```

日 头　出　来　照 四　方　呀，
人 是　铁　呀　饭 是　钢　呀，
你 送　馍　呀　我 端　汤　呀，
一 口　馍　呀　一 口　汤　呀，
军 爱　民　呀　民 拥　军　呀，

```
3·5  66 | 1·6  53 | 2  2  6̇·1 | 2  2  16 |
```

抗 日 的 队 伍　去 打　东　洋呀，来吧
吃 饱 了 肚 子　能 打　胜　仗呀，来吧
慰 劳 咱 军 队　理 应　当呀，呀来
抗 日 的 队 伍　吃 得　香　呀，呀来
咱 军 民 合 作　一 条　心　呀，呀来

```
5  5 | 2·2  31 | 2  2 | 3·5  66 |
```

哟 呀，唉 呀 咳 吱　哟 呀，抗 日 的
哟 呀，唉 呀 咳 吱　哟 呀，吃 饱 了
哟 呀，唉 呀 咳 吱　哟 呀，慰 劳 咱
哟 呀，唉 呀 咳 吱　哟 呀，抗 日 的
哟 呀，唉 呀 咳 吱　哟 呀，咱 军 民

```
1·6  53 | 2·2  6̇·1 | 2·2  16 | 5  5 ‖
```

队 伍　去 打 东　洋 呀，来 巴 哟 呀！
肚 子　能 打 胜　仗 呀，来 巴 哟 呀！
军 队　理 应 当　呀 呀，来 巴 哟 呀！
队 伍　吃 得 香　呀 呀，来 巴 哟 呀！
合 作　一 条 心　呀 呀，来 巴 哟 呀！

2019年10月25日，圪坨惨案遗址公园，在惨案发生地云竹湖畔的圪坨村附近竣工。（摄影 任松龄）

参军光荣

5 5 5 · 5 | 3 5 i 5 — |
进 进 进, 好 男 儿 参 军,

5 · 5 5 i — | i · i 3 i — |
铲 除 内 奸, 打 击 敌 人,

5 5 5 5 | i i i i |
保 卫 国 家, 保 卫 民 族,

i · i 3 — | i — 5 · 5 |
勇 敢 前 进, 勇 敢

5 — i i 0 ‖
前 进!

说穷人

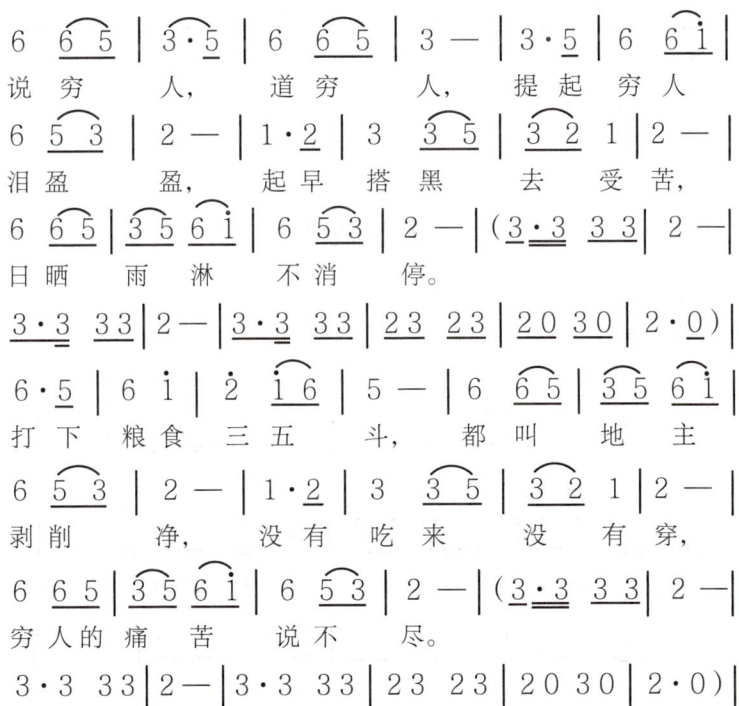

6 65 | 3·5 | 6 65 | 3 — | 3·5 | 6 6i |
说 穷 人, 道 穷 人, 提 起 穷 人

6 53 | 2 — | 1·2 | 3 35 | 32 1 | 2 — |
泪 盈 盈, 起 早 搭 黑 去 受 苦,

6 65 | 35 6i | 6 53 | 2 — (3·3 33 | 2 —
日 晒 雨 淋 不 消 停。

3·3 33 | 2 — | 3·3 33 | 23 23 | 20 30 | 2·0)

6·5 | 6 i | 2 16 | 5 — | 6 65 | 35 6i |
打 下 粮 食 三 五 斗, 都 叫 地 主

6 53 | 2 — | 1·2 | 3 35 | 32 1 | 2 — |
剥 削 净, 没 有 吃 来 没 有 穿,

6 65 | 35 6i | 6 53 | 2 — (3·3 33 | 2 —
穷 人 的 痛 苦 说 不 尽。

3·3 33 | 2 — | 3·3 33 | 23 23 | 20 30 | 2·0)

牺牲已到最后关头

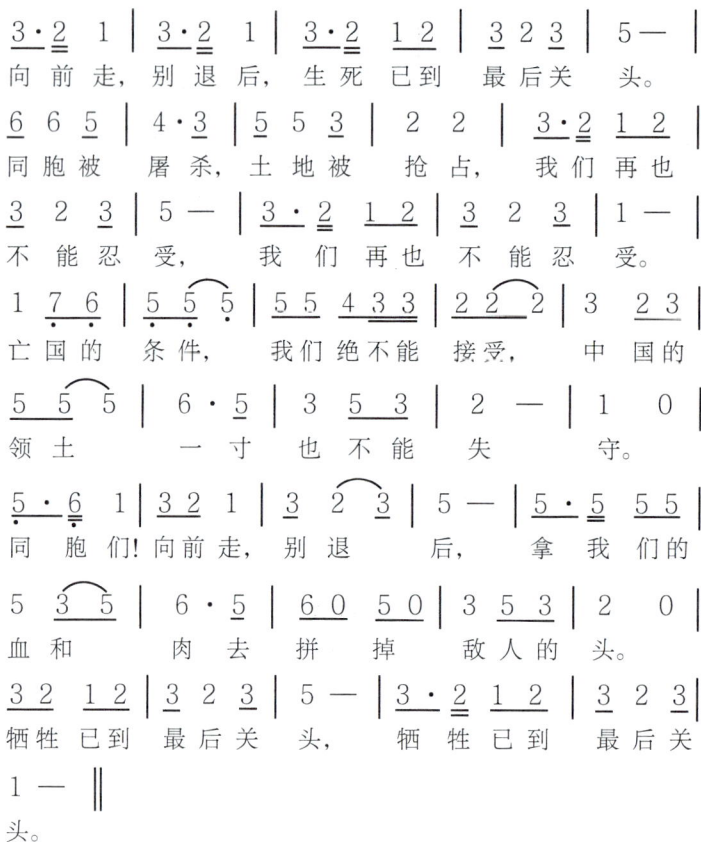

```
3·2 1 | 3·2 1 | 3·2 12 | 323 | 5 — |
向前走，别退后，生死已到  最后关  头。
```

```
6 65 | 4·3 | 553 | 2 2 | 3·2 12 |
同胞被 屠杀，土地被 抢占，  我们再也
```

```
323 | 5 — | 3·2 12 | 323 | 1 — |
不能忍受，   我 们 再也 不能 忍 受。
```

```
1 76 | 5 5 5 | 55 433 | 22 2 | 3 23 |
亡国的 条件，  我们绝不能 接受，  中 国的
```

```
5 5 5 | 6·5 | 353 | 2 — | 1 0 |
领 土   一 寸 也 不 能 失   守。
```

```
5·6 1 | 321 | 3 2 3 | 5 — | 5·5 55 |
同 胞们！向前走，别退  后，  拿 我 们的
```

```
5 3 5 | 6·5 | 60 50 | 353 | 2 0 |
血 和   肉去 拼 掉  敌人的 头。
```

```
32 12 | 323 | 5 — | 3·2 12 | 323 |
牺牲 已到 最后关 头，  牺牲 已到 最后关
```

```
1 — ‖
头。
```

站岗放哨

```
i·i 13 | 5·6 | i· ·2 | i — |
同 志 我 问 你，   你到 哪里 去？
```

```
i·2 33 | 2·3 21 | 65 323 | 5 — |
通 行 证儿大 概你也 带 着  呢，
```

```
232 11 | 232 11 | 3·5 6i | 5 — |
拿过来 看看，拿过来 看看，你才 能过 去，
```

```
i·6 51 | 6·5 53 | 2·5 32 | 1 — ‖
因为 现在 情况关系 不能 马虎 的。
```

二、抗战歌谣（52首）

歌唱十旅三十团

新编十旅三十团，
它是分区的基干团。
英勇抗战整六年，
鬼子一见心胆寒。
四三年"大扫荡"，
鬼子疯狂要抢粮，
保卫群众搞夏收呀，
三十团在太行美名扬。

赞李峪民兵

李峪是个好地方，
抗日民兵最顽强。
不管日寇多野蛮，
敢与敌军摆战场。
打死鬼子分队长，
消灭日寇美名扬。
学习民兵抗战势，
赶走日寇永太平。

注：《赞李峪民兵歌》为太行三分区李峪民兵编的一首歌，当时在全区传唱。

生死已到最后关头

向前走别后退，
生死已到最后关头，
同胞被屠杀，
土地被抢占，
我们再不能忍受！

亡国的条件我们决不能接受，
中国的土地一寸也不能失守。
同胞们！
向前走，别后退，
拿我们的血肉去拼敌人的头。

月儿弯弯夜儿长

月儿弯弯夜儿长，
呀儿吆，
咿儿吆，
呀儿吆，呀儿吆，
咿儿呀吆。

流浪的人儿想家乡，
呀儿吆，
咿儿吆，
呀儿吆，呀儿吆，
咿儿呀吆。

1938年被日寇空袭轰炸后的榆社县城（摄影 美国传教士王普霖）

问你为什么不回去呀……
提起来就话儿长，
日本鬼子动刀枪呀……
好淫烧杀又抢粮。

只怕不抵抗

吹起小喇叭，
答滴答滴答，
打起小战鼓，
得隆得隆响，
拿小刀枪，
冲锋上战场。
一刀斩汉奸，
一枪打东洋，
不怕年纪小，
只怕不抵抗。

牺盟会歌

伟大的历史，

1938年被日寇空袭轰炸后的榆社县城（摄影 美国传教士王普霖）

牺盟会的诞生，
抗战三年整，
历史多光荣，
名播宇宙，
为着中华民族生存。
同志们努力呀！
向前进！
发扬我民族的传统。
国内要统一，抗战要持久，
失地要收复，建成新中国。
同志们动员起来呀！奋斗！牺牲！
胜利总归我们。

纺织歌

春风暖洋洋，
花儿处处香，
燕儿忙做巢，
姐妹们纺织忙。

1938年被日寇空袭轰炸后的榆社县城（摄影　美国传教士王普霖）

纺车儿转得快，
线儿抽得长，
纺出那线蛋细又光，
一天八九两。

织布机咔咔响，
布儿平又光，
好布送前线，
支前打胜仗。

老婆子支前

清早起，不打扮，
挟上柴，就做饭。
媳妇忙着做军鞋，
俺还要把孙子看。
喂母鸡，让下蛋，
慰劳伤员争模范。
伤员吃上保健康，
伤愈再和鬼子干。
喂母猪，有利赚，
一窝小猪卖一万（指当时冀南钞）。
除了吃穿花费用，
支援前线来抗战。
攒柴灰，更合算，
送到硝房把盐换。
熬成硝，做炮弹，
看你鬼子往哪里钻。

共产党八路军好（小调）

一不滩滩杨柳树，
一不滩滩草，

一队一队抗日军，
啊呀呀，就数咱八路军好。

一块一块的根据地，
全靠党领导，
一件一件的抗日工作，
啊呀呀，就数咱太行山好。

一颗一颗的珍珠米，
一袋一袋地装，
一辆一辆的大小车，
啊呀呀，把粮运前方。

漳河水

漳河水长又长，
弯弯曲曲向前方，
多劳溪水寄相思，
带个信儿给俺郎。

去年秋深树叶黄，
俺郎荷枪上战场，
青年壮志当报国，
美名千载天下扬。

三月四月好风光，
爸爸上山去开荒，
苗儿长得绿油油，
五谷丰登充军粮。

我已参加自卫队，
站岗放哨昼夜忙，

驱奸逐敌多劳碌，
男女抗日一个样。

俺郎在外莫牵挂，
上下和睦喜洋洋，
公婆健壮勤生产，
小孩能走会叫娘。

望你在外好好干，
服从命令打东洋，
等到胜利复员后，
全家欢乐聚一堂。

战歌

我的心是战歌，
我的喉是军号，
我们挥舞起刀枪，
踏上抗日的战场。
不怕敌人疯狂，
不怕困难阻挡，
我们挥舞起刀枪，
保卫我们的家乡。

不许侵略者进攻，
不许卖国贼嚣张，
我们挥舞起刀枪，
誓把日本鬼灭亡。

全面抗战

前方作战，
后方生产，

时间越长，

鬼子越不上算。

说打就打，

说干就干，

大家出力，才算全面抗战。

中华儿女去打鬼子兵

过了一街又一街，

大队官兵齐步向前，

十六岁的姑娘美貌青年，

跟着哥哥去上前线。

小姑娘呀你来做啥？

为何乱跑不在家中？

请你不要问她，队长先生，

中华儿女去打鬼子兵。

牵起手来打东洋

酸枣刺，尖又尖，

敌人来到黄河边。

当八路，上前线，

你我都是好青年。

李老四，张老三，

能打鬼子是好汉。

赵大哥，王二哥，

大家都是好小伙。

你拿刀，我拿枪，

牵起手来打东洋。

你放哨，我站岗，

防止敌人进村庄。

诱东方，击西方，
打得鬼子两头忙。
你越打，我越强，
打来打去你遭殃。
夜里打，白天藏，
游击战争就这样。

英勇杀敌

抗战一发生，
日夜那炮声紧，
前方我将士，
英勇呐杀敌人，
你看他，一个个向前冲，
炮火照脸红。
大队向前冲，
我们后边跟，
争先恐后大家英勇呐杀敌人，
一个个，
拿起长矛大刀显威风，
活活的像关公。

人民要武装

谷子短，高粱长，
太行山下做战场。
人人参加游击队，
要把鬼子一扫光。
巩固抗日根据地，
人民一定要武装。

手榴弹，打鸟枪，
山上山下到处响。

我们中华好男儿，
要把鬼子一扫光。
巩固抗日根据地，
人民一定要武装。

不叫敌人抢走一粒粮

八月里来秋风凉，
谷穗渐渐黄，
鬼子瞧见流水，
出发大"扫荡"，
杀人又放火，
疯狂又抢粮，
把我们的粮食抢光，
叫我们受饥荒。

根据地好风光，
军民抢收忙，
快割快打快埋藏，
你来大"扫荡"，

1936年4月2日县工委（中共榆社县委前身）好地方沟会议旧址。（摄影 李旭清）

地净场又光，
鬼子若进村，
游击小组给他吃地雷，
保准叫他连滚带爬叫爹娘。

纺织歌

春风呼呼叫，
燕儿梁上飞，
春暖花开呀，
姐妹们纺织紧。

摇起那纺花车（得儿外），
拉开那织布机。
纺花机嗡嗡响，
天天纺花忙，
车儿转得快呀，
线儿抽得长，
纺出那线蛋子细又光，
一天八九两。

织布机咔咔响，
天天织布忙，
织出那布儿，
一匹又一匹，
匹匹布儿平又光，
快快送前方。

心头恨

种子下地会发芽，
仇恨人心也生根，
不把敌人赶出境，

海水洗不清这心头恨。

十冬腊月喝凉水，
一点一滴记在心，
携起手来齐抵抗，
受辱的百姓是火炼的心。

一人当十十当百，
要活命的一齐向前冲。

王大妈要和平

王大妈要和平。
要呀么要和平，
每天动员妇女们，
来呀么来签名。
宣传的脑袋开了窍，
道理讲得清。
你看他东奔西跑，
要呀（那个）要和平。

王大妈是个好妈妈，
好呀么好妈妈。
饿着肚子去宣传，
受累也不怕。
感动了闺女小媳妇，
说服了太太李大妈。
你看她和平勇士，
选呀（那个）选上了她。

辉煌的七月

七月的天空辉煌，

七月的大地芬芳，
七月的人民战斗了四年，
培养出自由的花，
放射出民主的光。
这花开遍了漳河岸旁，
这光照耀在整个太行山！
她还要在全中国开遍，
还要在全中国的土地开发！

手榴弹战歌

拿起暴烈的手榴弹，
对着杀人放火的侵略者。

起来！起来！
全中华民族的人民，
为了我们祖国的自由和解放，
快建立起抗日民族统一战线。

起来！起来！
把疯狂的侵略者赶出国去，
保卫中华民族，
保卫全世界的和平。

春耕小调

战士受饥饿呀，
穷人无法活呀，
我们不齐心努力来春耕呀，
怎样能救国呀。

春耕工作队呀，
奋勇好精神呀，

不管它生荒熟地私和公呀，
一齐都下种呀。

抗属和孤寡呀，
大家要代耕呀，
无论是牲口种子锄和耙呀，
富人要借用呀。

谁来送茶饭呀，
妇女和儿童呀，
谁能够吃苦耐劳成绩多呀，
谁就是劳动英雄呀。

反鬼票

人民票，人民票，
人民票子信用高，
买布买米买油盐，
谁能不说人民票好。
鬼票又叫联合票，
本是日寇和汉奸造，
如今鬼票不值钱，
日寇汉奸心发燥。

送哥哥参军

送我哥哥去参军，
勇敢上前杀敌人，
去打日本最光荣。
哎呀哎呀我的哥，
去打日本最光荣。

送我哥哥去当兵，

参加军队最光荣，
杀死日寇杀汉奸，
保国保家保和平。
哎呀哎呀我的哥，
保家保国保平安。

多谢妹妹一片心，
哥哥前线你生产，
前方后方相配合，
打败鬼子有把握，
哎呀哎呀我的妹，
打败鬼子有把握。

多谢妹妹一片心，
送我前方去当兵，
家庭事情你照应，
打退敌人享太平。
哎呀哎呀我的妹，
打退敌人享太平。

军民合作

咳嚎咳！
我们军民要合作。
咳嚎咳！
我们军民要合作。
你在前面打，
我在后面帮。
抬伤员，送子弹，
运军粮，送茶饭。
我们流的血和汗，
赶不走那鬼子心不甘（那个），

咳嚎咳！

赶不走那鬼子心不甘（那个），

咳嚎咳！

红缨枪

红缨枪，红缨枪，

枪缨红似火，

枪头放银光。

拿起了红缨枪，

去干那小东洋。

小东洋，小东洋，

是横行霸道的恶魔王，

是本性残忍的沟豺狼。

他有一个大梦想，

想要把中国来灭亡。

老乡啊老乡，

你愿做牛马？

王家沟惨案发生地——土家庄村今貌（摄影　李旭清）

你愿做猪羊？

（白）不愿意！不愿意！

快拿起红缨枪，

去干那小东洋。

打东洋，保国家，

不让鬼子再猖狂。

打东洋，保国家，

不让鬼子再猖狂。

游击队员歌

三个五个，

一群两群，

在高山上，

在平原地，

我们是游击队的队形。

化整为零，

化整为零，

我们不怕敌人机械兵。

抢他的粮食大家用，

抢他的军火要他的命。

我们老百姓，

三个五个千万群，

隔上一两年，

把强盗们都消清。

杀！杀！杀！

夜摸敌营（又名"老百姓偷枪"）

一更里，月正明，

我们要进敌军营，

腰儿别着杀猪刀，

咿格呀儿咳！

一溜风来往前跑。

二月里，月平西，
蹲在山沟出主意，
鬼子岗哨睡着了，
咿格呀儿咳！
不要将他惊动起。

三更里，月儿降，
进攻敌营莫慌张，
他们睡得像死猪，
咿格呀儿咳！
悄悄摘下他的枪。

四更里，黑沉沉，
我们出了敌营门，
卧倒开枪乒乓响，
咿格呀儿咳！
感谢送粮立大功。

五更里，东方明，
武装起来真英勇，
东西南北打游击，
咿格呀儿咳！
攻了碉堡攻敌营。

不要麻痹（又名"大烟袋"）

别说那这就是根据地呀，
鬼子他不会来！
鬼子他会来呀，
老乡们听明白。

听明白呀，咿呀嗨，明白！

上一次鬼子来"扫荡"呀，
好厉害！
放火把房子烧呀，
粮食都化成灰。
化成灰呀，咿呀嗨，成灰！

汉奸引鬼子来"扫荡"呀，
为了发洋财！
可恶的二土匪呀，
偷走我的大烟袋，
大烟袋呀，咿呀嗨，烟袋！

边区的老乡快动手呀，
大家齐武装！
防备二次来抢粮食呀，
快打快埋藏。
快埋藏呀，咿呀嗨，埋藏！

鬼子急了要咬人呀，
狗急了要跳墙！
鬼子不断来"扫荡"呀，
因为它快死亡。
快死亡呀，咿呀嗨，死亡！

参军模范事情多

一人去参军，
全家都光荣。
母亲叫儿打东洋，
妻子送郎上战场，

兄弟一起上前线，
姐妹携手到前方。
太行山上传喜讯，
参军英名万古扬。

春耕歌

春风吹来野花香，
春雨过后好开荒，
前线后方要粮草，
老哥呀，咱们要为春耕忙。

没有牛来没有粮，
没有种子没人帮，
家具肥料都没有，
老弟呀，有啥办法去开荒。

没有钱来有法想，
低利贷款好商量，
村里还有代耕队，
老哥呀，你莫灰心要自强。
加紧春耕保家乡，
军民吃饱打东洋，
男女老少一齐干，
做一个，劳动模范把名扬。

上冬学

我在房中正做活，
忽听有人来叫我，
知道是上课。

放下活计看看火，
识字班里去上课，

添水坐上锅。

未曾上课先唱歌，
第一章识它字两个，
一年七百多。

多识字来多唱歌，
思想开朗劳动多，
模范就是我。

抗战到底歌

朱总司令早说过，
这次抗战非小可，
只能够呀抗到底，
不能够呀和。

抗战了两年多，
敌人已经没奈何，
死的伤的一百万，
困难更加多。

百团大战

（一）
八月二十三，
下午八点半，
八路军，决死队，
开展百团战。

（二）
破坏正太路，
切断电话线，
同蒲路，也切断，
敌人无法办。

（三）

八路决死队，
杀敌千千万，
包围了，阳泉站，
攻了娘子关。

（四）

铁路挖成壕，
炸坏铁路桥，
这一场，歼灭战，
打得呱呱叫。

四不歌

不管没闲空，
我们要用功。
不怕担子重，
我们要挺胸。
不做恋爱梦，
我们要自重。
不做寄生虫，
我们要劳动。
新的女性产生在受难之中！
新的女性产生在觉醒之中！

吃洋烟害死人（十二月小调）

正月里，是新年，
洋烟害人真不浅，
外国欲把中国害，
他把洋烟送进来。

二月里，是春风，

初吃洋烟四五根，
吃的吃的瘾大了，
屡次加至数十根。

三月里，天气温，
一根洋烟二十文，
一天吃上五十根，
共花铜圆一千文。

四月里，四月八，
我的家产七八百，
一年三百六十天，
二年已把家产完。

五月里，是端阳，
洋烟吃得把气伤，
老子打来娘又骂，
妻儿哭得泪汪汪。

六月里，六月六，
爹娘急得只是哭，
气死老子哭死娘，
亲戚朋友没计策。

七月里，立秋季，
洋烟吃得身不起，
先卖田产后卖房，
血尽毛干难医治。

八月里，月儿圆，
家家户户供老天，
该下人的多多少，

一家老小不团圆。

九月里，日短促，
不收割把洋烟吃，
洋烟本是害人物，
害得人人讨了吃。

十月里，是冬天，
家里无米又无盐，
身上无衣受寒冷，
夜间睡到庙檐前。

十一月，将过冬，
从东来了巡警人，
搜出洋烟犯了罪，
把他送在衙门中。

十二月，整一年，
劝人不要吃洋烟，
又罚大洋又问罪，
满肚冤枉不得言。

可恨外国害中华，
他把毒物送给咱，
先是洋烟后是土，
一粒金丹赛毒茶。

姐妹四人来缠线

姐妹四人来缠线，
盘腿坐在四合院。

妈妈纺线我们缠，

缠了一团又一团，

大姐坐北向南缠，

缠了个莲花盆里坐蛮蛮。

二姐坐南向北缠，

缠了个凤凰戏牡丹。

三姐坐西向东缠，

缠了个朝廷状元官。

四姐坐东向西缠，

缠了个大战金沙滩。

姐妹四人都缠线，

缠得幸福落满院。

妇女上民校

西北风儿刮得凉，

雪花飘飘湿衣裳。

姐妹姑嫂都到校，

说说笑笑多热闹。

大家坐在炕沿上，

先识字儿后听讲。

政府法令要学会，

我们妇女要解放。

过去妇女没力量，

依靠男人过时光。

妇女成了奴才样，

挨打受气多凄惶。

现在妇女得解放，

剪了头发把脚放。
每日互助勤劳动，
自力更生是方向。

男女结婚由自己，
父母包办不合理。
坚决反对买卖婚，
今后婚姻由自己。

逃难过新年

一九四二年哟，
腊月数九天，
日本鬼子来"扫荡"。
整整二十天。

百姓真可怜，

抗战时期日军连通杜余沟、沿壁等地炮台的王家垴公路遗址。（摄影　李旭清）

山沟里过年，
铺白草来盖黄蒿，
冷水拌炒面。

正月初二三哟，
鬼子下了山，
锅碗瓢勺都打光，
门窗也烧完。

往年过新年哟，
居家又团圆
今年莫说吃饺子，
小米也难见。

送军粮

小米碾得黄又黄，
没有砂粒没有糠，
赶上毛驴送军粮，
不怕天黑路途长。

英勇战士在前方，
咱在后方多帮忙，
爹爹赶车哥哥挑，
我扛军粮送前方。

送粮小车吱吱响，
后方百姓送粮忙，
不怕山高和路远，
为了赶走狗豺狼。

支前小车跑得欢，

拉上军粮莫怠慢，
支援前线理应当，
亲人吃饱打敌顽。

送粮队伍排成行，
军粮运输受表扬，
部队首长笑着说：
我们保证打胜仗！

拥军小曲

爱国好青年，
志愿把军参，
为了保卫好时光，
英勇把敌杀。

军队住咱家，
好好帮助他，
他说借甚就给甚，
不要为难他。

军队的东西，
好好保存起，
军队的事情要保密，
不要漏消息。

拥军优属歌

过大年来喜盈盈，
红红绿绿一片新，
八路爱护老百姓，
百姓拥护八路军。

八路军来去打仗，
民兵踊跃上战场，
又送情报又带路，
做饭烧水送干粮。

八路同志到我家，
同志请你快坐下，
你烧火来我做饭，
同打日伪和恶霸。

今年军鞋早做下，
比我穿得还要强，
实纳底子实纳帮，
做上一双顶一双。

收罢秋来运军粮，
晒了又晒簸了糠，
做干净给亲人吃，
好叫亲人上战场。

军队要在村里住，
你腾窑来我腾铺，
在家好来出门苦，
咱的军队咱招呼。

村里住上伤病员，
洗衣做饭要争先，
暖窑热炕多照管，
敌人来了保安全。

民兵之歌

我们民兵多坚强，
个个年轻体又壮，
挺起胸膛上前线，
配合主力干一场。

看守俘虏也重要，
警戒盘查是本行，
主力攻下大城市，
战利品要我们扛。

围困敌人小据点，
消灭汉奸和东洋，
如果他们想活命，
除非缴枪来投降。

拆掉城墙打敌人
手拿镢头刨城墙呀，
刨倒城墙打敌人呀！

敌人"扫荡"进我城呀，
无吃无住城里空呀！

敌人进城不安宁呀，
游击健儿逞威风呀！

你埋地雷我拿枪呀，
游击战争干一场呀！

诱东方呀击西方呀，
扫得鬼子两头忙呀！

夜里打呀白天藏呀，
游击战术就这样呀！
说打就打说散就散，
敌人疲惫我们再干！

爱国青年志气豪

爱国青年志气豪，
挽救危亡建殊劳。
英勇冲锋，杀气凌霄，
血肉相搏，鬼哭狼嚎。
向前跑，
我们向前跑！
只见敌人倒，
不见敌人逃。

敌人们伤，
敌人们亡，
敌人们悲伤，
敌人们退让；
我们追上，
我们追上。

埋地雷打敌人

地雷埋在村口旁，
鬼子进村来抢粮。
地雷一炸轰隆响，
人马汽车全炸光。

地雷埋在门口旁，
鬼子来要花姑娘。

推门进去地雷响，
八格牙路遭了殃。

地雷埋在锅炉膛，
鬼子饿得心发慌。
抢了粮食要煮饭，
米饭开花命伤亡。

地雷埋在猪圈旁，
鬼子弯腰看端详。
急急忙忙跳进去，
猪没捉到见阎王。

据点周围雷埋上，
叫他不敢往外闯。
没粮没草蹲不住，
连忙撤退滚他娘。

生死已到最后关头

向前走别后退，
生死已到最后关头，
同胞被屠杀，
土地被抢占，
我们再不能忍受！
我们再不能忍受！

亡国的条件我们决不能接受，
中国的土地一寸也不能失守，
同胞们！
向前走别后退，
拿我们的血肉去拼敌人的头。

北风吹

北风吹，天气凉，抗日队伍上战场，
浴血奋战去杀敌，保卫祖国报家乡。

不分男，不分女，不分工农兵学商，
男女老少一齐干，爱国青年到前方。

不分派，不分党，统一战线要加强，
不分穷富你和我，共同抗日献力量。

人是铁，饭是钢，饿着肚子难打仗，
有钱出钱，有粮出粮，大家一起来帮忙。
八路军，共产党，统一战线好主张，
领导人民把日抗，世界各国都赞扬。

送郎参军

八月里来谷穗儿黄，
五谷丰收有了粮。
哥哥你去参军吧，
给咱们保卫好时光。
快去吧！

朵朵花儿火样样红，
戴在你胸前喜在俺心，
哥哥你要好好地干呀，
打败那鬼子享太平。
快去吧！

说穷人（张鼎华）

说穷人，道穷人，

提起穷人泪盈盈，

起早搭黑去受苦，

日晒雨淋不消停。

打下粮食三五斗，

都叫地主剥削净，

没有吃来没有穿，

穷人的痛苦说不尽。

送哥哥参军（张鼎华）

送我哥哥去参军，

勇敢上前杀敌人，

不要留恋我一人，

去打日本最光荣。

哎呀哎呀我的哥，

去打日本最光荣。

送我哥哥去当兵，

参加军队最光荣，

杀死日寇杀汉奸，

保国保家保和平。

哎呀哎呀我的哥，

保国保家保和平。

多谢妹妹一片心，

哥哥前线你生产，

前方后方相配合，

打败鬼子有把握。

哎呀哎呀我的妹，

打败鬼子有把握。

多谢妹妹一片心，

送我前方去当兵，
家庭事情你照应，
打退敌人享太平。
哎呀哎呀我的妹，
打退敌人享太平。

慰劳八路军（张鼎华）

正月里来正月正，
扭一个秧歌慰劳八路军，
军队人民是一家，
相互帮助杀敌人。

老乡们要听我讲呀，
要增加生产有余粮啊，
公粮定要筛簸净呀，
军队和自己同一样啊。

军队作战要帮忙呀，
帮助军队打胜仗啊，
带路送信送情报啊，
军民合作打东洋啊。

帮助军队要热情呀，
拥军优属记在心啊，
要按农时来代耕呀，
不负国家尽忠心啊。

八路军来共产党呀，
统一战线好主张啊，
领导人民打日本呀，
抗日决心越坚强啊。

第二节　榆社文化活动

一、文艺宣传活动

在抗日战争的烽火岁月里，农村剧团也积极配合党的中心工作，自编自演，宣传抗日救国的真理，大力鼓舞民心民情。有名的剧团有：云簇村、高庄村、牛村的晋剧团，向阳村的武乡秧歌、皮影、木偶剧团，鱼头村的小落子剧团等。

1943年2月，成立新生剧团，走乡串村，动员群众开展抗日支前工作，积极配合党的宣传工作。每场一开始以"快板""说唱"的形式宣传党的中心工作，主要传统剧目有《反徐州》《困雪山》《金沙滩》《打渔杀家》《九件衣》《黄鹤楼》《麒麟山》《金水桥》《教子》《明公断》等等；现代戏有《小二黑结婚》《王贵与李香香》《白毛女》《血泪仇》《小女婿》等。剧团在榆社县流动演出，还到武乡、太谷、祁县、左权县、和顺县演出。1946年，剧团赴晋冀鲁豫边区，在杀敌英雄大会上演出《劳动英雄郝二蛮》受到一致好评。1949年剧团解散。

1940年，县抗日民主政府组织成立榆社县盲人宣传队，常年带行李和乐器走遍山庄窝铺，积极配合宣传中国共产党的中心工作。

二、新闻出版、报纸杂志

（一）新闻报道

1943年后，榆社县通讯报道逐步开展。报道形式多样，主要围绕中国共产党的中心任务、军事斗争、大生产运动。太行《新华日报》采用百余篇。

（二）《火焰报》

《火焰报》是1939年1月，在中共榆社县委的领导下，由县政府主管，县委宣传部和政府教育科联合主办的榆社县第一份党报。为5日刊，横排四开两版，油光纸单面石印，常配木刻绘画、标语等，发行200余份；头版左上角设报头。头版头条位置常登载党的重要指示、政策等，主要任务是传播马列主义、毛泽东思想，传达党的路线、方针、政策、指示、通知、决定等。刊登本县人民生产经验和八路军抗敌事迹等，报道全县参军、参战、送粮、支前和各条战线英雄模范人物事迹等。稿件来自县、区党政机关、基层干部群众，在全县范围内发行。同年5月，中共晋东地委对《火焰报》进行表扬鼓励。1940年，日军"扫荡"频繁，县机关转入乡村办公，《火焰报》改为油印，人员增至4名，每次印刷400余份，发行范围扩大到上级党政机关，本县驻军、各区、村和临近县。《火焰报》在烽火岁月中充分发挥了重要的作用。

（三）《生力军报》

1939年5月，榆社县抗日武装指挥部在潭村创办了《生力军报》。主要刊登上级有关方针、政策、指示、命令和地方武装建设成绩，以及鼓励战士保家卫国的积极性。本报为八开两版，每周2期，不定期油印出刊。稿件来自基层干部、民兵和各级政府人员。稿件短小精悍，图文并茂，生动活泼，有较强的思想性、战斗性、趣味性；发行对象主要是部队、各机关团体和基层各单位，主要作为政治思想和文化教育的教材。1940年停办。

（四）榆社"新闻第一人"赵正晶

赵正晶，1924年8月1日出生于峡口村，13岁担任了八路军工作团的宣传员，14岁加入中国共产党，任抗日救国宣传队队长、县儿童团团长，广泛宣传和组织青少年开展抗日救亡活动。

1938年7月，赵正晶调任八路军总部太行剧团大队长。为活跃晋冀鲁豫抗日根据地群众的文化生活，积极率领剧团流动演出于太行山两侧的辽县、邢台等30余个县域，一直演到距敌5里的赞皇县院头村，常常是前边放哨，后边演戏，冒着生命危险宣传抗日。

赵正晶15岁时进入太行鲁迅艺术学校学习，专修文学、戏剧。不久，返回剧团参加农村文化工作，下乡到辽县粟城和黎城县下桂花村等地，开创了晋东、冀西一带的农村文化的工作局面，组织培训了200余个农村业余剧团、300余名业余演员，创作和改编了100余个戏剧歌舞节目，形成了前所未有的农村文化艺术网络，也逐步塑造了自己"与群众和实践相结合的具有太行山气息的艺术风格"。

1940年8月，赵正晶同八路军战士一起投入了"百团大战"，参加了著名的黄崖洞保卫战和关家垴歼灭战。

1942年8月，赵正晶调任中共榆社县委太行山地委宣传干事。这一年他开始从事业余新闻报道工作，先后在榆社县鱼头村、桃阳村蹲点，边工作、边写报道，写了《劳动模范禹锁则拨工队》《女劳动英雄郝二蛮互助组》，被太行《新华日报》采用，又编写了《劳动英雄郝二蛮》一书，由太行新华书店出版发行。

1945年5月，赵正晶被晋冀鲁豫边区政府表彰为"全区模范通讯员"。

抗日战争胜利后，赵正晶连续发表参军运动报道，其中《记上党战役前后的一次参军》报道，被编入《刘邓大军征战记新闻编》丛书，主编陈斐琴特批此文说："全文丰富、生动真切，没有做作，喜闻乐见，所有的人都那么贴近八路军。"

1946年，赵正晶调任《新华日报》太行版编委、二版主编、编辑部副部长。同年，与刘江合写并发表小说《新仇旧恨》；采编《至死为群众永没错》，报道英雄郭宜昌，均获晋冀鲁豫边区政府二等奖。

中华人民共和国成立后，赵正晶历任中共中央宣传处副处长、北京市广播事业局局长等职。

（五）木刻艺匠赵在青

赵在青（1920—1942），闫家沟人，擅长木刻。抗日战争前夕，赵在青在山西省立第八中学读书。1937年"七七事变"后学校停课，他便在当地参加了革命工作，加入中国共产党，在中共榆社县委办小报。他爱好美术，喜欢绘画、木刻。1939年，赵在青调《胜利报》报社做美术编辑，与寒声、侯恺同志共同负责报纸的美术工作，共同创办了《胜利画刊》（后改为《胜利画报》）。在青同志爱学习，心直口快，喜欢争论问题，曾到太行鲁艺分校木刻工厂学习，在那里创作了彩色木刻画册《崔贵武的家》，很受群众欢迎。1941年年底，《晋冀豫日报》终刊后，赵在青调华北《新华日报》，仍做美术工作。他的木刻主题突出，雄劲奔放，几乎每期一幅，如《抗战的前途是无限光明的》《给"扫荡"者以反"扫荡"》《红缨枪换取敌寇的三八式》《前门打虎，后门防狼》《旧世界就要毁灭》等，都给人留下很深的印象。1942年5月反"扫荡"时，赵在青不幸遇敌，与左权将军一起英勇牺牲，时年仅22岁。

（六）马上诗人刘秀峰

刘秀峰（1912—1985），山西榆社县牛村人。1933年7月毕业于山西省立第八中学，后在榆社县和榆次县从事教育工作，1936年12月加入山西省牺牲救国同盟会；1937年11月参加榆社县抗日游击队；1939年5月加入中国共产党，先后任祁县抗日政府县长兼中共县委副书记、独立营营长、太行第三专署秘书主任、太行第三中学校长、太行第二专署专员和中共太行二地委委员等职。在当年艰苦的环境和紧张的战事中，刘秀峰用诗来表达烽火岁月和浴血奋战的场面。他的诗当时已经成为一种战斗武器，有被编入教材的，有刊登在根据地刊物上的，有印成传单鼓舞斗志的。刘秀峰被称为"马背上的诗人""诗人县长"。

第三节 榆社南下干部概况

榆社是抗日战争时期太行山区著名的"出兵、出粮、出干部、出经验的模范县"。随着全国解放区迅速扩大，为新解放区输送干部成为老解放区的光荣任务。在此期间，榆社全力支援全国解放战争，为中国革命做出了重大贡献。

榆社南下（征）干部，开始于1942年，结束于1952年。南下干部总人数约340人。其中，大批南下（征）干部集中在1945—1949年，1947—1949年最多，分别为83人和144人。大部分南下于福建、四川、湖北、湖南、河南等省。

榆社的外调干部，多数为中共党员，政治素质好，工作能力强。到达新解放区后，他们密切联系群众，努力工作，在发动群众、剿匪锄霸、土地改革、发展生产、筹粮支前、民主建政等方面都做出了巨大贡献。有的甚至献出了宝贵的生命，为新解放区的革命和建设事业做出了重大贡献。

榆社南下干部群体，是榆社人民宝贵的精神财富。这种财富，在过去是榆社人民支援民族解放和国家建设的骄傲；在中华人民共和国成立之后，是改变家乡面貌、援手家乡建设的人脉。南下精神同井冈山精神、长征精神、延安精神是一脉相承的，都是我们党和国家的宝贵精神财富。南下精神最为核心的价值在于：信念坚定，勇于担当，团结奋战，艰苦创业。坚定的理想信念是南下精神之魂，贯穿于南下过程的始终。当时，各种反动势力不断与新生政权进行政治、军事上的较量。南下干部面临的不仅是初到南方语言不通、水土不服、生活习惯不同等各种困难，还面临随时牺牲生命的危险。南下干部胸怀共产主义的理想和革命必胜的信念，从巴蜀大地到云贵高原，从两湖平原到江浙水乡，到处体现了他们发奋图强、艰苦创业、无私奉献的精神。南下工作是一部艰苦创业史，而南下干部的功勋永垂千秋。南下干部是按照党中央的指示，打起背包重新踏上了征程，远离父母妻儿，远离故土家园，到南方那片陌生的土地继续去战斗。这对于他们是一个巨大的考验。他们南下后，不畏艰险，无惧牺牲，夜以继日地奋战在新解放区接管的各条战线上，不计代价，不求回报，无怨无悔，艰苦奋斗，把江南新解放区的发展史写成了一部南下干部的创业史。他们以"舍小家、顾大家"的实际行动，诠释了共产党人的思想境界、宗旨意识、博大胸怀和奉献精神，体现了"以家为家、以乡为乡、以国为国、以天下为天下"的高尚情怀。

南下干部做出的历史贡献和立下的不朽功勋，党和人民永远不会忘记：一是建立和巩固新解放区人民政权；二是恢复和发展新解放区经济战线各项工作；三是传播先进义化理念，引领新解放区文化建设；四是培养锻炼了一支干事创业的干部队伍。

第五章　乡野佛踪

◎李旭清

作者简介

李旭清，1965年生，榆社县金藏村人，毕业于晋中师专；先后工作于榆社县教师进修学校、监察局、政府办等单位，曾任县民政局副局长、县委办副主任、政研室主任、食药监局局长、市场和质量监督管理局局长、文旅委主任，现为榆社县文化和旅游局局长；山西省作家协会会员、晋中市第二届作家协会副主席、榆社县第三届作家协会主席；出版有长篇小说《歧路》《大龙骨》《枭雄石勒》，民间文学故事集《榆社"黑瞎话"》、电视连续剧剧本《乱世枭雄石勒》，地方文化研究专辑《沧桑榆社》，散文游记《翻山越岭来看你》，个人作品集《咱二人相好谁知道》，主编《榆社乡村文化记忆丛书》等。其作品处处洋溢着鲜明的地域特色、古老的风俗民情和浓郁的乡土气息。《大龙骨》《翻山越岭来看你》荣获晋中文学奖。

第一节　榆社佛教遗迹（龛窟）概况

据清代光绪年间刊印的《榆社县志》记载，当时榆社拥有众多的佛道建筑，主要有关圣帝君庙、文昌帝君庙、城隍庙、乌龙王庙（县北30里处）、黄龙王庙（一在北泉寺，一在社城）、黑龙王庙（在县东25里黑神山）、白龙王庙（一在更修，一在李峪）、昭泽龙王庙（在北泉寺）、漳龙阁（在县城小南门）、尧神庙（在梁寺头村村东）、箕神庙（在讲堂村村西）、狐突庙（在狐家沟村村南狐爷山）、灵显庙（在台曲村）、王彦章庙（在县东30里）、介子推庙（在县东10里）、亚岳庙（在河峪乡周村）、梓岳庙（在梓荆山，即庙岭山）、东岳庙（在县城东关）、真武阁（在县城北关）、三圣庙（在县城西关）、火神庙（县北5里处）、金献龙神祠（在县西北紫金山）、泰山圣母庙（县城外北关处）、爱花圣母庙（在崇串村）、大同寺（在县城东南，今榆社中学对面）、白衣庵（在县城内）、三清观（在旧县衙西侧）、香林寺（在县城中央）、复兴寺（在下城南）、观音堂（在县城）、崇圣寺（在南王村）、禅山寺（在上赤峪西）、福兴寺（在屯村）、崇福寺（在潭村）、圣母寺（在屯村）、仁寿寺（在韩村）、响堂寺（在今庙岭山）、清凉山寺（在岚峪乡王家庄村村东）、北泉寺（在北泉沟）、寿圣寺（在后韩庄，今寺上）、通元观（在今赵家村）。不知何故，另有岩良福祥寺、和平福兴寺、郝壁寿圣寺等寺庙建筑未录入旧县志。因多种原因，现在只有禅山寺（崇圣寺）、福祥寺、清凉寺、寿圣寺（郝壁村）等尚存。

因榆社为极力推崇佛教的后赵皇帝石勒的故里，以及榆社地处同样推崇佛教的北魏孝文帝迁都洛阳的重要交通位置，使得榆社深受佛教文化影响，成为北方佛教石刻遗存数量最多的县份之一。散落在沟坡野岭的佛教石龛、石窟，以及琳琅满目的佛教石刻造像，成为"佛教文化博览室"中最为引人注目的文化瑰宝。

现在的榆社野外，已经极少再见到一尊完整的石刻造像。但即便如此，这些遗存仍然是一个文化存在的奇迹，是一段历史的记忆，是一幅残缺的美篇，如果继续"听之任之"，很可能会在某一天完全消失殆尽。也正是出于这一考虑，我们决定"抢救性"地将野外石龛、石窟记录在册，永久珍藏。

榆社的佛教石窟、石龛多位于旧时交通要道附近的沟坡野岭，或寺庙附近的崖壁之上，也有的干脆就是先凿建佛窟，后"围"窟建寺。交通便利处多佛龛、佛窟，一是为便于工匠开凿雕刻；二是便于宣传"展示"，推广佛法。寺庙周边或通往寺庙的路途中开凿佛龛、佛窟，则是寺院的佛教文化影响而"近朱者赤"的明显表现。古人所谓"行善积德"，多把修桥补路视为行善，而把捐钱建寺庙、修龛凿窟看作积德。榆社多佛龛、佛窟，也正是这片土地上民风淳朴、民心向善、民情尚德的一个有力佐证。

另外，因暂时不具备利用技术手段和专业知识对各处龛窟进行断代的条件，所以除有文字记载者外，文中所录各处龛窟均未明确雕造年代。同时，因另有书籍记录，本书对县境内寺庙类的佛教遗迹和县博物馆的馆藏佛教石刻造像，未再录入介绍。

第二节 榆社野外佛教遗迹记录

一、小杏山佛教石窟、石龛

小杏山亦名小市儿山，海拔1 600米，在榆社县北约80千米处。山之西北原有金厢寺，山中分布有石窟2处，摩崖石龛3处。

1. 石窟：亦名喷珠洞，位于小杏山主峰南侧石棱上的崖根处，距峰顶约80米。石窟背北面南，平面方形；洞口面宽1.34米，高1.5米；洞内通高2.4米，宽4.3米，进深6米；东、西、北三面壁根有低坛相连，高0.3米，宽1.1米；覆斗顶。

2. 顶峰石龛：位于小杏山主峰顶部向西数米的一石棱下，龛高0.95米，宽0.7米，进深0.4米，覆斗顶，面西背东。龛内三壁各雕造佛像，正壁依壁雕1佛（坐）2弟子像（站），坐像通高0.55米，左、右两弟子通高0.43米；南、北两壁各雕有坐像1尊，通高0.4米，风化严重。

小杏山佛窟

3. 古寺顶佛窟（龛）：古寺顶即金厢寺旧址，在小杏山主峰西侧山顶北端。窟龛在一高约2.3米的石壁下，背南面北，平面方形，东、西共有1窟1龛。东侧为窟，宽0.68米，高0.93米，进深0.73米，窟内三壁共雕造佛像7尊，正壁依壁雕造1佛（坐像）2弟子（站像），佛像通高0.6米，左右两弟子通高0.5米；西壁2尊雕像，左侧1站像通高0.5米，右侧1力士像高举右拳，通高0.5米；东壁有3尊佛像轮廓，风化严重，模糊不清。

西侧为龛，高0.7米，宽0.5米，进深0.3米。正壁雕造1佛（坐像）2弟子

（站像），坐佛通高0.58米，弟子通高0.4米。

4. 沟中石龛：位于刘王后村（自然村，现已成废址）村北通往小杏山的沟谷中，在小杏山主峰东南山脚下约2千米处的小河西南石崖下。崖高约7米，崖下溪流淙淙，崖畔灌木丛生。石龛面东背西，龛内三壁雕造佛像，正壁1坐佛，通高0.53米；南、北两壁各依壁雕有1站像，通高0.28米。南壁雕像头已不存，北侧雕像风化严重，仅剩两腿轮廓隐隐可见。

二、王金庄佛教窟龛

王金庄村在县城北约70里处，属社城镇，20世纪90年代移民，并入社城村。村庄距离小杏山10多里，南北各与泉滩、刘土后两村为邻。王金庄村是由社城方向前往小杏山金厢寺的必经之路，这一段也多佛教窟龛，雕造年代不详。

王金庄村村东有一条小河由北而南依村而过，窟龛就在离村0.5里处东南方向小河对岸石崖下。这里的窟龛共有4个，由北而南依次有2龛2窟。为记录方便，本书暂以方位名之。

1. 北龛：高0.4米，宽0.3米，进深0.1米；面西背东，正壁雕造坐佛1尊，通高0.35米。

2. 南龛：高0.75米，宽0.65米，进深0.27米；面西背东，覆斗顶，平面方形，正壁雕造坐佛1尊，通高0.68米，因风化严重，已残损不清。

3. 北窟：在上述南龛南侧50米处的石崖根下，距河床约20米。窟高1.06米，宽0.85米，进深1.20米，面西背东，覆斗顶，平面方形。现存石刻造像6尊，正壁5尊，中间依壁而雕造坐佛1尊，通高0.62米；两侧各有2站像，通高0.56米；右壁1尊坐像，通高0.62米。

石窟上方左、右各凿有1孔椽口，相距0.75米，距地面1.7米，口阔为0.20×0.15米；概为旧时搭建木结构小型寺庙所用。

4. 南窟：在北窟向南50米处一石崖下，面南背北。窟高0.85米，宽0.95米，进深1.20米，顶部已塌损。正壁雕有一尊坐佛，通高0.68米；两侧各有2尊站像，通高0.42米。

三、泉滩石龛、石窟

泉滩村村北邻工金庄村，南接龙门村，向东经四成沟（地名）翻越方山，可至北寨乡马陵等村；向西经曹沟（地名）可登板山。1996年撤村，移民至社城镇南翟管村。

1. 沟口石龛：泉滩村临河而居，清清的小河由村前缓缓南去。沟口石龛位于村子东北0.5里处小河东岸、四成沟沟口北侧的石崖上。石龛距离小河约20余米，石龛面西背东，共2个，并行排列，高约0.3米，宽约0.1米，进深0.5米，因风化严重，已看不出其中的雕像痕迹。2018年夏，我们实地勘察时石龛尚存；2019年11月10日我们再度到此，石龛已遭人为破坏，不复存在。

2. 北坡石龛：在四成沟沟口0.5里处

泉滩佛教石窟

北侧距离河谷约30多米处的山坡上。石龛凿于一块高约3米、宽约5米的不规则砂岩上，面南背北，覆斗顶，平面方形；龛高0.9米，宽0.68米，进深0.12米；正壁雕造1佛（坐像）2弟子（站像），坐像通高0.42米，站像通高0.68米。

3. 北坡石窟：距石龛20米处，凿于一块高约3米、长约5米的大石上；面南背北，平面方形；窟高1.5米，宽1.5米，进深0.8米，内无雕像。

4. 窑沟石窟：由四成沟沟口向东约1里处再向北拐有一道河谷，即为窑沟。窑沟因有佛教石窟而得名。石窟具体位置在窑沟东北约2里处小河西北一侧的一块大石之上。窑沟两侧的山坡崖岭之上，有桃杏、松树零星生长，沟谷间到处是杨柳和灌草，不时有野鸡、野兔之类的动物惊起，打破山谷的宁静。

石窟面朝东北，洞口呈平面方形，高1.1米，宽1.43米，深1.2米；正壁雕造1佛（坐像）2弟子（站像），佛像通高0.67米，上半身已遭破坏，2站像通高0.55米，头、身也已毁坏；左壁亦雕1佛（坐像）2弟子（站像），坐像通高0.67米，头部已损坏，站像通高0.55米；右壁各有1坐像和站像，通高均为0.66米，头部均已遭到破坏。

石窟外部上方由左至右，各凿有1孔长、宽、深各为0.25米的架眼，中间再上又有2大、1小3孔架眼。洞口左侧凿有1石龛，高0.35米，内有2坐佛，已遭人为破坏。洞口上方偏左，有2小龛，内各雕有1坐佛，通高0.3米，风化严重。

四、板山佛教石窟

板山，即扁山（榆社方言读"扁"为"板"，故将扁山称之为板山）；海拔1 553米，在县北约70里处。社城、两河口一带，将板山称之为云梦山，实因当地有鬼谷子故事传说附会而来。

板山佛教石窟，在板山主峰东南一侧半山腰的悬崖上，洞窟上方是一块数百平方米的沙石台地，有松树和灌木相间。洞窟下方是数十米高的绝壁。

悬崖上的板山佛窟

洞窟面东背西，洞口有石径通向上方。洞门有两道石门，第一道门为平面长方形，高2.1米，宽0.9米，距第二道门2米。两道门之间为一间面积约5平方米的"前厅"。第二道门为平面方形，高、宽各1.8米；洞中为覆斗顶，彩绘（现已脱落）。洞宽3.4米，高2米，进深3.8米；南、北两壁根各有一道高0.2米、宽0.85米的低坛；正壁有一石刻4层莲花座基，原置有石刻造像1尊，后被盗不知所踪。

当地百姓称板山佛窟为水帘洞。概因每逢雨天，积水从洞顶台地涌至崖边垂帘而下，故有此名。

洞口石径与崖壁衔接处，凿有两孔0.3米×0.4米的方形梁坑，并有两道尺寸与之匹配的凹槽由此横穿石径延向崖畔。推测应为当初安置建筑木料所用，而这里原有的寺庙也应该是一座悬空式的建筑。

清代《和顺县志》记载这一带有香岩寺，但不知具体位置在何处。种种迹象表明，板山佛窟确实

空空如也的板山佛窟

建有寺庙无疑，但到底是不是古志里记载的香岩寺，还有待考证。

五、沙旺佛教石窟

沙旺石窟在村西约2里处小西弯（地名），凿于小河北岸崖壁，共2窟，面南背北，呈东西并列分布。

1. 西窟：在距离河槽约20米处的一面高约15米的石崖之上，平面方形，覆斗顶；洞口高0.75米、宽0.6米、进深0.55米；正壁雕1佛（坐像）6弟子（站像），损坏严重，只留轮廓隐隐可见。

2. 东窟：距离西窟约20米，洞口呈平面方形，覆斗顶，高1.7米，宽2.3米，进深1.5米；正壁雕造1佛（坐像）4弟子（站像），坐像通高0.65米，站像通高0.6米。

六、黄山沟石龛

黄山沟在榆社县西北，西去与太谷县为邻，为社城镇石源村下辖的一个自然村，距离石源村10里，距县城约80里。村中原有近百村民，2005年陆续迁走。2019年春，最后一户村民白志虎、郭改莲夫妇迁离村庄，村庄也随之"复垦"。

石龛在村东约3里处的大豁（地名）崖根，面东背西，平面穹形；龛高0.87米、宽0.62米、进深0.24米；正壁雕造坐佛1尊，通高0.6米，风化严重。

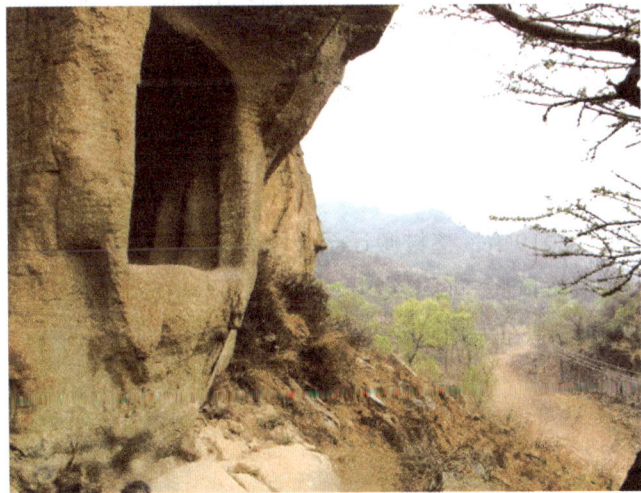

白北佛教石窟

七、新庄石龛

新庄村距县城约5里，2019年移民。石龛在村南1里处的石红寨（地名），共有3处，其中1处为道教石龛，2处为佛教石龛（其中1处已坍塌无踪）。

1. 道教石龛：石红寨旧时为土匪山寨，山顶自东而西依次排列3座高峰，乡民称之为大寨、二寨、三寨，最高峰海拔1 350米。道教石龛在二寨峰顶南侧一面高约6米的石壁根部，坐北朝南，平面穹形；高1.5米，宽0.8米，进深0.1米；正壁有线刻像3尊，中间为玉皇大帝坐像，通高0.6米；两边各刻1尊彩女，通高0.5米，手持掌扇。石龛前灌草丛生，附近坡上有残破的灰色砖瓦散落，概为早年间祭祀之庙旧址。20世纪70年代，这里仍有祈雨活动，后渐绝迹。

2. 佛教石龛：位于二寨第二层台地北侧崖壁，距离峰顶约50米，距离崖根地面约5米，面朝东北，平面方形，正壁雕造1尊坐佛，通高0.4米。因风化严重，雕像已模糊不清，只留有身形轮廓依稀可见。

八、官上石窟

官上村原名关上，是102省道榆社至太谷线路上榆社县的最后一个村庄。官上村石窟亦名千佛洞，在村西10里处省道左侧小河彼岸山坡崖壁，有太长高速高架桥由石窟左侧上方越过。石窟面朝东北，平面方形，顶部有裂缝和塌损痕迹；窟高1.7米，宽1.6米，进深1.4米；正壁中央雕造1尊坐佛，但风化残损严重；右壁雕造1尊坐佛，高0.15米。三壁雕有高约5厘米、宽约3厘米百千尊小佛像；横竖排列，皆已风化严重。

石窟之下山桃簇拥，崖畔红杏摇曳，群山环绕，溪流淙淙，景致独特。

九、山头石龛

山头村位于榆社县西北。2019年，整村搬迁至县城移民小区。山头村多巨石，而石龛位于村后西北山坡顶部一石壁之上。村人于近年在石龛之外建一小庙以祭祀。石龛面东背西，平面方形；高0.8米，宽0.8米，进深0.3米；正壁雕造1佛（坐像）2弟子（站像）。

十、牌坊石龛、石窟

牌坊村在榆社县西南角，居于乌马河源头地段，村南10里处有榆社最高峰吴娃背山；村西北小角沟（地名）石崖下，有一石砌拱形小庙，名"牌坊庙"，内供奉"西天圣母""西天大佛"牌位，有民国二年碑文留存。

1. 石龛：位于村西2里处路西山坡上一石崖下；龛高1.2米，宽0.6米，进深0.2米；面南背北，正壁雕造坐佛1尊，通高0.8米；两侧各雕1弟子（站像），通高0.6米。石龛前建有拱形石券，坡上及崖畔灌木甚多。

2. 石窟：凿于村东北1里处河之北岸土崖之上的一地段大石之中，面朝西南，平面方形；石窟门高0.9米，宽1.2米，内深1.4米；窟内略开阔，高1米，宽1.5米；三壁下雕有低坛。

石像现已全无，内中空空如也。石窟外左壁已塌损。

十一、井泉沟石窟、石龛（北魏）

1. 崖根石窟之一：位于村西南0.5里处小河北岸半山之上。这里原建有寺庙，现已不存，只有一面高约5米的石砌墙体保存完好。原来的寺庙建于石墙上面辟出的平台之上。石龛凿于平台西侧崖根一块大石上，面南背北，平面方形；高0.8米，宽0.7米，进深0.2米；正壁雕造1佛（坐像）2弟子（站像），坐佛通高0.63米，站像0.2米。石龛上方约0.5米处，有一排8孔架眼，应为当初寺庙建筑遗迹。

2. 崖根石窟之二：在上述石窟南侧不远处崖根大石上，面南背北，平面方形；高0.8米，宽0.6米，进深0.6米；内无雕像。

3. 河畔石窟：凿于原寺庙西侧约百米处的小河边一大石上。大石原在河畔崖壁，后坍塌滚落至此，呈倾斜状，朝天一面凿有一石窟。石窟为平面方形，高0.6米，宽0.5米，进深0.9米；窟内高0.7米，无石刻造像留存。

4. 河畔石龛：距寺庙遗址约1里处西南方向乌马河南岸山坡前一大石之上，成"品"字形凿有3龛，皆面北背南、平面方形；中间1个略大，两边2个略小。中间大龛高0.9米、宽0.9米、进深0.4米，共雕造佛像7尊；正壁雕造1佛（坐像）2弟子（站像），坐像通高0.65米，站像通高0.4米；两壁各雕2站像，通高0.85米。左侧小龛高0.6米、宽0.5米、进深0.1米，正壁雕1佛（坐像）2弟子（站像），坐像通高0.3米，站像0.2米。右侧小龛高0.15米、宽0.1米，内有雕像已风化严重，模糊不清。

十二、常瑞石刻佛像（唐代）

常瑞石刻佛像在常瑞村村东北佛爷庙中。这里原为常瑞旧村，现在的寺庙为近年重建。原有2尊石佛像，其中1尊已遗失。现存1尊石佛像为砂岩雕造，身高1.75米，肩宽1米，衣饰纹理清晰，两手损坏，头部遗失。

十三、白壁石龛、石窟

白壁村原为白北乡政府驻地，2000年撤乡并入西马乡。白壁龛窟在村南4里处南沟（地名）鞑靼庙。庙早已不存，也难考证为什么这里会建有鞑靼庙。石龛、石窟凿于小河东岸崖畔之上，共有5龛1窟。

1. 石窟：在石崖根左侧，崖根前为一缓坡，距离河床20余米。石窟背东面西，平面方形，高1.05米，宽0.9米，深0.95米；正壁雕造1尊坐佛，通高0.75米，两侧各有1尊站像痕迹，均已风化脱落；左右两壁各有1尊站像，通高0.50米，也已风化严重，模糊不清。

2. 中间4石龛：在石窟南侧10多米处的悬崖之上，共4龛。崖畔和崖根皆坍塌严重，4孔石龛距离崖根近5米之高。左侧1龛面南背北，平面方形，高0.6米，宽0.5米，进深塌剩不足0.1米，正壁雕造1尊坐佛，通高0.45米。右侧上下成"吕"字形2龛，面西背东，高、宽各0.4米，进深0.1米；再右1龛略大，高、宽各0.6米，进深0.1米。3龛正壁均雕有1尊坐佛，皆已风化严重，唯端坐姿势清晰保留。

3. 南侧1龛：在4龛右侧，面西背东，平面方形，高0.8米，宽0.8米，进深不足0.1米，内中雕像因风化严重已杳无痕迹。

十四、东五科石龛、石窟

东五科在白北村村东5里处，紧邻319省道，村前隔河而望有风景宜人的烟洞山。石龛、石窟位于村东常正崖（地名），由西向东，不规则相继排列有7个龛、窟，其中，西侧2个石龛，中间1孔石窟、3个石龛，东侧1个石龛。

1. 西侧石龛：共2龛，并列相邻而凿于一面6米高的石崖上。崖根为耕地，石龛面南背北，平面方形，每个高0.65米、宽0.45米、进深0.22米。因风化严重，已难辨识内中是否曾刻有石像。

2. 中间窟龛：石窟在西侧石龛东去50米处石崖之上，面南背北，平面方形，高1.2米，宽0.9米，深1.35米；正壁雕造1佛（坐像）2弟子（站像），坐像通高0.75米，站像通高0.6米；左右两壁各雕有1尊站像，通高0.60米。

石龛在石窟右侧上方，共3个小龛，高0.2米，宽0.2米，正壁各雕造1尊坐佛。

3. 东侧石龛：凿于由中间石窟再向东约50米处的石崖根，面南背北，平面方形，高1.5米，深进0.2米，宽1.5米；正壁雕造1尊坐佛，高1.1米，肩阔0.5米，头部已毁坏。因风化较为严重，龛外石壁有脱落痕迹。从形制推测，此龛原来有可能是一石窟。

十五、格子坪石佛像（唐代）

格子坪石佛像位于格子坪村村东1里处的石崖之上，距离崖下河床30余米。石佛处原建有寺庙，但不知何年寺庙已毁，只留下石佛上方一孔方形架眼。石佛地处由319省道和武庄通往白北方向的乡村道路的三岔路口，通高约5米，胸宽2米，现已风化严重，容颜难辨。有关此处石佛的民间故事，已录入李旭清所著《榆社"黑瞎话"》中的《石人吃人三岔口》一文。

十六、西宽石龛

佛爷坪佛教石龛

西宽村在黄花岭西南一侧，距榆社县城约60里，向南可去河峪境内，向西北可去太谷县。石龛在西宽村村南3里处佛爷坪（地名）小河东岸山坡上，凿在一大一小两块石头上，共有13个小型石龛。

1. 大石块石龛：这组石龛共有9个，凿于一块东西横陈的长条形大石面上。大石背面容入土坡，正面朝向西南，左低右高，长8.3米，最高处3.2米，低处2.5米，厚度1~2米不等。正面共凿有8个石龛，平面覆斗顶，由左至右高低不等排列，其中，6个略大，高0.75米，宽0.6米，进深0.3米；右下角2个略小，高0.43米，宽0.4米，进深0.2米。略大的6个石龛，正壁各雕造5尊佛像，中间1坐佛，高0.55米，两侧各有2尊站像，高0.3米。

侧面凿有1石龛，高0.8米，宽0.65米，进深0.35米；正壁雕造1坐佛，高0.5米，两侧各2尊站像，高0.43米；左右两壁各雕有骑狮石像1尊。

龛中造像皆已风化严重，人物造型虽基本可识，但容颜已模糊不清。第一个石龛左侧，有石刻文字留存，但风化严重，难以辨认。

2. 小石块石龛：这处石块在大石右下方约10米处，高约2米，长约3.3米。从现场情况推测，该石块应是从山坡上方滑落至此的。正面共凿有4龛，其中，3龛高0.3米、宽0.2米尚未完工。

十七、紫寒石龛

紫寒在黄花岭东，西与黑背（自然村）为邻，东与官寨村相接，有319省道穿村而过，居于武源河源头地段。

黄花岭是榆社境内黄河水系和海河水的分水岭。岭东距黑背村1里处省道北侧崖根，原有1个石龛留存，村民用石块垒筑于外，后因开采石料而破坏，现已不存。

紫寒石龛在村东不远处向北的西侯沟（地名）1里处，凿于小河西侧石崖上，高0.8米，造1坐佛，高0.43米，两侧各雕站像1尊，高约0.25米，是典型的1佛2弟子形制，损坏严重，造型残破。

十八、官寨石龛、石窟

官寨村在县西北，319省道和武源河依村而过。石龛、石窟凿于村东1里处石榴山半山腰石崖之上。官寨龛、窟共3处，9个小龛，3个小窟，分别凿于西侧一块崖石上、东侧一崖石上、崖石所处山坡下方较平坦处的一块倾倒的大石上。

1. 西侧石窟、龛：共有2窟，第一窟面朝西南，平面方形，高0.96米，宽0.8米，进深0.37米，内无石刻造像留存；第2窟面南背北，平面方形，高0.96米，宽0.75米，进深0.36米，共有石刻造像5尊。石窟正壁雕1佛（坐像）2弟子（站像），坐像通高0.65米，站像通高0.53米；两壁各雕1站像，通高0.53米。窟旁石壁留有不知何年镌刻的"乐如和石"字样。

第二窟左侧并列有2龛，左龛略小，高0.3米，宽0.3米；右龛略大，高0.5米，宽0.45米。右上方上下又

官寨村附近的佛教石窟群（摄影　李旭清）

各有1小龛，上者0.2米×0.2米，下者0.45米×0.45米。4个石龛中内无石刻造像。两窟上方有一排架眼留存，为旧时寺庙建筑或雕造搭建木架所用。

2. 东侧石窟、龛：在距离西侧石窟东南方向约50米处一大石上，面朝东南，平面方形。窟内高1.57米，宽1.6米，进深1.26米；内有9尊石刻造像，正壁和左右两壁各雕造1佛（坐像）2弟子（站像）。正壁坐像通高0.84米，站像通高0.75米；两壁坐像通高0.70米，站像通高0.65米。石窟外右上方凿有1小龛，高0.3米，宽0.32米，进深0.16米，其中石刻已风化模糊。

3. 坡下石龛：凿于一块从坡上滚落的大石之上，凿有石龛的一面几乎已覆盖于地面。这里虽是坡根一处较为平坦处，但石块南端仍有一面10多米的陡坡，再下去才是与公路为同一水平面的庄稼地。此处石龛共有4个，因倾倒于地面，较难测量大小。

十九、新村石龛、石窟

新村石龛在新村村南大约10里处的佛爷沟。由新村到佛爷沟需途径王化掌（自然村，20世纪70年代废址）。由马家沟（村名，2019年整村移民至县城）翻山西去也可至佛爷沟。佛爷沟西去不远，是空王佛山，此处留有佛教遗迹，应与旧时空王佛山的佛教活动影响有密切关系。新村石龛、石窟凿于佛爷沟西侧一面高20米的石崖根，共有石龛6个、石窟2孔。

1. 左侧石窟：面东背西，平面方形，高0.9米，宽1.03米，进深0.56米；正壁雕造佛像5尊，中间为1尊坐像，通高0.48米，两侧各2尊站像，通高0.3米；左右两壁各有1尊坐像、1尊站像，通高分别为0.29米、0.27米，皆风化严重。

2. 右侧石窟：面东背西，平面方形，高0.9米，深1米，进深0.6米；正壁镌1尊坐佛，通高0.36米，其余皆风化严重，不可再现。

3. 石龛：共6个，凿于石窟右侧约1.5米高的石崖上，有面朝东南者4个，其中，1个略大者高0.29米、宽0.22米，另3个略小者高0.2米、宽0.18米，内各镌有坐佛1尊，其中3个造像镌有背光。另2个石龛在石崖另一侧，面东背西，高0.2米，内各镌坐佛1尊，通高0.19米。

二十、南岔石龛、石窟

南岔村属西马乡官寨村下辖的自然村。2019年整村移民搬迁至县城。村东南为佛教名山空王佛山。南岔石龛、石窟就在村子东南方向约2里处的空王

南岔佛教石窟（摄影　李旭清）

佛山北侧山脚下的老爷庙沟（地名）。石龛、石窟皆凿于一条由南向北的小河东岸的石崖上。石崖高约5米，崖畔灌草茂密，崖上连接着的是一道与空王佛山相接的山梁。

南岔石龛、石窟背东面西，共有1龛2窟。从石崖由北而南，依次为1龛2窟。

1. 石龛：平面方形，高0.5米，宽0.4米，进深0.15米；正壁雕造1佛（坐像）2弟子（站像），坐像通高0.35米，站像0.15米。

2. 中间石窟：距北侧石龛约5米处，平面方形，高0.85米，宽0.7米，进深1.06米；窟内净高0.95米；正壁雕像风化严重，难以辨识；南、北两壁各雕造3尊站像，通高0.4米。

3. 南侧石窟：距中间石窟约百米处，平面方形，高1米，宽1.05米，进深1.15米。共有石刻造像15尊，其中，正壁雕造1尊坐佛，两边各2尊站像，坐佛通高0.45米，站像通高0.3米。正壁造像皆雕于一面0.3米高、0.25米宽的石台之上。石台正面各雕有2尊狮子。南北两壁各雕造5尊佛像，形制类似正壁，中间为1尊坐佛，通高0.38米；两边各2尊站像，通高0.36米。

二十一、武源石龛、石窟

相传古时武源村共由五个自然村组成，即东庄院、碾子院、张家凹、柴家沿、薛家寨，村子桃树成林，隐于山峦之中，人称"桃花五院"。后来有人发现山后有溪，溪中有桃花漂浮，顺流而出，方发现深隐其中的村子，便附会东晋陶渊明《桃花源记》之意，称之为"武源村"。

武源村石龛、石窟共有3处，1处在村西南500米处武源河北岸园子山阳面崖壁，另外2处在村西2里处武源河南北两侧的山崖上。

（一）园子山石龛、石窟（北魏）

武源河是榆社境内浊漳河五大支流之一，河水由西向东于村前掠过。园子山就在村西南百米处319省道西侧，山势仅50余米高，山前为一片数亩大小的耕地，耕地再南即是河水。园子山石龛、石窟是榆社现存最为丰富、最为完整、最为精美的一处佛教遗迹。石龛、石窟背依园子山崖，面南而凿（有1龛面西背东），共有石窟4孔、石龛9个。为方便记录，由西向东依次排列编为1号石龛，1号石窟，2号石窟，3号、4号石窟，2号、3号石龛，4号、5号、6号石龛，5号石窟，7号石龛，8号石龛，9号石龛。

1. 1号石窟：面南背北，平面方形，宽1.20米，高0.7米，进深0.6米；正壁雕造1佛（通高0.55米）2弟子（通高0.35米），头部被人为破坏。

2. 2号石窟：在园子山居中崖壁，覆斗顶，高2.5米，宽2.6米，进深2.2米；正壁雕造1佛（通高1.56米）2弟子（通高1.2米），坐佛背后有火焰纹；东西两壁各雕3尊坐像，中间坐像通高1.56米，两侧坐像通高1.36米，头部壁

园子山佛教石窟（摄影　张卫兵）

上皆绘有火焰纹。正壁雕有9行小型坐佛（通高0.1米、宽0.7米），每行1~28尊不等。三壁空缺处有线刻画，留有"东堪像主安昌令周诚，（？）乡郡太守周洪祷佛"等字迹清晰可认。

东壁雕有小型坐佛5行，每行2~16尊不等；西壁雕有小型生佛8行，每行1~19尊不等。小佛间多刻有供养者姓名。

3. 1号石龛：在园子山阳面左侧、1号石窟西侧数米处，平面方形，高0.4米，宽0.45米，进深0.2米。龛内已无雕像留存。

4. 3号、4号石窟：在2号石窟东侧数米处，2窟相连并为1窟，高0.95米，宽1米，因正面已塌损，现进深只剩0.3米。每窟正壁雕造1佛（通高0.5米）2弟子（通高0.3米），因风化严重，头部已破坏不存，字迹模糊，背部有火焰纹。

5. 2号、3号石龛：2号石龛呈上下错位排列，平面方形。下石龛高、宽均为0.62米，进深0.2米，正壁雕造1佛（通高0.50米）2弟子（通高0.3米），风化严重。上石龛高0.85米，宽1米，进深0.25米，正壁雕1佛（通高0.5米）2弟子（通高0.3米）；东西两壁各雕1站像，通高0.35米。

6. 5号石窟：面西背东，平面方形，高0.9米，宽1米，进深0.4米；正壁雕造1佛（通高0.65米）2弟子（通高0.45米）；南北两壁各雕1尊站像（通高0.4米），皆风化严重。

7. 4号、5号、6号石龛：在5号石窟西侧2米处，共3龛，面南背北，高0.3米，宽0.4米，进深0.1米，已无造像留存。

8. 7号石龛：在5号石窟东侧5米处的石崖根，面南背北，高0.3米，宽0.25米，进深0.05米，正壁雕有1尊坐佛。

9. 8号石龛：在7号石龛右上角，高0.60米，宽1.1米，进深0.25米；正壁雕有3尊石像，皆已风化严重，模糊不清。

10. 9号石龛：在园子山东端距离武源桥约100米处的石崖根；龛高0.7米，宽0.65米，进深0.25米；龛内石像风化严重，模糊不清。

（二）武源河北侧石龛、石窟

在村西2里处319省道北侧约10米高的一面石崖顶端，由西向东排列，共有1龛2窟。

1. 西窟：面南背北，平面方形，高0.95米，宽1米，深0.65米；正壁雕1佛（通高0.6米）2弟子（通高0.2米），两壁各雕1站像（通高0.3米），坐佛后绘有背光；东壁刻有文字，但已模糊不清。

2. 中间石龛：高0.6米，宽0.5米，进深0.15米，正壁雕1尊站像，通高0.45米，风化严重。

3. 东窟：高、宽均1米，进深0.4米，正壁雕1佛（通高0.5米）2弟子（通高0.4米）；东西两壁各雕1尊站像，通高0.4米，风化严重。

（三）武源河南石窟

在村西南2里处武源河南20余米的半山腰崖根，面北背南，高1.05米，宽1.1米，进深0.45米；正壁雕造1佛（通高0.77米）2弟子（通高0.45米）；东西两壁各雕1尊站像，通高0.6米。2019年，在距离该窟百余米处出现采石施工，此举将危及石窟的持续留存。

附：

佛踪遗珍——榆社园子山石窟

园子山为一座低低的小山丘。山丘之西为武源河，河水由西北向东南流入浊漳河。洞窟依山面水，开凿于小山丘西南崖面上，共有1个洞窟和6个摩崖小龛（文章记录与实际略有出入——编者注）。

洞窟居崖面西北侧，平面方形，覆斗顶，前壁崩毁；面宽2.72米，现存进深2.25米，通高2.68米；窟内三壁前雕造佛像。佛像头部大都已被人为凿毁。

正壁：依壁雕造1佛2弟子像。佛像通高1.58米，头已凿毁，颈略细长，双肩宽平，胸腹扁平，身体略显单薄；内着僧祇支，外披褒衣博带式袈裟，裙摆宽博，长垂于座前，衣纹呈"八"字形斜向展开，结跏趺坐于方形高座上。佛身后有圆形头光和舟形背光，头光内饰莲瓣；背光内匝为火焰纹，外匝为供养飞天。外匝上方正中为一莲花化生，两侧6身飞天形象一致，均头束单髻，面相长圆清瘦，上身直，腹微鼓，下身弯曲后扬，着长裙。

左、右侧弟子通高1.23~1.28米。头均已凿毁，头后有圆形头光，双肩略宽，身着袒右式偏衫，双手合十立于方座上。

壁面上半部满雕千佛小龛，上下共8排。龛作圆拱形，无龛楣。龛内雕结跏趺坐佛一身。佛头大多被凿毁，馒头状高肉髻，面相长圆，身着通肩式袈裟，手施禅定印。每身千佛旁均刻世俗供养人题名。

壁面下部佛像右侧与右弟子间的壁面刻有一身头戴笼冠、身着宽博大衣的世俗供养人，旁刻有僧俗供养人题名。

右弟子右侧壁面刻有上下4排世俗供养人。上起第1排共3身：第1身头戴笼冠，身着褒衣博带式大衣，袖手而立，足穿笏头履；第2身居前者身后，为手持团伞的侍者形象；第3身居侍者之后，形象与第1身相同，为头戴笼冠的世俗供养人。第2排共5身：第1身头戴笼冠，身着褒衣博带式大衣，袖手而立，足穿云头履；第2、3身居前者身后，身着窄袖交领衫，下着窄腿裤，双手持伞盖或团伞；第4、5身居前者身后，为侍者形象，手持莲蕾供养。此排供养人前侧镌刻供养人题名。第3排共2身，头束髻，身着交领广袖大衣，下身着裙，袖手而立，手持莲蕾供养。此二身为女供养人。第4排仅1身，头束双髻，身着交领窄袖衫，下身着窄腿裤，做回身牵马状。

园子山佛教石刻

左壁：依壁雕造1佛2菩萨像。佛像通高1.78米，头已凿毁，双肩宽平，胸腹扁平，身着褒衣博带式袈裟，裙摆宽博，呈"八"字形展开，跣足立于莲台上。佛身后有圆形头光和舟形背光：头光内饰莲瓣；背光外缘雕饰三叶一组单列忍冬纹。

左侧菩萨通高1.27米，因像靠近前壁崩塌处，风化较为严重；面部剥蚀，头两侧扎有宝缯，宝缯先上翘，打折后再下垂；发辫下垂于肩两侧。

右侧菩萨通高1.35米，头戴宝冠，头两侧宝缯及下垂发辫样式同左侧菩萨；头后有桃尖形头光，面相长圆清瘦，颈下饰桃尖形项圈，项圈内嵌长圆形宝珠；双肩敷搭宽博披巾，左肩斜披僧祇支至右胁，下身着裙，裙摆外侈；左手上举于左胸处，右手下垂于右腹部，执一锁状物，跣足立于莲台上。

壁面上部与正壁相同，满雕千佛小龛，内雕结跏趺坐佛，龛旁刻世俗供养人题名。

　　壁面下部佛像右侧与右菩萨间壁面刻有上下2排世俗供养人。上排共3身：第1身头戴纱质高笼冠，面相清瘦，身着褒衣博带式大衣，含胸挺腹，身体消瘦，袖手而立，足穿笏头履，身前侧有题名；第2、3身居前者身后，为侍者形象，均头束双髻，上身着交领窄袖衫，下着窄腿裤，足穿靴。二侍者分别持伞盖和团伞。下排亦3身：第1身形象与上排第1身形象相同，为头戴纱质高笼冠，身着宽博大衣的世俗供养人，身前侧有题名；第2、3身为侍者，形象同上排，分别持伞盖和团伞。

　　右壁：依壁雕造1佛2菩萨像。佛像通高1.6米，头已凿毁，双肩宽平，身体略显单薄，内着僧祇支，外披褒衣博带式袈裟，双足下垂，倚坐于方形高座上。座上刻有供养人题名。佛身后有圆形头光和舟形背光：头光布莲瓣，舟形背光外缘饰火焰纹。

　　左侧菩萨通高1.29米，头已凿毁；头两侧宝缯及下垂发辫样式同左壁菩萨，双肩宽窄适中，其上各有一圆饼装饰，手持锁状物；跣足立于方座上。菩萨像右侧有题名。

　　右侧菩萨通高1.24米，面相长圆，五官风化不清。头两侧宝缯及下垂发辫同左壁菩萨，手持香袋，跣足立于方座上。

武源村园子山佛教石窟（局部）

壁面上部与左壁相同，均满雕千佛小龛，每身佛旁皆有世俗供养人题名，下部无雕饰。

窟顶：顶部正中及四坡正中各雕一朵莲花，构成莲花藻井。四坡转角处各雕一身供养飞天。飞天形象与正壁佛背光上的飞天相同。

园子山石窟的洞窟形制为方形，覆斗顶，三壁设坛式。这类窟形最早见于北魏晚期的石窟中；北齐、北周和隋唐已十分流行。造像组合为一坐佛、一立佛和一倚坐佛，可以解释为三世佛。另外，洞窟窟顶藻井雕一朵莲花，四坡雕飞天，亦为北朝晚期石窟所习见。

园子山石窟的造像时代特征比较鲜明，佛像和菩萨像身体单薄，具有明显的秀骨清像的造型特点。佛身着褒衣博带式袈裟，裙裾宽博，提于座前，呈"八"字形斜向展开的样式，是北魏晚期最为流行的，而到东魏时期才出现较大的变化，裙摆呈水平状展开。菩萨像的宝缯样式颇具特色，宝缯先上翘，再打折下垂。这种样式也是龙门石窟北魏菩萨像常见的。飞天披巾从双肩绕过，后扬成双尖环状。这种样式在龙门北魏石窟中也较多见，东魏以后则极罕见。由此，圆子山石窟的开凿年代定为北魏晚期，下限为公元530年。摩崖小龛与洞窟的开凿年代大致相仿。

摩崖小龛之第1龛，居石窟右侧下方。平面横长方形，敞口，平顶；面宽1.15米，进深0.7，高0.9米。龛内正壁雕1佛2弟子像，左、右壁各雕1菩萨像。佛像高0.73米，头已凿毁，后有舟形背光；内着僧祇支，外着褒衣博带式袈裟，结跏趺坐式。左弟子高0.46米，头毁，身着袈裟，双手合十，立于台上；右弟子残高0.39米，风化严重。左、右菩萨像均风化，残存轮廓。龛左壁残存题记。

摩崖小龛之第2、3龛为相连的两个龛，形制同第1龛。

第2龛面宽1.17米，进深0.58米，高1米。龛内正壁雕1佛2弟子像，右壁雕1菩萨像。佛像高0.5米，身着褒衣博带式袈裟，左、右弟子及菩萨均风化严重。

第3龛，面宽1.12米，进深0.41米，高1.12米。龛内正壁雕1佛2弟子像，左壁雕1菩萨像。佛像高0.54米，着褒衣博带式袈裟，结跏趺坐式。

摩崖小龛之第4龛，龛形同第1龛，面宽1米，进深0.78米，高1.38米。龛内正壁雕1佛2弟子像，左、右壁各雕1菩萨像，均风化严重，形象不清。正壁右弟子旁有题记。

摩崖小龛之第5龛，龛形同第1龛。面宽1.2米，进深0.6米，高1.06米。龛内正壁雕1佛2弟子像，左、右壁各雕1菩萨像。右菩萨像旁有题记。

摩崖小龛之第6龛，龛形同第1龛。面宽1.17米，进深0.49米，高0.97米。龛内正壁雕1佛2弟子，左右侧各雕1菩萨，均风化严重。

园子山石窟规模不大，应是地面寺院的附属体，是由地方官吏、僧侣及民间邑社善信出资开凿的。造像雕刻水平较高、技艺精湛，不失为北朝石窟造像中的佳作。从造像样式来看，主要受到来自云冈和龙门石窟的影响，而造像的某些特征，如菩萨像的服饰左肩斜披僧祇支至右胁，披巾敷搭双肘再沿身体内侧下垂的样式，以及洞窟作四角攒尖顶式，显示了与晋东南地区北魏洞窟较多的一致性。因此，圆子山石窟造像更直接的影响来自晋东南地区的石窟寺，以后再影响到太原天龙山石窟。

自北魏以降，中原北方地区佛法大盛，开窟造像之举层出不穷。北魏平城的云冈石窟和洛阳新都的龙门石窟均为皇家所经营，而山西晋中和晋东南地区正是沟通二京的重要通道，因而受到二京地区佛教的影响。这一沿线出现了较多的石窟寺院。园子山石窟无疑为研究这一区域的佛教和石窟造像具有重要参考价值。（本文选自"感悟山西"新浪博客）

二十二、沤泥凹石龛（宋代）

沤泥凹佛教石龛在村西1里处的老爷庙沟（地名）。从地名推测，这里曾建有关老爷庙（关公庙）。石龛凿于耕地北侧高约4米的二面崖壁之上，背依土石山坡，向南越耕地是河沟。由东向西依次共有4个摩崖石龛，皆风化严重，龛中石刻造像仅可辨识模糊轮廓。为方便记录，本书将4个石龛按由东向西的次序编为1号、2号、3号、4号石龛。

1. 1号石龛：高0.8米，宽0.5米，进深0.2米；外壁已塌毁，原有形制可能为石窟；正壁雕造1尊坐佛，通高0.5米，风化严重。

2. 2号、3号、4号石龛：在距1号石龛西侧数米的一面石崖上。2号石龛高0.4米，宽0.3米，进深0.1米；正壁雕造1尊坐佛，通高0.3米。3号石龛高0.7米，宽0.6米，进深0.15米；正壁雕造1尊坐佛，通高0.5米。4号石龛高1.2米，宽0.8米，疑原为石窟，但风化严重，外壁及其中石刻造像皆已不存。

二十三、虎峪石窟

虎峪原为社城镇一个自然村，在北河水的源头地带，距离社城镇约30里，20世纪70年代退居。虎峪石窟共2孔，凿于村西北河之北侧一面3米多高的石棱上。2窟背北面南，窟口平面方形，并列而凿，相距2米。

从社城镇西崖底村到彰修、北河、虎峪，再到西马乡格子坪、白北，再到太谷县窑子头、辉马、太谷县城，是旧时榆社县社城一带通往太谷县的一条重要通道，也是榆社野外佛教遗迹重要分布点之一。这条古道上的佛教遗迹，几乎一路密布，随处可见。

1. 西窟。1窟3壁，窟口高0.75米，宽0.8米，进深0.65米；正壁雕造1尊坐佛，高0.65米；东、西两壁各雕1尊站像，高0.6米。石像风化严重，唯轮廓可辨。窟前一株老杏，寂寂相伴。

2. 东窟。1窟3壁，窟口高0.95米，宽0.8米，进深0.75米；正壁雕造1佛（坐像）2弟子（站像），坐佛高0.75米，弟子高0.7米；东、西两壁各雕1佛2弟子，皆风化严重，难以辨识。

二十四、西庄石窟

西庄村在北河村西北角，距离社城镇约30里，2019年移民搬迁至社城村（河滩）。当地人称西庄为"西庄则"。西庄石窟在村南1里处小河北侧的石棱上。1窟3壁，窟口已被碎石土屑掩埋过半，外露部分宽0.8米，进深0.8米，正壁雕1尊佛像（其余已被掩埋，难以辨别）。窟口外是1面1米多高、数平方米的半圆形石垒平台，推测应是旧时建有小庙，便于乡民祭拜所用。平台左侧前有一株老杏，枝干遒劲，孤寂而立，似在守候，似在等待。

二十五、杜家沟石窟、石龛

杜家沟村原为社城镇北河村下辖的自然村，20世纪70年代已搬迁废址。石窟在杜家沟村旧址西北2里处的半山腰。1窟3壁，面东背西，高0.8米，宽0.6米，进深0.95米；正壁雕造1佛2弟子，坐佛通高0.60米，站像通高0.4米；左、右两壁各有1尊坐佛，通高0.5米。洞窟门壁两侧各雕1尊力士像，通高0.4米。

门壁左上角有1摩崖小石龛，高0.1米，风化严重。

杜家沟石窟、石龛雕造时间推测为唐代。

二十六、北河石窟

北河村在社城镇西崖底村村西去20里处，有北河水依村而过，出西向东汇入浊漳河。在北魏郦道元《水经注》中，"北河"书之为"鞞鞨"，"北河水"也被称之为"鞑靼水"。不知从何时而始，人们为了书写方便，根据方言的谐音，将鞑靼书之为北河。村南路边竖有一根刻有"清嘉庆二年"字样的石质定河针，相传为旧时河水泛滥，立此"针"为镇河所用。

北河石窟共有3处3孔，1在村西2里处，1在村东1里处，1在村西北0.5里处。

1. 村西石窟：在通往西庄（村名，现已移民）乡村路北侧的山坡石崖下，面南背北，平面方形，高1米，宽1米，进深0.5米；正壁雕造1佛2弟子，坐佛通高0.5米，弟子通高0.4米；东、西两壁各有1尊站像痕迹，已风化严重，难以辨识。

2. 村东石窟：在乡村路北侧高坡处，凿于一块巨石上。窟前有人工用石头垒砌的一块数平方米的平台。洞窟面向西北，背靠东南，平面方形，高1.1米，宽1.2米，进深0.65米；正壁雕造1佛（坐像）2弟子（站像），两壁各有1尊站像。坐佛通高0.65米，头部已不存；站像通高0.55米。

3. 村西北石窟：村西北石窟所在地，名为石窑沟（石窑之名因石窟而得）。石窟凿于一面5米多高的石崖上，周边灌草茂密，难以攀爬。石窟面西背东，平面方形，高0.9米，宽0.8米，进深0.8米，正壁雕造1佛2弟子，皆已风化脱落。

二十七、彰修石窟（北魏）

彰修村在社城镇西北16里处，南临北河水而居。方言读"彰修"为"彰秋"。村东有戚氏墓地，村民传言为明代抗倭名将戚继光祖墓。村口高处有1座规模小巧的菩萨庙，庙中现存2块（残缺）北齐菩萨造像石碑，镌刻"大齐武平三年"和"寿宁寺僧人"字样。其中，一块宽0.61米，通高0.6米，雕1尊菩萨站像；两边各1尊弟子站像，通高0.4米；碑额高0.76米，宽0.68米，厚0.18米。另一块是一段石碑下半截，高0.72米。此碑属榆社迄今发现的历史最为久远的佛教造像石碑。

彰修石窟有二，一处在村东5里处东圪堆底（地名）崖壁之上，另一处在村东0.5里处水神背（地名）半山腰一面石崖下。

西崖底村附近的佛教石窟群（摄影　欧阳君）

西崖底佛教石窟

1. 东圪塃底石窟：面南背北，平面方形，高0.9米，宽0.8米，进深0.25米；正壁雕造1佛（坐像）2弟子（站像），保存较为完整，坐佛通高0.32米，站像通高0.18米；东、西两壁各雕有1尊站像，通高0.28米，风化严重。

2. 水神背石窟：坐东朝西，窟口平面方形，内为穹隆顶，顶部作莲花藻井。窟口高1.11米，宽0.95米，进深1.7米。窟内高1.8米，宽1.8米，下部雕有低坛。正壁雕造1佛2菩萨2弟子。坐佛通高1.2米，结跏趺坐于圆形莲台之上，身着褒衣博带式袈裟，已凿损。菩萨头戴宝冠，颈饰项圈，手持莲蕾，身披帛带交叉于腹部，跣足立于狮、象之间，骑瑞兽，通高0.97米。2弟子（站像）通高0.8米。

左、右两壁各雕1尊力士像，通高0.8米。窟口右下方5米处，有一通清康熙十年的"重修佛洞碑记"石碑留存。

二十八、西崖底石龛、石窟

西崖底位于北河水东端与浊漳河交汇不远处，东邻102省道，太长高速凌空而过。石龛、石窟凿于村西3里处崖壁半中，有小径可通。崖壁在北河水南岸山脚下，高约5米，长约50米，由东向西依次凿有9个龛、窟。

1. 1号石窟：在崖壁东端，前有人工垒砌的石堰平台。窟口面北背南，平面方形，覆斗顶，高1.2米，宽1.1米，进深0.75米，正壁雕造1佛（坐像）2弟子（站像），坐佛通高0.62米，站像通高0.42米；左、右两壁各雕力士一尊，通高0.4米。

2. 2号石龛：由1号石窟向西约3米处，距崖根小径约1.5米高，龛高0.56米，宽0.5米。或因未完成品，进深极浅，无石刻造像。

3. 3号、4号石窟：由2号石龛向西2米处相邻而凿，两窟高0.6米、宽0.58米、进深0.3米。因风化严重，内中雕像已无。

4. 5号、6号石龛：在3号、4号石窟右上角，相邻而凿，左侧石龛高0.56米、宽0.54米；右侧石龛高0.61米、宽0.6米。两龛进深极浅，或为未完成品，内无雕像。

5. 7号、8号、9号石龛：在3号、4号石窟左下角，呈"一"字形排列，高、宽各为0.2米，内无雕像。

西崖底龛、窟两侧和上方，均凿有椽眼，应为旧时窟前所建寺庙所用。

二十九、石峡沟石龛、石窟（唐代）

石峡沟在箕城镇桑家沟村村西南约2里处，原为自然村，20世纪70年代废止。石峡沟南侧为汾邢高速公路，西北一侧为土石山梁。石龛、石窟凿于山梁之上，有4处，共4龛3窟。本书分别记录为1号石龛、2号石龛，1号石窟、2号石窟、3号石窟。

1. 1号石龛：凿于距离石峡沟沟口西南方向1里处西北一侧山坡崖壁，背靠西北，面朝东南，平面方形；高0.7米，宽0.6米，进深0.23米；正壁雕1佛2弟子，坐佛通高0.35米，弟子通高0.26米；左、右两壁各雕有1尊站像，通高0.26米。

2. 2号石龛：凿于1号石龛右侧约5米处一大石上，现有3个小石龛，靠下方的1个石龛只留有开凿痕迹，为未完工的半成品；大石顶部有3个小石龛，成"品"字形排列，高0.19米，宽0.15米，内各雕有1尊坐佛，通高0.18米。

3. 1号、2号石窟：凿于沟口向南500米处的半山腰崖壁，2窟为上下排列，上首1号窟已因采石遭到破坏，下面2号石窟面东背西，平面方形，高1.2米，宽0.7米。因崖陡难攀，灌草掩没，难以测量进深，也未探知窟中是否留有石刻造像。

此3处龛、窟，因2017年此处开采石料，致使碎石满坡，凌乱不堪，沧桑古迹，将遭全面破坏消失之厄运。

4. 3号石窟：在石峡沟中段西北方向小河沟向上的山腰中。如从县城至河峪县乡公路前往，可由关豁（地名）沿山脊向东1里处即可到达。

石窟凿于一面高约6米、宽约5米的大石上，背北面南，平面方形，高1.14米，宽1.14米，进深1米；正壁雕造1尊坐佛，通高0.60米，风化严重。洞壁有三合灰抹面痕迹遗留。

三十、桑家沟石窟、站佛（北宋）

桑家沟石窟，在桑家沟旧村南边的南沟（地名），共2处，2孔石窟1尊站佛，暂编为1号、2号石窟。

1. 1号石窟：凿于南沟约2里处小河北岸路之左侧约4米高、6米长一块大石之上，面南背北，平面方形，窟口高1.13米，宽1.13米，进深0.34米；正壁雕造1佛（坐像）2弟子（站像），坐佛通高0.72米，弟子通高0.56米。石像于2016年遭到凿损破坏。石壁右侧隐隐留有北宋"庆历八年"字样的墨迹。

2. 2号石窟：在南沟向西3里处凿于路边北侧半山坡一面1米多高的石壁上。窟高0.77米，宽0.67米，进深0.4米；面南背北，平面方形；正壁雕造1佛（坐像）2弟子（站像），通高分别为0.3米、0.24米。

3. 站佛：在2号石窟上方一石庙之中。石庙面南而建，石块垒砌，顶部原有建筑已塌毁，现用石棉瓦临时搭盖。庙门高2.5米、宽1.07米；正墙长3.57米、进深2米，乡民谓之佛爷庙。

佛爷庙由东、西、南三面石墙围定，正壁（北墙）为石崖壁，壁上雕造1尊站佛像。石庙为庇护和供奉佛像而建。站佛通高3.62米，身阔0.93米，虽风化较为严重，但姿态端庄慈祥，栩栩如生，神采犹在。站佛两侧各雕造1尊弟子站像，通高1.7米，亦已风化严重。

桑家沟站佛是榆社现存的野外佛教石刻体形最大的石刻站佛。

石庙右侧崖壁，有2处未完成的小型石龛留存。

三十一、天布袋佛教石龛

天布袋山在榆社县河峪乡西形彰村村西，海拔1 522米。佛教石龛在临近天布袋山山顶东侧阳坡上的一块大石顶端。大石高3米、宽2米，周边灌草丛生，杏树满坡。

石龛共4个，由左至右，面东背西，依次排列。第1龛高0.45米、宽0.2米、进深0.05米，正壁上雕1尊坐佛，通高0.4米，头部已损坏；第2龛高0.47米、宽0.25米、进深0.05米，正壁雕1尊坐佛，通高

郭家山"石扇车"上的佛教石龛

0.42米；第3龛高0.3米、宽0.22米、进深0.05米，正壁雕1尊坐佛，通高0.28米；第4龛高0.3米、宽0.25米、进深0.05米，正壁雕造"二佛并坐"，通高0.28米。从形制推测，应为北魏时期雕造。

三十二、郭家山石龛

郭家山村在榆社县西南方向的果老峰附近，村落高居崖畔，旧时只有一条人工垒砌的石阶可由河谷上至村庄，后有盘山公路相通。村庄南去有古迹果老峰石塔，西去有安国寺遗址。郭家山村独居大山，松杏满山，景色宜人，山民淳厚，牛羊成群。村舍高低错落，篱笆掩映，鸡犬相闻，既有古拙的土楼建筑，也有斑驳的土坯瓦房，是典型的山区村落"活化石"。

2019年，该村整体移民至河峪村移民小区，"活化石"被拆"复垦"。

郭家山石龛在村北2里处山崖边，刻于一块高约6米、宽约3米、形似扇车的巨石下方。村人称巨石为"石扇车"。

石龛面北背南，高0.6米，宽0.58米，进深0.1米；正壁雕造1佛（坐像）2弟子（站像），坐像通高0.5米，站像0.35米。

三十三、果老峰石龛、石窟（北齐）

果老峰，亦称张果老峰，相传为张果老得道处，在榆社县河峪乡郭家山村村南约10里处，海拔1 800米。乡民称此处地名为塔儿背；佛教典籍则称之为杨家沟石塔（山下原有杨家沟村）。

1. 果老峰石龛：主要指镌刻于果老峰石塔上的佛教石龛。果老峰石塔是我国最早的佛教造像塔（北齐），也是我国唯一——座连山石刻佛教石塔。

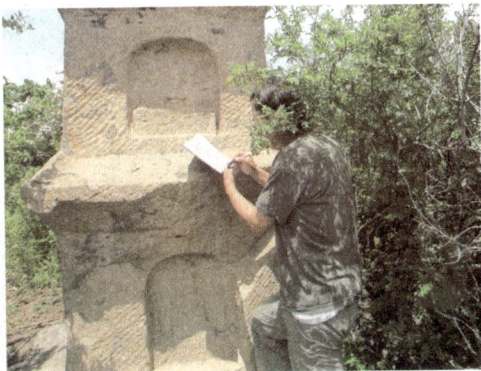

石塔呈四棱台形，共4层，平顶（原有塔刹），通高3.41米，由上而下，每层高度和束腰分别为0.5米、0.8米，0.75米、1米，0.8米、1.3米，1.2米、1.65米（详见李旭清《翻山越岭来看你》）。

塔西大石有北齐和明代的石刻题字："大齐国三年四月卅日""弘治九年七月初一日补修

果老峰石塔上"二佛并坐"的佛教石刻造像

塔尖"……

石塔共4层，每层四面皆雕有石龛和佛像，共16龛、49尊造像。石龛尺寸每层基本相同，佛像皆雕于正壁。

一层：龛高0.8米，宽0.6米，进深0.15米。每龛造像分别为5尊，皆中间1尊坐佛，两边各2个弟子（站像），坐佛通高0.3米，底座0.4米；弟子通高0.22米。

二层：龛高0.6米，宽0.5米，进深0.15米。东龛、西龛、北龛皆雕1佛2弟子；南龛雕2尊坐佛，是北魏后期常见的"二佛并坐"佛教石刻造像形制，坐佛通高0.2米。

三层：龛高0.4米，宽0.4米，进深0.1米。东龛2尊站像。坐佛身高0.2米、底座0.26米、站像0.16米。北龛菩萨站像略高于弟子。

四层：龛高0.38米，宽0.3米，进深0.05米。四面4龛背雕1佛2弟子，坐佛通高0.24米（含底座），弟子通高0.15米。

果老峰石龛石材为麦饭石，风化程度较轻。

2. 果老峰石窟：在果老塔石塔东侧悬崖下驴打滚（地名）南边的窑沟（地名）。石窟凿于沟谷北侧石崖，面南背北，平面方形，高0.84米，宽0.96米，进深0.98米；共有9尊造像，正壁雕1佛2弟子，通高各为0.75米、0.3米；左、右两壁各雕1佛2弟子，通高各为0.7米、0.3米。风化较为严重，留存佛像已残缺不全。

石窟四周树木掩映，灌草茂密，较为隐蔽。上方凿有石檐，左、右角上各有1孔架眼，应为旧时木构建筑所用。

三十四、辉教石龛、石窟

辉教村在榆社县西，历史上曾是榆太（榆社—太谷）和榆祁（榆社—祁县）古道上榆社边境上的一个交通"重镇"。明清时期修建在这里的辉教寨（也称天成寨），曾名噪

辉教佛教石窟

一时，成为乡村豪门富甲一方的象征。

辉教石龛、石窟共有5处，有6龛、3窟。其中，4处集中在村东2里处石牛湾（地名）北侧崖壁上，1处在辉教寨（已毁坏不存）西南脚下的石崖根。

1. 1号石窟：凿于距离河床约0.5里处的石牛湾北侧崖壁。此处有一"横卧"于路边的"石牛"，长2.6米，腰身直径0.95米。"石牛"已无"头"，但体形神似一头横卧着的老牛。村人说牛头已"飞"到10多里之外西形彰村一面山崖上了（据说那里有块石头形似牛头）。正因有"石牛"在此，所以乡民们便把这里称作石牛湾。

辉教石牛坪的"石牛"

其实，从周围分布的佛教石刻遗迹和"石牛"本身雕琢样式来判断，"石牛"应是一尊雕琢未完成的无头石佛像。

石窟凿于"石牛"右上方约30米处一面6米高的巨石上，面朝东南、背朝西北，平面方形，高1.12米，宽1.2米，进深1.4米。正壁和左、右两壁分别雕造1佛2弟子共计9尊造像，坐佛通高0.8米，弟子通高0.4米。主像背部皆雕有背光。造像和壁上所刻文字已遭到破坏，难以辨认。

2. 2号石窟：位于1号石窟西侧20米处。窟口高0.44米，宽0.37米，进深0.28米；正壁雕1佛（坐像）2弟了（站像），坐佛通高0.32米，站像通高0.22米，已遭破坏。

3. 3号石窟：由1号石窟下方向东，沿半山腰转向北面的一处石棱下，面东背西，窟口下段已淤入泥土，外露高0.78米、宽0.65米、进深1.5米，内无雕像。

4. 西侧石龛：位于2号石窟附近一块3米高的大石根，共2小龛，已风化不清。

5. 村西北石龛：位于辉教寨西南方向河畔石崖根，共凿有小石龛4个，面南背北，由左至右1大龛3小龛。大龛高0.35米，宽0.15米；小龛成"品"字形排列，高0.15米，宽0.12米。龛中雕有佛像，皆已风化，模糊不清。

三十五、磨不脐山石龛

磨不脐山，亦书之为磨不直山，在河峪乡东庄则村村东北约3里、空王佛山东南方向约2里处。山顶大石冲天，独立成峰，形似石磨之"脐"，故乡民称之为磨不脐山。

山上共有2龛，凿于磨不脐主峰山石东南面一块直立的大石上，面南背北，呈左右上下不规则排列。左下方一个略小，龛宽0.2米，高0.3米；右上角一个略大，宽0.45米，高0.4米。龛内皆雕有石像，风化严重，模糊不清。下方散落有瓦片，推测旧时这里曾有过寺庙建筑。

三十六、斗角沟石龛

斗角沟石龛在云簇镇斗角沟村村西南方向约3里处的伏龙山上的灵佛寺中。寺庙不知何年已毁，现只存遗址及半截石墙、一丛古柏、一通石碑。石碑为清代同治年间所立，碑文记载"大清同治十三年岁次四月七日伏龙山新建灵佛寺"（现村民称之为佛爷庙）。

石龛共有3孔，凿于寺中一面高1.9米的墙上，每龛高0.7米、宽0.6米、进深0.1米；每龛内正壁有线刻坐佛1尊；"三尊佛"皆端坐于0.15米高的石刻莲花宝座之上。

三十七、南马会石窟

南马会石窟在箕城镇南马会村村东北半山腰。抗日战争时，山顶曾建有日军炮……共有石窟2孔，凿于石崖，面西背东，平面方形。

1. 左侧石窟：高、宽各0.76米，进深0.36米；正壁雕造坐佛1尊，通高0.52米。石像衣饰雕纹清晰流畅，但面部风化严重，已模糊不清。窟口已塌损。

2. 右侧石窟：与左侧石窟毗邻，高0.7米，宽0.68米，进深0.34米，窟内造像为三壁三龛式。正壁雕造1佛2弟子，坐佛通高0.65米，弟子0.36米；左、右两壁各雕1佛2弟子，坐佛通高0.5米，弟子通高0.36米，皆风化严重，模糊不清。左壁留有供养人石刻"西堪主韩清龙"等题字样。窟口亦已塌损。

三十八、圪瘩滩石窟、石龛（北齐天保二年）

圪瘩滩村在榆社县东北35里处的南屯河北岸。石窟位于村西2里处的一面长5.6米、高2.7米的石崖上，由东向西排列共有2窟2龛。

1. 东窟：距离地面1.5米高，坐北朝南，平面方形，高1米、面宽1米、进深0.75米。窟内造像为三壁三龛式，龛为尖拱形，火焰式龛楣，龛内雕1佛2菩萨。佛高0.52米，均结跏趺坐，着通肩袈裟。菩萨侍立，面容四肢已毁。东壁有"北齐天保二年"题字。

2. 西窟：距地面0.2米高，坐北朝南，平面方形，高1.1米，宽0.9米，进深0.56米。窟内造像为三壁三龛式，正壁雕造1佛2弟子，佛高0.45米，弟子高0.38米；右壁雕1佛2弟子，佛高0.3米，弟子像已毁坏；左壁雕1佛2弟子（其中1尊已毁坏不存），佛高0.42米，弟子高0.32米。

3. 石龛：共有3龛，1号龛在西窟右下角，高0.2米，宽0.18米，内雕1尊坐佛，通高0.16米；2号龛在西窟左上角，高0.4米，宽0.6米，正壁雕1佛2弟子（左侧1尊已损毁），佛高0.4米，弟子高0.28米；3号龛在西窟右上方，已损毁。

石窟外有近年新建的木构寺庙建筑，村民谓之佛爷庙。

三十九、小卜水头石窟（元代）

岚峪乡小卜水头村在县东南方向55里处，榆洪（榆社—洪水）公路穿村而过。石窟位于东村河槽北侧老佛爷庙（2005年重修）的崖壁之上。共有3个小石龛，呈倒"品"字形排列。上龛高、宽均0.25米，进深0.5米，雕1佛2弟子，佛高0.23米，弟子高0.8米；下首2龛并列而凿，高0.21米，宽0.12米，内中各有1尊坐佛，结跏趺坐于莲花宝座之上，通高0.2米。

四十、韩庄石龛（隋代）

抗日战争时期，八路军曾在韩庄村建有"第十八集团军武器修械所"（黄崖洞兵工厂前身）。村前一股清泉常年不息，村落四周景色宜人。

韩庄石龛共2处，本书记录为1号、2号石龛。

韩庄村附近的隋代佛教石龛

1. 1号石龛：在村南3里处的南沟（地名），凿于河谷左侧50米处石崖根一块滚落的红砂岩大石块上。据1997年《文物》第二期载，石龛为"坐北朝南"，以及现场石崖坍塌形状推断，雕刻石龛的巨石原在其东侧的石崖上，石龛也应是巨石滚落前雕刻的。又据村人讲述，30多年前，石龛尚深埋在崖根滑落的碎土中，之后才由村民挖出。

石龛实为1大龛，现为坐东朝西，高0.35米，宽1.5米；大龛内正壁并列雕3个小龛，每龛高0.24米~0.27米，宽0.20米~0.25米；每龛内雕1佛2菩萨，龛外壁线刻虎、马等图案，有隋大业元年（605）题字，风化严重。

2. 2号石龛：在村门百米处道路东侧石堰根，坐东面西，已有一多半雍入路基，现在只外露石龛上部及龛中雕造的佛像头部（高0.45米）。

另：原八路军武器修械所旧址（原为道观），现留存有2尊道教石刻造像，背东面西，1尊通高1.1米，1尊通高1.2米。两石像并列而立，中间相隔一株老榆树。相去3里外寺上村，有寿圣寺遗址，现存明代石碑2通。

四十一、邓峪石塔造像（唐代）

邓峪石塔造像位于榆社县郝壁镇邓峪村，建于唐开元八年（720），是我国古代石刻艺术精品。石塔通高3.2米，圆座方柱形，自下而上由底座、塔身、塔檐（带平座）、塔刹四部分套合组成。塔基为二层，下层为圆形覆

邓峪石塔（局部）

钵式，刻有"大唐开元八年岁次庚申三月寅朔十五日戊辰云骑尉耿立"；上层为圆形仰覆莲束腰顺弥座，束腰处雕有力士像。塔身方形，四角雕异形绮柱，正面两桩上飞龙盘绕，石塔四面正中各雕1尊佛像，或结跏趺坐，或倚坐于莲台上。佛上部雕有飞天，侧有力士。八角攒角顶，上设方形抹八角刹座，每面雕有佛及护法金刚。

1996年、1998年，塔刹和塔身先后被盗。塔刹至今迷失无踪，塔身辗转流落台湾地区，后由中台禅寺开山方丈释惟觉长老于2016年8月捐赠山西博物院。

四十二、郜家沟石龛

榆社县有两村皆名郜家沟，一为箕城镇郜家沟，一为原东汇乡（2000年并入箕城镇）杏榛村下辖自然村郜家沟。郜家沟石龛，在杏榛村所辖郜家沟。20世纪90年代，杏榛村并入箕城镇城关村，郜家沟村也随之移民搬迁。

石龛在杏榛村（现村中仍有数十间民房，有数人居住）村东北约8里处的郜家沟村（现已无人居住）村北的东山脚下。石龛凿于一面4米多高的崖壁上，面西背东，共4龛，由左至右一字排列（本书记录为1号、2号、3号、4号龛）。

1号龛高0.17米、宽0.06米，2号龛高0.25米、宽0.1米，3号龛高0.17米、宽0.06米，4号龛高0.11米、宽0.09米，进深皆约0.05米。内各雕1尊佛像，结跏趺坐。

石龛外建有简陋小庙，庙内留有1通清代和1通民国年间的"重修佛庙"石碑。

四十三、王景摩崖石刻（东魏）和功德碑（唐代、明代）

王景村（2019年整村移民搬迁至箕城镇惠民园小区）在榆社县城东去10里处的仪川河上游北岸，紧依340国道（原319省道）。村东南10里

王景千佛崖（摄影 张卫兵）

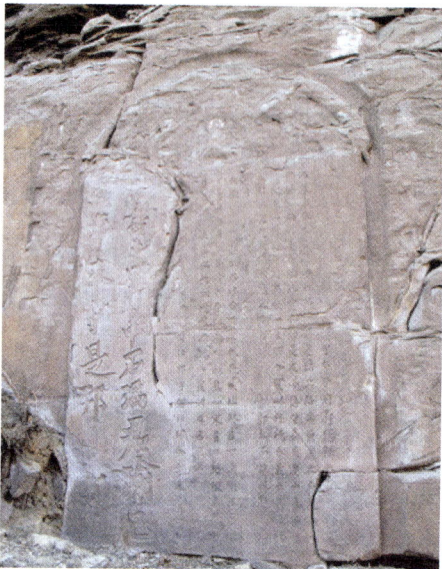

王景功德碑（唐代）（摄影　张卫兵）

处为黑神山。佛教摩崖石龛和功德碑，皆在村东100米处路北石崖和塌石上。石龛处原建有寺庙，当地因此有许多极具神秘色彩的民间神话事故流传（见李旭清《榆社"黑瞎话"》）。

1. 崖壁石龛：雕刻于一面高4米、宽7米的石壁上，共刻有佛教小石龛近千个，被乡民称为千佛崖或千佛壁。现存石龛33行，30列，龛呈圆拱形，高0.1米，宽0.12米；内雕结跏趺坐佛各1尊，均着通肩袈裟，风化严重。顶部留有旧时寺庙建筑所用的椽眼遗迹。

2. 塌石石龛：在距千佛崖50米处路北灌丛中的一块高1.3米、长2.5米的塌石上。塌石底部已雍入土中，不知深浅。外露石面上共有小石龛4行，每行20列。龛呈圆拱形，尺寸大小不等，大者高0.2米、宽0.17米，小者高0.80米、宽0.8米。内雕坐佛各1尊，每龛之间竖刻有供养人题字。

3. 功德碑：位于千佛崖紧邻的西侧崖石壁，通高1.4米，宽1.05米，长方形，为连山石刻碑。首题"仪州刺史郭公善政赞"，楷书，计11行，满行24字。碑文记述勒石缘起经过和郭公的政绩。寿阳县县丞扬季淮撰文，榆社县令于锐书丹。唐开元四年（716）款。

功德碑左侧题刻楷书"尚书屯田良好中石王禹君渝已口亥年来守是邦"。明泰昌元年（1620）刻石。

从石碑现状来看，两款题字皆刻干同一形制的一块石碑上，时间相距900余年，不知何故古人要在古人的古人题字后这样再"挤"进自己的题字。

前庄村佛教石刻造（唐）

另外，石碑样式看起来就像题刻在崖壁上的一道石门。因此，王景村一带方有"石门开、金牛来"的神话故事流传。

古榆社曾属仪州所辖，千佛崖脚下即为仪川河，由此也可见仪川河之名由来实出仪州之名。

王景村村西南河对面崖壁、村东关帝垴（村名，已废址）附近省道旁，旧时曾有佛教石龛，现已损毁不存。

南村唐代佛教石刻站像

四十四、前庄石造像（唐代）

前庄村原有石造像2尊，一为坐佛，高3米；一为立佛，高3.5米，臂已残损。其中1尊盗失，一尊藏埋于村中。

四十五、南村造像（唐代）

南村曾建有寺庙，毁于抗日战争时期。有砂页岩石造像2尊，一为坐佛，首残，通高1.77米；一为立佛，通高4米，头饰螺髻，面相丰润，丰肌秀骨，神态端庄，双耳垂肩，外披通肩褒衣博带袈裟，20世纪90年代盗失。

四十六、双峰石龛

双峰石龛位于双峰村村东北太焦铁路大桥下，雕于路北一侧的一面石壁上，有2小龛，龛中各雕有1尊坐佛。现已没入水中。

四十七、海金山石龛

海金山石龛在云簇村村西3里处的海金山脚下，坐北朝南。现已没入水中。

四十八、庙岭山石窟（北魏、唐代）、石造像（唐代）

庙岭山在县城西南10里处，原名梓荆山。石龛、石窟、石造像皆在山上响堂寺中（另有一窟在寺东）。响堂寺亦称石室寺，其名因寺中凿有"状如瓮，人入其中，石声铮铮然"的石窟而得。

据史料记载，响堂寺为"北魏至唐时依山造像，随之因像造宫，建成寺院，明清重修"；后毁于抗日战争时期；1993年、2015年两次重修。

1. 响堂石窟：凿于寺中大雄宝殿东侧崖壁，民间称之为千佛洞，坐东朝西，平面方形，覆斗顶。窟口高1.3米，宽1.2米，进深2.55米；窟内宽2.4米，高1.5米。窟内雕造1佛、2菩萨2弟子；坐佛通高1.33米，身披褒衣博带袈裟，内着僧祇支，结跏趺坐于束腰长方形低坛上，四周雕造石龛1 090个。龛内各雕坐佛1尊，皆结跏趺而坐。

2. 东侧石窟：凿于寺院墙外东侧20米处的石崖根下，坐北朝南，平面方形，穹窟顶，顶部作莲花藻井，高2.7米，宽1.8米，进深2.4米，顶部绘有4幅山水图画，内无石刻造像，概为旧时僧人修行之所。

附近石壁有"梓相山石室寺太平兴国四年五月六日"石刻题字留存。

3. 石造像：在寺中大雄宝殿正壁，坐北朝南，为唐代摩崖石刻造像，高1.8米，结跏趺坐于高1.2米的莲台之上，双手残，首已于20世纪90年代盗失。坐佛袈裟轻薄如翼，线条简洁流畅，面形方圆温婉端庄，尽显大唐石刻造像风范，极为精准地体现了唐代石刻艺术的最高水准，是榆社境内众多佛教石刻中最具代表性的杰作。

除此之外，响堂寺还有禅师塔（唐代）、石壁题诗（清代）等古迹留存。石壁题诗在寺西崖壁，诗曰："四百年前结下缘，相逢只待九三年。迷

1989年弘雄法师一行（前左四）在梓荆山唐代大佛前留影（摄影 刘泉水）

迷惑惑重修寺，宝殿森严复焕然。——道光二十七年荆山愚夫中秋偶题"。附近石崖有"成化十六年石室寺"石刻字样。

四十九、北山晕道教石龛

北山晕石龛为道教石龛，是本书记录两处道教石刻之一（另一处为韩庄道教石造像），在北山晕村村西南2里处的石堖山上。由石堖山向东南而下为南山晕（村名），向西北而下为武源村。武源河环石堖山向东汇入浊漳河。

摩崖石龛位于石堖山半山腰一面高2.1米、长5米的崖壁上。石龛面南背北，分别为东西排列、上

石堖山石龛和岩画

下两行，第一行总长1.8米，高0.3米，内含计类似牌位状的17个半成品石龛毛坯。第二行总长3.6米，高0.36米，分两段，各1.8米长：西段雕琢石龛7个，内各雕1尊坐像，高0.3米，束腰0.12米；东段内各雕1尊站像，高0.3米，束腰0.12米。龛呈长方形，内各雕道教人物1尊，均为线刻雕像。西区雕像7尊，头戴道冠而坐，似在听讲，或畅言论道。东段雕像7尊，为免冠发髻道士，肃然而立，似在诵经，雕工较为粗糙。石龛下方一只长0.3米、高0.15米的动物岩画（貌似牛）。石壁上、下方均凿有架眼，应为旧时搭建庙宇所用。

北山晕摩崖造像为省内少见的道教石刻遗迹，有较重要的研究价值。

第六章　榆州文韵

◎杨艳峰　万海霞

作者简介

杨艳峰，女，1965年出生于榆社县西马乡更修村；1984年毕业于晋中师专中文系，就职于榆社中学；榆社县作家协会会员，作品散见于报纸杂志。

万海霞，女，1977年8月生，山西榆社人，大学本科学历，现就职于榆社中学，山西省诗词学会会员，晋中市作家协会会员。

　　榆州文韵以记录榆社本土文学创作历程中的主要文学成就为主，是榆社文学艺术的集中展示。从作品时间上看，远者虽然可追溯到商代，但因可考资料有限，古代部分选录的主要为清代《榆社县志》等"有据可查"的资料上明确朝代、明确作者的诗文作品，并参考《晋中市文化丛书》所选作品；近者为榆社现当代文学创作概况，所选主要为中华人民共和国成立前后榆社籍老作家、诗人作品，以及改革开放以来榆社籍作家在国家级出版社（或文学期刊）出版（刊登），并在榆社文化发展过程中产生一定影响的优秀作品。同时，无论是古代，还是当代，还选入了一部分在榆社生活、工作过的外籍人士创作的以"榆社"为主要内容的文学作品。

　　山川秀美，大河奔流，榆社文学也随着时代发展大潮奔涌而前。进入21世纪，榆社作家协会、诗词学会等文学团体相继成立，极为活跃；《文峰》《漳源诗词》期刊先后萌生，成为广大文学爱好者展示创作成果的一扇窗口。《文峰》创刊于2004年，《漳源诗词》创刊于2005年，分别由县作家协会和县诗词学会主办；2014年，两刊合刊，继续使用《文峰》刊名，由县委宣传部主管、县文联主办。在榆社这片广袤的文学园地，涌现出李旭清、张玉、陈跃平、任林峰、苏宝银、李爱莲、孙国祥、韩志清、庞巧莲、王跃东、常立英、鹿明文、周更生、常宝玉、刘乃英等一大批执着于文学之梦的辛勤耕耘者。他们的创作有力地推动了本土文学的繁荣，而远在异乡的榆社籍周涛、陈瑞、王灵书、李雪枫、乔爱宏、李均平、曹谁等作家、诗人，以及曾在榆社工作过的卫明喜、王轩等，以诗咏志，以文抒情，更为本土文学锦上添花，使之异彩纷呈。这一时期，一批在外工作的榆社籍作家，不断有新作问世，不断有新的收获呈现在读者们的眼前。而生活在榆社的本土作家们也不甘人后，相继创作和出版了一批优秀的文学作品，其中，较有影响力的有孙国祥诗集《千秋后已》《文峰斋吟草》、李旭清长篇小说《歧路》《大龙骨》《枭雄石勒》、张玉诗集和散文集《北寨以北》《表里山河行经处》、苏宝银诗集《水银月亮》、韩志清诗集《浊漳情丝》、王跃东诗词集《幽轩聆涛》，等等。

　　因本书篇幅有限，面对琳琅满目的榆社文学，我们只能于万花丛中撷其几朵娇艳者以为代表，而未录入者也大有佳作值得捧读、值得学习。

第一节　古代部分

麦秀诗

（商）箕　子

　　箕子，殷商纣王之叔父，官至太师，其封邑为箕，其治所在今榆社县讲堂乡一带。在邑内兴农、办桑、重教，鼓励百姓勤于农牧，政绩卓著。著治国安邦名文《洪范九畴》，并于周立朝后献于武王。传说箕子有一次朝拜周王，路过殷商故都朝歌（今河南安阳），目睹昔日豪华的都城宫室毁坏无存，而田野上小麦扬花秀穗，禾黍拔节抽叶。面对沧桑之变，箕子无限悲伤，于是吟成《麦秀诗》。推其创作年月，当为公元前1050年，应是中国现存最早的文人诗，也是后世历代文人士大夫怀古诗的发端。该诗与300年后产生的抒写亡国之音的千古经典"黍离"诗一脉相承，凄婉悲凉。据说，朝歌殷民听到此歌，皆动容流涕。

麦秀渐渐①兮，禾黍油油②。

彼狡童③兮，不与我好兮④。

注：① 渐渐：形容小麦开始秀穗的样子。

② 油油：形容禾黍拔节抽叶时润泽光亮的样子。

③ 狡童：美少年，这里指徒有其表、刚愎自用而最终败亡的纣王。

④ "不与我好兮"，另一版本为"不好我仇"，即"不把我当好同伴"。

榆社峡口村早发

（金）元好问

元好问（1190—1257），太原秀云人（今山西忻州人），唐代诗人元结后裔。金末元初文坛泰斗，是变宋词为散曲、开创曲作的第一人，被尊为"北方文雄""一代文宗"。作为一代文学大师、散曲创始人，其主要成就在史学和诗词方面，现存诗1 388首、词384首、曲9首，收于《遗山先生文集》。他的诗歌和散文被公认为金代第一人。其散曲《骤雨打新苗》久传不衰。

瘦马长途懒著鞭，客怀牢落①五更天。

几时不属鸡声管，睡彻东窗日影偏。

注：① 牢落：孤寂、无聊。"牢"，忧劳，"落"，羁绊。

马　岭①

仙人台高鹤飞度，锦绣堂倾②去无路。

人言马岭差可行，比似黄榆③犹坦步④。

石门木落风飔飔，仆夫衣单望商州。

枭落⑤东南三百里，鬓毛衰飒⑥雨年秋。

注：① 马岭：明代之后称"马陵"，位于今天的榆社县社城一带。
　　② 倾：倾覆、倒塌。
　　③ 黄榆：边塞。
　　④ 坦步：安然地步行。
　　⑤ 皋：沼泽、湖泊。落：水边的地。
　　⑥ 衰：减少。飒：衰落、凋零。

石　勒①

（元）郝　经

郝经，陵川人。

都门②长啸气凭陵③，瓜割中原霸业兴。
夜葬山间谁得见，至今犹有守坟僧④。

注：① 石勒（274—333），字世龙，上党武乡人（今山西榆社人），羯族，曾被卖为奴，于公元319年建立赵，史称后赵；中国历史上唯一一位从奴隶到皇帝者。相传去世后归葬故乡（今山西榆社北寨乡赵王村），村庄因称"赵王村"。
　　② 都门：洛阳城门。石勒十四岁，随乡人到洛阳行贩，曾爬上东门大声呼啸，时任西晋黄门侍郎的王衍大为惊异，对左右人说："刚才那个胡人小孩，我听其声，觉其有远大志向，恐其将来成为国家的祸患。"遂派人去抓，未获。
　　③ 凭陵：凌驾、超越。
　　④ 守坟僧：石勒在位十四年，推崇佛教，去世后，佛门弟子在墓旁建有寺庙，为其守墓。

路经马陵①

（明）高　巍

高巍（？—1402），字不危，明，辽州（今左权）五指里桃园村人。曾任司马，一生高风亮节，擅写文章，为"上党三杰"之一，著有《高不危文集》。

携友同行度马陵，山高涧下水声鸣。
题诃②古木悲秋鸟，烛字残灯化夜萤。
刎颈亡身谋短浅，原情匿怨妒贤能。

西风凛凛催人急，刖足英魂恨未平。

注：① 误传为战国时孙膑与庞涓当年作战故址。其实，孙庞作战的马陵道当在今山东郯城一带。

② 当为"柯"。

榆邑八景①咏四首

（明）李锦制

李锦制，本县西厢人。嘉靖壬子科亚魁，崇祯戊辰（1628）进士，曾任博兴等四县知县。

荆山②晚照

荆山屹立枕洄澜③，高下烟光翠作团。

盘距云根蹲虎豹，耸飞雾顶渐④鸿鸾⑤。

藤萝曲径风前绕，松桧⑥清涛雨里寒。

晚照流辉何焕烂⑦，奇观似揭画图看。

注：① 榆邑八景：荆山晚照、秀云叠翠、北寺清泉、龙祠古岭、塔寺晓钟、漳水浮清、岳庙齐云、禅山云影。

② 荆山，古称梓荆山，今庙岭山。距榆社县城西南5公里处。光绪版《榆社县志》记载："日影将斜，一片霞光，照耀于苍崖石壁间，有应接不暇之致。"

③ 洄澜，回旋的波涛。

④ 渐：通"潜"，潜伏、隐藏。

⑤ 鸾：传说中凤凰一类的鸟。

⑥ 桧：侧柏。

⑦ 焕烂：光耀灿烂的彩斑斓。

秀云叠翠①

颓宫②奕奕对前峰，叠嶂晴霞映作容。

俨若笔床③几面峙，潜陪文运坏④中封，

狐踪兔迹山应老，凤翿鸾飞秀白钟⑤。

多少英雄毓异气，相期辅世奏勖⑥庸。

注：① 光绪版《榆社县志》记载："巚峨（峰峦）南峙，上插瑶天，时逢气候晴和，岚光蔼蔼，翠色匆匆，如翠屏然"。

　　② 頖宫，泮宫，西周诸侯所设大学，古代国家的高等学校。

　　③ 笔床：中国传统的书写文具，搁放主笔的专用器物

　　④ 坏，当为"环"。

　　⑤ 钟，即"钟秀"，山上风景美丽。

　　⑥ 勖，勉励。

北寺① 清泉

曲径幽深入梵宫②，盘旋石磴逼苍穹。

拂云寻胜翠微里，踏石临泉烟霭中。

清冽一泓澄见底，寒香万点涌无穷。

转凭悬阁清虚表，身世浑凝上太空。

注：① 北泉寺，距县城5里，光绪版《榆社县志》记载此地"泉从大石穴中流出，清漱异常，可鉴须眉"。

　　② 梵宫，原指梵天的宫殿，后多指佛寺。

禅山崇圣寺（摄影　张卫兵）

禅山①云隐

古刹云藏卓此山，一经入处净尘缘。

老藤樛绕龙蛇曲，怪石狰狞虎豹关。

鹤立松巅潜雾里，僧行峰外近霄边。

虹桥偃卧泉甘洌，徒倚幽人兴未阑。

注：① 即县城西30公里处的禅隐山。光绪版《榆社县志》记载："县西第一古刹也。方外云游者甚众。尝有五色云现，而白云最多，遥望层峦叠嶂间，如补衲之。"

咏北泉寺

（明）李化龙

李化龙，生于明代，本县西厢人，李锦制之孙。祖上极有德行。化龙少时孤贫，寄养于亲戚家中读书，曾有"故花辞新枝，弃泪落故衣"的诗句。天启丁卯乡试中举，第二年成进士，曾任中书舍人，监察御史，户科给事中。为政刚直不屈，多次直言进谏，被称为"铁面李化龙"。曾被免官归原籍，之后，又被召回朝中。国家有难，常想亲自拿起武器保家卫国。曾带领乡勇攻打占据辽州的李自成起义部队。清统一后，下了薙发令，化龙宁死不从，被杀。

碧嶂丹崖景绝遥，可看清迥净无嚣。

寒泉饮落疑飞练，远岫遮①迥似卧桥。

纠结②层纹纷若划，扶疏③老干挺还摇。

登临方罢披风立，有兴追游莫暂饶。

注：① 遮，同"庶"，众多。
② 纠结，树木的枝干相互缠绕。
③ 扶疏，枝繁叶茂、高低疏密有致。

咏北泉寺①

（明）梁惟杠

梁惟杠，生卒年不详，本县云安里人。曾任大同府训导。

杖履游寻萧寺遥，朱明②政可却烟嚣。

长松曲水钩星月，紫岫青鸾浴浪桥。

潭水如喷珠颗溅，高峰直逼斗星摇。

龙泉更觉堪酬赏，涤我尘襟兴最饶。

注：①北泉寺，位于榆社县城北五华里之处。始建于宋代，环境幽美："宜雨瀑布，宜雪碎玉，宜琴和畅，宜诗清绝，宜棋丁丁，宜壶铮铮"。内有八景：紫衣屏、浴浪桥、射斗峰、伏鸾邱、凌云松、喷珠潭、育龙泉、星月沼。

②朱明，夏季。"春为青阴，夏为朱明，秋为白藏，冬为玄黄"。

北泉寺

（明）李华容

李华容，明代人，曾任参政。

松迳深中有凤窠，梵王①宫下白云多。

养成羽翼飞腾远，直上云端待玉坡。

注：①梵王，色界初禅天的大梵王，亦泛指佛界诸天王。

北泉寺

（明）赵　瑾

赵瑾，明代人，曾任邑令。

招提①真境自悠悠，何羡金陵陀上州。

一水浮蓝环宝刹，万山拥翠护禅楼。

云移松影摇尘外，风递箫声在树头。

一过顿醒凡俗梦，始知谈昧②语非浮。

注：①招提：民间私造的寺院。

②昧：禅。

北泉寺

（明）朱进忠

朱进忠，桐柏县选贡，万历四十一年任本县知县。为政有方，民待之如父母，立石建祠。

踱云高步法王①台，日丽春明万象开。
北拱凤城②看舍利，西连鹫岭③见如来。
空香④五色⑤笼栖树，梵境重轮⑥烛上台。
胜赏何辞金谷酒，擒毫⑦独愧仲宣⑧才。

注：① 法王：对佛的尊称。
② 凤城：长安（西安）传说秦穆公的女儿弄玉同其夫萧史，吹奏紫箫，将凤凰引降于京城，后世遂称京都为"凤城"。
③ 鹫岭：佛寺。
④ 空香：佛音。
⑤ 五色：佛门梵音被阳光照射呈现出五彩颜色。
⑥ 重轮：日月周围光线经云层冰晶的折射而形成的光圈，古代为祥瑞之色。
⑦ 擒毫：提笔写诗写文。
⑧仲宣：汉末文学家王粲的字，为"建安七子"之一，博学多识，文思敏捷，善诗赋。

北泉寺

（明）杜 空

杜空，明代人，曾任邑令。

仿佛龙山会①，携樽②高处游。
阁③从云里出，泉自石边流。
对面皆知己，听歌亦莫愁。
月沉山色静，归去兴何休。

注：①龙山会，重阳登高聚会。
②携樽，代指酒。
③阁，北泉寺。尤绪版《县志》记载北泉寺地处崇岗，"寺之左，断崖千寻，其下

有泉。仰而睨之，梵刹一还，遂若碣石之在右矣"。

黄花岭①

（清）贾志士

贾志士，辽州人。

> 彳亍黄花岭，高低望欲赊。
> 草肥隐脱兔，木古乱栖鸦。
> 南坂一声笛，东篱三径②家。
> 使君多惠政，穷野被桑麻。

注：① 黄花岭，清光绪版《榆社县志》记其"在县西北五十里处"，即今所说"红花岭"。

② 三径，汉杜陵人蒋诩以廉直名，王莽执政，告病返乡，终身不出。他庭院中有三条小路，只与羊仲、求仲二位隐士来往，后来人们把"三径"作为隐士住所的代称。

黄花岭前的石柱坪（摄影 张卫兵）

重过庞涓墓①

（清）王凤翔

王凤翔，本县人，曾任黄陂县（在今湖北境内）知县。著有《凤翔诗词集》。

物换时移已数秋，于今复到此山头。

将军事业归何处，惟有闲云锁墓丘。

注：① 庞涓墓，史传孙膑庞涓的马陵之战在今榆社北寨的马陵附近，即元好问诗中所写"马岭"，并言其北西山坡有孙膑设伏处，坡南有庞涓墓。实系误传。真正的马陵主战地当在今河南。

初入榆社

（清）佟国宏

佟国宏，正蓝旗人，癸卯举人。康熙初年任本县知县，后升辽州知州。康熙十三年（1674）第二次修编榆社县志，共10卷、8类。

奉命临斯邑，非山即是川。

人烟营①屈里，城郭水云边。

王舄②何能望，郑图③急欲传。

戴星吾所愿，惟意共尧天。

注：① 营：远离城市，市区隐蔽之处。

② 王舄：代指王宫。

③ 郑图，即"郑侠图"。宋史记，郑侠任临安上职务时，以所见居民流离困苦之状，令画工绘成流民图上奏。宋神宗看了之后，一夜无眠。次日即下责躬诏，罢去方田、保甲、青苗诸法，后以"郑侠图"代指"流民图"。

北泉寺

我水了山州，烟苦重云端。

树色侵衣冷，泉声咽石寒。

逛幽情自逸，心旷眼能宽。

忆昔钟灵处，峰峦果足看。

育龙泉①

碧嶂丹崖别一天，潺潺曲水起云烟。

却疑虎卧成为石，谁料龙蟠尚在渊。

霖雨散时光宇宙，震雷接处沛②垓③埏④。

延津剑合芳名胜，想象精灵事可传。

注：① 育龙泉，前注"北泉寺八景之一"，光绪版《榆社县志》记其"灵物泯蟠，苍舌待润"。

② 沛，水势湍急、行动迅疾的样子。

③ 垓，八极之内广大的土地。

④ 埏，地的边际。

箕城①怀古

（清）孟攀云

孟攀云，太谷人。

城复②于隍③水没壕，年年风雨老蓬蒿。

祇留禹甸④山河旧，不见汤孙宫阙高。

在昔歌声悲麦秀，而今曲谱列琴操⑤。

几回凭吊东皋上，落日寒松响碧涛。

注：① 箕城，今榆社县城东三十里的讲堂村。"商时为箕子采邑，唐箕州置此"。

② 复，通"覆"，倒塌。

③ 隍，没有水的城壕。

④ 禹甸，本指禹所垦辟之地后的中国之地。

⑤ 琴操，中国古代琴曲著作，为解说琴曲标题的著作，传为东汉蔡邕所著。

马陵①冻雪

（清）牛为光

牛为光，太谷人。

乱蓬风卷木萧萧，壮士何年此射雕。

忆昔几人曾战伐，只今无处不渔樵。

云连峭壁阴崖冻，雪满寒林野火烧。

竖子成名何足问，深山归处好逍遥。

注：① 马陵，即前所提被人误传为马陵之战的榆社之北的"马陵"。马陵之战中，齐魏双方的军师分别为孙膑、庞涓。二人同师鬼谷子，是同窗。庞涓曾设计孙膑，使其被剐膝盖骨而残废。此战中，孙膑利用庞涓自恃精锐、邀功心切的特点，大败魏军，庞涓自知厄运难逃，大叫"一着不慎，遂使竖子成名"，拔剑自刎（一说乱箭射死）。

塔寺晓钟①

（清）徐名立

徐名立，邑少府。

箕城雁塔②叠千重，香积冷冷度晓钟。

直向层霄惊彩凤，还从深泽起潜龙。

悠扬清韵和琴操，断续余音似珮瑢。

却忆金门廷对客，鸡窗草赋露华浓。

注：① 塔寺晓钟，前所注"榆邑八景"之一，光绪版《县志》记载"城东关大同寺，有蒲牢一具，昧爽时，隐隐有声，不击自鸣，每当斜月初流，疏星欲落，寺僧以为诵经之候"。蒲牢——传说中为龙之九子之一，排行第四，平生好音好吼，洪钟上的龙形兽钮是它的形象。昧爽——拂晓、黎明。

② 雁塔，指大同寺内的"舍利塔"，清时已在塔前，供奉文昌神像，后成为当地士子金榜题名的象征"雁塔"。

过廉邨①

（清）常 愫

常愫，本县王村人，乾隆二十七年贡生。

漳水河干吊古情，将军千载气如生。

囮②馋蘖③三遗矢④，报国和哀独负荆。

崇贿郭开⑥真卖主，读书赵括⑦岂知兵。

可怜坚壁原非怯，百万烦冤恨未平。

注：① 邨，即"村"。廉村，地名，榆社县城西南五华里处，浊漳河畔，因战国时赵国名将廉颇葬于此地而得名，廉颇之墓至今已没于浊漳河下。

② 囮，捕鸟时用来引诱同类的鸟。

③ 蘖，树枝砍去后又长出来的新枝，泛指植物由茎部长出来的分支。

④ 三遗矢，廉颇因奸臣郭开进谗言而被迫离开赵国到了魏国。几年后，赵国因秦军围困，想重用廉颇，派唐玖去慰问廉颇。郭开买通唐玖，回来骗赵王廉颇老了。

⑤ 和哀，当为"和衷"。

⑥ 奸臣郭开进谗言，导致廉颇军职被解除，致使廉颇离赵投魏。

⑦ 战国时赵国名将赵奢之子。赵孝成王时，廉颇带兵几次不理秦军挑战，赵孝成王听信谗言让赵括取代廉颇，导致赵军大败，赵国几近灭亡。

榆社书怀

（清）徐三俊

徐三俊，辽州（今左权，辽州与榆社相邻）牧。

童时匹马赴箕城，四十年来五马①迎。

片片湿云笼树影，村村时雨泻泉声。

朴淳可喜书风俗，康阜惟欣际②圣明。

惭愧东郊诸父老，一杯春酒话平生。

注：① 五马，五马并驰、繁华之象；汉时太宗乘坐的车用五匹马驾辕，因借指太宗的车驾。

② 际，当，适逢其时；遭遇（多指好的）。

笔架山①

（清）孟　涛

三峰突兀插青天，影落宫墙奎壁②连。

丹璋雨来喷墨浪，翠微风过卷霞笺。

兔毫不败休疑冢，蕉叶频挥信似椽。

谁羡六朝徐孝穆③，珊瑚作架体翩翩。

注：① 笔架山，在旧榆社县城南三里处，光绪版《榆社县志》记其"正对文庙，形如笔架，文光错杂，翠色相晖，俯临城郭，山下漳水环流，汪洋澎湃"。

② 奎壁，二十八宿中奎宿与壁宿的并称，旧谓二宿主文运，故常用其比喻文苑。

③ 徐孝穆，即徐陵，南朝梁陈间诗人，文学家。八岁能文，十二岁通《庄子》《老子》，与庾信齐名，并称"徐庾"。

箕城书院①（四首）

其　一

斗大孤城里，人传箕子封。

好将洪范②学，一洗梵王③钟。

面面山窥牖，泠泠风入松。

试寻读书乐，触绪会应逢。

注：① 箕城书院，光绪版《榆社县志》记载，位于榆社县城西城隍庙西南。原为地藏庵，乾隆八年，知县费映奎旧址改建箕城书院"以课士"。毁于抗战日军轰炸。

② 洪范，《商书》篇名，旧传为箕子向周武王陈述的"天地之大法"，即"洪范九畴"（大法九种）。后多用其指代贵族政权总结出来的统治经验，"洪"的意思是"大"，"范"的意思是"法"。洪范——统治大法。今人或认为系战国后期儒者所作。

③ 梵王，佛者将世界分为多层面，梵王指色界初禅天的大梵天王，亦泛指此界诸天之王。

其　二

宓子①弹琴手②，文翁③化俗心。

诛茅④三径⑤辟，种树百年阴。

学舍如舟小，文源似水深。

古今循吏传，功业在儒林。

注：① 宓子，即宓子贱，姓宓，名不齐，字子贱。春秋末期鲁国人，有才智、仁爱，孔子学生，七十二贤人之一。

② 弹琴手，宓子贱治理单父（县名），每天弹琴取乐，悠然自在，很少走出公堂，却把单父治理得很好。史称"鸣琴而治"。人问其奥秘，他说："凭借众人的力量"。

③ 文翁，汉景帝、武帝时人，因为在蜀地成功发展教育事业推广大汉文化而被载入史册。为推广文教，不遗余力用心良苦，于是蜀地文教大行。

④ 诛茅，也作"诛茆"，芟除杂草，引申为结庐安居。

⑤ 三径，亦作"三迳"，意为归隐者的家国或院子里的小路。

其　三

磊磊璠玙①器，森森竹箭②材。

云霞摇笔落，风雨报书来。

深坐粂文佛③，高吟倚古槐，

潮州赵进士④，文教自今开。

注：① 璠玙，美玉名，后泛指珠宝，引申比喻美德贤才。

② 竹箭，竹制的利箭，比喻有用之才。

③ 粂文佛，即"释迦牟尼佛"。

④ 赵进士，即唐时潮州人赵德。唐时韩愈到潮州之前，潮州几成正统文化的沙漠。韩愈到任后，以兴学唐教为己任，提拔当代儒学人才，推荐"颇通经，有文采，能知先王之道"的赵德为师，人倡导文气。自是"潮之人笃于文行"勤学苦读，开始形成风气。

其　四

吾衰问字嬾，扣户作羊求①。

长揖逢佳士，西风豁旅愁。

虚窗不碍月，好景最宜秋。

爱听弦歌韵，还期载酒游。

注：① 羊求，汉高士羊仰、求仰的并称，泛指廉洁隐退之士。

箕城怀古

连城叆叇①白云浮，绕郭潺湲②碧水流。

为爱新晴聊骋目，更怀古意一登楼。

玉怀遗恨惟悲纣，天道虽傅不事周③。

多少遗民耕采地，西风禾黍正油油。

注：① 叆叇：云彩很厚的样子

② 潺湲：指流水。"湲"亦作"湲"。

③ 不事周：指纣王叔父箕子之典故。

武　源①

（清）曹贤士

曹贤士，乾隆己酉年贡士。

武源仙路近，问渡敢辞频。

鸡犬应无恙，桑麻别有春。

桃花红似锦，溪水白于银。

本拟怀招隐，其如避世人。

注：① 武源，地名，位于榆社县城西北八公里处，环境清幽。光绪版《榆社县志》记其"地邻通衢，有小山蔽之，行人罕见，从谷口入，则平畴旷朗，屋舍俨然，桃花掩映，有一呇。当明季时，居人匿此，免于寇难，谓可仿武陵桃源，故名"。

文峰塔①

（清）周监殷

周监殷，本县南厢人。

由来玉柱可擎天，宝塔层层起巽巅。

岚蔼常冲霄汉气，文光直射斗牛②边。

地灵自是英才出，人杰应征气运还。

欣看禹门③三汲浪，蝉联科第满榆川。

注：① 文峰塔，位于榆社县城东南二里许的巽山之巅，始建于清康熙六十一年，雍正年间建成。

② 斗牛，指斗宿与牛宿，此指天空。

③ 禹门，即"龙门"，指科举试场。

咏北泉寺

（清）连锡瑾

北泉八景足徜徉，浴浪滔滔架石梁。

当户一屏埋树色，横塘半月映天光。

育龙泉内喷珠玉，射斗峰头伏凤凰。

最爱凌云松树下，携琴枕石缅羲皇①。

注：① 羲皇，指伏羲，三皇之一，与女娲同为福佑社稷之正神。

游梓荆山①响堂

（清）张成翮

十里空山迹，登临值晚秋。

梓悬双峡冷，荆缀一花幽。

佛光炉②烟绕，峰岚瑞色留。

往来樵坞客，休作梦仙游。

注：① 梓荆山，今庙岭山。光绪版《榆社县志》记其：在县西十里，隆隆陡绝，上有梓树，垂阴蔽日，古色苍然，建梓岳庙，其神最灵。其旁有"响堂寺"，即"石室寺""石室方丈"。

② 炉，盛火的器具"炉"。

游梓荆山

（清）张廷奏

张廷奏，本县西厢人。雍正十三年以博学鸿词荐至京，未及应试，丁内艰归。雍正
己卯举博学鸿词，以子聚琛等贵，诰赠中宪大夫。

其 一

拂草来山迳，穿花问响堂。

香浮石壁外，云锁碧溪旁。

树杪千寻合，流奔万壑忙。

其 二

风清梁子①案，苔护祝姬②妆。

似语音还咽，无声听愈长。

平生吊古意，对此一苍茫。

注：① 梁子，指梁山伯。
　　② 祝姬，指祝英台。

禅 山①

（清）陈重九

陈重九，生卒年不详，白东里人。

一朝脱略访名山，愿学高人寄此间。

心静静如明月静，身闲闲似白云闲。

兴来有句留堂壁，睡觉无心启户关。

兀坐芸窗②舒眼望，落花片片水潺潺。

注：① 禅山，即禅隐山，光绪版《榆社县志》记载，"在县城西六十里处，地最幽寂。
相传曾有高僧隐此，因而得名"。
　　② 芸窗，书斋。

和孟孝廉箕城书院诗原韵

（清）费映奎

费映奎，浙江仁和人，己酉科举人。乾隆六年任本县知县。重修文庙，补修城垣，建书院，请名师，宽简爱民，百废俱举，乾隆八年（1743）第三次主修县志，共12卷。

（一）

鹅湖①高讲席，万古启尘封。

仁泄中天秘，初醒午夜钟。

先生雕璞玉，弟子仰乔松②

莫漫讥瓯脱③，芳规④尚可逢。

注：① 鹅湖：山名，亦为书院名，即江西"鹅湖书院"，宋时朱熹与吕祖谦、陆九渊兄弟曾于此讲学，当时称"四贤堂"为"鹅湖书院"，此借指"箕城书院"。

② 乔松：高大的松树，喻人才。

③ 瓯脱：本指边地、边境荒地。此指榆社当时应属地僻寂寞之地。

④ 芳规：前贤的遗规。

（二）

弹琴殊未暇，化俗岂无心。

勉勉蛾时术①，翩翩鹤和阴。

糇粮区画久，版筑岁时深。

一片祇园②地，看成翰墨林。

注：① 蛾时术：幼小的蚂蚁也要时常去学习衔土的事情，然后才能筑起小土堆。

② 祇园：佛教中"祇树给孤独园"的简称"祇园精舍"。

（三）

东阳赵夫子，今日上林①材。

未植潘花②去，先移马帐③来。

锦心呕白凤，彩笔映青槐。

闻道人堪铸，心源为尔开。

注：① 上林：汉时司马相如写《上林赋》"繁类以成艳"。

② 潘花；晋潘岳《闲居赋》载，潘岳曾为河阳令，于县中满种桃李，后因以"潘花"为典，形容花美，或称赞官吏勤于职事，善于治理。

③ 马帐：《后汉书·马融传》记载马融才高、学问渊博，是当世的通家。教授辅导学生，常坐高堂，挂红纱帐，弟子按次序传授。现"马帐"指通儒的书斋或儒家传业授徒之所。

（四）

殖学如居货，孳孳在博求。

缃缣① 真可宝，缝掖② 不需愁。

淡泊风遭水，光华月照秋。

从来稽古力，凌厉北溟游。

注：① 缃缣：藏书。

② 缝掖：大袖单衣，古儒者之服，亦指儒者。

文峰塔

题名雁塔若登天，此处新培尺五巅。

呼吸星辰疑可接，苍茫云海浩无边。

漳流倒影文光灿，巽位高骞地脉① 还。

我慕弦歌② 敷雅化，欣看灵秀发山川。

注：① 地脉：清时榆社多年文运不顺，传说郡守王公登临高处发现榆社西高东低，不聚文气，遂于东面巽山建文峰塔，一砖木塔使东高西低，从而改变风水，聚文气。

② 弦歌：典故，指礼乐教仕学习诵读《大学》中引用"弦歌不缀"来表达保持教化育人的精神。

谒尧庙①

西方山下水沄沄，茅屋三间祀放勋。

千古讴歌徽句② 近，万家忠爱荔焦芬。

夕阳影里鸟朝树，春雨晴时牖宿云。

才拙喜临勤俭俗，肃衣再拜圣明君。

注：① 尧庙，即尧神庙，光绪版《榆社县志》记其"在县南四十里"之处的尧神岗上。旧县志记载"尧都平阳密尔斯地尝因巡守此山，以柴望人，思其德立庙祀之"。
　　② 畿甸：京师外围，"畿"指皇城禁地，"甸"指郊外。

谒箕子祠①

讲堂东去草葳蕤，砥柱三才② 尚有祠。
故老能传商氏邑，鸿文却少柳州碑。
觋巫奏罢邠邠乐，风雨归来片片旗。
欲为苍生祈赐福，刚柔交克雨旸时。

注：① 箕子祠：即"箕神庙"，在今天榆社县城东三十里的讲堂村西二里处。
　　② 三才：三才者天地人，此处指三座土峰如王冠之上的三支犄角。

武　源

武陵何处问桃花，谷口纡迥小径斜。
幸际升平谈往迹，好将鸡犬傲仙家。
新畦雨过良苗润，古砦① 云深老水遮。
着意寻幽真好事，马蹄归路踏烟霞。

注：① 砦：同"寨"，营垒。

读书北泉寺

（清）张克睿

张克睿，字圣公，乾隆戊午（1738）科举人。曾任云南丽江知府，善断疑案，政绩突出。离任后当地人为其供长椂于雪山书院，立德政碑。

北泉古刹剧幽凉，泉水冷冷映夕阳。

木叶山花说法地，青灯黄卷读书堂。

风云事业怀犹壮，笑傲文章兴欲狂。

何日阇黎饭后句，碧纱笼得在东墙。

石勒墓①

（清）张廷绶

张廷绶，邑人。

东门贩竖啸声长，葛垒功成号赵王。

千古男儿应磊落②，满原铁骑亦寻常。

名流尽道排王衍，壮士何人爵李阳③。

月冷乌啼丰沛地，山间疑冢剩苍茫。

注：① 石勒墓，在榆社县北二十五里处的赵王村，墓寺有庙，《晋史》载："夜埋山谷，莫知其所，备文物需葬于高平陵，其陵在邺而实归葬于榆"。

② 磊落：即"磊落"。

③ 李阳，石勒未发迹前在故乡的邻居，曾因争麻池而与之斗殴，称王后，荣归故里，让人叫来李阳为其封官。

清凉寺①

（清）孙　保

孙保，北泉沟人。乾隆七年贡士，曾任长子县训导。

山深寺古夏生凉，扶杖来游选佛场。

细雨湿衣人不见，野花落涧水轻扬。

金身②弥漫一天锦，珠顶③圆成满地光。

岂怪渊明轻富贵，清闲原自数瓮王④。

注：① 清凉寺，位于榆社县东六十里王家庄村东清凉山上，建于元代，明清几经修葺、

扩建，为五进院落。光绪版《榆社县志》记载："四周植松柏以千万计。"

②金身，装金的佛像。

③珠顶，用东珠装饰的幔顶，上衔宝石。东珠是产自东北的珍珠，清统治者把东珠看作宝物，用以镶嵌在表示权利与尊荣的冠服饰物上。此指佛像的饰物，喻其尊贵。

④空王，佛的别称，佛说世界一切皆空，故称"空王"。

北文昌庙①

（清）徐　越

徐越，镶蓝旗荫监生，康熙二十八年任本县知县。

> 城北氤氲瑞霭中，岭含秀色涧成纹。
> 构堂轮焕忻奎矢，瞻拜巍峨射斗②文。
> 九万蛟龙随雨耀，三千桃李拂墙芬。
> 公余缓步探幽胜，拭石留题一片云。

注：①北文昌庙，清光绪版《榆社县志》记其"在县北门外三里登云山，乾隆四十年移建于城西北山"，所传文昌帝君是中国民间和道教尊奉的掌管士人功名禄位之神。

②射斗，即"文光射斗"，文章有文采，像光芒一样射到北斗星上。

北文昌庙

（清）叶廷推

叶廷推，福建人，乾隆三十五年任本县知县，仁慈宽厚，重修文庙，修废举坠，卓有政声。

（一）

> 箕城自昔启文明，畴范开先道脉生。
> 累叶留芳寻胜迹，地灵人杰最峥嵘。

（二）

城隅望北仰星躔①，紫极当头陟降先。

清迥独尊萧爽地，半空笙声落诸天。

注：①躔，日月五星（金木水火土）运行时经过天空某一区域。

抵榆社任赋怀二律

（清）葛士达

葛士达，生卒年不详，江苏闵行区附生。由秀才以军功保升知县，光绪六年（1880）九月授榆社知县。在任期间，修治水利，复苏农业，著书立说，著有《治漳说》《远志斋诗文稿》《独学斋杂志》等。光绪七年（1881）第四次重修榆社县志，共12卷。

（一）

万叠峰岚斗大城，下车环顾为逡巡。

枌榆①零落商封旧，里社萧条劫后民。

空负陈平②天下志，聊为元亮③宰官身。

私心自切求刍牧，富庶何时转瘠贫。

注：①枌榆，泛指故乡，这儿指榆社。

②陈平，西汉丞相开国功臣之一。

③元亮，陶渊明字元亮，陶渊明曾做彭泽县令，之后归隐。

（二）

廿载封侯旧梦虚，一官捧檄愧迂疎。

深知刚拙难谐俗，且喜林泉大可居。

地僻差能行素志，事闲还自读吾书。

推窗无限青山好，笑看浮云日卷舒。

榆社怀古四首

赵王墓

倚啸东门便不凡，乘时逐鹿到淆函。

北原①铁骑今销歇，墓木萧萧响桧杉。

注：① 北原，北原山，赵王石勒的家乡所在地。

孙膑墓

千寻断峡石巉巉，奇计安排付白杉。

万弩雷轰灯影碎，始知竖子故非凡。

廉　村

鬓毛如雪主恩街，忠鲠难容走避馋。

将楚无功思用赵，英雄血泪满征衫。

箕　城

吁天无计睓巫①咸，囚服佯狂被发髟。

千劫尚遗汤沐②地，离离禾黍偏空岩。

注：① 睓巫：中国古代传说中的十名巫师之一，善医药及占卜。

　② 汤沐：汤沐邑，源于周代的制度，是指诸侯朝见天子，天子赐以王畿以内的供住宿与斋戒沐浴的封邑，后指贵族的"食邑"。

游北泉寺

（清）张天荣

北泉仙境作行窝①小迳迢迢乱石多。

风卷微云难作雨，溪流溅水不成波。

沼心映月游鱼乐，山势如环好鸟过。

梵宇龙宫藏古碣，夕阳影里手频摩。

注：① 行窝：典故名，典出《宋史》，宋人为接待邵雍，仿其所居安乐窝而为之建造的居室。后因以"行窝"指可以小住的安适之所。

谒箕子庙有感二首

（清）田福谦

田福谦，本县讲堂人。道光甲午科举人，辛丑（1841）进士，曾任陕西西乡等县知县。著有《咏史诗草》。

（一）

我来箕岭上，怀古意悠悠。

受爵虽封子，陈畴①不事周。

箸杯遗往痛，禾黍②触新愁。

祀典乡人重，恩随涅水流。

注：① 陈畴：箕子于殷商灭亡后，并不出仕，只是向周武王呈上治理国家之天地大法"洪范九畴"。

② 禾黍：即箕子《麦秀诗》中的"禾黍油油"。

（二）

访范尊先哲，于近采邑留。

佯狂非避辱，靖献有深忧。

蒙难臣衷苦，存商祖志酬。

仁心微比并，血食①自千秋。

注：① 血食，受享祭品。古代杀牲的血以祭，故称。

游禅隐山

（清）李家瑸

高僧只合住名山，
消受人间一味闲。
洞口云封尘不到，
一弯新月照松间。

秋日登城楼晚眺

（清）王焕文

王焕文，本县城关人。同治七年贡生，历署赵成训导、临县、徐沟教谕。善工书写匾。

乘兴倚高楼，秋光一望收。
山河全在目，难遣古今愁。

崇圣寺佛塔

赵王墓

（清）张其信

张其信，咸丰辛酉科举人。曾任户部主事，福建司行走。丁卯顺天乡试，弥封官诰授奉直大夫。著有《稍可轩吟草》。

（一）

寂寞荒坟列远皋，临风酹酒吊英豪。
丈夫行霸轻曹马①，桑梓多情学汉高。
逐鹿漫夸光武比，得人时念右侯②劳。
汉书读罢增惆怅，成败能知愧我曹。

注：① 曹马；魏太祖子曹植、晋司马懿的并称。

② 右侯：石勒手下谋士张宾，跟随石勒驰骋天下。

（二）

山村古庙剩荒凉，丰沛流连意未忘。

石虎①养成终失计，金牛②未造霸偏方。

虚埋文物传疑冢，建策纵横自武乡③。

千载北原山下路，犹疑铁骑趣严装。

注：① 石虎：后赵皇帝石勒之弟（一说其侄）。石勒死后篡权，杀石勒之子孙。

　　② 金牛：突厥人有"金牛旗""金狼旗""金牛"代表突厥少数民族。

　　③ 武乡：当时榆社归属武乡县，县治设在今榆社县社城村。

登东河坡①

（清）李怀瑜

李怀瑜，本县人，咸丰辛酉贡生。曾任直隶州知州。

揭来堤岸贯登临，转瞬东关②判古今。

旧日楼台随水逝，他年城郭怕河侵。

移山恨乏愚公力，掘地空存神禹心。

堪叹漳流成大患，狂澜力挽望谁任。

注：① 东河坡，县城东门外有河，称仪川河，也称东河。绕县城东、南，向西流入浊漳河，过去时有洪水为患。

　　② 东关，县城东门处。

张果老峰①

（清）张　雷

张雷，本县后庄人，咸丰甲子年贡生。

古迹曾传果老峰，携筇绝顶认仙踪。

人登半岭高千尺，洞辟深岩透几重。

宝塔擎天看柱立，奇文勒石有苔封。

层峦叠嶂云来往，謦②欬③疑从隔世逢。

注：① 张果老峰，位于河峪乡境内，距县城四十里。塔以一石凿成，传为张果老得道之处。峰顶有石槽，半山中有直径约10米的凹地。上有北齐石塔。果老峰高峻险要，层峦叠嶂恍若仙境，有塔，有洞，有石刻，宝塔擎天，洞穿深岩，石刻有奇文，有历史，有故事，让人向往。

② 謦，言笑。

③ 欬，同"亥"，指人声。

过赵王墓

（清）张祖志

怒涛声震岭前松，遗恨分明寄此峰。

才略空轻前代鹿①，山河犹属渡江龙。

英雄旧迹残碑在，客里飘蓬古墓逢。

莫对荒坟便惆怅，晋家陵寝付耕农。

注：① 鹿，政权、爵位。

宿黑神山①

黑云墨墨岭头横，终古神山色未更。

夜静山窗眠不得，万松绕枕作涛声。

注：① 黑神山，即"黑山"，光绪版《榆社县志》记载，在县东二十五里处，其高为诸山之最，松树茂密，山巅建黑神山庙，土人以七月十五日祭奠。

修县志采访古迹
见韩庄①寺内有唐碑称仪州云（二首）

（清）田维昀

其 一

无限登临感，韩庄胜迹留。

山川今涅水②，碑石古仪州③。

庙貌千秋在，人家一径幽。

五峰环寺外，屦下有云不。

注：① 韩庄：今榆社县讲堂乡韩庄村。

② 涅水：河流名，今山西、河南、广东都有涅水，这儿指榆社属涅水流域。

③ 仪州，古代行政区划名，唐初为辽州，后改为箕州，玄宗时又改为仪州。包括今天的和顺、榆社、左权等县。

清凉寺（摄影 李旭清）

其 二

古碣多唐代，模糊字几行。

远霞烘佛面，曲径绕羊肠。

煮茗僧迎客，呼名鸟劝觞。

绿苔频手扫，俗庐已全忘。

清凉山寺①

（清）张皓阳

地纪②名区胜，山腰古寺留。

清泉临石咽，凉荫锁松幽。

霞绚齐飞鹜，霜寒逼斗牛。

登临瞻羽客③，疑到洞庭秋。

注：① 清凉山寺：前所注"清凉寺"。

② 地纪：维系大地的绳子，借指大地。

③ 羽客：一般指道士。

南文昌①山寺

（清）李翰儒

星光真射斗，古寺入云中。
塔竖文峰北，山连笔架东。
地高先得月，涛响不因风。
无限清幽境，羊肠一径通。

注：① 文昌，亦称文昌星或文星，古时认为是主持文运功名的星宿。该寺"地处县东南五里笔架山之阳"，康熙二十五年建，道光十八年重建。

登黑神山

（清）周汉昌

直上蓬莱第一峰，去天尺五白云封。
绿荫莫误来时路，绝顶前程认旧踪。

游西神庙凹①

（清）吴泂三

名山佳水最清幽，着屦携筇乘兴游。
杨柳千条藏古寺，烟云一抹锁危楼。
岚添叠嶂青如画，草满池塘翠欲流。
春服初成童冠②，孔颜乐处恰相侔。

注：① 西神庙凹：在县北七里，光绪版《榆社县志》记其"山势如环，缺其北口，河适当其缺。上有先轸庙，祷雨辄应，林木荫翳，苍翠满目"。
② 典出《论语·先进》篇中记载孔子与弟子的春游之景："暮春者，春服既成，冠

者五六人，童子六七人，浴手沂，风手舞雩，咏而归。"

荫山庙①

（清）曹士彬

突起孤峰立，中流一小山。

横空盘石璧②，绝顶锁禅关。

荫翳松千尺，空明水半湾。

争鸣多异鸟，乘兴快登攀。

注：① 荫山庙，地处距榆社县城六公里处的水磨头村。水磨头村"背倚坡梁""前襟玉带"，隔河南去，有阴山突兀，光绪版《榆社县志》记载："平地突起，石壁高数十丈，大可余亩，形如覆钟，林木荫翳，百鸟群集，上建佛殿，亦佳境也。"庙中供有佛祖释迦牟尼。毁于1937年日军炮火，2011年重建。

② 盘石璧："石雕成璧"。璧，古代中国用于祭祀的玉质环状物。

奉县尊①谕查粮过漫天岭②口占

一望疑无路，奇峰天半横。

山迎人面立，石碍马蹄行。

举目迷前岫，回头失旧程。

可怜濯濯者，劫后少遗氓。

注：① 奉县尊：明清时称知县为县尊，"尊"为敬辞。

② 漫天岭：即"摩天岭"，地处县西北六十里，山高峰险。

第二节 现当代部分

怀念烈士陈五则（二首）
任悟僧

任悟僧（1907—1994），榆北县任家垴村人。

其　一

革命英雄志气高，民扬秦晋称英豪。
两县交通一肩挑，一生浩气耸云霄。
漳水奔腾哀落泪，太行巍巍亦弯腰。
碧血染成红世界，高风亮节忠魂飘。

其　二

山雨欲来风满楼，天昏地暗鬼神愁。
阎王布下天罗网，多少英雄遭杀头。

贡　献
宁云程

宁云程（1910—？），男，汉族，山西省榆社县人。著有《夕阳诗集》。

一

人生七十古来稀，年登八十寿有余。
晚年思乡表心意，千里鹅毛赠桑梓。

二

人生七十古来稀，耄耋已到不足奇。

老当益壮心不死，发挥余热莫迟疑。

家乡风景素描

刘秀峰

刘秀峰（1912—1985），山西省榆社县牛村人。生前系中国作家协会山西省分会会员、山西省诗词学会顾问。

面对南岗独秀松，二郎朝日映山红。
空王高峻连天峙，居住花明柳暗中。

（1982年12月）

夜过榆社

夜半行车漳水边，故乡城郭费流连。
三十年来争一瞬，翩翩一梦到明天。

（1980年6月）

咏老黄牛

赵维基

赵维基（1918—1994），山西省榆社县讲堂村人。著有《古稀随笔》。

风吹雨打不回头，力瘁筋摧勿怨尤。
何必计较鞭加背，此身原是拓荒牛。

（1997年12月）

忆故园

郝田役

郝田役（1919—1989），男，山西省榆社县桃阳人。

少壮十年走太行，再踏燕赵塞外忙。
而今已是两鬓白，梦间常念杏花乡。

（1988年8月19日）

舒　怀

赵正晶

赵正晶（1924—2011），山西省榆社县峡口村人。曾任《新华日报》太行版编委、编辑部副部长、《山西日报》副总编辑、《北京日报》副总编辑、北京人民广播电台党委书记、台长、北京市广播电视局党组书记、局长等职，主持监制了电视连续剧《四世同堂》。著有《李家庄纪事》等书。

六十年华秋复秋，风风雨雨话同舟。
箕城①情深文峰②秀，原是一家会并州。

（1986年10月1日）

注：① 箕城，是榆社县的古称。
　　② 文峰，指榆社县东南面巽山上的古塔。

望家乡

赵水元

赵水元（1930—2000），山西省榆社县高庄村人。工作之余，爱好文学，擅长写作、摄影、诗词，1989年退休后，任晋中地区老年体协副秘书长。著有诗集《拾零集》。

一

黄岭坡上望家乡，鱼鳞屋瓦新山庄。
杨柳围村炊烟绕，丰衣足食乐安康。

二

家乡山川好风光，峰峦重叠沟盘梁。
牛羊成群放坡牧，河湾田丰米粮仓。

三

战前曾是穷山庄，半数人家押租粮。
土窑破屋日难度，丰年补债受饥荒。

四

烽火岁月民武装，劳武结合保家乡。
日本鬼子狂扫荡，乡亲拿锄又荷枪。

（1957年9月）

海金山水库

忆昔砍柴忙，荒年种菜粮。
而今江南样，一片大汪洋。
山水连天荡，轻舟往返航。
稻禾千重浪，鱼虾散飘香。
浊漳源头上，北国好风光。

（1962年8月）

庙岭小山村

沟沟小山村，南坡满青松。

宅旁梨果树，压枝笑脸红。

山水逗情意，时闻鸟啼空。

舟行渔网布，班车并州通。

四季常宜处，人勤多老翁。

（1994年8月）

抒 怀

武希仁

武希仁（1940—1970），山西太谷人，曾任榆社中学教师。

男儿生世何所求，鹏程万里任去留。

精诚高洒化为日，浩气长存漫空游。

尽我心力为信仰，誓洒热血不空流。

共产主义早日至，寿短三十又何忧！

回榆社有感

姚铁山

姚铁山，1939年生，山西省榆社县北村人。1985年入伍，曾任师政治部主任、师政委；青海省军区副政委、新疆军区副政委、政治部副主任，少将军衔。著有诗、书、画等多种作品集。

高速纵横太行山，浊漳河畔潮水流。

斗城一望二十里，花红柳绿映高楼。

水电路通新气象，农林牧副皆丰收。

老区又见新发展，心向小康腿加油。

思故乡

王灵书

王灵书，1947年生，山西省榆社县岚峪村人，中共党员，《中国妇女报》通讯部主任。中国作家协会会员、中国报告文学协会会员。曾发表报告文学《失落的小太阳》《明星写真》，报告文学集《名人探秘》《半个世纪咏叹调》，专著《爱的寻觅》《健康长寿的诀窍》（与肖兰珍合作）等。

一

双轮①任飞翔，铁壶②煮三江。
极目天地外，何处是家乡。

二

太行山上飘紫云，文峰塔下会友人。
纵然京都千般好，难掩思乡一片心。

三

三十一岁辞故乡，脱下便衣换军装。
三十八年还此地，桑梓遍地菊花香。

注：① 双轮，指骑自行车送文件。
　　② 铁壶，指当公务员提两把大铁壶（每把36斤）为机关送水。

喜故里榆社诗词学会成立感赋

陈 瑞

陈瑞，1955年生，山西榆社南村人。历任山西省文联主席团委员、晋中市文联副主席、晋中诗歌协会会长、晋中市政协文史委主任等。著有诗集《不到黄河》《生命如斯》《陈瑞诗歌精选》等。

一

三月春暖送百花，故里榆州传喜讯。
九歌天问遗风在，子弟三千向屈平①。

二

骚坛本非无事地，诗赋从来笔如枪。
敢敌秦兵二百万，成败只问诗家郎②。

三

写下平民疾苦泪，唱出百代桑田图。
风雅歌颂沧海史，志在为民鼓与呼。

注：① 屈平：屈原。
　　② 诗家郎：指诗人。

云竹湖

李雪枫

李雪枫，女，1963年12月出生于榆社北山晕；山西大学新闻学院教授，硕士研究生导师。

在初秋的黄昏，
我想等一等夕阳。
等它一路顺风，
走进故乡，
这一弯湖水，
曾在你我的童年荡漾，
波光映照，
沉醉了黄昏的景象。
我总是想在湖畔伫立，

晚风吹过，
无语沉默。

我想坐在这一垄薰衣草地畔，
看黄昏点点。
告别那些紫色的花瓣，
任衣袂香薰飘摇。
思绪是湖水一川安然。
草甸里的大雁与灰鹤还在栖息，
栈道曲折走近每一段行程，
远山含黛叠翠，
你的路途却总在青山之外。

我想看夕阳一点又一点，
与斑斓的湖面相恋。
看向日葵满地金黄灿烂，
看高粱红遍山冈。

云竹湖（摄影　刘宪刚）

我不是异乡人，

我没有怅惘。

——2019年8月14日故乡云竹湖游历

咏笔架山

孙国祥

孙国祥（1944—2014），山西省榆社县讲堂人。中共党员，曾任榆社县公社（乡镇）党委书记、工商局局长、榆社诗词学会会长等职。著有诗集《千秋后已》《文峰斋吟草》。

奇峦秀景醉天涯，翠柳莺啼沐彩霞。

八角亭台揽紫气，四峰林木隐岚纱。

观音泽惠交华贵，笔架生辉才运佳。

箕苑广栽千载树，催开万代向阳花。

榆社八景

韩志清

韩志清，1946年生，山西榆社社城人。著有诗集《浊漳情丝》《浊漳之歌》《沪上行诗草》，曲集《浊漳曲花》，文集《浊漳之声》。

荆山晚照苍松劲，漳水浮清浪不惊。

岳庙齐云天作顶，秀云叠翠绿如屏。

龙祠古岭秋风冷，塔院晓钟伴月鸣。

北寺清泉驱暑气，禅山云隐送经声。

登榆社西沟悟云山

卫明喜

卫明喜，1967年生，男，山西省河津人。大学学历，中共党员，曾任山西省委办公厅副处长、调研员、中共榆社县委副书记、县长，平遥县政府县长、县委书记，晋城市委组织部部长等，现为山西省工商联副主席。著有文集《我言我心》。

一

西沟隐胜景，古寺藏翠峰。

此山人未识，仁者乐其中。

二

悟云云藏山，悟山山入云。

云山深深处，谁解吾何求？

榆社文峰塔修葺感言

一

文峰塔下叹文峰，拍断阑干上太行。

无欲则刚为百姓，云台高筑唱大风。

二

雨歇凭栏宝塔旁，躬身默祷盼民康。

此身若得榆川走，热血盈腔满浊漳。

榆州新咏

王 轩

王轩，女，1975年6月出生，山西祁县人，工于书画；曾任晋中市委政研室副主任、榆社县政府副县长，现任平遥县委宣传部部长。

浊漳漫过水涓涓，一派风光映碧川。

岭外斜阳频过隙，波中云影似含烟。

飞舟逐浪明湖美，细柳临风紫气鲜。

塔驻文峰藏宝瑞，笔书天宇势延绵。

尘泥岁月滋龙骨，颠覆洪荒沥玉泉。

箕子雅风开百里，乡民厚意蕴千年。

廉颇亘古人难老，青史鸿章功德传。

胡骑凌风城堞在，赵王横戟马头牵。

犹思壮士追穷寇，鏖战疆场握铁拳。

代代江河堪蕴藉，亲亲古邑更流连。

阿胶小米东西市，风物长诗今古贤。

楼影参差云作顶，庭栏环绕鸟栖椽。

纵横通达行经络，闪烁琉璃时息眠。

天朗气清乡里韵，花柔叶绿梦中仙。

吾侪寄语谁同筑，国梦担当我自先。

更有凌云崛起志，小康共铸谱新篇。

（2018年4月）

秋日悟云山调研见记（七律）

野径三叉烟树徊，接天紫气上仙台。

半坡散淡群牛走，满目参差云锦裁。

片石千层残壁见，禅机一点素心开。

落英不减清秋意，今得忙中自在来。

（2016年11月5日）

榆州新咏

李爱莲

李爱莲，1972年生，中华诗词学会会员，山西紫云诗社秘书长；教师；其作品散见于《诗刊》《诗潮》《中华诗词》《中华辞赋》《中国诗词》《长白山诗词》等刊物，在全国诗词大赛中多次获奖。

仪川一脉许悠长，好溯千年婉约章。
古寺盘云新入画，明湖弄影宛梳妆。
颇欣物象雍容事，漫酌田园鱼米香。
拟向晨曦风解语，满城红紫各祺祥。

榆社霸王鞭

红装相映草青青，晨沐微风列有形。
节拍激扬承瘦影，竹筎光滑缀铜铃。
千秋朔气云中合，竟日收成篱畔听。
闻道非遗新目录，山花一簇任娉婷。

北马会赏葵花

王跃东

王跃东，男，汉族，1968年生，祖籍山西榆社东马村；现供职于榆社融媒体中心；著有诗词散文合集《幽轩聆涛》《晓月凤曙》《独钓江雪》，作品散见于报纸杂志。

五顷金葵耀眼迷，满田皆见赏花君。
却无蒲絮因香舞，只有花娇向日巡。
衬叶纵横捭阖列，炎风远近起息频。
蓦然悄问孰尤美？佯笑糊涂两不分。

春访小杏山

乔爱宏

乔爱宏，女，1964年8月生于榆社，现居榆次，山西省作家协会会员；著有散文集《一朵花的诱惑》，作品多发表于报纸杂志及网络平台，曾获第三届"晋中文学奖"散文奖。

杏山属于北源山山系，也是北源山山系中最高的一座山。

2013年3月30日，我们一行十多人向着小杏山进发。走了没多远，汽车就拐入公路东面的一条沟里，首先映入眼帘的是双峰水库，漂亮而坚实的大坝横在水里，碧绿的水面在上午的阳光下闪着绸缎一样的光泽，一些野鸳鸯在树影下戏水。水美，景美，隐隐约约的山更美。

顺着水库旁边的土路前行，汽车不停地颠簸着。大家都在议论，如果能把这路好好地修一修就更好了。汽车终于在一个村子旁边停下，从这里开始就没有路了，只能步行着进山。同行的人分了两拨：一拨爬到岭上沿岭上山，另一拨顺着深沟进去，从沟底上山。

我选了顺沟进山。沟里几乎没有什么路，四周除了草就是树，地上的落叶很厚，脚踩上去就像踩在地毯上一样，一些枯枝或横或斜地躺在落叶上，很随意的样子。一边的阴坡之下结着厚厚的冰，泛着清白的光，我走上去使劲地跺了几脚。没想到那冰居然很结实，在我的脚下竟然一动也不动，看来离化开还是需要些时日的。

远远的山坡之上，山桃花开得分外灿烂，满满当当的树上挂着满满当当的花朵，粉白的花海一泻而下，大有铺天盖地的气势。间或有暖风微微拂过花朵的面颊，轻轻的漾动让一片片的花海分外妖娆。若非有心，也许不经意间就错过了这瞬间的微澜。还好，我看到了。也许，这就是所谓的缘分了。

现在，的确已经是春天了，而小杏山却依旧不管不顾地保留着一些冬天的模样，如果不是亲眼所见，谁会想到这小杏山竟然是山上山下两重天呢。

山下的沟里水很丰沛，因为落叶的覆盖，那些水不知道会从哪里冒出来，又不知道会在哪里突然消失，一次又一次地以为彻底断了，却又发现它一直都在那里。与水做伴的泥泞里有凌乱的脚印，密密麻麻向远处逶迤而去。向导说那是野猪的脚印，竟没人不相信他的话。忽然就有人讲起踏遍榆社山水寻访历史文化遗迹的某某某，曾经孤身在小杏山与野猪遭遇，据说双方你看着我我看着你对峙了很久。而从某某某照样在荒山野岭到处跑并撰文出书的情况来看，他是一点儿也没被野猪吓到。直到现在，某某某依然在一心一意地做着同一件事，有时候是一个人，有时候则是领着一群人。

开始上山了，山很陡，却没有明显的路，只能踏着漫山遍野的荒草，跨过那些略低的荆棘，拨开密密麻麻的树丛向山顶进发。一路上除了说话的声音，就只能听到自己的心跳声了。走一走，再歇一歇，来到半山腰的时候，突然听到有说话的声音从前面传来，抬头看到一双大手提着两个又大又黑像芋头一样的东西，原来是当地的村民在山上挖出的何首乌。据说一个多小时就挖出了十几个，其中有一个已长成人形，头和身体的轮廓很明显，若再长出手和脚那可就不得了了。

山顶有一些散落的石块堆在那里，看上去像是石塔或者是石雕被损毁后所遗留，略向下有一块平台，平台的边上有一井形石洞，疑为人凿。究竟是何人而凿、因何而凿，不得而知。石洞的斜对面有一棵树，枝丫斜横，枝丫的后面隐着三人石雕，中间之人似乎是坐着的，而两边则为站立姿势，因为风化，已辨不出究竟是神是佛。

山顶的视野很开阔，远远近近的山似乎都在自己的脚下，站在平台的边缘，仿佛能看到鬼谷子撒籽成瓜的飘然，若有风来，还能体验一下白日飞升的感觉。

活着的雕像
——参观榆社石刻造像断想

李均平

李均平，1964年生，男，山西榆社人，本科学历，中共党员，曾任榆社广电局局长、晋中市政法委政治部主任，现任晋中市工会副主席。

这篇文章，与其说是灵感的迸发，不如说是神灵的赐予。那一刻，我就像神灵附体一样，身不由己，浑身战栗，意象纷呈，思如泉涌。

2007年4月13日。我的故乡榆社，县文物局石刻造像博物馆。当我穿过幽暗的通道步入展厅时，华灯绽放，200多尊古代雕像梦幻般出现在我的眼前。虽然此时博物馆寂静无声，但我却感觉到，一曲盛大华美的交响乐章刹那间在我耳边奏响。

仿佛是经过了千万年的等待，仿佛是经历了千万里的苦旅，而今，通过这短短的通道，我的灵魂与故乡历史的时空完成了一次神奇的对接。在金黄色射灯的辉映下，在宝蓝色丝绒的衬托下，一尊尊雕像无声地向我走来。虽然展厅只有400平方米，但我心中的震撼不亚于身临秦始皇兵马俑时感受到的那种空阔与壮观。

是的，就是这些雕像，使我像一个浪迹天涯的苦行僧，终于找到了苦苦寻觅的朝圣的殿堂。是的，就是这些雕像，好像我在哪里见过他们。在我的梦里？在我读书时的想象当中？在我如烟的记忆中？我一下子说不清，但我确实是在哪里见过它们。我凝神观望，心中万分虔诚。这对我来说，这确实是一种庄重的仪式。当我面对这种仪式时，早已泪如雨下……

呈现在我面前的，该是怎样的一种景象啊！

精美绝伦，旷世之作。这是我在潜意识中唯一能找到的用来赞叹的词语。此时此刻，我痛感言语原来竟是这样的苍白无力。我强迫自己静下心来，试着用笨拙的笔，来描述我眼前的一尊雕像。

这尊唐代的大佛，高达4.6米，体态丰满，雍容大度，线条流畅，气韵生动。大佛广额阔鼻，大耳垂肩，慈眉善目，神态自然。轻闭的双眼，饱含着动人心魄的祥和的微笑；打磨得珠圆玉润的面庞，充满了肌肤的质感；柔和下垂的衣袂，仿佛要迎风飘举。虽为石刻之身，却俨然血肉之躯，充盈着生命的活力，似乎要开口与你交谈，为你分解无限的困惑与忧愁……

这就是我对其中一尊佛像的描述，但愿我的描述不会给佛像浑然天成的美带来一丝一毫的冒犯与亵渎。

我缓缓地移动脚步，久久地凝视它们。一次次的凝视，就是一次次心灵的碰撞与交融。就是在这种凝视之中，我产生了一种前所未有的体验和感受。

这200多尊雕像表情不一、神态各异。最令人惊奇的是，虽然它们是一尊尊佛，但在我久久的凝视中，每一尊雕像的面部轮廓与神态，都隐隐透露出一种常人具有的特征，浸染着一种人间烟火的气息。是的，这是一种全新的发现。

芝麻终于开门了……

我一下子找到了、打开了与我先祖神灵相通的孔道和契合点，看到了千百年前他们的模样，渐渐走进了他们的内心世界。

轻轻地、轻轻地抚摸着这一尊尊雕像，我似乎感受得到先祖们在石像上留下的体温，仿佛能听得见他们内心的歌哭与叹息。每一尊雕像的表情都凝聚和寄托着先祖们对生活的理解、忍耐、宽容和憧憬。我甚至不敢再开口讲话，似乎我一开口，他们马上就会回应，而且吐露出来的一定是那种再熟悉、再亲切不过的浓重的乡音。

这就是我的故乡的历史，一个可触、可摸、可感的立体的历史。这就是故乡历史的记忆，一个有血、有肉、有情感的历史的记忆。这些雕像，传承着故乡历史的血脉和风骨。我们伟大的先祖，用他们粗糙而又灵巧的双手，在历史的某一瞬间，一不留神就给后人留下这样一份极其丰厚的历史文化遗产。

在参观中，我还发现，构成这些雕像的只有两种东西：一是泥土，另一个是砂岩。这是两种在我的故乡再普通不过的材料，随处可见，随处可采，可以忽略不计。然而，我的先祖们就是用这两种再普通不过的材料，完成了一次次惊世骇俗的伟大的创造。

现在，就让我们将目光从这些雕像上移开，放飞于故乡雄浑而辽远的原野，来重新审视泥土和砂岩这两种伟大的元素吧。

我那故乡广袤无垠的黄土啊，

你孕育了比黄金更宝贵的金灿灿的玉米、谷子和大豆。

> 我那故乡浑浊地流淌了千年万年的浊漳河啊，
>
> 在我眼里，你那翻滚着黏稠泥浆的河水，
>
> 就是这个世界最甜、最美的乳汁和奶酪。
>
> 还有你，这绵软的黄土，
>
> 就像姥姥喂我的炒面一样喷香。
>
> 还有你，这粗粝而温润的砂岩，
>
> 你做过我儿时的玩具，
>
> 你筑起的石墙、石路、石瓦、石磨、石碾，
>
> 又承载了我祖祖辈辈的悠悠岁月……

神奇的黄土，美妙的砂岩，经过我的先祖的点化，又变成了精美绝伦的艺术品。我们有何理由不去赞美这故乡的泥土和砂岩，有何理由去鄙薄我们的历史和先祖。这绵延千古的黄土和砂岩是如此富有，我们从中能够开采出一种叫精神的东西。这金灿灿、莽苍苍、漫漫无际、壁立千仞的黄土塬和砂岩崖，孕育出故乡怎样的山水风物。

耕土而作，可生五谷杂粮，物质也。

抟土而作，可塑千尊雕像，精神也。

石磨、石碾讲述着世俗的生活，而那一颗颗粗粝的砂石在思想的融合下，却造就了一种纯正的精神之美。这就是我的故乡，这就是我的先祖们创造的文明史和辩证法，这就是足以让一尊尊雕像屹立千年不倒的深厚底蕴和广阔背景。

仔细考证，这一尊尊雕像的背后，原本就有一个与它们息息相关的村名、地名：南村、邓峪、岩良、仰天、四县垴、庙岭山……原本它们就散落民间、扎根民间。原本它们就是民间的创造，传递着来自俗世的烟火。

快看，那一尊尊雕像都从陈列馆走出来了。它们迈下大厅的台阶，跨入现实的时空，摇身一变，汇入人流，成为俗世中的普通一员，刹那间便无迹可寻。

此时，故乡现实中的阳光与展厅内的射灯互相辉映，一片灿烂光明。

我定睛一看，大街上熙熙攘攘的人群，每个人的身上似乎都可以找得到雕像的影子。

璞 玉

苏宝银

【引子】

卞和为了一块石头两次身受刖刑，哭于楚山，泪干泣血，他不是哭无辜被砍去了双脚，是哭美玉被当成了石头，自己被当成了沽名钓誉之徒。人生最苦莫过于心灵寂寥、知音难遇，独孤求败才是真正的苦刑啊！

然而"凤凰不落无宝地"，卞氏的那块璞玉历经磨难后，一旦出世，会怎样呢？"和氏璧，世之共传宝也"，它必将是江山与天命的信物，是权力与尊严的象征，是秦始皇的传国玉玺，更是真与美无以复加的代名词。

璞玉，榆社就是一块璞玉啊！然而，有多少人识得这块璞玉，有多少人在雕琢这块璞玉，又有多少人懂得珍惜这块璞玉呢？

【化石】

最初，榆社不过是一片浩荡无边的汪洋。几百万年沧海桑田后，榆社成为一片原始森林，象群、河马、驯鹿等庞大的物种是这里的主人，天下一片祥和，生灵一片兴旺。然而，一场突如其来的大地震抑或岩浆暴怒翻滚的火山后，顷刻间所有生灵变成了几百年后陈列在"榆社化石博物馆"的化石，吸引着来自世界各地研究生命信息的科学家们。榆社化石作为人类最初萌动的记录，成为世界唯一的留在人间的缕痕而被珍存。

这一切如同卞和的璞玉一样，因为并不被更多人了解而必要历一番苦刑。普通百姓不懂得这是珍贵的化石，只知道这是可以用来换钱或治病的"龙骨"，当然也就不可能知道"龙骨"还有研究价值。所以，当侵略者的魔爪伸向化石这块璞玉时，贫穷与愚昧让百姓并不懂得保护自己的宝贝，反而成批成批地贱卖给那些暗中窃喜的外国传教士。只有到了今天，"化石之乡"才真正成为榆社的第一张名片。

【榆州国】

而榆社为什么就叫"榆社"，也并不为更多的榆社人了解。那得追溯到何年何月啊，据说是炎帝与黄帝争夺天下的时候吧，炎帝的第八世孙榆罔向北迁徙到榆林。榆林地处太行山西麓，群山环绕，漳水横贯，据说就在官上村附近的榆林寺一带，离榆社社城镇四十多里。到后来，榆罔战败远走江南，榆社就成为他后人的居住地，也是炎帝留在北方的最后家园——榆州国。据说，这个形同部落的小国在历史上竟延续了2 000余年。据山西史志研究所出版的《山西大观》记述：榆罔帝统治的榆州中心为榆社。这里曾是为纪念先祖炎帝而建立的祭祖神社。炎帝文化在这里开花后，创造了层出不穷的文明。"麦秀渐渐兮，禾黍油油。彼狡童兮，不与我好兮"，"殷之三仁"中的商朝名臣箕子的采邑就在榆社，他叹息亡国之痛时，曾作了这首中国最早文人诗《麦秀》。传说亡国后他远走朝鲜，留下来的治国名策《洪范九畴》曾助周武王平治天下。现今榆社诗人写诗时，多称故乡榆社为榆州或箕城。

【霸王鞭】

你可曾观看过榆社的霸王鞭。那是两晋时赵王石勒挺进中原、立志称霸、平定北方时，将士们因所向披靡而难抑胜利的喜悦，就挥动马鞭手舞足蹈的产物，后来被编为彩鞭舞蹈，抒发战无不胜、将士同乐、万民齐欢的激昂情怀。

所以"霸王鞭"舞步阳刚、铿锵有力、粗犷奔放，它如一块璞玉，舞出了万民渴望胜利、向往和平的激情。胜利，胜利，勇往直前，这是霸王鞭的霸气，也是霸王鞭的精魂，更是霸王鞭两千年不衰的根源所在吧。今天当霸王鞭被当地民间舞蹈艺术家们进一步改编之后，与现代舞蹈相融，单鞭变双鞭，八步变四十，在鞭数、步点等形式上花样翻新，但节奏明快的乡土韵味不变、英雄霸气的精魂不变。霸王鞭作为非物质文化遗产的瑰宝，走进乡村，走进学校，走向工厂，走向更广阔的天地，登上更雄壮的舞台，成为庆贺佳节或贵客临门时欢宴晚会上的压轴节目。

【咬灾】

冬至过后，爆米花的炉膛里翻滚起渐渐胀大的玉米花时，"喷"的一声钝响，金黄的玉米花出炉，玉米香一下飘向了街心。到了腊月初一，街上弥漫着浓浓的炒豆香。村子里，家家的锅里都炒着大豆、瓜子、花生，人们吃炒豆子、炒瓜子、炒花生和爆米花，叫这为"咬灾"。这天，人们见面的问候语就成了"吃豆子了吗"。村里的老人们还会就着炒豆子的兴致，把炒好的豆子碾成面，做成香喷喷的炒面，炒面是一定要和蒸熟的红薯一起搅拌了吃的,也算是"咬灾"的余味吧。到了腊月初五,还要喝五种豆煮的"五豆粥"。这些都与"咬灾"有关。

用"吃"这样的"软着"将对灾难的恐惧消弭,或者增一分抗拒灾难的信心,真不知是哪位祖宗传下来的绝招啊!而"咬灾"之风并未因为时代的变化而消失,反而似乎大有如火如荼之势,即使爆米花的原料已被开发成专门用来吃爆米花的品种,膨化的手段使爆米花更脆、更酥、更甜、更香,不仅可以爆玉米,还可以爆大米、爆豆子。即使爆米花的土炉子与老师傅在城里似乎已难找了,但炒豆"咬灾"的风俗不但没有消退,反而更加红火得成为榆社腊月天里必不可少的"吃文化"。聪明小商贩们则利用这个吃文化来生财谋利。

【年画】

也许榆社古老质朴的年风景,是一张古朴的"年画"。

爆竹声中,年的味道浓起来了。乡村大年初一的早上,七大盘八大碟地摆上来,年糕、饺子少不了,几世同堂地团坐在炕桌前图的就是个团团圆圆。

这是一年中老人们最有威严的时候,吃饭前儿子们带着媳妇、孩子到端坐在桌炕上的老人面前,叫一声"爹""娘",然后就齐齐地跪下去,"儿孙给你拜年了,祝二位'福如东海,寿比南山'"。话是老话,年是新年。老爹、老娘口里说着"别磕了,别磕了,新社会了,还年年这样了",其实心里着实领受着儿孙满堂的满足。当然,备受尊敬的老人们一定会从包好的手巾里拿出早已预备下的压岁钱,一份一份地给小辈们发下去。孩子们磕完头后,收到长辈给的压岁钱,更收到一份长辈们给压岁钱时的欢喜。儿孙们给自家的长辈们拜完年后,就到同族的长辈家去磕头拜年,话话家常。往往一村多同族,一天下来,会看到村里到处都是一群一伙地去磕头拜年的队伍,从东家拜完出来,又到西家去,无论是从外归来的读书人,还是在家种地的村民,人人都不例外。而大年初二,你当看到另一幅"年画",父亲带着儿子、孙子们去上坟,给死去的亲人们坟头添土、敬香、烧纸,除了追思亲人外,更多是希望祖先们保佑合家老小安康、来年五谷丰登。

【武圪榄】

榆社很早就是佛教兴盛之地。抗日战争期间,日本人轰炸县城之前,几乎是山山有庙,寺寺相连,星罗棋布。赶庙会自然也是榆社民间约定俗成的风俗。庙会发展的繁盛程度远远超过了佛教的意义,成为集宗教、经济、文化、教育为一体的交流盛会。庙会上敬香还愿的不可少，搭戏唱戏的不可少，卖服装、布匹的不可少，卖油条、羊汤的不可少，卖小孩子玩具的不可少，卖骡马牲口的不可少……各种交易可谓是应有尽有。当然，来自四邻八乡的赶庙会的人也不可少了。如果只是这些也不算奇，榆社早年是羯、羌、汉等民族的杂居地，有尚武风气。各村、各乡的练家子们赶庙会更重要的是为着比武交友而来的，叫"武圪榄"。

兰峪乡的牛栏村的庙会可不得了。过了正月，这里几乎年年都有这样的一场"武疙瘩"盛会，不仅吸引着本县民间武术家们到此比武，还蔓延到吸引省内四邻八县的武术爱好者们来赴这个盛会。据说，榆社的武术的流派有百十来种，有名的有无极、六合、太极、形意、梅花等。练家多为农民，农闲时喜欢练练拳脚，农忙时下地种田。当然，练武的传统是"虎狼来袭，保家卫国；和平岁月，强身健体"。这个自发组织的武林大会，发展成了今天一年一度的"武林风"大赛，举办地牛栏村被称为"武术之乡"。武林爱好者们切磋武艺、讲授武德，光大中华功夫的优秀传统。

【小杏山】

"山不在高，有仙则灵"。悟云山、庙岭山、空王佛、黑神山、八赋岭、四县垴、老爷山、笔架山、禅山、尖山、方山、板山……说起来榆社这山也不少吧，这些山与中国的五岳比，虽绝不够高、绝不够险、绝不够秀，却有着别的山上没有的风格：它原始，它多与佛有缘。别处不表，单看社城镇刘王后村附近的一座"养在深闺人不知"的小杏山就可见一斑。这里地处偏僻，荒无人烟，满山的野生杏林纵横交错，几乎无路可走，也几乎没人能攀爬上去。春天的杏花寂寞开放，漫山遍野，花开花落；夏天的杏果缀满枝头，果熟果落。叶寂寞地黄，花寂寞地凋，果寂寞地落，久而久之，深谷里厚积成杏花、杏叶、杏果泥，松软香艳，脚踏其间，如天然的杏花毯、杏果垫。或许，登小杏山是并不怕坠崖的，因为山崖下自然有厚厚的天然杏垫可以做床。

半山腰有个仙人洞，冬暖夏凉，传说是游方僧打的洞，洞内可居七八人，洞壁上有点过的蜡痕，地上有烧尽的柴灰，山顶有石臼一眼、塔基一座，山下有座金厢寺，现已废弃。

【云竹湖】

比起扬州的"瘦"西湖来，这里的水阔；比起杭州的"胖"西湖来，这里的水清。云竹湖被乡土诗人喻为"天上遗落的一颗夜明珠"是不为过的。当诸多江河的水资源严重污染时，面积只有14.4平方千米的云竹湖称得上是蓝天碧水。

春天湖面四周的桃红李白，让峻拔的黄土林更加俏立；夏天岩良村的湖湾里，盛开着不逊于大明湖的水莲花，芳香四溢，容颜娇美；黎明的曙光穿透湖心的云层，映红了整个向阳村；暮色中的落日没有"长河落日圆"的气势，却把冬日的那面"冰镜"燃烧。汽车的车轮轧过结实的冰面冲进袖珍的"北冰洋"时，有谁会想到秋天的渔船上渔家的渔歌里的"鱼米水乡"，在等待来年的又一个草长莺飞的春。

这里四季如画，这里风光无限，这里足以让摄影师的镜头和你的眼球惊奇。

【最后的乡村】

又见炊烟升起。

在乡村的山路上遇到荷锄而归的你。

你的天空里飞翔着灰色的木鸽和繁殖最快的麻雀。

这里不是青藏高原，天却别样的高，别样的蓝，别样的空旷，别样的干净。湛蓝的天空里映衬着清香的空气。

田野里禾苗在夜里静静地拔节，月光里的红樱桃熟了，墙根旁的老枣树又结出新子，我们在场院的大槐下乘凉，听姥姥讲传奇的故事，或者在秋天的树荫里和小伙伴们一起跳皮筋、拉大锯、唱儿歌……妈妈、婶婶、姑姑们下河洗衣。妯娌、姑嫂们边洗边嬉闹着，聊着家长里短的时候，笑声飘过河水对岸，这浊漳河的水啊真长，不知从哪流到了咱村，也不知从咱村又流向何方……

深夜青瓦房里，母亲哼着眠歌，孩子睡意蒙眬。窗外的细雨打在屋瓦上的清脆嗒嗒声，那不是电波，是最美的乡村交响夜曲。万物在雨的滋润里幸福地睡着，做着乡村的丰收梦，正如我们乡村田地里的庄稼吮吸着甜美的甘霖。

【尾声】

美是天然去雕饰的。璞玉的美正在于并未忘记自己的生命所需。榆社是块璞土，不但有丰富的煤、天然气等资源深埋于地下，尚未得到开发，而且更有悠久的文化与文明尚未被人们了解。做个有心人，做个拓荒者，剔除历史的尘渣，用文明的锤和錾，在榆社这块璞玉上行"笔"，雕琢我们人类最后的家园——最美的乡村，必然诞生一块比和氏璧更美的美玉。

那是青山绿水的梦，那是返璞归真的梦，那是美丽乡村之梦，那是伟大的中国梦。

文峰塔下的誓言

——榆社中学往事

曹 谁

曹谁，作家、编剧、诗人、翻译家。原名曹宏波，字亚欧，号通天塔主。1983年生于山西榆社北山晕，著有诗集《冷抒情》《亚欧大陆地史诗》《通天塔之歌》等七部，长篇小说《巴别塔尖》《昆仑秘史》（三部曲）《雪豹王子》等十部，翻译有《伊斯坦布尔的脚步》等三部，写有电影剧本《太阳城》《昆仑决》、电视剧本《孔雀王》和舞台剧本《雪豹王子》等百余部（集）。有多部长篇小说改编为影视剧、广播剧、舞台剧等；有作品翻译为英、日、韩、法、意、西等十余种文字。曾获首届中国青年诗人奖、第五届青海青年文学奖之"文学之星"、第四届曹禺杯剧本奖、首届博鳌国际诗歌奖等。系中国作家协会会员，中国电影文学学会会员，《大诗刊》主编，《汉诗三百首》执行主编，《诗歌周刊》副主编，现就读于北京师范大学和鲁迅文学院联办作家研究生班。

近日独自坐在京郊的书桌前整理日记，每天早晨看着窗外翻腾缥缈的雾气，随着太阳的升起，渐渐消散。从1997年开始，我养成了写日记的习惯。这个习惯坚持到现在，已经有二十多年。在这段漫长的时期里，我写满了五十多本日记，这些日记本记录下的文字约五百万字。日记可以说是我最初的文学创作。当我重读这些日记时，太行山中漳河岸上的文峰塔便浮现在眼前，榆社中学时的各种往事仿佛就在昨日。

我的中学时代是在榆社中学度过的，从榆社中学可以遥望到县郊的文峰塔。据说，文峰塔是清朝康熙年间，当地绅士为了繁荣榆社文学而筹建的一座宝塔。我对文学刚开始产生懵懂的情愫的时候，常常一个人独自前往文峰塔凭吊。文峰塔笔直地矗立在山腰上，就像一面神圣的旗帜，召唤着年少的我投身到文学的信仰中。那时候的文峰塔还不是景区，周围荒草丛生，草丛间还若隐若现的可以看到几座孤独的坟堆。每当草木衰败、落叶纷飞的时节，站在文峰塔下仰望这座宝塔，一种寂寥怅惘的心境，就会在我的心底油然而生。文峰塔有十三层之高。文峰塔塔前的山叫笔架山，属于太行山中的一座山峰；文峰塔塔下的水叫仪川河，属于漳河水的一条支流，多么文雅的名字，多么宽广的景深。榆社历史上出过后赵开国皇帝石勒，出过名将廉颇，出过名相箕子，可是一直缺少影响大的文人，知道当代著名作家周涛为榆社人是后来的事。当时年少的我，站在文峰塔下就暗暗立下誓言，将来一定要成为一名作家。我当时默祷：让我的笔给这个世界秩序！大约那个时候，就有了我日记中的那句豪言壮语。没想到多年后，我成为一名作家，并在文学的道路上越走越远。在坚持文学梦想的这二十多年里，我领略过人世的坎坷，经历过心路的嬗变。每每忆及中学时代，我在文峰塔下许下的誓言，就会让我愈发坚定自己脚下的路。梦想，会让每个少年的心中开出花来。人生短短几十载，站在人生的中部，我想起了我在榆社中学时的那些梦想。

我阴错阳差赶上榆社中学恢复重点初中，没有早一年，也没有晚一年，刚好是恢复的首届66班。我的初中班主任石素玲老师，曾经让每个学生在纸上写下自己的梦想。她说20年后，她要拿着我们写下的这些梦想，来跟我们印证。不知道我们当年写在纸上的那些梦想，她还有没有保存。我记得当时我写的是：军事家。成为一名作家并不是我最初的梦想，在榆社中学的时候，我的理科成绩一直比文科成绩好，我在年级的排名一直保持在前五名，我梦想成为一名驰骋疆场的军事家，指挥大小战役。直到1997年初三那年，我才决定"投剑从文"，跟班超"投笔从戎"正好相反。

我对文学的兴趣，是一件小事触发的。初三的一堂语文课上，语文老师岳永泰先生让我们以中秋月圆为主题写一篇作文。我写的作文题目叫作《月到中秋分外圆》。那年正好是香港回归，我别出心裁，以从小到大的结构，从个人赏月写到祖国团圆。没想到那篇作文一下子拿了满分，过后还被当作范文在班上朗读，这让我尝到了成功的喜悦。从此之后，我对文学的兴趣便一发不可收拾，每次写作文都要精心构思一番，大有"语不惊人死不休"之势！后来，我的作文经常被当范文来读，有篇小说性质的文章还曾经在全校引起热议。我在写作文上的"成就"，让我决定把成为一名军事家的理想改为成为一名作家。

作文只是开始，我现在觉得想要真正进入文学的大门就要心诚，即对自己的内心忠实。我在写作文的时候，感觉自己一直处在一种不真实的状态里。从1997年开始，也大概就是我对作文感兴趣的时候，我坚持每天写一篇日记。日后证明，日记给了我很大的帮助，它让我跟流俗的人云亦云区别开来，让我逐步直面自己的内心，让我打开心扉关注这个变化万千的世界。我最初还把日记当成了文学创作。当韩寒、郭敬明等同龄作家风起云涌的时候，偏居小县城的我，既没有见过真正的作家，也没有可以发表的刊物，只能在日记本上实现自己的文学梦。我用各种文学体裁写日记。我的日记有诗歌、小说、戏剧、散文等各种文体，常常都是片段性的，现在读来还让人捧腹大笑。我记得当年，我们班的许多同学还把我的日记本当作图书一样拿来借阅。我也大方出借。他们读了我的日记，有时还会写上一篇读后感，夹在日记里归还给我。

我的三年高中时代，也是在榆社中学度过的。高一期末，我们开始分文理科。我是班上的第一名，我的文理科成绩旗鼓相当。经过艰难抉择，我选择了文科。高一时，给我们上语文课的老师是乔晋堂先生，他颇有一点文人的风流倜傥。当时，学校里绝大部分的老师都还在用榆社话讲课，而乔晋堂先生上课，却讲着一口流利的普通话，所以在校园中显得特立独行。乔晋堂先生的知识异常渊博。在跟他的课间闲聊中，我懂得了许多山南海北的百科知识。也正是在他的影响下，我的求知欲被空前激发。从那时候开始，我成了一个书迷，经常购买和借阅各种各样的图书。在那段时期里，我阅读了大量的课外读物。对我影响重大的作家，在诗歌方面是海子，我读了他的《亚洲铜》，就被他的诗歌情怀深深折服。于是，我又继续大量读他的诗。在小说方面是贾平凹，我痴迷于他小说中典雅的语言和奇绝的故事。当年的我疯狂地把他的所有小说都读了一遍。在戏剧方面是邹静之，当年的我看了他编剧的《铁齿铜牙纪晓岚》等影视剧，就想着什么时候我也可以写剧本。我还在我的日记中模仿了他剧中的片段。没想到如今，他竟成了我的导师，真是人生之幸事。

高二那年，我从语文老师张晓光先生那里借阅到了大量大学里才能看到的书。我开始用作文践行我的文学梦。也许是得益于我的课外阅读，我写的作文时常被当作范文朗读。张晓光先生为人谨小慎微，又非常风趣，他经常自己掏钱给我们买东西。他在讲课的时候，对课文中的一些问题，不会给出标准答案，而是会点名让我解释给同学听，然后大家再一起补充讨论。给我们教书的时候，他刚刚从山西大学中文系毕业，他带来了许多大学生才能读到的图书。高中课本已经不能满足我，我就开始向他借阅他的藏书。所以，我在高中时代，就读到了各种先锋文学流派的作品。这些作品囊括了东西方的许多文学流派，比如西方的意识流小说、荒诞小说、象征主义诗歌等，中国的现代派、寻根文学、朦胧诗等。当时的我疯狂模仿所有现代派的作品，一心想要寻找到自己的风格。

到高三时，我对文学几近痴迷，每天写好几篇日记才能让自己的心情纾解。张老师开始担心我的学业，他看到我的成绩在下滑，多次找我谈话，旁敲侧击地提醒我不要顾此失彼，荒废自己的学业。他跟我说，文学虽然崇高，但是以写作为生的作家少之又少。我当时对文学的追求处于狂热的状态，根本不会去领会他对我的未来的隐忧。当我坚定地告诉他，我将来要成为一名作家时，他没有武断地阻止，只是让我注意考试成绩，因为高考已经迫在眉睫。后来的我，高考失利，虽然考出的成绩达到了一本的分数线，却因为志愿填报的问题，被调剂到了一个二本大学，这对我无疑是人生中一大打击。在这之后，我经常在梦中梦到自己重新参加高考，重新进行选拔。现在进入北京师范大学文学院读文学硕士，其中一个原因就是让我自己圆梦。

我在榆社中学时已经开始大量写诗。我在班上有个"草帽诗人"的绰号。这个绰号来源于我的一首短诗："我/戴着破草帽/窥天下"。其实，除了诗歌，我还尝试小说、戏剧、散文等各种文体的写作。我们班有几个跟我一样热爱写作的同学，如武凯、李宇、梁静、李鹏鸣等。当年我与梁静互赠过诗歌，还跟班上的几个同学谋划着成立诗社"翱翔社"，可惜后来随着高考脚步的临近，成立诗社的愿望也便无果而终。现如今，我们大家四散到各地，当年许多热爱写作的同学已经不再写作，反而是不写作的李俊，后来成为诗人，他的笔名是车邻。

后来，我离开榆社，告别了我的中学时代，开启了我的大学之旅——我到青海民族大学文学院读书。当我踏上这所坐落于西部边陲的大学校园时，我内心升起了一种发配边疆的落寞感。好在这种感觉并未持续多久，因为日后，我意外地发现自己因祸得福，无意间走进了一座文学的王国。青海是龙脉之祖昆仑的故乡，是中华母亲河长江、黄河的发源地。在这片异域的土地上，我找到了我的文学的外在形式。大学毕业后，我在西海都市报做了两年编辑。2008年，我似乎又听到了来自内心深处的召唤，我想起中学时代我要成为一名作家的梦想，想起当年我在文峰塔下的誓言，我觉得我的这一生，要以文学为生。于是，我毅然决然辞去了当时很多人羡慕的工作，我当时叫"去职远游"。我背上行囊，去更西部的西藏、新疆游历了数月才返回青海西宁，接着开始了我的职业写作生涯。后来，我成为一名专职作家。现在的我，还时常想起太行山中漳河谷地的文峰塔，文峰塔下的榆社中学，中学时期与我探讨文学的老师和同学。文峰塔成为我心中的一个图腾，从我曾经提倡"合一天人、融合古今、合璧东西"的《大诗主义宣言》，到后来扩展到叙事文学的《大诗学》，再到现在包容影视文学的《大文学》，无异于是我当年一个誓言的衍化，"让我的笔给这个世界秩序"，我甚至是以最初梦想的身份"军事家"的战略去写作，所以才会有我现如今的文学发展战略，从农业社会的抒情文学，写到工业社会的叙事文学，再到信息时代的影视文学。我的作品中许多原型源自那时，我在诗歌中一直倡导的"世界的十三个中心"跟文峰塔的十三层相对应；我的第一部长篇小说《巴别塔尖》中的许多人物、故事、场景源自榆社中学；我的影视作品中的许多桥段也来自我在榆社故乡的经历。时至今日，我已经出版了《昆仑秘史》等九部长篇小说，《亚欧大陆地史诗》等七部诗集，《可可西里动物王国》等四部文集，还写了《孔雀王》等影视作品百余部集。可是，每当我重读这些作品时，却对这些作品时常抱着怀疑的态度。

坐在桌前，翻阅往日的日记，看着远处雾气中的神州，我的眼前仿佛看到了故乡的文峰塔，和文峰塔塔下那个十六岁的青葱少年，他曾经发誓要通过文学给世界秩序，我多么希望跟那个少年谈谈，问问他，我现在是否偏离了最初的梦想。

2018年9月2日于北京

世间已无两河口

张　玉

一

眼前是浅金的夕阳，余晖闪在沉静的湖水上。这个湖是一座水库，名叫双峰，在榆社北部。它是在一个叫作两河口的地方汇集了千百条支流来到此处的。两河口曾经是榆社最北的一个乡，位于三县交界，但是现在它的名字在榆社地图上不复存在了——十几年前，由于撤并乡镇，它划归现在的社城镇……两河口的名字当然是根据两条河来的。现在的河流依然在夕阳中西去，而两河口却已是过去的名词了。

根据史学的界定，"口"作为一个地名用词，是特指明代隆庆以后在长城沿线开设的汉族与边远少数民族"互市"的关口。那么，两河口之建制也许并不很远，它的命名应该在明代以后。我很喜欢"口"这个字眼，它呈现出一种由内而外的包容，令人肃然起敬。没有斡旋四路、吞吐八方的气魄，人不敢把一个地方命名为"口"。那是大时代，人走南闯北，千里独行，是有狼性的动物。我走过的杀虎口、张家口，莫不充满这种剽悍的气质，两河口是不亚于它们的存在的。这里有榆社县最为清澈的水域、最为秀美的山林；它是二龙合口之地，风景奇丽。本土作家对这里多有描述，如李旭清的《榆社36景》中就有此地胜景。在中古，胡人石勒曾经在这里成长，那个名叫"石源"的村子就是因他而得名的，意即石姓的起源之地；这个传说在另一个角度佐证了"两河口"的命名史——它确实是胡汉杂居、贸易的场所。当然，命名者并不是创造者，"两河口"的概念，象征着榆社曾经的开放和文明，它曾经风生水起、如雷贯耳，而不是像今天一样束手束脚、凋敝落魄。

在两河口，我从双峰散漫地进入。白色的卡罗拉一路驰上石坝，湖口的西风清凉而洁净，水天一色，碧波粼粼，新鲜的水草的气息从一望无际的水泽生发而起。我恍惚觉得这水上的风也带一点绿色——"春风又绿江南岸"想必说的就是这样的风，如果它无色无味，又怎能染绿江南呢？这绿，是一种若即若离的绿，它似有如无，随波起伏，忽而明艳，忽而清素，在水面之下、草叶之间一闪。倏然，在远处的水湾中游来一群天鹅，曲项白羽，游弋在碧浪之上。水湾背后是青山如黛，有点点颓垣立在青灰的山腰，不知曾是山民的屋舍还是废弃的寺庙；时间仿佛流过荒芜历史，有沧海桑田之感载沉载浮。我想此刻如果能有渔翁或僧人驾一叶扁舟，吹一曲折柳，才算一幅写意画轴。

张卫兵放起航拍的小飞机，它银色的机翼挟风而去，伴着呜呜的鸣声，天鹅翩然惊起，同时惊起的还有两群苍鹭，它们的鸣声荡在湖水和春风最深的绿色中央，回风舞雪在这个宏大的季节。

王晓峰在桥上走了一个来回，这座桥也应该有几十年了。她摸着石砌的桥栏，小心坐上去，笑着跟一个水边独坐的老人闲聊，这个场景颇像《廊桥遗梦》中的镜头，似乎能听到乐曲声。白色的车、金色的阳光、游到水边探头的鲫鱼、夕阳下倚着石栏远眺的人，我们都是过客，过客也是流水，在双峰的倒影中，岁月是一片绿色的风。

出了双峰，我就紧紧盯着延展的公路；犹带料峭的春风迎着车轮撞过来，一座座零落的土屋摇摇而过，小河尚未破冰，河畔却已有野花生树。这真是奇异的景象。"两河口"，我再一次轻念这个名词。

二

其实，我更感兴趣的还是那两条河与这一带山，以及山上的原始风物。

两条河一条叫交口河，一条叫石源河；它们都是浊漳河的北源，在此交汇向南。山叫八赋岭，属于古武乡北原山山脉的南麓。河流上源有森林和草场，有绝壁和栈道；包括一些已湮没于历史烟尘中的遗迹——它让我叙述的重心起伏不定。

榆社的北部，我称之为"北寨以北"的区域，包括我的家乡北寨和今天社城镇的北部，即原两河口乡和白壁乡。它们的形状，奇异地形成一片绿叶。浊漳河与北原山是这片绿叶的叶脉，支脉清晰可辨，它尤其像一片桑叶，那点缀其间的数十村落便是吃桑的春蚕。这片地域的行政区划一直都在变革，在几个县间划来划去，而居民不论是外貌、口音还是风俗、习惯，都与榆社土著不大相同。因此，我也一直不大认同自己作为榆社人的血脉。

一个人行走在浊漳上游，走了山峰走山谷，看了桃花看梨花，这是放纵而奢侈的体验。而那些自五胡乱华起便驱着牛羊来到这深山峻岭的人，千载而下已经变成了两河口的青杨或胡荆。在我眼中那层层叠叠的沙棘也许就是他们，尖厉、野蛮，时刻准备伤人；这些戎狄部落各自起源于不同的纪年，史书上记载的"高鼻深目黄须"的羯人之特征会猝不及防地在这里某个老人身上出现——他们在这片桑叶中的生长与蚕丝同样绵延不绝。长期相互的屠杀与融合，最终都归于文明的脉络，就像交口和石源的两河合口一样，就像浊漳河归于海河之水一样，而海河水终将奔流到海不复回，成为一片汪洋。

蹲在两条河的交汇处，掬起浊漳河的第一抔水，我并没有此水天上来的感觉。水从河床中巨大浑圆的砾石中涌出来，不知其所起。这里是北原山山下，因为石勒、因为石源、因为后赵、因为羯族，这源头的水和沿河的石都被赋予了神秘而遥远的龙兴的意义，但这种意义随着浊漳河一路南下并没有得到山鸣谷应，反倒被浪淘尽风流气味；尤其流出了两河口之后，已经完全是一条清浅的小溪。传说中这条大水漫漶平原、冲决山峡的大能，已荡然无存。魏晋与唐宋雕砌的河床上刻出一条长长的水道，流过其上的是迭山落英和人间烟火。这是对"是非成败转头空"的终极注释。

王晓峰说，她在20年前来到这里，做两河口的乡长，山路难行，有时要坐火车。绿皮小火车，车窗白净，湿漉漉地穿山而过，车轮辗着铁轨，音响被雾岚过滤，漫卷过她年轻的浑圆岁月：它湿润、柔和，在两河口的原野上回旋。在阳乐下车，离乡政府就不远了。她走过河流去上班，绕一个1公里的大弯，走进一座僻静的院落——后来她离开这里，由盘旋的古道爬上八赋岭，再穿越桃林俯瞰黄山沟；回头一望，有目送她的乡民，赶着牛羊，站在山腰上。

三

车到石源时，我有一种身在梦中的怀疑。这种不真实的感觉被真实的鸡鸣犬吠声渲染。石源的村貌与我熟悉的辉沟是如此相像，春色已深，但羊狄有寒意。几个样貌憨厚的村民聚拢过来，其中有一个跛着脚。一个头发花白的老妇端着瓷盆在院里洒水。裴晋华夫妇热络地跑过去，问人家称笨鸡蛋。

我一个人在压井前洗手，一个人看着石板上的黄狗，一个人找视角，边走边搜集村庄的声音。我退到一个柳暗花明的位置，摄了40秒的视频，然后拍照。

路边有高低参差的石堰，院落整洁，但人烟萧条，蓝天裸呈。一个人沿土路上行，安静得听得见自己的脉搏。地上落花如雪，头顶阳光似金。村头有牛行走，院子里有狗逡巡，都是静悄悄的，没有一点声音。不是他们没有动静，是石源太空旷了，它像一个黑洞一样吸收了所有的一切——如此明亮宽广的村庄，却是一部默片。我并未深思暮春的景色，眼前的寂静是不变的岁月之本体，除了海拔和幽闭，也因为它边缘的历史。荒芜的北原山山下，一带缓冲的谷地，按天意分布坐落的石源、石会、道陆……这些庞大而空洞的自然村落，构建了一个曾经金戈铁马的世界，但现在它们都不在了，只有铁马冰河入梦来——现在我终于可以安静地想一想石勒，想一想后赵的时代。

我越走越远，越走越高，整条路上见不到一个人。石勒就曾经走在这条路上，他臂弯中夹着一捆麻，从八赋岭上赶着一群黑色的羊走下来；他看见的、闻到的，无疑也是这样的寂然，也是这种空旷冷漠的气息。所以，他天性中的不安分开始叫嚣了，他说他从小就听见有金戈之声在地表下交鸣。

他一路踢踏起黄土的烟尘，那风沙无疑有很多挑衅的预兆；他在黄昏的阳光下停住脚步，展开一个与残照同样冷漠的笑容：此刻他心中没有民族和文明，只有无尽的欲望和恶意。这黯淡的生活与他天性中的锋锐有巨大的落差和冲突。直到今天，这种落差依然在。当然，这不是他风云一生的高潮，他的巅峰在马背上，在更远的黄河之北。他沿着与我相反的方向走出去，走到神都洛阳，他看到繁华的街道，路过绝代的佳人，闻到浓烈的香气，听到宛转的箫声……如果命中注定他会和那样火树银花的世界相遇，那他怎能不想占有那个世界？就这样，他北上雁门，从304年的某个暮春之日开始他的另一种人生。

他离开北原山，南下中原，他拔出腰间啸响了二十年的弯刀，劈开他邂逅的异次元。那美丽的神秘世界在他的刀下分崩离析——他赶走了高冠博带的士族，将他们的妻子、儿女据为己有；他住进华美的宫殿，把雕栏玉砌砸成粉碎；他颁布禁胡令，他对着曾与他同样在社会底层挣扎的汉人平民挥刀斫杀……他身上的血腥气弥漫了整个衣冠南渡的时代，周曷朱的羊群在北中国横冲直撞，我感到历史的眩晕。有谁见证过3世纪发生在九州中的流血与死亡？谁又能准确地描述那些细节，那些瞬间，那一张张脸，一个个不甘的亡灵……他们听到什么？看见什么？做了什么？

桃花源是修罗场。

从这个意义上讲，石勒应该是两河口的第一批出走者。当牧奴石勒成为天王、单于，石源也就成为石源……不论何时，石源都是他的故乡，也是他的家。

四

经过交口、石会、水泽、沙旺，渐行渐深的，是渐次隆起的，引人遐想的贫瘠山脉。牧羊人一代代的，总是哀叹山不好、草不好，他们的羊群饿得毛色无光。忽然，令人视觉疲劳的一路延伸的饥渴风景中断了，沉厚的绿浪扑面而至。我眼前闪出一道峡谷，判断不出它有多深，它一线直下，碧波流光，一改黯黄的地貌，缓慢地从地平线大力推出。谷底有高大的捞鱼鹳，在水边的绿草上矗立。

我是第一次走过这里，第一次在这里看到明黄的刺玫、雪白的羊群、铁黑的蔡树林、嫩绿的草甸。这春风十里，明艳动人，实在让人喜欢。但空山不见人，却又使人觉得凄凉。

走过山谷，就是琵琶窑了。这个村子曾经是军事要塞、商业通道。这里有一孔孔星罗棋布的石窑，让人顿生建筑学和考古学的兴趣——据说百年之前，它们都是生意兴隆的客栈和酒肆。那些背着弓箭的军卒在这里戍守，朔气传金柝，寒光照铁衣。那些走在路上的行者浩浩荡荡地从此经过：有负着行囊的书生，有赶着驼队的商人，有春衫正单的歌妓和宝马轻裘的游侠儿……他们随着两河口的水流过这里。这古老的"州八古道"通往那个已经逝去的时代，就像一场琵琶行：低眉信手续续弹，说尽心中无限事。

李旭清在《徒步榆社》中是这样描写琵琶窑的："……窄小的沟谷恰如一把轻盈的琵琶；自北而南细细的河谷是琴颈，略微宽阔处的村庄是琴板，泛着波光的河水就是铮铮闪亮的琴弦，村中高低错落的石窑当是琴板上的音孔无疑……"多少年过去了，琵琶窑依然如故；河谷没变，石窑没变，窑前那些蔡树和穿过枝叶的风也没变；但是，这琵琶奏出的曲子却变了……现在的琵琶窑已经没有人烟，前几年朋友们来采风，说村里年轻人是没有了，但还有不愿意离开的老人在顽强留守，养鸡种田。可今天，我看到老人们也不在了，一户人家也没有了，只有灰白的石墙孤独地在夕阳中站立。

村北的桥头有一座小石桥，桥头有一方碑，是清代的，记载着驿路的历史——它曾经是联结金太谷、银祁县的通道，煊赫世界的晋商从这里走过，山路崎岖，每隔八里就设有一处客栈，这就是著名的"州八路"。路是在天然山石的基础上用大大小小的石块砌成的，在朴拙中见精巧，有天成的美。只可惜不会再有人看到这条路了——2014年，邻县太谷在八赋岭上修了一条防火通道，这条道覆盖了州八古道，那些被浮生和过客踩踏得光滑如水的石板，断裂在挖掘机下，散落在八赋岭的深谷里。这条现代化的通道横亘东西，向东约三里即可登上三县垴，它令地域的交集变得方便；但是少了攀缘，少了曲折，便少了沧桑，少了朝圣感，纵然登临也只是爬山而非行走山河。

这是一具弹拨着岁月的琵琶。在旷野中倾听这样一具嘈嘈切切的琵琶，我闭上眼睛——想象就是我的倾听。只在此山中，云深不知处；春色之美遮蔽了部分伤怀、冲淡了部分破败，只是再也听不到旧日的琵琶，感觉不到乡愁了。琵琶窑，要说的话，我还是最喜欢它的名字。至于历史，和历史中的尘埃，并不能积成岩石，也无法阻止岁月的河。

五

我想寻一位可以叙说往事的老者，却遇见了一个牧羊人。这个发如飞蓬、衣着破旧的中年男人，给我详细指点了去往和顺仪城的方向。我看着他，他的眼睛深陷，瞳孔深黄，鼻梁兀立在白皙的脸——是的，他的脸很白，并不因风吹日晒而变黑，有明显的西域少数民族的特征。榆社人管这种牧羊人叫"羊胡"。

黄眼睛的羊胡打个呼哨，一条大狗飞快地奔来。他的笑容像琵琶窑的石窟一样神秘。他抖开一个口袋，露出雪白的牙齿："疤饼！"

人一看到童年的食物，心情总会柔软。疤饼是我小时候的零食，是有关祖父母的记忆。烤制疤饼的石头，是岁月的银河遗留在世间的星辰。

我吃了一块。

他系好口袋，逆着西下的夕阳，赶着羊群穿行在山腰，走在一孔孔石窑间。在他的意识中，没有琵琶，只有窑。白羊的角一摇一晃，前后都是山，大狗吐着热气走着，左手是陡立的山壁，右手是崎岖的断岩。

他会不会去想：若这么走下去，羊群可以一直走过青龙关，走到丝绸之路。

如今早已不是英雄一箭穿心、将军建功立业的时代；现在一个农民家里圈养的羊群，能比得上古代的一个部落；现代机械几年的建设，就能轻易超越中古的十个世纪。古老的牛羊之战、水草之争，现在看来就是一场笑谈——两河口所隐喻的胡汉之别，那些族群间的冲突、妥协和千百年来的规则，又算什么呢？

人们心中早已没有了对土地的热爱。那茫茫原野中的灼灼桃花，以及登上巨大山脉时极目天下的视野，已经荡然无存。大家都在忙着赚钱，攒够首付就到城里买房子，带着孩子出去寄读。这一切仅仅是因为撤乡并镇吗？走过被雨水冲刷得坑坑洼洼的道路，我情难自已，明知要寻的东西已经不在，还是不甘。撤并乡镇的大背景，使人口减少，尤其是青壮年劳力的减少和儿童的减少，这里涉及太多的东西。这不仅仅是两河口的命运，也是北中国的命运，是整个乡村文化的命运。琵琶窑的子民们，他们应该知道他们走后家乡会随风消逝。在北寨以北，我何尝不知？但我们只能这样，就这样，在消逝的州八古道上走出去——而这样的出走，必然以文明的消逝为终极代价："曲终收拨当心画，四弦一声如裂帛"，琵琶窑的琵琶声中有灰烬，有哀伤。

六

我的朋友岳六维是两河口人，他说从读书开始就离开了家乡。三十年来，他锦衣玉食于繁华都市，足迹遍于东亚。许多时候在午夜的航班里喝着咖啡时，他会想到两河口，想到双峰之水，想到童年时代的社戏和红火，想到鸡鸣犬吠的村庄和直上云霄的鸿鹄。阳光是怎样照在浊漳河上的，云雾是怎样漫过北原山的，雨是怎样下的，桃花怎样开的……房屋就怎样建，土地就怎样耕，庄稼就怎样收割，情歌就怎样唱……纳鞋底的祖母，放羊的大爷……他们所做的一切，也都是消逝的文明，包括夜晚的爱、白昼的思念、黄昏的忏悔。

他的诗中曾有这样的句子：

> 世间已无两河口，
> 返乡祭祖当泛舟。

这里面姿态各异的两河口让我感同身受：一个是地理学上的两河口，一个是民俗学上的两河口，一个是心理学上的两河口；还有历史，还有文化，还有爱与恨、红与黑、过去与未来……

是的，我们都回不去了。

我想着那些句子，想着很多人和事：古老的村庄，游牧的关隘，真的走到尽头了吗？两河口的口，真的要永远合拢了吗？

有多少岳六维，脱下农人子弟的布衣，完成西服革履的华美蜕变？他们像千年前的石勒一样心醉神迷于北京、上海。在时代潮流中急欲站上风口浪尖的人心，从来没有变过，千载的轮回从来没有变过。

但是，为什么石勒的出走为两河口带来了荣光和繁华，而现代人的出走带来的却是消逝和沉寂呢？我不知道，也无话可说。我真是不懂啊，难道不是在山冈，人才有纵横驰骋的愿望吗？难道除了河水，还有哪里更让人安宁？在这个无义的世界，难道不是金钱和欲望断送了梦想和真情吗？州八古道的二百年，已经走完了，它走在了绝路上；陪着它走尽了光阴的，是两河口的历史。我蹲在河边四下打量，这两条河对岸的石头，都是平整而光滑的，松枝的间隙中能望到三县垴的主峰，一带铁灰中，只有那个山顶雪白。

走在八赋岭的山梁上，看云雾缭绕的深谷，已经看不到两河口，也还是找不回历史。这种消逝的落差是我最大的悲哀。两河口已经消逝，它从活生生的村庄变成一个虚无的名词。

我离开的路线，也是岳六维们离开的路线，或许也是石勒、石虎、石会们离开的路线。这让我有种与岁月共呼吸的感觉。蔡林背上桃花如雪，我爬上一块块突兀的巨石时，是清醒的，但恍惚的状态也有，而且很多。这种时候，我要么是受到歌声和风声的暗示，要么是进入了穿越时空的冥想，我感到我的灵魂在一个秘境的门扉前徘徊，我小扣柴扉，它却深闭长门。我想到宗教、战争、和平，想到生与死。我听到山梁上的牧羊人嘶哑的声音：

> 对面山的那个圪梁梁，
> 那是一个谁，
> 那就是我那要命的二小妹妹。
> 东山上的那个点灯呀，
> 西山上那个明。
> 一马马的那个平川呀，
> 瞭不见个人。

这个"羊胡"用不算太高也不怎么动听的歌儿描述了两河口的悲伤。它强烈的悲伤跳跃在艳到荼蘼的桃花中，我感觉它要破山而出——不要以为这仅仅是放羊汉子对女人的念想；在我看来，他唱过了从历史到地理的万语千言，这民谣是田园牧歌终结的谶言，是乡村留守者对自己的惨淡总结。它告诉我们，两河口不仅是榆社的边界，它也是文明的边缘。作为一个边缘化的地域，两河口的日常生活与人千世界是有隔膜、有距离的，这里面有精神元素，也有物质元素；在精神与物质的背后，还影射着工业文明对农业文明的吞并、现代文明对传统文明的取代。这些涉及政治、信仰的沟壑，在千重万叠的山脉中露出皱褶。

开花调唱到最高处，羊胡的声音击破阳光的城池；他为两河口注入了一个时间概念，这也是一种消逝，在最蓝的天空下显得至为孤独。我陷入那种审美的绝望，我反认他乡是故乡，我想我又矫情了，我真是无病呻吟，可我无法不呻吟：我知道这撕心裂肺的呼喊是永恒的，它是两河口的心肺中最急切的起搏。但是，它唤不回那些消逝的事物：东山还在，西山还在，对面的二小妹妹却不在了。我望断两河口，瞭不见个人。

长篇历史小说《枭雄石勒》节选

李旭清

第十九章　308年的耕耘与收获

一

晋怀帝即位后，虽然一度也曾想着要革除旧弊，重振朝纲，无奈此时的大晋已是沉疴难愈，积重难返。多年积习而成的那种由诸王辅政主政、皇帝只作壁上观的畸形政治格局，一如脏黑的污垢，落满了晋廷的每扇窗棂。

百官已安于这种在暗夜里的沉默行走，怀帝的力量也只能是一柄柔弱的麈尾。此时朝中的一应大权，则仍掌握在太傅司马越的手中。

司马腾的被杀，又为司马越提供了一次重新分配朝中百官人事大权的机会。未几，司马越即奏请尚书右仆射和郁为征北将军，往守邺城，并令王衍为司徒。

王衍是最会观言察色之人，又是最善夸夸其谈之徒，瞅着司马越高兴，立马就给他讲了若干举贤不避亲的古例，遂将亲弟王澄和族弟王敦都举荐给了司马越。很快，王澄、王敦分别被授荆州和青州刺史。至此，王氏家族在朝野内外又筑起一道坚实的权力壁垒。王衍私下里曾喜滋滋地称之为王家"三窟"。

然而，官道茫茫，宦海沉沉，谁又能真正拗过冥冥之中命运的巨腕呢？

邺城耗费了晋廷太多的心血，也给晋廷带来太多的伤痛。更要命的是，邺城的每一次"旧病复发"，都会无一例外地把痛楚漫延至整个中原腹地，并直接危及京师重地。由汲桑和石勒燃起的那股焚天烈焰，虽然被苟晞的大军扑灭在阳城阴霾的夜雨中了，但随之而来的，却又是一浪汹似一浪的冲天洪流。就在汲桑和石勒阳平兵败之后，又有东莱（今山东省莱州）人王弥和阳平人刘灵相继起兵反晋，出没于青、徐两州（分别为今山东半岛和江苏徐州一带）。其间，虽有苟晞、王赞等奋力剿杀，却败多胜少，效果甚微。又过了月余，王弥大军亦从山间小道突入许昌，直逼洛阳。

大晋京师之地第一次受到了来自晋王室之外的武力威胁。

情形万分危急，晋廷急命司徒王衍都督征讨。王衍哪是带兵的料，出兵只战一阵，便被打得兵败四溃。王弥当即乘胜而进，直叩洛阳城的津阳门。关键时刻，幸好有凉州刺史张轨所遣部将北宫纯的援军铁骑杀到，方与退入洛阳城中王衍的散军里外夹攻，将王弥杀得大败而逃。

历史已经注定，公元308年的所有光辉，都将为汉王刘渊一个人而灿烂。就在石勒率伏利度等乌桓部卒归汉不久，王弥和刘灵也先后来投。刘渊大喜，当即加封石勒都督山东（太行山以东）征讨诸军事，并将石会和伏利度两部众悉数配与他统领；封故友王弥为司隶校尉，加官侍中；封刘灵为平北将军。

刘渊得此众枭雄，更是如虎添翼，势力大壮。有近臣见大势已成，便进言道："殿下起兵反晋也已经两年多了，可要是一直守着这么一片贫乡僻壤，偏安于一隅，未免也太可惜了。若能集四方反晋之兵，合力一战，先克刘琨，后定河东，建立帝号，再挥师南下，攻进长安，以为都城，然后借关中兵强地利之势，席卷洛阳，灭晋也就易如反掌了。这可正是当年汉高祖刘邦创立鸿基大业的方略，不知殿下觉得如何？"

刘渊听罢，不禁大喜道："正合我意！"他遂点起军马，亲自督领，只避开刘琨固守着的并州些许弹丸之地，直向东南之地大晋各州郡分兵突奔而来。

此时，正是春罢初夏时节，刘渊命楚王刘聪和侍中王弥各统一路大军，命石勒率其所统七千亲兵为前锋，会攻太行要塞壶关（今山西省壶关县一带）。

并州刺史刘琨闻报，急遣部将黄秀、韩述迂回到壶关两侧分兵阻击。两将分别于西间（今山西省长治西）和封田（今山西省长治西北）与汉军展开激战，但终因众寡悬殊而双双血染沙场。刘聪乘胜而进，一气将屯留、长子拿下。上党太守庞淳见大势已去，干脆摘掉官帽献出壶关，降了汉军。

壶关失守，太行已无天险可依。未及数日，王弥、石勒的雄兵铁骑，便直下太行，扑向邺城。守在邺城的征北将军和郁，远远望见太行山上铁骑突出、刀枪横舞，早吓得面如土色、屁滚尿流，未及抵抗，便弃城而去。

刘渊亲督的南路大军，也是旗开得胜，几乎是马不停蹄，就连着攻下了平阳（今山西省临汾西南）和河东（今山西省夏县西北）。

等到了十月间，刘渊看到大片大片的晋土，皆已被自己的满原铁骑踏为一撮撮细碎的尘土，便按捺不住满腔豪情，索性于蒲子城中设坛拜祭天地，登基称帝，正式定国号为汉，并大赦境内，按亲疏等差封赏刘姓同宗及义武部众。

刘渊所建汉国位列晋时内迁的匈奴、鲜卑、羯、氐、羌各少数民族建立的十六国之二。在此之前的公元306年，已有氐人李雄在巴蜀称帝，建国曰成。

匈奴，这个只在漫长的中国历史上前行了短短几百年的马背民族，终因刘渊的出现，将他们引领到了民族发展最为辉煌的巅峰时期。

次年正月，刘渊因"蒲子崎岖，不可久安"，遂迁都到紫气萦绕的陶唐旧都平阳古城。至此，汉国对大晋的威胁便又向晋之腹地洛阳扎实地推进了一大步。忐忑不安的晋廷上下，已于高深壁垒的宫墙之中感受到了来自北地刀锋上闪动着的凛凛寒光。

二

公元308年，刘渊在用刀枪和马蹄耕耘出的大片原本属于大晋的沃野上，播下了自己称霸天下的勃勃雄心。沃野上奔突着的各路汉国大军，恰似一株株葱绿的庄稼，正在一天天成长为他们行将收获的希望之果。

几乎让所有的人都没有想到的是，就是在这一年里，石勒成为这块沃野里收获最丰的一株禾苗。这一年，成为他一生当中又一个至关重要的转折点。从某种意义上讲，公元308年更应该是石勒的耕耘之年和收获之年。

攻下邺城之后，石勒奉刘聪之命将自己的军队驻扎在城外的漳河边上。对于石勒来说，发生在邺城的许多往事足以让他铭记一生。与这座古城相关连着的仇恨、喜悦和迷茫，让他永生难忘。但现在，让他想得最多的还是一年之前燃烧在这里的那场熊熊大火和大火之下的杀戮与劫掠。他当然不能判定这一切的对错与否，他只是在隐隐之中感觉到眼前的所得并不是他当初的所想。及至今天看到那些灰飞烟灭中残留下的残垣断壁和城中百姓仍然惊惧着的眼神，他似乎才感觉到汲桑当初的那一声喝令实在是太过于唐突，甚至太过愚蠢和野蛮了。好在刘聪不同于汲桑，杀掠和焚烧的一幕并没有重演，他自己也乐得避开这处令他痛苦的地方，只静静地等待在漳河边上，做着再度向前攻伐的准备。

此时，远在乐平的程遐和失散的青崖十八骑，已陆续闻讯而至。

人生总会有太多的等待，尽管每一次等待不一定都会迎来奇迹。石勒的这次等待，应当说他也不是在等待什么奇迹，但就是在这一次等待继续进伐的间隙中，却于无意之中等来一个对他这一生都至关重要的人物。

这一天，石勒一边在等待着刘聪起兵的命令，一边在帐中与大将刘零、阎黑、程遐及十八骑等众将商讨军情。就在这时，大帐外忽然一阵喧哗。不一会儿，有军士入帐来报，说是有一个腰佩长剑的人在军营外大呼小叫，喊着要大将军（石勒此时已被封为平东大将军）出帐外亲迎。石勒心中好奇，便领着众将走出大帐。果然，军营之外的沙滩上，正有一个三十多岁的书生模样的男子，一手按剑，一手挥舞，口中不住地大喊："石勒何在？怎么不请我入帐？"

十八骑中的郭黑略是个粗鲁之人，看到对方如此轻狂，不由就动怒道："什么东西，也敢在这里拿大将军的名字呼来喊去，看我不一刀宰了他！"

石勒却将他轻轻一拉，赶忙向前走了几步，笑着对来人道："我便是石勒。先生何人？来此有何见教？"

那人又道："我乃张宾，世之子房。你既是石勒，怎还不快快请我入帐？"

原来，此人果真叫张宾，系赵郡中邱（赵郡郡治在今河北省赵县，中邱为今山东省临沂市）人，少时便饱读兵书战策和儒家诗书，常于舍中纵论天下，自比张良；又常叹生不逢时，难遇高皇。等到石勒领兵下太行、攻邺城之时，张宾却忽然对亲友私语道："大晋如秋草，将随疾风倒；而大晋之外，也可谓豪杰如林，但我遍观天下诸将，竟没有一人能如石勒者。倘若我今日再不出山相随，以助大业，恐怕我这一生所学，也将付之东流了。再者，石勒诸胡，若无贤者为谋，真还不知要有我多少汉人枉送性命了。"于是，他这才不顾家人的拦挡劝说，径直寻到这漳河滩上。

众人一听张宾口出狂言，竟敢以汉时的张良自比，大多面露不屑、相讥而笑。

程遐却没有笑。他又看一眼张宾，转身对石勒道："汉人中的饱学之士，多恃才自傲、狂放不羁。我观此人，非同于晋室那些清谈之徒。眼前大将军的帐下，多的是英豪猛将，缺的正是贤达谋士，何不遂他所愿，请他入帐而谈？"

石勒一听，立马爽快而语："正合我意。"他便朝张宾做了个请的姿势，道"请先生入帐相叙。"

张宾却也毫不谦让。石勒的那声"请"字方罢，他早已一步当先，昂首仗剑，阔步入帐而去。

及至在帐中坐定，石勒又将诸多军务战事相问，张宾皆一一作答、娓娓道来。石勒听了，虽然还算满意，但觉得他的所言所答也未出自己之上，心中不免有点失望。但他终究还是心有不甘，他不相信这世上真有这么大胆的人，明明胸中平平，还敢指天自擂。

想到此，石勒试着又问道："此前我也曾随公师藩和汲桑两位将军领兵征战，可不知道为什么，本来也是兵强马壮、势众力雄，结果一次次都落得大败而散。先生对此有何高见？"

张宾微微一笑，朗声而答："想那公师藩和汲桑之流，只不过凭的是些许匹夫之勇，排兵布阵，多是随意而动。又兼帐中无士、阵前无谋，既不能机算于帷幕之中，又不能运筹于千里之外。加之稍有斩获，便得意猖狂，以牙还牙，滥杀无辜，致使兵民共愤、天下同忾。如此之师，焉有不败之理！"

石勒听了，心中大震，脸上却不由红一阵白一阵。还好，张宾也算口中留情，并未把他和他的十八骑也列入"匹夫"之列而大加排揎。

这样的话，可是石勒闻所未闻的。但他不得不承认，张宾的话确实很有道理。或许，这正是当初自己虽然和汲桑同以胜利者的姿态高立于邺城的三台之上，却一点也感受不到胜者的快乐的原因。

张宾的话，使石勒陷入了沉思。良久，他又问道："以先生之见，今后我当如何？"

张宾答："招贤纳士，以诚待之；征伐之地，以善处之。"

石勒听得连连点头。但座下诸将，仍多有不服者，看到石勒不再言语，便争相以各种难事相问。张宾却都是信手拈来，侃侃而谈，只说得众人纵然心有不服，嘴上也再无言可问。

张宾复又笑笑，问："大家还有什么要说的吗？"此时，他已收起了初来乍到时的那副张狂劲，所以，他的笑里满是诚恳和谦逊。他深知，今后要使这一干赳赳武夫心悦诚服，仅凭才华和计谋还不足，必须是在言谈举止和性格品行上也能做到随和诚善，方可赢得人心。

但许多人还没有习惯他的这种谦逊，有的人干脆把他这种笑也理解成了一种得意。十八骑中的刘膺就是这样想的，听了张宾的话，心里就想着还得再出个题来难难他，于是就又道："我们驻在这漳河滩上，今日已是第三天了。先生若果真善谋，就请告诉我等，我们何日才可拔营进发？"

张宾道："眼下正是草丰马壮、最宜征伐的深秋之李。我想楚王的军令，应该不出一个时辰就到了。"

诸将一怔，皆掩鼻而笑，心说一个时辰马上就过去了，这回看你这牛可吹大了。谁知，正在此时，帐外忽然响起一阵急促的马蹄声，工夫不大，已有传令兵进帐，持的却正是楚王刘聪的手谕，着令石勒即刻拔营，向冀州诸郡县进兵征伐。

诸将立马目瞪口呆，却又顾不得再说什么，只是赶紧收拾行装，上马出发。

三

石勒复得十八骑，又得张宾、程遐等谋士相佐，更如虎添翼，接刘聪之命起兵向北不到十日，便攻陷巨鹿（今河北省宁晋县南）、常山（今河北省正定县西），旋即又回师猛攻冀州信都（今河北省冀州市），连克魏郡、汲郡、顿丘等郡县和坞堡百余个。

其时，依着张宾之谋，石勒将所陷坞堡，皆向刘渊请命，授予各坞主将军或都尉印绶，并于各地挑选强悍之士五万余众为军士，老弱妇幼则尽极安抚之策，并令军士不得扰民掳掠。对于老百姓来说，这样的军队是他们从未见过的。甚至许多地方的百姓，一听说是石勒的兵马到了，便箪壶食浆，夹道而迎。

不过，石勒毕竟是从杀戮中滚爬过来的人，不管是青崖山上的强盗生崖，还是后来与汲桑的邺城焚掠，都让他的名字沾上了太多的血腥味。也正因为这样，有许多从前听说过石勒"大名"的老百姓，甚至会言之凿凿地断言："从前的那个石勒和今天的这个石勒，肯定不是一个人，要不，就总有一个是假的。"石勒本无真假，名声却有好坏。于是，张宾等人便乘机四处而言："从前那个石勒是假的，是冒名的，今天这个才是真的，是真石勒。"而且，为了让大家更相信今天之石勒与昨天之石勒的不同，张宾还特意建议石勒，让他起了个响当当的字，曰世龙。一时之间，石勒在冀州一带不但名威大振，而且所率部众，也由原来的不足一万，一下子猛增至十万之众。

在军卒骤增的同时，许多文士豪俊也争相来投。石勒却是来者不拒，并依着张宾之谋，将这一批人编在一起，成立了一个性质相当于现代参谋处之类的军事机构，名之曰"君子营"，并正式以张宾为谋主，于军中始置军功曹；又将手下的猛将刁膺、张敬、孔苌，以及十八骑中的夔安、支雄、呼延莫、郭黑略、王阳、桃豹、逯明、吴豫等任为各路将帅。未几，他又命桃豹、刘膺率一路人马，重返太行山，到并州之北诸郡县说服各处分散的小股胡人武装，速来归顺于他。这些小股割据武装，慑于石勒威名，皆纷纷倒戈而投。

转眼已是永嘉三年（309）的初冬，刘聪和王弥的大军，攻宜阳，围洛阳，几经反复，又挫败还师，径回平阳。而石勒这边，却又受到了幽州都督王浚所遣部将祁弘和鲜卑部落的部长段务勿尘共计十万铁骑的围攻。

正是寒风劲吹、飞雪初落的日子，石勒看着幽州兵马来势汹涌，便从常山退兵至飞龙山（今河北省元氏西北），依着险峻的山势列开阵营，准备与祁弘决一高下。祁弘远远望见石勒的大军旗号严明、队伍整齐，一下子竟不敢冒然而进。于是他就使了一计，让段务勿尘带着他的两万鲜卑兵，绕道而行，突到飞龙山上，伺机从山顶而下，袭击石勒后军，自己则于山前与石勒刀枪对阵。

一场血战立即在飞龙山山前展开了。两支军队都是惯于征战的北方铁骑，两下里搅到一起，足足撕杀了有半日，也分不出胜负。正在此时，石勒的大营背后，忽然喊声冲天，段务勿尘的鲜卑兵从飞龙山上杀了下来，一下子就冲进了石勒的军营。守护大营的大力将军刘灵尚未来得及拼杀，竟被一哄而来的鲜卑兵活生生地用乱箭穿了个满身的血窟窿。

石勒无奈，只好领兵且战且退，一直退至信都，方才又扎住阵脚。石勒心知再战下去必定凶多吉少，却没想到这祁弘的幽州大军只是一道黑色的闪电，只此一闪，为晋王朝闪出一丝亮光，也不管石勒如何，也不管晋廷如何，便不再管他们，自行收兵后撤，一路摇旗呐喊、欢欣鼓舞地驱着战马又回幽州去了。

退守在信都城中的石勒，望着幽州兵马远去的满天尘土，一时还不知道对方使的又是什么诡计，及至明白了这个祁弘真的是拍屁股走人了，这才又放放心心地喊上张宾，要他立马筹谋下一步的进军计划。

从这一年的冬天到第二年的春上，石勒大军又和晋廷从洛阳派出的车骑将军王堪、北中郎将裴宪等率领的"讨虏"大军展开了数次血战，最后，竟一气攻过黄河之南，连着攻陷了白马（今河南省滑县东）、鄄城（今山东省鄄城北）、兖州、仓垣（今河南省开封市北）、广宗（今河北省威县一带）、平原（今山东省平原县西南）、阳平等诸多中原之地的重要郡县，使汉军的军事进攻在冀、幽、豫、兖等州皆取得了重大进展。

捷报传至平阳城，汉王刘渊授石勒为镇东大将军、封汲郡公，原先所封都督、王仍予保留。

面对纷至沓来的诸多功名，石勒虽心有所动，但皆听从了张宾的建议，只接受了镇东大将军之职，"固让公不受"。其实，古往今来，懂得"功高镇主"或是"出头的橡子先烂"诸多的险恶生存之理的人并不在少数，但当真正面对功名利禄而能够拒绝诱惑的人实在是少之又少。或许正是因为这种道理，围绕着权力之争的血腥故事才会不断上演、不断重复。

就在石勒一鼓作气，准备继续南下与刘聪、刘曜合围中原重镇河内（今河南省武陟县南）的时候，汉都平阳忽然传来急报：汉主刘渊病危，召各路大军急速还师。

第二十章　洛阳，大晋王朝遗失在中原的最后一梦

一

永嘉四年（310）八月，刘渊病逝。

刘渊起兵及为政之时，力尽抑制滥杀烧掠，招徕士人，收揽民心，且善于用人，善纳忠言。尽管如此，由于他长期坐镇都城，纲纪难严，带兵征战者均为其子和诸将，所以烧掠滥杀之事屡屡有禁难止，使得汉国政权与汉民族之间的矛盾不断加深，远远背离了他为政之初"称汉以怀人望"的初衷。

新继位的太子刘和，生性猜忌无恩，又少功业无威望，即位伊始，未等刘渊安葬，便开始图谋削夺各王权力，以巩固自身地位。此事被正屯兵于平阳城外的刘聪获知，便先下手为强，率领大军杀入城内，弑杀刘和，自立为帝。

史载刘聪为其母"梦日入怀"而产，长成后形体伟岸，左耳有一白毛，长二尺有余，且闪闪有光，故刘渊为他取名为聪。刘聪幼时敏悟过人，年少时已博通诸子百家及孙吴兵法，又善诗文，工草隶，且臂力过人，弓马娴熟，素为刘渊喜爱。只可惜无休止的征战岁月，使之养成了一种近乎变态的暴虐和嗜杀习惯，加之好女色，喜淫乐，所以，在他的统治下，汉国政权从根本上背离了刘渊举兵反晋的正义的一面。

刘聪即位的第一件事，便是重新调整刘渊召回的各路大军，继续南下图晋。他首先命河内王刘粲（刘聪之子）、始安王刘曜，与王弥率兵四万，直叩洛阳；又令石勒点起四万铁骑，先攻大阳（今山西省平陆县西南），接应南下诸军。未几，汉军大败晋军于渑池（今河南省渑池县一带），刘粲出辕辕（关名，在今河南省辕辕山），石勒出成皋（关名，在今河南省荥阳汜水

镇），沿途之上，烽火连天，马蹄雷动，铁流滚滚，直逼洛阳。

此前，被汉国远隔在北地的刘琨，为了守牢并州这片残破的土地，便向北与鲜卑部酋拓跋猗卢修好，表请其为大单于，并以代郡封其。代郡本为幽州所辖，幽州都督王浚一听把自己的辖地封了别人，便大为恼火。但他不敢与同是晋将的刘琨直接发生冲突，于是就发兵讨伐猗卢，不意却大败而归。

至此，王浚与刘琨遂生隔阂。当刘聪兵进洛阳的消息传至晋阳城时，忧心如焚的刘琨一面约请拓跋猗卢准备发兵往讨汉国，以"围魏救赵"之策解京师洛阳之急，一面急遣快马飞驰洛阳，表请出兵——按晋制，地方武装向驻地之外发兵，是必须首先向朝廷上报批准的。然而，十余天之后，刘琨等到的却是司马越的一纸"原地驻防，不得擅离"的命令。无可奈何的刘琨，只能站在朔风凛冽的晋阳城头，遥望着南天的滚滚烟尘，独自垂泪顿足、仰天长叹。

其实，此时的司马越也在焦急，但这种焦急未免来得太晚了。而且，直到现在，他还对许多藩镇守将心存猜忌。刘琨之请之所以被拒，就是因为司马越听信谗言，觉得青州刺史苟晞心怀异心，担心他会乘隙图乱，所以才不让刘琨离开并州，以便于从背后牵制苟晞的。可惜，只此一着，便可能又生生地断送了一次将大晋扶危于既倒的绝好机会。更为严重的是，这时候的洛阳城中，库府空虚，兵民疲惫，眼瞅着汉兵压境，却只是飞起满城空叹。

司马越彷徨四顾，一扫往日的蛮横跋扈，也止不住地一声接一声地长叹，思来想去，还是赶紧搬救兵要紧，这才传檄征兵，急令各镇外藩入援勤王。

晋怀帝得知司马越发檄征援，便令人将各路传檄使者秘密召至宫中，一一垂泪而告："此次征援，实乃寡人之意，为我说与诸将，切勿以太傅之恶而不行。檄令一行，便急速发兵，倘若再犹豫迟慢，那大晋可就真的永无再生之日了。"一代帝王，落得如此境地，实在可悲可叹。

然而，檄令发出几近半月，响应者竟寥无几人。时局纷乱，世事无情，人心难测，任凭你是皇帝的金口玉言，也只能被人当作屁一样地放了也就罢了。不过，倒也有一半个良心和忠心都尚未泯灭殆尽者，一个是征南将军山简，接到檄令，便引兵急赴洛阳，但只行至半路，便被在南阳一带聚众反晋的流民王如、严嶷、候脱给杀了个四散而逃；另一个是荆州刺史王澄，刚开始也是一副慷慨激昂、大义赴难的英雄状，及至行到宜城，忽听王如等人已攻陷襄阳，心里不由就害怕起来，迟疑再三，最终还是又原路返回了。

王如等人虽然已在名义上向汉国称藩，实则上还是不想过受制于人的日子。所以，当石勒大军渡过黄河，将攻南阳时，王如等一干人不但不前往相迎，而且在襄阳一带设兵相阻，生怕石勒占了他的"地盘"。石勒一怒，一战斩候脱，再战囚严嶷，并一鼓作气，攻下襄阳城，斩杀王如，又取襄阳一带坞堡壁垒四十余处。

洛阳这边,司马越每日站在城头上，望眼欲穿，没等来半支勤王的援军，却等来了一道又一道汉兵迫近的军情急报。

司马越不愿坐以待毙，无奈之下，只好穿起几近生锈的铠甲，步履沉沉地入朝去见怀帝，自请带兵出征，往讨石勒。

怀帝此时更是一筹莫展，虽然心下对眼前这个老东西多有恨意，可此时看他一把年纪的人了，还得再去赴这刀剑无情的生死场，不觉便怆然涕下。

司马越于是刮尽洛阳城中几乎所有的兵马，调齐二十万大军，并请以行台（出征时于军中设立的尚书台的临时机构称为行台）随军，用王衍为军司，除右卫将军何伦、龙骧将军李恽等少部分留守京师人员外，一应将佐官吏，尽入军调用。

这一着却又不像是去出征讨虏，此等釜底抽薪的手段，只能说明精于权术之谋的司马越，直到此时，仍在做着另外一样不可告人的狡诈打算。但世事难测，人算总不如天算。

第二天，当灰色的天空为没落的晋王朝送来今年它在这座城市的第一场春雨时，司马越正带着这支心怀各异的军队步出洛阳，踏上了他这一生当中再也无法回头的不归之路。

二

司马越离开洛阳刚至项城（今河南省沈丘县），石勒大军已长驱直入，一路斩杀新蔡王司马确（司马腾之子）、平东将军王庸等诸多晋军将佐，并攻下许昌，虎视洛阳。

从前与司马越关系非同寻常的青州都督苟晞，因司马越后来对他的无端猜忌和防范，早已怀恨在心。此时，他得知司马越离开洛阳，便想乘机灭掉此人，以泄心头之怨。于是，他便草拟了一份讨越檄文，历数其罪，遍告诸州。

晋怀帝在朝中得到消息，心下大喜，便用白练写了一份密诏，差人送与苟晞。诏云：

"太傅信用奸佞，阴兵专权，内不遵奉皇宪，外不协毗方州，遂令戎狄充斥，所至残暴。留军何伦，抄掠宫寺，劫制公主，杀害贤士，悖乱天下，不可忍闻。虽曰亲亲，宜明九伐。诏至之日，宣告天下，率同大举。桓文之续，一以委公……"

苟晞接诏后，即修表一份，付与朝使带回，大意也就是"诏命既到，臣即恭行天罚，即刻诛越"，等等。不料想，朝使行至成皋时，却正好被司马越手下的游骑给碰上了，并立刻带到项城，交给司马越。司马越本是个多疑之人，又见朝使神色慌慌，便令手下搜身。果然，苟晞的表书立马就给搜出来了。司马越立即雷霆大怒，气得直骂："想与我当初称兄道弟之人，竟真是这么一个心怀不轨之徒！真正是可恼可恨更可杀！"他遂将朝使一刀砍了，又反发檄文细陈苟晞之罪，并令从事中郎杨瑁为兖州刺史，派他与徐州刺史裴盾，共同发兵往讨苟晞。

檄令既下，司马越念及朝廷内外，已是人心向背，大晋败绩之恶名，将集于自己垂老之身。这样想来想去，不觉积愤难平，竟一病不起，未及三日，便一命呼呜了。

王衍见司马越一病而亡，只好找了一副棺木，将其草草收殓，竟顾不得再说什么"北向讨虏"，忙把随行的一干王公大臣喊到一块儿，哭丧着脸问大家怎么办。一伙人乱哄哄地吵了半天，先将王衍推举为元帅，然后就照着他的意思，先载上司马越的尸骨送他回他的封国东海，然后再做打算。

石勒闻听司马越病死途中，"讨虏"大军正东向而去，遂亲自带轻骑八千，一路奔袭，未及一日，已将王衍一干人拦截在苦县宁平城（今河南省南邑东）外。

此时，这支原本有二十万之众的"讨虏"大军，大多已自行溃散而去，剩下的虽说也有三万之多，却是没有几个真正懂得用兵打仗的。众人看看眼前持刀环立的凛凛汉兵，又看看呆若木鸡的王衍，一时只顾两腿筛糠、浑身打战，却是什么主张也没有。幸好军中还有一个将军钱端，也不管石勒兵强势威，只发一声喊，便横刀杀了过去。石勒这边，早有性急的郭黑略突出阵前，刀来枪往，战了不到三十个回合，竟一枪就把钱端挑于马下了。王衍等人一看钱端战死，便又乱作一团，不论是王公大臣，还是将佐兵卒，"哄"的一声，拔腿就跑。

石勒见状，只于马上一声号令，汉兵们便弯弓搭箭，朝着疯跑着的人们就是一阵狂射。不消片刻，便有一层黑压压的人尸层叠着横七竖八地铺了一地。石勒冷笑一声，又是一声号令，汉兵们便跳下马来，跑到尸堆前，把那些尚且还留有一口热气的穿着各色官服的文武官员们，一个个都用麻绳绑了。

第二天，被俘的王衍等人被押入石勒的大帐之下。石勒冷冷地环顾一眼帐下众俘，令人给他们把绳索去掉，又让他们落座。稍停，石勒从座上走下，逐个把众人打量一番，最后在白白胖胖的王衍跟前站定。

"你可还记得石勒否？"石勒问。

王衍看看石勒的脸上还挂着一层捉摸不定的笑容，便大着胆子道："将军神勇，威震天下，在下焉能不知？"

石勒一摆手，道："错也错也。我是问你可曾记得二十三年前的春天，就在你们的洛阳城头，有一个倚门长啸的羯族少年……"

石勒说着说着，不由得转过身来，将两只眼睛慢慢地投向帐外，投向辽阔苍茫的洛阳方向。此时，他的眼神满是沉醉痴迷，仿佛整个身心都已回到了过去那些遥远的岁月。他的眼前又闪过郭敬和宁驱的脸庞，闪过驮着他跑出洛阳城的那匹枣红马和滔滔的黄河渡口，闪过洛阳城中倚在牛车前向着城门高声喝喊的王衍那张年轻而俊朗的脸……

此时的王衍似乎想起了什么，便立刻惊呆了："莫非你就是……"

石勒"哈哈"大笑，笑毕，方道："在下正是当年被大人你看重的那个胡儿。"

王衍大惊失色，忙离座弓身施礼，却又不知该说什么："我……你……"

石勒却不管他说什么，只长叹一声，道："往事难再，岁月催人啊。"言罢，他便径直回到自己的座前坐定，捋了一把胡须，这才又朝王衍问道："大人贵为太尉，可知这大晋天下，何以落得今天这般地步？"

王衍抬起胳膊，轻轻地擦了一把额角沁出的细汗，嗫嚅着回答说："我这个人，从小就对官宦之路不怎么感兴趣，到后来官服加身，也全是情不由己。何况朝中之事，向来都是由亲王执政，我等诸官，只不过都是一些摆设罢了。就拿今天这随军之事来说吧，还不都是太傅一人强意所为？要不，我们这些手无缚鸡之力的人，又怎会来到这两军阵前赴汤蹈火啊？退一步讲，这晋室之所以落得今天这般危乱境地，实在也是天意啊。将军你正可顺天意而行，登高一呼，天下响应，建国称尊，势在必得啊。"

石勒鼻子里重重一哼，冷笑道："似君这等少年得志，名冠朝野，及至白头皓首，尚身居要职，号令百官，这也叫对官宦之路不感兴趣吗？天下至此，大晋至此，正是君等一干只会卖嘴皮子而无视天下安危、无视百姓死活的饭桶所造成的！"

王衍听罢，这才面露愧色，垂首而立，不敢再言。

石勒也不再理他，又转身向座下一一讯问。众人心中只有一个想法，只要不杀，当孙子都可以。所以，人人都是一副叩怜相，人人都思谋着把平时对皇帝老子都没说过的恭维话，全都毫无保留地送给了石勒去听。

但也有一人例外，看着大家皆摇尾乞怜，他却昂首而立，毫无半点卑怯，只厉声而言："事已至此，要杀便杀，要剐便剐，休得多言！"

此人即是襄阳王司马范。

石勒却甚是佩服司马范的骨气，及至这些人都被押下之后，还仍拿不定主意应该怎样处置他。

孔苌见状，便问："将军是不是不忍心杀他们啊？"

石勒叹道："我自举兵以来，东奔西杀，闯荡了也有大半个天下了，可还没有见过有此等人物呢。那些垂首乞怜者倒不足惜，只是这王衍和司马范，一个名贯天下，一个气节凛凛，我可真是对他们不忍刀兵相加啊。"

孔苌又道："可这些人全都是晋室的王公重臣，终究是不会为我们所用的，留着他们迟早也是祸害。"

石勒又沉吟半晌，方说："罢罢罢，送他们上路去吧。只是那王衍和司马范，须要令其全尸而终方好。"

太阳刚刚落山，一干王公大臣便全部被赶至野外，被汉兵一个个削了首级。唯王衍和司马范，被孔苌押到一民房之中，等到了半夜，兵士们竟一拥而上，用力将房墙推倒，生生地把两人压于断壁之下。

第二天一早，石勒来到了被推倒的残垣前。他默默地看着眼前的废墟，又默默地将目光投向烟雾迷蒙的田野。良久，石勒忽然大吼一声，命人将司马越的棺材用乱刀劈开，然后焚尸扬灰。

看着熊熊而起的浓烟烈火，石勒犹恨意难消，铿然大骂："败乱大晋，祸害天下者，便在此人！"

灰蒙蒙的东天边上，一轮混沌迷茫的晨日渐渐浮出厚厚的云层。春寒料峭的旷野上，已成尸首的司马越正在最后一缕轻烟中化为随风而飘的一撮灰烬。

公元311年的这个春天，不可一世的司马越结束了他生命中所有的野心和罪恶，而长达十六年之久的"八王之乱"终于在无数的生灵涂炭之后，以永失大晋半壁江山的血的代价，在这缕轻烟中画上了凄惨的句号。

三

　　司马越的死讯传至洛阳，右卫将军何伦、龙骧将军李恽，即以为司马越奔丧的名义，带着晋室四十八王和司马越的妻儿家眷一大批人，匆匆逃出洛阳，踏入了不知所终的亡命之途。就在他们刚刚行到洧仓（今河南省鄢陵）之时，便碰到了继续南下的石勒大军。何伦、李恽见势不妙，只管自己落荒而逃。而剩下的一干脓包一般的王公大臣和老小眷属，便全都低眉顺首地又做了汉军的俘虏。不用问，等待他们的也只能是魂飞魄散。

　　从当上皇帝的第一天起，晋怀帝就在盼望着除掉司马越的日子早一天到来，应当说，能够听到这个人的死讯，甚至要比自己当上皇帝还要值得高兴。然而，当这一天真的突然到来时，他却高兴不起来了。河山破碎，烽火连天，就是这京都之中，也已落得饥荒处处，百姓流离，哪里可找回半点高兴的心情！但日子还得过下去，数数晋室所剩无几的几名文臣武将，怀帝只好强打精神，重组朝政，进太子太傅傅祗为司徒，尚书令荀藩为司空，进幽州都督王浚为大司马，都督幽冀诸军事；南阳王司马模为太尉，凉州刺史张轨为车骑大将军，琅琊王司马睿为镇东大将军，督扬江湘交广五州军事，并复传诏四方，急令入都勤王。

　　然而，此时大晋的四境之内，既有汉兵相犯，又有流民纷起，各地镇将已是自保尚且不及，又哪里顾得上去入都勤王。青州都督苟晞，眼见洛阳内无粮草，外无救兵，便表请怀帝迁都仓垣。怀帝看看这洛阳城中实在也是待不下去了，便召集众臣准备赶快离去。怀帝出得大殿，看看身边只有寥寥几个侍卫随从，又无车无舆，便只好长叹一声，领着这几十个朝臣侍从，步行着走出西掖门。可等到了铜驼街上，他看到的竟是一伙接一伙的盗贼在公然劫掠。怀帝心下大惧，只好又退了回来。

　　就在此时，汉大将呼延晏已兵临城下，而刘曜、王弥、石勒的三路大军，也不日将至。

　　城内人心惶惶，兵民汹汹，已全无守意。果然，只消半日，呼延晏便攻进平昌门，随之，王弥、刘曜两路兵马也先后赶到。城中的守兵早已散去，汉兵一路斩杀，直至南宫，闯入太极殿中，不论是嫔妃婢妾，还是库中珍宝，皆哄抢一空。

　　晋怀帝带着太子诠、吴王晏、竟陵王楙等人，刚刚逃出华林园的后角门，正巧被从西明门杀来的刘曜撞了个正着。于是刘曜一声号令，便将怀帝及诸王众臣一百多人悉数拿住。

天色向晚，刘曜却在铜驼街上摆开了屠场，除怀帝之外，太子及所有王公大臣全被斩杀在一只只默而不语的铜驼之下。与此同时，王弥引领的兵士，也在宫中及城中的各个角落公然劫掠，大开杀戒。一时之间，洛水河畔尸积如垒，洛阳城中血流漂橹。而呼延晏的兵马，在厌倦了城中的杀戮之后，又奔至城郊，遍掘皇陵，焚毁宗庙，并将所得奇珍异宝，尽数瓜分入囊。

铜驼街边惨烈的哭喊仍在继续，刘曜揩一把溅到额头的血星，站起来又径直寻到后宫。姿色犹艳的太后羊献容一眼便被他挑中。刘曜一手抢了羊后往龙床寻去，一手一挥，就将所有嫔妃侍女全都赏给了手下诸将。

石勒因路上又遇到何伦、李恽等搁了时日，及至赶到洛阳时，整个京城已陷入刘曜和王弥之手。

石勒率军走进平昌门，不由将马头勒住，回首而望，城门上的箭楼犹在，只是站在两侧的兵士早已不是昔日的大晋将士，再看眼前这洛阳城中，烟尘滚滚，处处废墟，哪里又能找得见二十余年前自己为之狂喜、为之沉醉的那个繁华都市的半点模样！

石勒双眉紧锁，面色沉郁，不由轻轻长叹一声，心说这份功劳我不与他们去争也罢。想至此，他索性掉转马头，领着他的人马复向城外，还屯许昌去了。

数日后，王弥、刘曜也双双撤出掳掠一空的洛阳城。王弥引兵向东屯兵项关（今河南省项城附近），而刘曜则搂着羊后，押着怀帝，领兵北去，径回平阳。

这时候的山野外却正是花红草绿的春深时节，被夹在汉军中的晋怀帝，心中满装着的是与这个季节相去甚远的冰雪寒冬，一边踉跄而行，一边不时回头望一眼渐去渐远的洛阳城……

洛阳，终成为大晋王朝遗失在中原大地上的最后一场繁华旧梦。

（《枭雄石勒》于2008年1月由大众文艺出版社出版）

坂坡村

周　涛

周涛，1946年生，当代著名诗人、散文家；祖籍山西省榆社县板坡村，1955年迁居新疆；原新疆军区创作室主任、一级作家，新疆文联名誉主席、作家协会名誉主席；其代表作有诗集《神山》《野马群》《周涛十年编》《一个人和新疆：周涛口述自传》，散文集《稀世之鸟》《游牧长城》《兀立荒原》等。

"一个人只要没有个死去的亲人埋在地下，那他就不是这地方的人"。

——引自某名人名作中的一句目前尚不甚出名的话

老　家

车子驶出太原，在这伟大的抗日战争根据地上跑起来，一点儿不认生，轻车熟路，像自己家里一样。半个多小时，它穿过了榆次城我叔叔周文焕家，又过一小时，车子渐渐进入太行山区。

一看见这些黄土堆积起来的山，我就知道，我来对了。在这些山峦掩盖着的纵深处，有一个县，叫"榆社县"。这县不出名，且穷，名列山西省三十一个贫困县之间；县城旁边不远处，有一个村，叫"坂坡村"，就是我老家了。

老家对我，遥不可及。遥远成一个父母嘴里依稀残存的乡音，一个孩提时家里经常重复的民间故事，一个四岁时恍若隔世，不知真有还是假有过的梦境……相隔三十六年岁月，相距数千公里路程，除了在履历表上填填，和我这样一个从小生长在天山脚下的而今年过四十、心如戈壁沙滩的人还能有什么联系呢？我已经经历过许多事，去过好像也不算太少的地方，能够引起我兴奋、惊讶的事是越来越少了。很多曾经使我梦寐以求的事，让我失望；很多让我敬慕向往的名山胜水，令我疲惫。但我知道，这并不是因为我老了，对事物的感觉和兴趣麻木、迟钝了，而是因为世界太单调，它没有超过我想象的范围。所以，我对这个"老家"，也就报着宁可信其无、不必信其有的态度，免得失望。三十六年来，我不曾怀有一定要去寻访一下它的心，即便这次到了太原，也犹疑了十几天。

但是现在，我知道我来对了。

在如此深厚的、浓郁的黄土堆积而成的山丛间驶过时，就像在一大群古老黄河文化的雕塑群中穿行，冬日的山峦、土场、崖塘、谷地、干河、坡坎，稀稀落落的劲松，可怜的窑洞，坐落在干涸河道旁的谦卑的村落，伸过了土泥巴墙的顶部泛着些暗红光芒的野枣枝，断断续续通向崖畔人家的青石阶，被柴垛倚靠着，被晾晒的苞谷悬吊着的青砖房屋……远远的容易为人望见的山顶上，依然不折不扣地挺立着一棵孤独的树——"消息树"？！

"我的老祖宗啊，你难道果真是这样吗？"

我惊奇地在心窝深处大叫一声，几乎被它这副头一眼望过去就无比亲热的容貌给惊呆了，比电影还电影，比梦境还梦境。你简直不能不怀疑那棵孤独的消息树会不会又突然倒下来报信。

我的老祖宗呀，如今，你的老儿子回来了，他四岁上回来过一趟，那是1950年。他那时是跟着他爹一块回来的，坐过大车，骑过骡子。他记得好像是有过那么一段荒凉的、多风沙的、昏暗而又充满乡土气味的路程。他骑在骡马上曾经兴高采烈了一阵，又喊又叫，手舞足蹈了一番，好像还唱歌了。他当晚就发了烧，昏迷不醒，歇宿在一家农舍里。一盏油灯光线微茫，照出土炕周围一片如冥的恐怖。他在高烧中睁眼看什么都是狰狞的鬼脸，土墙上的坑凹，屋梁椽子上对称的疤斑，都成了可怖的嘴巴和恶眼。他爹以后给他讲这一段，说："差点死了，亏是找来个老婆婆，三捏两弄，也奇怪，又活了。"老婆婆是记不清了，但是那铺着破席的土炕，那烟火熏黑的屋子，那油灯一明一灭的样子，他清楚记得。

叔父周文焕笑着说："四岁的事还能记得呀？瞎胡吹哩，还不是听你爸讲述的？"说完，叔父扭过头去问我的堂弟、他的儿子小军："四五岁上的事你还记得不啦？"

小军说："我没我哥那么神，不记得。"

我可是真的记得。我还记得坂坡村的石头垒的羊圈，硕大凶猛的牧羊犬，有一只黑狗鼻子破了，拦羊汉说是和狼斗时让狼咬破的。我还记得愉社城的一个学校，土场上有一架土制的篮球架，倾斜如残断的桅杆，表姐的那些土不土洋不洋的同学让我把一只篮球抱起来……

我记得的也实在有点太多，简直不像一个只有四岁的人的记忆。现在我四十岁了，与故乡匆匆见过的一面竟没忘尽。

马上要进入愉社地界的时候，经过一个官上村。

> 鸟有巢，兽有窠。
> 当我离开祖辈的家园，
> 对故乡说出"宽恕我"，
> 青嫩的心是何等辛酸！
>
> 兽有窠，鸟有巢。
> 当我背着破烂的包裹，
> 划着十字跨进陌生的房舍，
> 我的心忧伤得怦怦抖瑟！

这是一位俄国诗人蒲宁对故乡的心情。中国古诗人在描述这种心情时只用了五个字，"近乡情更怯"。然而，人类精神的美并不以字数的多少衡量高低，它们同样给了我一只自我观照的眼睛。中国人的家乡观念好像是比别的国家的人更重一些，他们出外混事的时候，家乡是一只从背后望着他的眼睛，是奋斗的动力源，是与坎坷命运抗争的全部支柱，害怕"愧对江东父老"是准则。

其实，家乡更应该是一个人浪迹天涯屡遭失败之后唯一还能给你些许温暖的地方。当你背着破烂的包裹，从远方归来，家乡应该比别的地方更多一些理解和温情。它包扎你的伤口，宽慰你紧张不安的心，让你感到自己永远不会被彻底遗弃，这才是真正意义上的故乡。

门　槛

往这百十来户人家的村子深处走去，那棵肢体高大的、在这仲冬季节虽已光秃但依然显得具有充沛生命力的大槐树下面，便是我从万里之外赶来寻访辨认的门槛了。

我家的门。家门。

它意味着我未曾谋面的曾祖父在这广阔的世界上所选中的一块耕耘立足之地，然后我未曾谋面的祖父以其土地主的全部理想和能力修筑了它，盖起了一座具有两层砖楼的庭院，让我的父亲和他的弟弟在这儿出出进进，一个戴着瓜皮帽一本正经地去上学，另一个嬉皮笑脸坐在门槛上玩狗……祖父，因其时代和阶级的局限性，被当时投奔八路军的父亲气得郁郁而死。那时，我这颗希望的种子还没有呱呱落地。

我家的门。一座与我最有缘分的四方之洞。

青砖到顶的，白石砌阶的，背依山崖头遮老槐的，家门。久违了，不管你是老贫农曾祖父选中的，还是小地主祖父修筑的，你都同样牵扯着我的心，使我眷恋、动情。我既不因祖父是地主而自豪，也不因地主是祖父而怨恨，我只能因祖父是祖父而深为"前不见古人"而遗憾。在这些砖石上，我体味你当时用手抚摸时的心情，猜想你经常出入时跨进它时的样子。门，我琢磨着这个简单的汉字所包含的无穷人生哲理。

你可以进去，也可以出来，但是有个限度，大限一到，一进去，就再也出不来了。还有一个门，生命的门。还有许多门，社会的门。每一个门里都是一个世界，完整的、残缺的；每一个门外都是一个世界，广阔的、狭窄的；没有门就没有诞生和死亡，开始和结束，就没有目标和方向，也就没有了禁锢和自由……假如，没有门呢？

我便不可能被囚禁。

因而我便也无处藏身。

我如今来寻访一个门，我看见了它，它和想象的不一样，应该说，比想象的要好些。就是它，这座十分坚实的砖石门楼，成了我进入这人世间的长长的甬道口。

我站在这门外。当我举步准备迈进这门的时候，我犹疑了一下，因为这门现在已经不属于我，必须征得现在主人的同意，我才可以跨进去。门虽健在，内容却全变了。全部幸运在于这座门并不拒绝我，新的主人是我家的一个远亲。她在用酒枣、糖茶、核桃仁招待我的同时，还给了我意想不到的浓郁的乡情。

乡情是什么？是一种特殊的音调？特有的气味和氛围？陌生与亲热的和谐互融？现实与记忆的交叉印证？还是人和一块浸透了思念感情的土地的情感？不管是什么，我家旧院中的新主妇以完全不同于城市人的感情方式接待了我，并且使我惊讶。

"你是小涛？"在院中，那主妇说："俺见过你哩，喂（那）年回家儿来，你五岁些吧，就和你奶奶住在喂（那）边的厢房里，可精哩！"这简直比白日做梦……还让人不可思议！这就是说，故乡记得你，旧宅记得你，记得你的小名和旧事。可是，你百思不得其解的是，她为什么就该记得三十六年前偶然回来了一下，然后就杳无音讯的一个四岁小孩呢？三十六年，足以使好几个人死于异土他乡，她有什么必要记得？仿佛记得这些就是为了专等着几十年后，那小孩长大成人，要回来考考故乡的记忆似的。那时候，她还没结婚，是个待字闺中的农村姑娘，现在已是五十多岁的主妇，倒不显老。

那四十岁的小孩在这熟悉的乡音和陌生的面孔中心慌意乱却强装镇定，假如不是有周围这么多眼睛，他着实想在这古老的家院里向隅而泣一番……淋漓尽致地为这座曾经印满了他奶奶、爷爷、祖爷爷的脚印和手印、汗水和泪水、哭声和鼾声、血肉味儿和屎尿味儿……的院落而号啕痛哭一场！有一种忏悔欲搅拌着伤心，还有一种人生感浸泡着凄凉，在他走过了四十年的说坎坷也不算坎坷，说漫长也只觉刚开始的人生旅途之后，这时他才突然感到，自己与那些已经远离人世的亲人们，正越来越近了。

奶　奶

我相信，当我在我奶奶的坟地周围站立、凝思的时候，一定，我的那些先人们的魂魄正聚集在一起，正在一个什么说不清的地方，盯着我。

盯得我脊椎骨发凉的，是我奶奶那一双苍白的眼睛。我正在她老人家的坟前伫立，面对一座杂树丛生的黄土断崖，脚边，是覆盖着积雪的、松软温厚的黄壤。枯黄的草秆像死去了的人们一样凄凉而又挺直，远处层层叠叠的黄土山峦像逝去的岁月那样以汹涌的姿态凝固在天空之下。这儿是一处高岗。站在这儿，整个坂坡村便像一个被拉远的镜头，无声地、错落有致地静卧在冬日迷人的阳光下，一片黄光灿然。

奶奶您埋在这儿，就不会感到冷了。

但是，您得宽谅您的长孙，他从那么远的地方来到您的坟前，却没有扑通一声跪下，也没有上供、燃香、烧纸钱，而且没有"哇"的一声为您号哭一阵。相反，他满脸似笑非笑，口含过滤嘴香烟，斜披大衣走来走去，好像不是看奶奶的祖坟，而是来视察一个阵地。但是，他恰恰就是在满不在乎地忽略了这些传统祭奠方式的同时，在内心，在您那双苍白的老山羊一样的眼睛盯注下，一丝不苟地回忆了您。

现在您死了，但是您活着的时候，曾经在北京海淀区追打过他，您最善于用扫床的扫帚疙瘩打击晚辈的屁股，打得气势汹汹却不疼。您当时就充满了中国特色、中国气派，每一扫帚疙瘩打下去，都打进了中国农村妇女咬牙切齿的仇恨和莫可名状的深爱。这完全是一种打给外人看的打，也是一种挚爱的表达方式。除此之外，您抓不住他，他像一只不沾家的野猫，您却缠着小脚，黑色的糖三角，高举扫帚疙瘩，他像孙猴儿一样绕着桌子逃窜，还不时笑嘻嘻地逗您。结果，这种追打成了祖孙之间认真的游戏。

只有一次您干了对不起他的事，那是当他第一次捕获了一只活麻雀的时候，您怀着对自己孙子如此重大的成功的喜悦，急忙从筐箩里找出一根线，"来，让奶奶给你拿线线系住。"结果，由于您眼花、手哆嗦，也由于您过于庄重认真，麻雀竟在两双手交接的刹那间乘隙飞走了，飞得自由自在直上云天，仿佛从来没有被捕过……这对他当时打击之沉重，绝不亚于今天丢了全部存折。他那悲愤异常的哭声，直到今天还隐约可以听见。

奶奶之所以是奶奶，犹如历史之所以是历史；每个人之所以必须有一个奶奶，恰如每个人应该在学龄前接触一部活着的历史教科书。历史是黑色的，奶奶的脚也是用黑绒面布鞋包裹着的。我终生难忘的是奶奶捏住我的鼻子让我擤鼻涕时她那手指的味道，有一股强烈的肉腥气，还有洗碗布和剩饭的味儿。她老人家的手捏得我鼻子疼，简直是受刑。我至今不明白她为什么老要替我擤鼻涕。最后一面见奶奶是我十四岁那年，在临汾，表姐家。进门时已是黑夜，奶奶翻身从被窝里爬起来，衣服也顾不上穿，一下把我揽在怀里……她那苍白而又枯瘦的身体依然透出一股只有我能嗅得到的温暖、熟悉、强烈的肉腥气——血统的气味。

之后，我记得她第二天看见我骑自行车上城的时候，在背后以极其憨傻的口吻赞叹道："俺孩的什么都会！"再之后，她就再没有在我的视野里出现过，直至最后埋进了眼前这座断崖之下的黄土。奶奶，我走了。我没磕头，也没烧纸，但我回去以后一定把您的情况告诉您儿子，他也已经快七十岁啦，耳朵聋但是能吃。他曾经是一个优秀的父亲，现在是一个愚蠢的爷爷。他是孙子们最忠诚、最心甘情愿的奴仆，然而却最不被崇拜，当然最后换来的也许是最没有条件的爱。沿着埋我奶奶的黄土高岗往村里走，坡坡垴垴上小块的田里被翻起的土坷垃已经露出积雪，被温柔的阳光晒着。顺手抓起一块，一捏，便成了细碎的壤粒。这土壤，干净、纯正。嗅之若有雀巢咖啡的香味和色泽。这就是人们赖以生存的那种伟大的东西，溶化了一切……最终，土壤不但没有污染、腐败，反而越加深厚、丰沃，保持着一年一度的、历久不衰的生殖力。

二　花

坂坡村里的狗，似乎没有我四岁回来时那么多了，拦羊汉也没见到。那时，村里的狗像羊一样成群，现在只像一些孤零零的觅食鸡。我属狗，对此好像村里的狗也都略有所知似的，我走进每家院门，狗都不咬，反而摇头摆尾地首先凑过来，仿佛我是专门来看望它的。我也觉得不该对狗表示冷淡，第一因为它们是我的属相，这就是不可忽视的缘分和天意；第二因为我从小听父亲所讲述的"家史"中，没有哪位先辈的形象能比我家当年所养的一只名叫"二花狗"的牧羊犬给我留的印象深刻和让我充满自豪感。

据说，二花狗是祖父用背篓背回来的一只小狗，黑白两色相间，故名二花。一路背回来，它一泡尿灌了祖父一脖子，关在家中养了半大，放出去一叫，压住了半村子的大狗。后来它一一战败附近的狗，便去看羊，打败过豹子，独身迎战过八只狼……父亲这么说，叔父周文焕也这么说，于是那只狗简直传奇。我从小便怀疑，但是父亲说得很有根据。他说，狗打狼，不能咬，只能用胸脯冲撞；狼脖子上毛硬，狗一咬上，就卡住喉咙，直咳嗽，狼就乘机扑过去把狗咬死。可是二花狗有办法，它腿粗，胸部强壮，脖子上戴着刺钢圈，总能把狼撞得跌跌滚滚。现在想来，狗的故事之所以能够载入家史，说明了坂坡村当年常闹狼患，一问，果然。村里人说，直到现在，冬天打不上食时，村后的崖畔上偶尔还能望见转悠的狼。我又问起二花狗的事，村里人就不明白了，只是笑着说："你小时候回来就爱见狗的。"

其实呀，家乡就是一只你祖辈上养过的不死的老狗，它总是不知什么时候就回来了，悄无声息地卧在你记忆的门前……（对不起，譬喻总是蹩脚的。）

我过去也养过一只玉石眼的黑狗，养了时间不久，就丢了。十多年后，我从少年变成了戴眼镜的青年，有次和同学去郊外远足，突然从一家农舍里窜出一只黑狗向我们扑咬。我稍一定神就认出来了，是它。"黑子！"我叫了一声它过去的名字，它就愣住了，迟迟疑疑、若有所思地直望我；我又连叫数声，那狗进几步退几步，突然像小狗崽似的尖声呜咽起来，将头伏于地上，尾巴犹疑地摇动了几下，仿佛被两种看不见的力量所争夺。然后，它猛然间扭转头，飞奔着逃走了。这就是狗，一种有记忆、有灵性、有感情，甚至似乎有道德标准的动物。它在我面前展现的这一幕思想斗争的场面，使我不但十分感动，而且经常怀疑狗是不是也具有思考能力。

四　姑

四姑是留在这里的我唯一的近亲。她在北枣林村，离坂坡村十余里路，是个更偏僻、更小、更山村的村子。

我忽然有了一个念头，决计要在这里住一晚。似乎觉得这样可能会有什么奇迹，类似梦中幽会到一些祖先的魂灵，面受来自另一世界的指点和秘传……四姑的语言，首先使我发现了那种亲切的韵调之外还具有特殊的文雅词汇和表现力。

比如，当她领着我爬上山坡进院时，她便对那朝我狂吠的狗以无可奈何的口吻说："狗的呀叫的呜儿呜儿的，好你哩，你可叫的甚哩呀？"她不说狗叫是"汪汪"，而说是"呜儿呜儿"，这就有一种凄凉的山野韵味。

再比如，当她领我踏进她家的院门时，转过头来，说："凄惶的俺孩的，可把人想煞呀！"然后她又说："俺一辈的凄惶的也没啦捉务下一个孩的，……你爸爸人性可好哩。"

"凄惶"，这是个多么文雅的词汇。她不识字，但是在她的语言里就积淀了一些极文化的语汇，"想煞""眉眼""捉务""人性"，这些词，她随口即是。在最没有文化的人们口里，也流荡着古老中原文化的余脉，我不知道什么叫作"没文化"了。

我盘腿坐在炕上，手煨向炕上的火盆，火盆里是灰烬掩着的暗红的棘柴火，暖手而经久不灭。棘柴细如筷子，粗如手指，取自崖堎，木质细硬如煤。姑父说："可耐烧！"我觉得这也叫"天无绝人之路"。

这幢房子，据姑父说，买下六十年了，虽旧，窗棂上的木格图案却很美，但奇怪的是，寒冬腊月的竟在窗上留有一掌大的方洞，用布帘遮住。一问，姑说："那是猫道。"话音未落，果有一匹肥大之猫熟练地顶开布帘钻入。

当我在炕桌上和姑父一起深夜小饮时，四姑便用炖豆腐、炒鸡蛋、煮饺子为我们摆了一桌。没有什么宴席比这酒喝得舒心，红泥小火炉，能饮一杯无？晚来天欲雪，犬吠深巷里。古诗词乱七八糟地涌出来，与这小山村的大寒夜浑然一体，使人不辨今夕何夕，不知古人为我还是我为古人，赵钱孙李周吴郑王还有杨白劳……轰然而来倏忽而去矣！

我这四姑父，年过七十，衣冠昏暗陈旧，却是三八年的老党员，抗日战争的老村长。他没多少文化，表面一副农民的谦卑，眼神里却隐含着一种把世事看透、人心洞穿的骨子里的倔硬高傲。

　　我爱和他聊天。把盏而谈，盘膝而坐，我觉得是在和一个生活的老教授在一起，自然而又舒适，极有深味。

　　我带给他一条十多块钱的过滤嘴香烟。他便告诉我说："那一年，人家给俄了一筒筒带把把的烟，俄说，俺们受苦人的命也不值外烟钱……"他把话说到这个高度上，我便多少能品出些意味了。他毫不掩饰地承认并自称"受苦人"，还以开玩笑的口吻承认自己的命不值那烟钱，就向我展现了他这太行山老农民的天然的大气！穷而不酸，穷而不装富，穷而不自以为还不算穷，这就不卑。他嘲笑的不是自己的命，而是这世上竟有比他的自嘲更荒唐的人生哲学！

　　七十多岁的老姑父咂着白酒，他握了一辈子锄把子的手粗糙而又僵硬，捏着一双筷子显得那筷子太细、太轻巧，老像是要从他指头缝儿里漏下去。种了一辈子饭的人，吃起饭来却显得别扭、不习惯，好像是不太会。他喝了酒，说话就更有意思。

　　"那一年，人家说你是老党员、老村长，七十六岁了，还要继续努力呀！林业局飞机撒种，叫俺刨坑坑，俺们受苦人就蹲到外山上去刨坑坑了。"

　　"不过，俺们还能往甚的地方努力，呀？再努力就是往棺材里努力了。"

　　这时，四姑眼睛闪过一丝鼠似的惶恐，赶快说："不要瞎胡说！"姑父笑了笑，便改了话题："那一年，小涛你回来，在坡坂上你爸爸引着，我逗你说，说你是小地主，你就眉眼不高兴，好好好，说你是小八路，可高兴哩！拿手比个枪，啪啪啪乱打一气！"

　　乡村的冬夜黑得早，十点钟，就已深如古井了。我睡在铺油布的土炕上，挨枕便着，死一样毫无知觉，与长夜浑然一体般直至天明，仿佛不是睡了一觉，而是灵魂出窍一夜，半点梦的影子也没有。然后我醒来，所见有搓苞谷粒的声响传来，一声一声，像牛的迟钝的牙齿在反复咀嚼。

　　我披衣而起，悄悄地转到屋后直上崖垴，登数十米，便见山坡上一片枣林，枝上落着一只斑鸠和一只喜鹊，四周一片山峦，清静而荒凄。北枣林村筑于河畔，沿一面山坡错落成村，晨起而望，极美。我走近那枣林，几步之差，斑鸠才离枝向谷地飞去，鸣声嚓亮，在清寂中格外悦耳。喜鹊依然不动。

　　"这山里，有狼、狐子、山猪、山公鸡、大豹子、獾子、野兔……"我想起四姑父昨夜聊的话，又想起来时沿途偶尔见到的背火枪的山民，觉得这山村世界是那样熟稔可爱，如果仅仅因"落后"的罪名将它们彻底铲除，换上新的楼房和建筑，那该是多大的遗憾。这就像把自然的树林伐掉而栽上统一的树苗一样，让人兴味索然！

越是在现代的生活里，人就越需要在某个时候，住到这样清静简朴得近乎荒凉的山村里来。我想，这简直是极好的一种旅游点。只有在这样的山里，才能看到后来我们在归途看到的一幕：山崖上有两个乡童，一样高矮胖瘦，一样的眉眼衣着，绝似两仙童，在山崖上抬石板玩，"一、二、三"，扔到崖下，自寻乐趣。

（原载于《上海文学》1987年11期）

第三节 "诗咏榆州"全国诗词大赛获奖作品选

2017年春季，由榆社县人民政府主办，榆社县文化旅游发展委员会、榆社县文联承办，榆社县信用联社、榆社县诗词学会、榆社县作家协会协办的"农信杯·诗咏榆州"全国诗词大赛拉开序幕。到截稿时间的当年10月，共收到来自全国各地的稿件3 700件，其中入围450件。经评定，选出一等奖1名，二等奖3名，三等奖6名，优秀奖20名。本次诗词大赛参赛作品，诗、词、曲、赋、联各有佳作，精品迭出，特别是获奖作品，更是字字珠圆玉润，句句诗情画意，皆不失吟咏箕榆之佳作。为弘扬榆社文化，共享诗词之美，激发更多朋友热爱榆社、亲近榆社，并记录榆社发展历程中这一文化盛事，本书特从《"诗咏榆州"全国诗词大赛作品集》中精选其中部分作品予以刊录。

沁园春·春到云竹湖

王兴一

王兴一，男，中华诗词学会会员，陕西诗词学会常务理事，陕西电力诗词学会副会长，出版有诗词篆刻集《锄月集》。

造物风流，偏把平湖，嵌在重峦。看巉岩腰畔，清波泛绿；岫云肩上，蓬岛浮烟。碧水丹崖，流风雅韵。玉璧虬松逐浪欢。鸥鸣处，把桃花愿景，衔到峰巅。

曾经遍踏湖湾，有多少流连到此间。挽咱家诗侣，追虹捉韵；他方词客，沾翠听湍。濯足灵渊，振衣仙嶂。独此春光蜃气繁。长篙动，便花摇碎影，香满群山。

踏莎行·题榆社古生物化石

原振华

原振华，女，山西省长治人，中学教师。

象饮甘泉，鹿眠芳草，洪荒信步称王早，无端倾覆换时空，万般好梦青青老。

霸气纵横，雄姿夭矫，醒来今古梳分晓。不同岁月化尘泥，传奇再续依然傲。

过石勒墓

杨光胜

杨光胜，山西平遥人，"80后"，中学教师，山西诗词学会会员，晋社社员。

出世遭随板荡中，横行肝胆领元戎。
王侯嗣位真无种，氓隶跻身自可雄。

延目修平恃儒业，归心劝课到农功。
冢茔醑罢周天望，绕水苍山一带风。

踏莎行·云竹湖

苏 俊

苏俊，男，1975年生，广东高州人，中国楹联学会对联文化研究院评论部主任，广东江门蓬江诗社特聘社长。

山黛描眉，波光盈目，美人生小名云竹。三春杨柳是腰肢，四时霞彩为衣服。

天下明眸，晋中碧玉，朝吟暮赏都难足。今宵梦里定相思，化为沙鸟湖头宿。

云竹湖楹联

雷秀春

雷秀春，男，四川宜宾人，中华诗词论坛信息中心版主。

明珠嵌太行，纳天之精、地之灵，引云竹岚萦仙驻足

胜景甲榆社，集山之气、水之韵，教鱼翔鹤舞棹飞花

云竹湖赋

傅丁本

傅丁本，男，江苏宿迁人，1943年生，退休干部，现为中华诗词学会会员，宿迁市诗词协会名誉会长。

夫云竹湖者，海金山水库也。其水数百里，北近仓竹之沟，南倚海金之峰。润渝州之沃野，泽古邑之苍生。浪翻琼田，泛云帆于天外；涛连仙境，涌瑶岛于蓬瀛。风光秀美，物产隆丰。名园锦簇，佳木葱茏。亭台楼榭，彤采飞甍。集三晋之文化，太行之风情；山村之野趣，古镇之幽宁。

2019年8月全国二青会公路自行车大赛在云竹湖畔举办（摄影 张卫兵）

若夫，杏雨初晴，桃魂欲绽。才黄岸柳，乍啭莺燕。野草生香，杂花呈艳。朝曦出海，烟云开幔。铺绿水以红霞，染碧波之如练。青峰对镜以梳头，翠鸟临流而照面。风传欸乃，聚船帆之如云；网起鱼虾，溅浪花之如霰。于是软翠一篙，晴绮十里。朱栏曲曲以虹流，白羽翩翩而雪起。茶香酒醉之时，云影波光之际。歌惊鸥鹭之群，笑惹鸳鸯之侣。洗梅花之清骨，修到神仙；比桃叶之多情，有如此水。

若值盛夏之日，雨流奔泻，水涨湖腾。碧波喷玉，雪浪飞龙。雨霁虹飞，壮长桥之卧波；远山翠染，起岚气之迷蒙。红衣飞过，听少女采菱之曲；绿篙撑来，醉船娘嬉笑之声。至若生态浴场，春色窈窕。青春男女，靓丽时髦。歌声笑语，燕软莺娇。戏碧波于浪底，鲛人玉溅；横玉体于沙滩，鸥鹭魂消。临斯境也，情迷意醉，目眩神摇。有愧乎太上之忘情矣。

当其苍苍兮碧岫，袅袅兮素波。梧桐兮落叶，听雨兮残荷。正莼鲈之味美，思虾蟹之黄多。伴风月之万象，钓烟水之一蓑。归来换酒，鱼香一锅。菊花葳蕤，月影婆娑。呼邻翁而共饮，乐击壤而高歌。嗟太行之玉，醉南国之诗魔。

而或，朔风呼号，雪舞龙翔。远山凝素，银海吐光。玉宇琼楼，人疑仙阙，瑶花琪树，辉映生香。斯时也，约诗朋，曳短筇。寻梅魂于幽谷，携衣袖之香浓。待至，暖风初拂，冰渐雪融。山光惨白，波色乍明。清澈见底，鳞呷鸟鸣。晶晶然如镜之新开。于是漾轻舟而煮茗，钓寒水以怡情。饮村酒之甘冽，醉当垆之丽容。扣舷而歌曰：荡湖波之远逝兮，感岁月之匆匆。觉湖风之渐暖兮，透春意之蒙眬。自悠游于山水之间兮，何羡乎河上之仙翁。嗟乎：斯湖四时画境之工，晨夕设色之丽，游人醉矣。

然尤为清绝者，湖之月景也。每至潮平水阔，落日苍茫。霞铺绿水，波抱夕阳。鸥逐返棹，歌满渔仓。逢沽酒之渔父，听醉人之晋腔。少焉，黄昏云破，月意朦胧。金光闪烁，鳞波万重。引小舟而入幻，会牛女之双星。临瑶池而照影，喜白发之回青，不复知为人间世矣。

至若舍舟登岸，攀岭入云。千峰翠涌，万木云屯。揽"海金"之清秀，挹"西冷"之芳芬。迷云海之蜃变，听天水之涛奔。清泉散雨，飞瀑龙吟。灵岩竞态，仙峪幽深。更有蜿蜒湿地，清气怡神。莲塘万亩，果树千林。天鹅曼舞，鸥鹭成群。若乃，黄土山地，环抱绿荫，长街小巷，古镇山村。登梨花之岛，过石板之桥。入桃源之境，喜父老之邀。鲜菜粗粮，活鱼野肴，酒香肠热，笑爽声高。小调一曲，桌面频敲。今夕何夕，方外逍遥。

噫吁哉，湖山之灵韵天臻，县府之精心打造。移仙境于人间，漾泽波之浩渺。状斯地之辉煌，待笔花之灿耀。若夫我辈，幸幽草于晚晴，系河山于怀抱。喜风物之情多，慨古城之新貌。意醉情迷，文思踊跃。记榆社乡愁之曲，唱鱼龙变化之调。

云竹湖赋

曹 杰

曹杰，广东惠州人，辞赋家，诗人，好访名山大川，幼承家学习古文，及长，师从耆宿习辞赋、诗词。

夫地厚太行山，高拔雄奇；天开云竹湖，荡漾连绵。以水光之灵秀，波毓榆社而上善；兼造化之圣美，水秀福地而自然。重峦叠翠，云竹金山；巨川峡谷，万壑流泉。千年祈梦，一派大观。人间天堂，欲界仙都，风光一派；太行明珠，山川灵秀，造化千年。榆社洗澄澈之心，风云俱净；清波画家国之梦，此地先圆。

风来水上，爽沁四邑，温润滋仓廪殷实；势渡雄关，目望高城，气象成虎踞龙盘。冰川演往古之沧桑，悬明镜而托玉盘；飞瀑壮襟怀之浩瀚，支玉柱而卷珠帘；清波映新城之绵延。若其天朗气清，春和景明。晨露堕而花发；春草香以娉婷。鱼戏水草，动宝鉴而起涟漪；花发湖畔，照清波乃醉芳汀。日出熹微之际，问摇月之清风；神望云天之时，需揽胜于新晴。目之所及，荡荡哉，龙蛇初起金乌，清辉渐消空蒙；浩浩矣，远山锁乎水雾，高树舞之白云。有耄耋童颜之彭祖，亮白鹤轻灵之羽翅；多依偎亲昵之鸳鸯，指连理古树之同根。分野马追风之神鬃，两仪四象，推演太极；许山盟海誓而多情，千年万险，不改同心。

待其红日高照，红波蒸晨雾而缥缈；鳞浮珠玉，气象生翡翠以空澄。漫步湖边，欲乘一苇而效达摩之命；手掬清流，乃听流水以解伯牙之琴。更有远足摄影之客，时匆匆而流连；偶遇执笔采风之士，纵遐思以轻吟。待其落日初现，金鳞披而湖壮阔；红霞远来，群山照而水静深。当是时也，乘舟湖上，消案牍之劳苦而清心，风入怀以酣畅，一碧万顷之茫茫；皓月清辉，把酒盏以豪放而诗成，舟解缆而不系，乃息烦冗之纷纷。宜佩马良之神笔，乃可书榆社之大美；斯赋相如之丝缕，实未写万种之一分。

唯飞舟击水，云竹湖上之乐事；观光垂钓，极乐境中之清风。行吟长啸，涤胸中眼内之块垒；悠游乐群，成厚德美俗之大功。人物高拔，尽雄杰之大观；湖光钟灵，多俊秀之蛟龙。良渚文化，人文赠其秀色；榆社山水，草木佐其精英。是以湖为斯地之眸，便可以静观天地之万象；水做来人之镜，亦能当远照榆社之一灯。

沁园春·榆社文峰塔

王跃平

王跃平，男，山西太原人，1958年生，网名诗源，万柏林诗词学会会长。

数百春秋，沐雨迎风，鼎立太行。任乌升兔走，时轮砥砺，雷鸣雪压，物候欺狂。骨未疏松，心犹旷达，笑傲仪川笔架旁。重檐上，更宝瓶集瑞，直抵穹苍。

文峰自是名章。激百里英才聚一方。继前清古道，旗铃阵阵，今时阆苑，梁栋长长。碧水青山，高邻远客，争为玲珑敬彩妆。尤欣慰，有万千侨俊，续写辉煌！

咏云竹湖

耿 宇

耿宇，1996年5月生，笔名猜猜、小雨，西安蓝田人，现就读于西安石油大学。

余晖倒映日分明，激滟流波水面平。
旷垄游人归已晚，芳堤细燕沐初晴。
风斜天净摇春树，草软花红卧早莺。
最是流连难忘却，林间一步一声鸣。

沁园春 · 榆社放歌

张书学

张书学，男，黑龙江省肇源县新站镇中学退休教师。

云竹湖兮，王母明珠，璀璨绿洲。望苍峦叠抱，九天朗日；碧波层漾，千里平畴。鹤戏翔鳞，蛙鸣荡鹿，点点风帆引远眸。登临处，似文峰滴墨，画里春秋。

文明古邑当游。有多少英雄不尽讴。仰相如颇老，侠肝义胆；世龙箕子，称帝封侯。山毓人灵，水涵气浩，柱地擎天续不休。丹忱在，更宏图大展，壮我神州。

柳梢青 · 云竹湖

蒋加成

蒋加成，江苏盐城人，中华诗词学会会员，曲艺家协会会员，子曰诗社会员，任多家网站、论坛版主。

叠翠层峦。明珠衬托，曲水轻摊。千顷云烟，清波浩渺，云竹湖看。

轻舟一棹天关。天地接、斜阳影单。垂钓金钩，婆娑老柳，日月凭阑。

临江仙 · 咏榆社文峰塔

唐秀玲

唐秀玲，网名深谷幽兰，吉林省伊通满族自治县人。

八角玲珑萦丽日，曾经多少风烟。波光荡漾浊河湾。匾悬图秀美，斗拱洞清寒。

犹记文风开百里，堪称功德流传。且看百亩拓峰园。清新芳草碧，典雅玉雕栏。

云竹湖

曾春辉

曾春辉，男，广东东莞人，在全国诗赛中多次获奖。

一湖静卧山阿，临禅寺，傍果园，倩人泛几叶轻舟，打捞起水面钟声，波间云影；万里频来客步，乐养生，闲嬉戏，畅意收四时好景，品评得晋商文化，古邑风情。

贺新郎·过榆州怀箕子

集　梧

集梧，原名燕锐，1969年生，贵州毕节人。

一去朝鲜误，已千秋，几多怀抱，向人倾诉！家国丹心谁明白，只恨漫天云雾。当日事，君王独舞，玉碗加餐须象箸，叹生民饱暖无人顾，空戚戚，竟辜负。

指尖风物朝和暮，看春秋往来如电，瞬间今古！清水承舟舟方远，今有亿民能主。晋之地、潜龙藏虎。日月光芒三万丈，到乡居都市皆箫鼓。吟不尽，慢行去。

八声甘州·过石勒墓

李宝君

李宝君，字子玉，网名荆山玉；山西榆社人，中学教师。

望荒烟起处乱坟冈，人言是皇陵。忆都门长啸，少年意气，何等豪情？惊破司徒鼠胆，宵禁捉雏鹰。一骑胡尘去，天下纷争。

两度为奴谁料，帝王公侯种，原是佣耕？聚山东侠盗，斩木起雄兵。杀贪官、攻城略地，统北方、青史建功名。千秋后，魂归故里，冷眼衰荣。

登文峰塔

赵立明

赵立明，男，蒙古族，内蒙古通辽人。

谁将秦颍立文峰，半写山魂半写容。
皴染高台云作顶，翰迷花海客疑踪。
明心问道迟三世，借酒寻幽尚几重。
我忘尘嚣天向晚，斜阳棹影一般浓。

踏莎行·云竹湖

罗金华

罗金华，中华诗词学会会员，湖北诗词学会理事，《象山诗词》副主编。

灼灼花中，欢声几弄。韶光占尽清歌送。临湖觑见镜中图，白云天外梨云共。

剩作相思，春风惹梦。君来定有红妆宠。酡颜醉语若从头，请谁来著钗头凤？

云竹湖

韩　团

韩团，河南汝州人，退休，高级讲师。

梦三分，幻三分，谁将蓬岛移云竹。
春一鉴，秀一鉴，我把诗心寄水乡。

咏云竹湖

王善同

王善同，字慎独，号天池居，别署兰屿；山东郓城人，现居新疆阜康市；中华诗词学会会员，新疆诗词学会副会长。

云流竹隙起岚烟，细雨人知梦幻边。
淅沥太行波涌碧，葱茏宝鉴客成仙。
星垂牛斗留丰韵，山簇乾坤正盛年。
天自有情天向老，舟行一曲月儿圆。

秋游云竹湖

殷宝田

殷宝田，网名陵山老翁，中华诗词学会、中国诗词协会、河北省诗词协会、河北采风协会会员。

半湖秋色半湖烟，数只钓舟云外悬。
白鹭一行飞入镜，无由撞破水中天。

云竹湖

傅 渝

傅渝，网名椅子，诗词爱好者，曾多次获得比赛大奖，就职于重庆川仪金属功能材料分公司。

高飞白鹭此中还，竹色相宜云影闲。
携酒一壶乘棹去，风来有客钓青山。

水调歌头·游榆社县云竹湖感赋

刘　斌

刘斌，网名留取残荷，江西人，陕西某军校博士。

　　春日起佳兴，云竹眺氤氲。老杉苍翠指路，嘘吸荡清氛。豁地镜奁洗目，万象粼粼弄影，岚彩益缤纷。匝岸琼花灿，身似在仙津。

　　驰目骋，啸林樾，快嘉辰。好风小艇堪唤，鳞介跃殷勤。一箭遥追堕日，莫说东坡赤壁，何处有纤尘？山影暗归路，魂梦百年珍。

谒石勒墓

张德志

张德志，男，汉族，1963年10月生，榆次区人，网名沁园春，中华诗词学会会员，山西诗词学会会员，榆次区作家协会会员，榆次区紫云诗社副社长。

　　　　孤坟空竦峙，枕水伴危亭。
　　　　石碣浑无迹，松帷尚有形。
　　　　投戎崇剑气，立国向绥宁。
　　　　蓊郁茔丘草，千年鞠护灵。

临江仙·咏榆社文峰塔

宫丽梅

宫丽梅，笔名蓝竹幽幽，吉林省洮南市退休工人，中华诗词学会会员，吉林省洮南市诗词楹联学会会员。

　　阵阵铃声频入耳，疑为世外歌谣。山头大笔插青霄，赋诗天做纸，填曲月濡毫。

拾级如行云路里，何人砖匾精雕？凝神纵览叹多娇，峰峦虹下卧，玉带眼中飘。

题榆社县云竹湖

周广征

周广征，男，网名周大烟袋，安徽铜陵人，中国楹联学会会员。

桨声欸乃，帆影蹁跹，胜景认苏杭，云竹湖间镶翡翠；
树色参差，波光潋滟，明珠辉晋地，太行山上嵌琉璃。

文峰塔

卜用可

卜用可，网名可儿，女，江苏扬州人，中国楹联学会理事，中华对联文化研究院创作部主任，江苏省楹联协会理事。

塔矗巽山，其风鼎盛，教数百年人物挺生，兴隆文运光青史；
笔书天宇，大气纵横，引几千里江河呼应，崛起英才壮古城。

云竹湖

赵忠亮

赵忠亮，网名浪中行吟，昌邑龙池人，中华诗词学会会员，山东省诗词学会、楹联学会会员，潍坊市诗词学会、楹联学会理事。

忽讶瑶池一盏倾，碧波摇荡白云横。
南望错落群峰绿，北接葱茏三岛清。
傍岸兰舟菱角满，随人鹭鸟羽衣轻。
山风涤尽尘间念，击水渔歌天上生。

江城子 · 过榆州

胡小敏

胡小敏，女，江西修水人，中国楹联学会会员，江西省楹联学会名誉理事。

铁龙一啸过山川，岭连绵，水蜿蜒。鸟掠云飞，万壑动晴烟。云竹梨园生态里，风浅醉，客陶然。

文峰石勒溯渊源，北泉边，故城前，箕子帝王，将相话千年，若问榆州新手笔，中国梦，小康篇。

破阵子 · 榆社拜石勒墓

刘桂娥

刘桂娥，网名清月，山西榆次人，紫云诗社成员。

侧畔山崖斜日，蒿蓬残断云飘。野冷孤茔千载史，难计年轮一世枭。听凭风雨摇。

长啸东门壮志，好骑善射雄骁。最是为奴生几许，赢得君王惊六朝。今谁识帝骄。

泛舟云竹湖感赋

王天明

王天明，网名试剑，河北张家口人，中国楹联学会会员，中华辞赋社会员。

波光遥接古榆州，绿韵无声浣梦柔。
燕递春歌磨镜面，鱼追客影绕船头。
弦音恍若风弹水，兰棹轻移画入眸。
落日难陪游兴尽，海金山外月如钩。

第七章　艺苑风采

◎李旭清

　　榆社县文化活动传统久远，丰富多彩，其中尤以民间社火活动最为有名。社火包括文社火和武社火。文社火主要有霸王鞭、土滩秧歌、戏剧、高跷、跑旱船、舞龙灯、游九曲（灯阵）等；武社火主要是"武圪榄"，即武术表演。每年始于春节，止于腊月，文化活动锣鼓不停，四季花开，文武社火走村串乡，足迹遍及全县甚至县外。民间文武社火活动由来已久，到抗日战争时期，因八路军长期驻扎，抗日战争宣传氛围浓厚，带动了群众文化活动的空前活跃。时至今日，随着时代发展，物质生活的极大改善，文化环境和文化艺术表现形式也发生了翻天覆地的变化，虽然人民群众对精神文化的渴求越来越为迫切，自发性的文化活动更是遍地开花，但多表现为千篇一律的广场舞，很难再现激情岁月里群众文化活动那种精神层面占有绝对优势的热情与红火了。新的时代，新的发展，给如何更好地繁荣群众文化活动带来新的挑战。

　　"艺苑风采"主要记录榆社文艺、武术、书画、摄影等文化活动方面的发展历程和主要成就。

第一节　文化管理机构

　　榆社县文化和旅游局现为全县文化和旅游工作行政主管部门。20世纪90年代，县文化局更名为县文化艺术中心；2010年10月，撤销文化艺术中心，改为文化市场行政执法队，并另组建县文化体育广电新闻出版局（简称文体广新局）；2016年4月，撤销文体广新局，重组文化局；2017年年初，撤销文化局、旅游局，组建文化旅游发展委员会；2018年，文化市场行政执法队更名为文化旅游综合行政执法队，2019年10月，更名为文化市场行政执法队，"局队合一"，由局长兼任队长。2019年4月，文化旅游发展委员会更名文化和旅游局；原文物局更名为文管所；原旅游服务中心更名为文化和旅游服务开发中心，两者隶属文旅局管理。

县文化和旅游局下设图书馆、文化馆、乡（镇）综合文化服务中心（县文旅局和乡镇双重管理）。县图书馆建于1926年，于1938年日军空袭轰炸榆社县城时被炸毁。1949年，县文化馆建立；1956年于县城十字街西南角新建文化馆，内设图书室，后文化馆、图书馆独立运行。2017年，全县投资规模最大、建筑档次最高的榆社县文体中心落成，图书馆、文化馆迁入新馆，非遗展馆布展开馆。2018年，省文化厅投入福利彩票项目

位于榆社县城十字街西南角的原县文化馆、
图书馆（1956—2017）

资金120万、县政府投入50万专项资金，为"两馆"购置新设备、新图书；同时，县政府组织全县干部职工开展图书捐赠活动，使全县馆藏图书猛增，人均达到0.8册。至此，县级文化设施和配备得到前所未有的提高和改善。

1979年，全县始建公社文化站（后改称乡镇文化站）。到1992年，全县14个乡镇，全部建有文化站（有的称文化中心），共有15名专职文化辅导员。2016—2018年，县创建国家公共文化服务体系示范区，乡镇文化站改称综合文化服务中心，全县9个乡镇共有文化员10名。

1952年，全县农村开始兴建文化室，到1992年发展到298个。2016年，县创建国家公共文化服务体系示范区，全县村级文化室开始改称为村级文化综合服务中心；2018年，创建工作通过验收。

2016—2019年脱贫攻坚期间，全县共投入700余万元用于村级文化场所

提质改造，群众文化活动设施得到有效改善。截至2019年年底，全县222个行政村，村村建有文化中心，村村建有农家书屋，村村设有文化员（图书管理员），作为上级考核贫困县退出的14项指标之一的村级文化场所建设，顺利通过验收，高标准达标（村综合文化服务

2017年新搬迁后的县图书馆（局部）

中心建筑面积达到90㎡以上、文化广场面积达到300㎡以上、村级文化活动场所覆盖率95%以上）。

第二节　文化活动概况

一、戏剧曲艺

榆社境内戏剧主要有晋剧、榆社秧歌、土滩秧歌、祁太秧歌、武乡秧歌、襄垣秧歌、落子腔（小落子）、皮影、木偶等。

（一）农村业余剧团

榆社民间戏班起源于清道光年间。当时，鱼头村禹懋和酷爱戏剧艺术，常结交黎城、武安一带的落子腔艺人，以拉胡琴、唱落子腔为乐；之后，自筹资金组建落子腔戏班，多在庙会、庆典、祭祀时演出，主要剧目有《苏家滩》《南华山》《吕蒙正赶斋》等。清末，祁太秧歌、上党梆子等相继传入榆社。抗日战争时期，全县业余剧团特别活跃，主要宣传抗日救国，鼓舞军民士气。其中，名气较大的有云簇、高庄、牛村晋剧团，向阳的武乡秧歌、皮影、木偶，鱼头的小落子等。从历史沿革来讲，武乡秧歌实则上也是榆社的本土艺术。隋朝之前，武乡县城包括今榆社；西晋时武乡县城在今榆社社城，所以，大家把流传在这里的秧歌统称为武乡秧歌。时至今日，榆社、武乡虽为两县，但流传在这两县的秧歌仍被称作武乡秧歌。

中华人民共和国成立后，民间剧团更为活跃。1955年，全县有业余剧团

86个，演员3 000多人。1975年，全县举办了首次业余文艺调演，之后又有一些业余剧团重新组织起来。至1979年年底，全县有业余剧团26个，业余文艺宣传队48个。1982年后，业余剧团逐渐减少；1992年，只留有郝壁、崇串、鱼头等少数农村剧团；至2019年，全县仅存鱼头、银郊、北逆流几个业余农村剧团，且演员多为临时搭伙，演出活动也较少。除晋剧、小落子、土滩秧歌（地方小剧种）之外，其他剧种在本土已基本消失。

（二）县立剧团

1937年11月，县抗日民主政府首建县立剧团。团长刘守业，导演李登悟（兼指导员），有演员30余人，自编剧目，宣传抗日；1940年撤销。1943年2月，成立新生剧团，主演传统戏和新编历史剧，主要剧目有传统戏《打渔杀家》《蝴蝶杯》《金水桥》等，现代戏《小二黑结婚》《白毛女》《王贵与李香香》等；1949年9月，该剧团解散。

（三）榆社县星光剧团（县剧团）

1955年8月，汾阳县晋剧老艺人杨春义（艺名鸡毛丑），带娃娃班100余人（原汾阳县康宁堡业余剧团）到榆社演出，因技艺精湛，深受群众欢迎，被榆社县接纳组建为榆社县剧团。1956年正式称榆社县星光剧团，团长李子才，指导员李健，导演杨春义，鼓师张江文，演员60余人。主要剧目有《劈山救母》《打金枝》《铁弓缘》《洪湖赤卫队》《刘胡兰》等。1957年成立二分团，一年后撤销。1965年，古装戏停演，新增现代戏《智取威虎山》《沙家浜》等，剧团更名毛泽东思想文艺宣传队。1975年，剧团整顿，新招

榆社文体馆（摄影 胡晋军）

2018年10月榆社霸王鞭在深圳民俗村专场演出

学员66名，原有演职人员除留一部分指导培训新学员，其余分配到县企事业单位工作。新学员在潭村集训一年多，开始出演剧目。1975年—1985年，先后有张宇鹏、郝海余（鼓师）、裴留维、苏华任团长；乐队主要有乔晋元、禹建平、马瑞中、张苏清等。涌现出杨俊梅、范春梅、任建梅、李瑞芳、董爱生、岳富民、杜春娥、吴建平、姜仙桃、王希刚、田国峰、杨艳明、李建平、乔水莲等一批优秀演员。1988年，县晋剧团瘫痪，演职人员流向社会；次年重组；2008年（时有13名演职人员）并入县霸王鞭艺术团。1993年10月，榆社县大礼堂失火，县剧团服装、道具、档案资料随之化为灰烬。

榆社大礼堂是当时榆社县的文化艺术中心，是当时县城观赏电影、戏剧唯一的室内场所。它承载着太多榆社人的文艺情怀，它的焚毁，标志着纯朴岁月时期榆社一个文艺时代的结束。

（四）榆社县盲人曲艺宣传队

1940年，县抗日民主政府组织成立榆社县盲人宣传队，有盲艺人11人，岚峪乡屯村人张林会任队长。盲人宣传队自带行李器乐，走遍全县山庄窝铺，配合宣传党的抗日思想和中心工作。中华人民共和国成立后，盲人宣传队更名盲人曲艺宣传队，除继续紧跟形势宣传党的路线方针政策和英雄模范人物之外，也演出传统节目《武松打虎》《岳飞传》等，主要演出曲艺为榆社三弦书，优秀艺人有张林会（1907—1987）、韩昌书（1924—1998）、李明月（1926—2002）、张如文（1954—）。1992年，全县有2个盲人曲艺宣传队，艺人22名；2008年，设1个大队、3个小队，共有艺人17名，活跃于榆社城乡。目前，榆社县盲人曲艺宣传队共有艺人14名，队长周保兴。从2000年开始，县政府相继将所有盲艺人纳入城市低保救助范畴，大部分人住进了县城的廉租房，生活条件得到重大改善。盲人曲艺宣传队现在主要采取集中时段进社区下乡镇演出，平时有少数艺人开办盲人按摩店增加收入。2017—2019年，县文旅局先后投资10余万元，为盲人曲艺宣传队更修乐器、音响等演出设备，大力扶持盲人曲艺宣传队进入全新的发展阶段。

（五）榆社县小白杨乐团

1984年，县文化馆组建榆社县小白杨乐团，演员由文化馆职工、社会各界文艺骨干30余人组成，以助演县重大活动为主，并赴周边县市演出，深受群众喜爱；1986年解散。

（六）榆社县霸王鞭艺术团

为弘扬榆社传统文化，1999年，在时任中共榆社县县委书记的宋瑞珍倡导下，成立榆社县霸王鞭艺术团，由梁白秀任团长，后解散；2005年重新组建，由陈晋川、倪志刚先后任团长。2013年，艺术团主要骨干被安置到乡镇担任文化辅导员，该团转办为私营企业榆社县霸王鞭艺术公司。榆社县霸王鞭艺术团曾多次参加全国性的文艺活动，并"一鞭打响"，多次获得群星奖一等奖等大奖，代表节目有《娶亲》《庆丰收》等。

（七）榆社县文化之旅合唱团

榆社县文化之旅合唱团成立于2017年，团员共计80余人，主要成员为机关单位业余演唱者；曾多次参加县大型文艺活动演出，尤以现场乐队伴奏、演员精神风貌昂扬受到观众赞誉；主打节目有《洪湖水浪打浪》《红梅赞》《四渡赤水》等。

二、电影放映

电影放映曾经是榆社城乡群众精神文化生活中的一项重要内容。1951年，山西省电影放映队每年安排2次到榆社县露天放映。1958年，榆社县电影放映队成立，职工4名，队长王茂生，主要设备有乌克兰放映机1台、中德150型发电机1台；1960年，发展到2个放映队，开始下乡入村巡回放映；同年，省电影公司拨款4 000元，在县城西大街新建二层办公楼。1962年，放映队归县文化局管理，改称县电影放映管理站，负责管理全县电影放映工作。

1974年，全县其他公社相继成立电影放映队。1979年，县电影管理站革委会更名榆社县电影发行放映公司，设经理1名、副经理1名，有职工22名；同年，桃阳、云竹、崇串、和平等23个村自筹资金，购置电影放映机，成立了村办放映队。

1982年6月，投资48万元的榆社县电影院竣工。县城影院放映告别了大礼堂。1991年，全县有放映队44个，其中乡办14个、村办23个、个体7个，有放映员68名。1991年之后，随着电视的普及，乡村放映队逐渐减少，电影放映逐步走向低潮。1994年，县电影发行放映公司进行机构改革，电影放映市场开始萧条。2008年，国家实施农村电影放映2131工程，投入资金确保每村每月放映1场电影（每场补助200元），由榆社县电影公司职工组建的星海电影公司具体承担该项工作，全年放映电影3 000余场（含寄宿制小学免费电影放映）。但时过境迁，属于露天电影放映的红火时代已一去不复返，放映场地观众寥寥无几，再也没有了过去争占座位、人群嘈杂拥挤的那种热闹场面了。

2015年，微电影拍摄在榆社兴起，相继有县法院制作的《守望》、公安局制作的《刑警老刘》、地税局拍摄的《月亮船》等优秀微电影作品出现。

2006年至今，共有《山菊花》《战斗的青春》《耿二不二》《榆社破击》等电影在榆社取景拍摄。

2017年10月，县电影院拆除，县电影公司另迁新址，公司经理由白书军改选为乔杰。

2018年，榆社阳光国际影城正式注册运营，成为榆社县县城自榆社电影院"瓦解"后出现的首家电影放映院。

2019年，根据机构改革精神，电影行政管理工作由文旅局转至宣传部。

三、榆社县化石博物馆

榆社县化石博物馆是榆社历史文化的一扇窗口，前身为建于1983年7月的榆社县古脊椎动物化

榆社博物馆一角

石博物馆。

20世纪50年代，全县文物保护工作由县文化馆负责。1980年6月，县古脊椎动物化石陈列馆成立（与县文化馆合署办公）；1983年分置并更名为榆社县化石博物馆；1984年10月，成立榆社县文管所（2000年升格为文物局）。

榆社县化石博物馆为综合类博物馆，2006年投资620万元进行改陈、2009年被国家文物局评定为国家二级博物馆。博物馆主体为二层现代仿古建筑，占地面积3 200平方米，建筑面积2 400平方米；设有5个陈列展厅，包括地质遗迹、古生物化石、佛教石刻造像、历史文物、革命文物等展厅；陈列面积1 496平方米，共收藏文物2 500余件/套、化石600余件，其中珍贵化石45件，一级文物12件，二级文物30件，三级文物131件。

自建馆以来，榆社县化石博物馆先后接待了原中国科学院院长郭沫若，中科院院士、考古学家贾兰坡等著名学者，以及来自美国、法国、德国、芬兰、瑞士、瑞典、巴基斯坦、日本等国家的专家学者。

省、市知名作家、文学评论家在榆社参加《大龙骨》研讨会

四、文化学术活动

文化学术活动主要包括20世纪20年代初至今，中外科学家在榆社开展的有关地质、化石等方面的学术考察和研究；2006年至今，多次开展的"石勒文化"学术研究活动；2003年，榆社县委宣传部举办孙国祥诗集《千秋后已》创作座谈会；2005年，榆社县县委宣传部举办李旭清长篇小说《歧路》作品研讨会；2007年，榆社县县委、晋中学院分别在榆社县和晋中学院举办李旭清长篇小说《大龙骨》作品研讨会；2008年，举办云竹湖旅游论坛；2017年，举办榆社县"农信杯·诗咏榆州"全国诗词大赛；2018年国庆期间，开展山西省群众书法篆刻作品榆社巡展等。

成家沟村武术文化节

五、群众文化活动

群众文化活动包括在全县城乡开展的各种文艺活动，特别是在长期活动中形成的一批较为固定的文化节庆活动，以及由文化主管部门借助地方文化传统优势，致力于打造新的文化品牌。主要包括春节元宵节期间县城文艺汇演和街头文艺游行活动、成家沟武术文化节（始于2014年，每年正月十二举

2018年榆社文旅委成功举办"大生制药杯"青年歌手大奖赛
（图为文旅局班子成员与获奖歌手合影留念）

一年一度的正月十六街头文艺活动（图为2019年云簇镇文艺队表演的"向阳高跷"）

办）、岩良梨花节（始于2016年，每年梨花盛开季节举办）、崇串民俗文化节、东汇金秋红色文化节、牛栏八大社武术文化节、社城民俗文化节、"和谐榆社·文明消夏"文艺活动、"山西榆社云竹湖休闲旅游垂钓节""山西榆社国际篮球邀请赛"（始于2018年春节）、榆社县"天生制药杯"青年歌手大奖赛（2018年举办首届大赛，张晨岗、岳丽花分别获男女组冠军）等。

在此期间，县文化馆成为带动和繁荣群众文化生活的主力军，除了联合

消夏文艺活动留影

一年一度的正月十六街头文艺活动（图为2018年箕城镇文艺队演出的舞龙、舞狮）

乡镇综合文化服务中心（文化站）开展日常文化辅导、参加全县重大文化活动之外，每年都要组织"文艺轻骑兵"深入乡村开展送文化下乡活动。其节目纷呈多样，深受群众喜爱，其中尤以石晋华等人创作的榆社霸王鞭《娶亲》、庞巧莲创作的榆社土滩秧歌《恋书屋》、李旭清创作的小品《精准扶贫》《俺也想当贫困户》等最受欢迎；先后涌现出了梁白秀、黄丽珍、杨乃明、张晨岗、赵静、鹿慧玲（教师）、王春兰、乔变霞、张守波等一批优秀歌手，以及孟昱丹、周莉霞、李飞、李雪芬、王跃清、岳武军等优秀的舞蹈、小品演员。

同时，一批记录乡村文化发展的文化作品也相继刊印，其中备受关注的是一批村志和地方文化志，主要有《东汇村志》《圪坨村志》《岚峪村志》《板坡村志》《旋余沟村志》《西崖底村志》《潭村村志》等，有县文化和旅游局主编的《榆社县乡村文化记忆丛书》。

1. 街头文艺活动：20世纪80年代之前，每年正月十六在县城举办全县文艺汇演（由各村文武社火自发组织参加），后演变为每年正月十六在县城举办街头文艺游行活动。活动规模宏大，全县15乡

榆社第十二届云竹湖休闲旅游垂钓节

镇（城管委）、7系统各组织文艺队伍参加；表演节目包括霸王鞭、武术、舞蹈、高跷、舞龙等；队伍庞大，共计2 000余人的文艺游行队伍，首尾相接，绵延数里，持续数个小时，精彩纷呈，更有沿街观众相拥相挤，热闹非凡。

2. "和谐榆社·文明消夏"文艺活动：始于2006年，至2019年已经连续举办14届。活动由县委宣传部牵头组织，县文化、体育等部门承办参与。活动一般从7月初开始至8月底结束，前一个月以文艺活动为主，后一个月以体育活动为主（2018年开始，逐步将体育活动移至文体馆进行）。文艺活动参与单位和人数众多，有机关、学校、社会文艺团体，精彩纷呈，备受欢迎。从2018年开始，消夏文艺活动与国家文化部门倡导的"全民文化季"和"文化惠民工程"活动融为一体，城乡联动，歌舞频频，成为群众文化活动最为靓丽的一道风景线。

3. 山西榆社云竹湖休闲旅游垂钓节：始于2007年8月，至2019年已经持续举办13届，目前已经成为国内具有较大影响力的一项体育赛事和文化品牌。云竹湖休闲旅游垂钓节活动，主要包括垂钓大赛、环云竹湖公路自行车大赛、悟云山登山活动、摄影大赛、文艺活动、农特产品交流会等。2019年，因全国第二届青年运动会公路自行车大赛的承办，更使云竹湖名声大震，也为更好地打造"山西榆社云竹湖休闲旅游垂钓节"、推动云竹湖旅游发展带来新的机遇。

六、书画、摄影

（一）书画

榆社书画历史悠久，现存古代书画以壁画、雕刻为主，主要有北魏石棺雕刻画（现存于县博物馆），崇圣寺南殿唐代壁画，福祥寺正殿元代壁画，清凉寺元代壁画，王景佛爷拐唐代和明代功德碑书法石刻，桃阳村、旋余沟等村明、清古建民居门额书法，孟家庄民居石刻绘画等。

1919年，山西省立第八中学（今榆社中学）开设美术课，由教师李舜连教授学生书画基本知识，使本县书画得到进一步发展，培养出一批优秀书画人才，如张兰生、石衡山、张多佑、安凤鸣、李玉堂等。其中，民间画师裴力勋闻名乡里，曾彩绘响堂寺、黑神山庙、榆社烈士亭等；宋全江则擅长画炕围画。抗日战争时期，有石克、连子登、张正堂、李万明、赵在青、杨瑞生、石夫等书画名人。1939年，赵在青任《胜利报》美术编辑，创办《胜利画报》，先后创作彩色木刻画册《抗战的前途无限光明》《前门打虎后门防狼》等，宣传抗日，教育人民，成为太行山区影响最大的版画家之一。

中华人民共和国成立后，县内书画队伍得到充分发展，其中，郝福瑞、贡琰、张天恩、岳俊德、姚铁山、鹿志英、安俊文、张俊平等人的版画彩绘、宣传画较为有名。"当代艺匠"岳俊德主持施工的仿明清古建筑彩绘"太原食品一条街"、电视连续剧《红楼梦》"荣国府"外景地古建彩绘，产生较大影响。

进入21世纪之后，本县书画艺术更是得到长足发展，涌现出一批在省内外影响较大的书画名家和优秀书画人才，其中代表人物有榆社籍在外工作人员张怀文、石跃峰、韩清波、乔建堂、李桂萍、薛丽、任跃宏、李忠魁、郭翠英、游树林等，以及榆社本土的任林峰、杨晋峰、岳贵春、任云生、鹿跃武、常海平、徐眉福、常耀刚等。特别是2003年县书法协会、美术协会成立后，书画活动逐渐增多，书画新人不断涌现。

与此同时，一些曾在榆社生活和工作过的非榆社籍人士，也自觉参与到推动和引领榆社书画发展的行列之中，代表人物有周葆瑜、梁潞阳、郭晓红、武晋杰、王轩等。

（二）摄影

榆社县最早出现的"摄影业"，为民国初期沁县一毋姓人在榆社县县城东街开设的毋家照相馆。1938年2月，毋家照相馆被日军飞机轰炸县城时炸毁。抗日战争后，林头村张福明在民间开展照相服务。1952年，稷山县韩大年在榆社县城北街开设稷山照相馆（隶属于县饮食服务公司），于1958年改制为国营地方照相馆。1966年，县委通讯组配备专职新闻摄影员，开始通过新闻拍摄，宣传当地发展成就，代表人物为刘泉水。1984年，县照相馆开始用彩色胶卷拍摄、冲洗照片；1985年，该馆实行经济承包责任制。1985年，全县城乡开始出现私营照相馆，其中，翟跃华开设的新时代照相馆、李跃芬开设的芳芳照相馆较为有名。进入21世纪后，婚庆业务突起，婚纱摄影走红，一批婚纱影楼应运而生，其中较为有名的有欧阳君开设的名人影楼。2008年2月，县摄影协会成立，在不断组织开展拍摄活动的同时，更注重了对外交流学习，促进了会员拍摄水平的提高，一批既富有地方特色，又具有一定艺术水准的摄影作品相继推出，登上国家、省、市画报，走进平遥国际摄影展；代表人物有任五刚（临汾人，曾任中共榆社县县委宣传部部长、纪委书记）、连艾青（陵川人，曾任中共榆社县县委副书记）、欧阳君（中国摄影家协会会员）、张卫兵（山西省摄影家协会会员、榆社县摄影家协会主席）、刘宪刚、胡晋军等；主要作品有《云竹湖风光》系列、《禅山云隐》《浊漳春早》等。2019年8月，县文旅局将部分榆社优秀摄影作品合集成册，出版《榆社风光图鉴》画册。

牛栏武术民俗文化节

七、武术

　　榆社县的武术活动源远流长。今榆社之北的八赋岭，在"两晋"之前称武山，山下之县为武乡县（县治在今榆社县社城村），意为武术之乡。历史上榆社学武的人极多，曾出过许多武举人。相传早在春秋战国时期，榆社的武术就非常活跃。但到底何时由何处传来何门派？现已无法考证。现在流行在榆社境内的拳术流派，主要有长拳、梅花拳、形意拳、太极拳和猴猿通臂拳。这些武术中常见的器械有单刀、大刀、朴刀、长棍、三股叉、三节鞭、大捎、小捎、绳鞭、鞭杆、拐则等。20世纪30年代，榆社最早的共产党组织，曾以武术会的名义为掩护，开展党的地下活动，其中尤以宁光珍、白三孩最为有名。现在，榆社武术活动仍然非常活跃，武术团体比比皆是，武术赛事长年不断，并初步形成了岚峪牛栏八大社武术文化节、成家沟武术文化节等较为固定的武术文化节庆活动。近年，榆社职业中学开办了武术专业，成为培养武术人才的摇篮。

长拳：1914年由河北唐山传来榆社，最初是一位商人传给本县一位保镖，后在县城南部各村流传，遂遍及全县。现在，长拳在郝壁（兰峪、讲堂）、韩村、云簇、西马村、北寨、箕城等乡（镇）的一些村庄流传。它的技击特点是灵活多变，攻击迅猛，防守严密，动作连贯。长拳的主要套路有踩船、走船、挂拳、鞋串、洲拳、五鬼红拳、大红拳、小红拳、绵拳、通变、二堂、三堂、八堂；使用的器械有单刀、柳河刀、四门双刀、杨家花枪、张飞枪、罗家枪、关公刀、四门鞭杆，以及对练拳的缠手、打手、推船、跑拳、单刀进枪、大刀截枪、三节棍对枪、鞭杆对枪等。

梅花拳：最初在清乾隆年间从左权麻田一带传来，先在讲堂一带流行，后遍及本县南部各村；现在主要流行在讲堂、韩村、芝草垴、元庄等村庄。以守为攻是此拳的一种技击特点。梅花拳在进攻手法上主要用掌、肘、脚进行攻击；其主要套路有徒手拳、三叉四叉、五花步、十字梅花转；其使用的器械有梅花枪、梅花棍、梅花双刀、文棒、天剑、梅花大刀、三节棍、三百六十刀，对练拳有云顶翻身；现为晋中市非遗项目，传承人为宋春明。

形意拳：中华人民共和国成立后由祁县传入榆社，现在主要流行于郝壁公社一带。该拳的技击特点是灵活多变，刚猛快速，动作连续，意到形到，

非遗项目榆社羯鼓舞（摄影　胡晋军）

近打以肘腾肩胯，远攻则拳打脚踢。该拳的主要套路有进退连环、五行八卦、九行八卦，使用的器械有梅花刀、滚堂刀、杨家山花枪、引手棍。

猴猿通臂拳：在中华人民共和国成立之初，由沁县人李福江传授，以后又经平遥董志存辅导。该拳主要流行于邱园等村庄，其技击特点是动作敏捷，真假虚实，出拳神出鬼没，声东击西、主要套路有十三手梁帮、猴拳、马面拳。

太极拳：民国初年，在箕城镇一带开始传播。它的技击特点是柔中带刚，以柔克刚，避开对手的长处，利用对方的弱点进攻。太极拳的套路主要有103式杨式太极拳、简化太极拳；使用的器械为太极刀、太极剑。太极拳是健身的有力武器，更适合于老年人。

上述几种拳术流行于全县百余个村庄。乡民们把正月天开展的武术表演活动称为"武圪揽"。农闲时有人自发地请人指教、训练；春节前后，走乡串村互助交流、表演。武术不仅是防身健身的一项体育活动，也是人们喜闻乐见的文艺活动。

八、非物质文化遗产

榆社县历史悠久，文化底蕴深厚，非物质文化遗产丰富。截至2019年，全县共有省级非遗项目8个，即榆社霸王鞭（传承人周文怀、石晋华）、榆社阿胶熬制技艺（传承人王俊田）、园林古建彩绘（传承人鹿胜凯）、晋绣手

2017年8月榆社霸王鞭在北京颐和园参加晋中文旅推介会专场演出（摄影　郝赫）

工技艺（传承人王俊青）、榆社九曲黄河灯阵（传承人任更生）、石勒传说（传承人李旭清）、木梁压榨小麻油工艺（传承人程爱生）、榆社土滩秧歌（传承人张留江、张素芬）；市级非遗项目13项，即榆社响环舞（传承人李雪芬）、榆社羯鼓舞（传承人田馨）、太行雕技（传承人梁俊维）、榆社干面饼烤制工艺（传承人陈志星）、面塑手工技艺（传承人裴志琴）、向阳高跷（传承人梁云安）、榆社三弦书（传承人张如文）、开花调、梅花拳（传承人宋春明）、剪纸工艺、线编、炕围画、岳家拳、六合拳等；县级非遗项目83个，主要包括石刻工艺、枣糕制作工艺、鱼头小落子等。近年来，文旅局先后整理了市级非遗榆社三弦书说唱节目资料，并刻录了光盘、出版了省级非遗榆社阿胶熬制、榆社霸王鞭、石勒传说等方面的书籍，每年开展"文化和自然遗产日"宣传演出活动，对本县非遗文化的挖掘保护起到了积极有效的推动和宣传作用。

（一）榆社霸王鞭

榆社是霸王鞭的发祥地。榆社霸王鞭由后赵时期羯族歌舞演绎而来，至今已有1 700多年的历史。据史书记载，羯人每逢娶亲、生子或生产丰收、打仗得胜之时，皆欢天喜地挥舞马鞭、刀枪，歌舞而庆。石勒为羯人领袖，素有称霸中原之雄心，后人故以霸王鞭作为这种民间舞蹈的名字。现在的霸王鞭多用三尺竹竿、外缠红绸布条、两端系小铜铃为道具。榆社霸王鞭是榆社县众多传统艺术之花中独放异彩的一朵奇葩。20世纪60年代前，几乎村村都有霸王鞭秧歌，民间俗称"打黄杆"。

为将榆社霸王鞭发扬光大，榆社县不但在每次大型的文艺活动中都要特意安排榆社霸王鞭节目表演，而且将其引进课堂，在榆社中学等学校开设了专门的霸王鞭课。

（二）榆社园林古建筑彩绘

榆社是古建筑彩绘文化之乡。榆社古建筑彩绘，是我国秦汉时期古建彩绘文化艺术的传承和延续。其中，"汉纹锦"绘技尤为独特，被广泛运用于宫廷、寺庙、牌楼等古建彩绘中。榆社古建筑彩绘已成为榆社一项增加农民收入的支柱产业。古建筑彩绘工匠已达数千人，彩绘之花开遍全国，飘香海外。在古建筑彩绘传统文化的继承和发扬中，涌现出了一大批能工巧匠，其中，代表人物有获得国家"当代艺匠"荣誉称号的丘俊俪。

附：

当代艺匠——岳俊德

　　岳俊德，男，汉族，1942年生，中共党员，山西晋中市榆社县社城镇社城村人，国家级古建技术名师，高级工艺美术师，全国促进传统文化发展工程工作委员会专家，国家古建营造师教学工作特聘讲师，曾任全国古建筑网络协会理事、中国风景园林学会工程分会理事、山西三晋文化研究会理事、山西晋阳古建筑工程公司董事长、太原古建筑彩画学会理事长、太原市政协委员。从榆社美术厂厂长到山西古建工程公司董事长，他走出了一条不平凡的人生路。经他主持和参与的大小工程有400余处，包括古建筑设计、修建、彩画、雕刻、雕塑、园林、山水，等等。他承揽过的著名工程有北京故宫端门，河北正定荣国府，山海关，北京白龙潭度假村，北京老四川饭店，王府井全聚德烤鸭店，辽宁兴

当代艺匠岳俊德和他的汉文锦彩绘

城菊花岛旅游区，山西晋祠，天龙山，省博物馆，省政府大门，省各大公园，太原食品一条街，五台山明清一条街，圆照寺等十几处寺庙，大同鼓楼，上下华严寺，云冈石窟，长治上党门，城隍庙，汾阳杏花村酒厂，盂县藏山庙，交城天宁寺，清徐三国演义城，山西代县杨家祠堂牌坊和凌烟阁，河南安阳城隍庙，汝阳杜康酒厂等，1991年还为美国格林尼治设计并建造了中国亭园等主要建筑。他对图纸设计、彩画图案设计、建筑施工、木结构、砖、木、石雕、泥塑、彩画、壁画等样样精通，是中国地方汉文锦彩画民间工艺大师。山西的特殊工艺堆金山水是他的独创，采用堆金山水为电视剧《红楼梦》塑造正定"荣国府"，使中国古建筑彩绘由平面转变为立体，受到了北京故宫博物院古建筑部高级工程师王仲杰的好评。他先后为榆社等地培养古建筑技术名师20余人，瓦木彩画工匠

3 000余人。他的事迹被编入由邹家华任主编、新华社出版的《竖立在中华大地上的丰碑》一书。他的古建技艺炉火纯青，被誉为中国古建筑专家和彩画大师。在著名专家何俊寿主编的《中国建筑彩画图集》中与中国古建彩画名家郑书本、边靖一、郭汉图、王忠福、张景春等齐名。

（三）榆社开花调

开花调是广泛流传于太行山上榆社、左权、和顺、武乡、襄垣一带的一种民间山歌艺术，其中又因各县地域文化的不同，在唱腔上略有差异。榆社开花调多流行于岚峪、讲堂一带，其特点是唱词多以首句"开花"起兴，下句入题抒情，通俗易懂，雅俗共赏，生动幽默；曲调既婉转明快，又粗犷沧桑；一般为男女对唱。如：

男：杏树开花满山山白，等了三天（妹妹呀）不见你来。

女：山鹊儿飞在圪针上，把心操在（哥哥呀）你身上。

男：你在山上我在沟，想和俺拉话（妹妹呀）招招手。

女：你在山上我在凹，心事对了（哥哥呀）咱回家。

九、文化现象

（一）石勒籍贯三县之争

石勒（274—333），羯族，出生于"上党武乡"（今榆社），由奴而匪，由匪而王，后建立赵国政权（史称后赵），登基称帝。石勒其人的功过是非，历史早有定论。纵观其一生，尽管有过许多为特定历史环境之下的暴虐之举，但在劝课农桑、推崇佛教、倡导民族平等、促进民族融合、礼贤崇学等方面，都曾做出积极贡献。2006年，为大力提升地方文化"软实力"，实施"文化强县"，打响历史文化"牌"，榆社县成立了以县委常委、宣传部部长武晓花为会长的石勒文化研究会，对石勒文化进行研究与开发。同年，榆社县举办由省内权威历史学家、本地石勒文化研究者等参加的石勒文化学术交流研讨会，并一度引发轰动一时的榆社、武乡、和顺的"石勒籍贯三县之争"的"文化现象"。这一现象，在提升榆社知名度、加强文化交流、促进学术研究等方面，都产生了一定的积极作用和深远意义。

（二）村名音字差异现象

榆社县有一些村名在读音和书写上存在差异，可分为两种情况。一种是方言读音和文字书写有差异，如乡民称上赤土为上色土、上赤峪为上府、刘家沟为刘娃沟、崇串为神转、寺家凹（洼）为寺阳凹（洼）、常瑞为张富、紫寒为紫干、段峪为旦峪、羊甘峪为羊山峪、彰修为彰秋、北河为白虎、马陵为马龙、杏榛为杏秦等；另一种是方言和文字在发音上基本一样，但在书写上已经改变了原有村名的词义，如把云簇书为云竹、金藏为金丈、壁图画变为北图划、岚峪变为兰峪、沿壁为沿北、白壁为白北等。前一种情况由来已久，有历史演变因素，如北河古称鞞鞨，现在的方言及由方言而生的文字，实际上都是由古村名谐音演变而来的；也有因文字识别错误而以讹传讹，如将杏榛称为杏秦。这两种情况的出现，由来已久，但后一种情况的最终"定性"，则是在21世纪初的十多年间。虽然在1999年山西古籍出版社出版的《榆社县志》、2014年由晋中市民政局和山西省地图院编制的榆社县行政区划地图，所采用的还是未变更的旧村名，但几乎是在同时，在职能部门的又一次地名核查之后，最终由民间的书写省事行为，变成了包括公章刻制在内的丢掉村名原有文化意义的官方书写。

（三）易地扶贫移民搬迁

易地扶贫移民是榆社县落实国家有关脱贫攻坚重大政策的一项新举措，也是新时期贫困山区生发的一项特有的文化现象。这次移民搬迁时间跨度从2016年到2019年，共涉及68个村（其中行政村26个）、9 613人。移民去向分两种：一部分为插花搬迁至邻近乡村，另一部分整村搬迁至乡镇或县城新建

移民大搬迁（图为高家庄村民告别故土合影留念）（摄影　胡晋军）

的移民小区，乡镇主要包括邓峪"新家园"、河峪、云簇"云湖"、社城、东汇"惠民园"、板坡"文景苑"等移民小区。县城主要有福满园、鑫悦移民小区等。

这是榆社历史上投资规模最大、涉及村和人口最多的一次由政府主导的易地大搬迁大行动。移民之后，按照上级政策，原来所有的村庄将因全部复垦而从榆社的版图上"抹去"成为历史。这次移民，在开启新生活的同时，必将会在很大程度上改变搬迁人口的生活方式、传统理念、风俗习惯等，也必将在榆社的文化发展历史上留下浓重的一笔。

行草条幅（韩清波）

韩清波，中国书法家协会理事，中国书法家协会青少年工作委员会副秘书长，山西省文联副主席、书记处书记，山西省书法协会副主席、秘书长。山西大学美术学院、山西师范大学、曲阜师范大学客座教授。

為天地立心為生民
立命為往聖繼絕學
為萬世開太平

北宋張載言 丁酉端月但讀感於其言錄之以薦己 王軒

楷书中堂（王　轩）

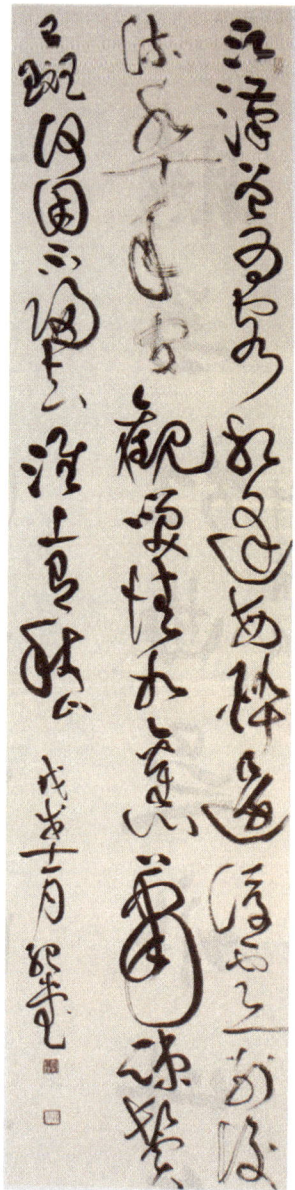

草书条幅（李忠魁）

李忠魁，别署宗元、绍堂，书法硕士，中国传媒大学访问学者，大同大学书法系教师、教研室主任。中国书法家协会会员，山西省书协理事，书法等级考试中心考官、高级注册教师。

行草对联（乔建堂）

乔建堂，1960年出生，山西省诗词学会会员、山西省书法家协会理事，现供职于太原师范学院书法系。作品多次参加国内外交流展览，并被国内外多家机构和个人收藏。

行书斗方（鹿要武）

余葺茅栋亚工徒病雨授之不背畢也夸
日偶小齋鳥鳥之聲樂吾友王子才臣偶摧乃
李成山水来展卷烟雨勃興庭户晦冥
吾廬何日可之耶錄宋楊萬里跋李成山水文章凡五十餘字
一波三折表達對李成畫作沟賛美之情榮五丁酉之冬睫東

行书条幅（郝晓东）

夕陽無事起寥烟

和景有時飛獨鳥

海平

隶书对联（常海平）

塞下秋来風景異，衡陽雁去無留意。四面邊聲連角起，千嶂裏，長煙落日孤城閉。

濁酒一盃家萬里，燕然未勒歸無計。羌管悠悠霜滿地，人不寐，將軍白髮征夫淚。

范仲淹《漁家傲·秋思》己亥夏任林峰

隸書中堂（任林峰）

不忘初心富村強縣擼袖埋頭加油干

堅定信念報國為民舉旗圓夢建新功

喜迎十九大勝利召開深受鼓舞丁酉年文者晉傑書

行書對聯（武晉傑）

草书对联（任云生）

草书条幅（常耀刚）

工笔画：老　宅（薛丽）

　　薛丽，女，1973年出生，毕业于晋中艺术学院美术系。山西省文史馆研究员，中国美术家协会会员，中国工笔画学会会员，山西省美术家协会会员，民盟中央美术院山西分院副院长，北京薛氏画院副院长，山西省工笔花鸟画会副秘书长,山西省画院院聘画师，太原市美术家协会理事。

国画：灵空叠翠（郭翠英）

郭翠英，女，《火花》杂志社副社长副主编，民盟中央美术院山西分院副院长，民盟山西省委文化委员会委员，山西省美协理事。

国画：满园花开

（李桂平）

李桂平，1970年生，中国美术家协会理事，现任山西省美术家协会驻会副主席、秘书长，中国工笔画学会理事，中国女画家协会常务理事，山西省中国画学会副会长兼秘书长。

国画：太行情怀

（任跃宏）

任跃宏，中国美术家协会培训中心特聘画师，中国书画院山西分院院士，中国振鸣书画院三晋分院副院长，山西省政府山西名牌中华行特聘画家，山西书画研究院副院长，太行书画院长院长。

国画：斗牛图（张怀文）

张怀文，1947年出生，酷爱书画。做工，参军，从政时习之，退休后潜心画牛。现任山西省农村文化促进会会长，山西大众书画院常务副院长。

国画：西湖六月中（游树林）

第八章　名优荟萃

◎王跃东

作者简介

王跃东，男，汉族，1968年生，山西榆社东马村人，其作品散见于报纸杂志。出版诗词散文集《幽轩聆涛》《晓月凤曙》《独钓江雪》。

一个地方的传统文化，不但可以滋养出地域特色极为鲜明的民俗风情，而且会孕育富有地域特色名优特产。可以说，任何一个地方的任何一样名特产品，都蕴含着某种意义深远的地方文化。一种产品的背后，总会掩藏着一个甚至多个文化故事。

榆社地处太行山西麓、浊漳河源头，民风淳朴，农耕久远，天蓝水清，气候宜人，物产丰富。这里不但有大量的原生态、无污染的农副产品可以满足都市厨房的需要，而且有一批科技含量极高的新型工业产品备受市场的青睐。

一、榆社笨鸡蛋

"吃笨鸡蛋，做聪明人""榆社笨蛋，聪明人吃的蛋"，这是耸立在山西太长高速榆社段一巨幅招牌上的广告语。因"笨蛋"一词的特殊内涵，倍加吸引过往者的眼球。2010年6月，中央人民广播电台和中国广播网以此为新闻，引发广泛关注。"榆社笨蛋"以其"狗不理"式的诙谐幽默风格，迅速为大众所熟知。

笨鸡俗称上鸡，它的品种繁多，饲养于广大农村乡间，以树叶、嫩草、野虫、杂秕为食。笨鸡生活在自由自在、自然自乐的环境中，能够充分享受到明媚的阳光、清新的空气和青绿的饲草，能够采食到大量的植物种子、昆虫和土壤中的矿物质，汲取更多天然营养，所以鸡的免疫力强，蛋质优越，蛋黄中含有丰富的天然色素和维生素，蛋清浓稠，蛋黄金色，香味浓郁，是高蛋白质、低胆固醇的绿色佳品。

2006年之前，榆社多数农民养鸡还只是按传统习惯，散养于自家的院落，没有形成规模。从2007年始，在相关政策、资金和技术的大力扶持下，榆社笨鸡一飞冲天，笨鸡变"凤凰"，笨蛋变"金蛋"，一跃成为农民脱贫致富的特色支柱产业。

榆社笨鸡蛋因"笨"而走俏，因"笨"而招人喜欢。那么究竟"笨"在何处？

"笨"在久远。榆社笨鸡养殖源远流长。描写农家"鸡鸣犬吠"的文学作品，层出不穷，如距今800年前金末元初诗人元好问旅居榆社时，曾留下"几时不属鸡声管，睡彻东窗日影偏"的著名诗句。

"笨"在标准。2009年7月28日，榆社县在全国首家发布了DBl4／195-2008"榆社笨鸡蛋"山西省地方标准，对笨鸡养殖、笨鸡蛋经营、适用范围、技术要求、检验程序、贮存、包装等事项都做了明确的规定，为榆社笨鸡蛋制定了标尺。2010年，榆社笨鸡蛋已成为国家地理保护商标。

"笨"在本土。必须是榆社本地原有的太行花鸡即笨鸡，或者是本地笨鸡与外地优良土鸡杂交培育的笨鸡产下的蛋，才称为榆社笨鸡蛋。

"笨"在散养。笨鸡需原生态养殖，即实施山地散养。现已形成了生态林间围栏、经济林间围栏、草地围栏、坡地上围栏、河畔围栏五种模式。笨鸡在相对自由的空间内，能自由自在食用青草、昆虫，以及本地玉米、谷子等杂粮。2007年，这一新型的养殖模式上了央视七台《致富经》。

"笨"在质优。蛋黄色泽鲜艳，柔软，口感好，香味浓，金黄色的蛋黄比蛋白还多。蛋白的稠度高，口感筋道，有种特殊的土香气。蒸煮营养不流失，煎炒则金黄馥郁，是养生、坐月子食用蛋品的上品。

"笨"在营养。钙、铁、磷含量高，胆固醇低，长期食用有健脑益智的功效，是集营养、美味、保健于一体的绿色营养品。其中，绿壳笨鸡蛋经省食品研究所检测，钙、铁、碘、硒、锌等微量元素含量高，特别是卵磷脂含量比食用复合饲料鸡产的鸡蛋提高40％，富含脑磷脂及多种维生素，是笨鸡蛋中的极品。

　　昔日养在深山人未识，今朝一"笨"名天下。榆社被誉为省城太原的"生态厨房"，笨鸡蛋已成为周边市民餐桌上的首选蛋类品种。

　　在太原、晋中等城市，经销榆社笨鸡蛋的专卖店达400余家，尤其在各大医院门口的超市、商埠中，摆满了"榆社笨鸡蛋"精品包装，成为人们走亲访友的佳品。随着电商普及，网上销售也日渐火爆。

　　2013年，榆社县笨鸡饲养量达202.3万只，蛋产品达400万千克以上，直接销售收入过亿元，农民人均纯收入480元，占到人均牧业收入的43％以上和农民人均纯收入的22％以上。2014年至今，更是年年"更上一层楼"。

　　如今，"榆社笨鸡蛋"已成为榆社特产中当之无愧的魁首，也成为榆社人发家致富、走向市场的捷径。当然，如何更好地保护这一名优品牌，是我们必须认真对待的一件大事。应当相信，只要珍惜当下，未来的这个品牌，必将更加闪烁出耀眼的光芒。

二、云竹湖银鱼

　　"引进一条鱼，救活一潭水。"1996年，云簇水库（今榆社云竹湖）率先移殖银鱼成功后，人们不禁发出这样的感慨。

　　这条"鱼"就是闻名遐迩的榆社银鱼。自1961年云竹水库建成蓄水，就尝试人工养殖鲤鱼、鲫鱼、白鲢、花鲢等鱼品种，但效益一般。1996年，省、市水利部门来云簇水库考察，认为这里水源足、水质优，上游无工矿企业，无公害，无污染，属纯天然水域，是水产养殖良好的天然场所，具备养殖淡水名贵鱼种"大银鱼"的各种条件。因此，省、市、县三方以股份制形式共同实施了"大银鱼引殖增殖项目"，并获成功。至1997年，共生产商品银鱼46 000斤，收入143万元，一举扭转了水库长期亏损的局面。1999年，云竹水库成为山西省唯一的"银鱼推广实验基地"，并通过了国家验收；2000年，获农业部颁发的"丰收计划"二等奖。2008年，水库鱼产品通过了国家绿色产品认证。2013年，水库年产优质银鱼40万斤，且逐年稳步增产。

　　银鱼，又名银条鱼、玉筋鱼、面条鱼，因其肌白如银丝、面条而得名。《本草纲目》称："吴王阖闾江行，食鱼脍，弃其残余于水，化为此鱼。"故古称"王余鱼"或"脍残鱼"。银鱼属银鱼科，其体型纤细，头平扁，身长而圆，光滑无鳞，纯净透明，口大，背鳍及脂鳍各一；栖息于近海、河口或淡水，以小型甲壳类为食。银鱼可食率达100%，烹制时烧、炒、熘、汆、烹，以及做鱼圆、凉拌菜、包水饺等均可。银鱼为我国传统出口特产。

小银鱼，大盈余。榆社银鱼肉质细腻，纯白鲜嫩，无骨刺，无腥味，质优味佳；经暴晒或炭火烘烤后制成银鱼干，其色、香、味、形经久不变，营养更为丰富，体内含蛋白质86.8%、脂肪6.95%。在银鱼蛋白质中，氨基酸的组成非常理想，含量为48.73%银鱼可以烹制成多种佳肴名菜，亦被现代食品专家誉为"水中人参"，在国内外享有盛誉，且具"利尿，润肺，止咳"等药用功能，是体虚、水肿和肺结核患者的食疗佳品。同时，银鱼是一种高蛋白低脂肪水产品，而高脂血症患者食之亦宜。

三、北寨小麻油

火麻，即小麻。小麻为桑葚科草本植物，是一种古老的韧皮纤维和油料作物。小麻北方亦称汉麻、线麻，南方称之为火麻；其成熟籽为线麻籽，又名麻子、小麻籽；在山区丘陵地区、瘠薄山地及地边头堰底种植，春播秋收，生长期为8个月，宜植于土石山区土壤。小麻种植在榆社有着上千年的历史，北寨素有"麻皮之乡"的美称。小麻分雄、雌两种。雄麻又称夏麻，皮软，色亮，性韧，开花不结籽，夏季收获；雌麻又称秋麻，皮厚，色黄，结籽不开花，秋季收籽，可炸油，麻皮可供纺织。北寨小麻油的原料，就是雌麻结下的小麻籽。

北寨乡分布在一条狭长的河谷地带内，所有的村庄基本上分布在浊漳河支流泉水河两岸，上游坡陡沟深，中、下游地势平坦，水资源丰富，无污染，境内属高寒凉爽气候，非常适宜小麻种植。

北寨小麻油历史悠久。早在1 700多年前的后赵时代，榆社一带就有小麻种植和加工。当时的石勒，就曾经因为和李阳相争沤麻池而留下一段"相逢意气、不计前嫌"的美谈。现在的下城南村，仍保留着一座清代光绪年间建成的木梁压榨小麻油作坊。

小麻油的制作由四种工艺流程构成，分别是炒、碾、蒸、榨。此次发现的小麻油压榨作坊功能完善、设备齐全，由炒台、蒸台、石碾、木梁等组成，其中，木梁长10.4米，采用杠杆原理制作而成，前部为绞架，中间为支点，后部为油槽、油瓮。现在北寨小麻油的制作方法，仍采用传统铁锅炒制、木梁压榨等工艺。压榨的小麻油色泽清中透绿，香味浓郁，口感细腻，不破坏营养成分，避免了现代机械螺旋推进压榨破坏产品风味的弊端，是真正的原生态、纯天然的绿色食品，不仅含有丰富的不饱和脂肪酸、多种功能性活性成分、氨基酸和多种维生素成分，以及钙、铁等人体所需的微量元素，还具有香味浓、营养丰、色泽清中透绿的特点。经常食用小麻油还可以润肠胃、清肺去肝火、滋阴补虚、助消化、明目保肝。在当地，小麻油也被称为"长寿油"。

北寨小麻油是全能食用油，它的口感、香味优于常规花生、大豆等油类，既能炒、炸，又能凉拌，同时又兼具普通色拉油及芝麻小磨香油的功能。小麻油炒菜，油温高了也几乎不冒烟，蔬菜入锅后不仅能保持蔬菜的颜色，还没有任何油腻感。中国农科院油料所所长王汉中对榆社小麻油评价道："它的食用营养价值高于核桃油、杏仁油，几乎等同于橄榄油。"

北寨小麻油，是市场上的大品牌。近年来，山西榆社田禾绿色食品有限公司、山西榆社石勒小麻油专业合作社、山西榆社小麻油研究所共同开发的纯压榨、精炼小麻油，富含58.66%的亚油酸和86.04%的不饱和脂肪酸，以及钙、锌、硒、维生素E等各种人体所需元素，在人体吸收的过程中，有降低高密度脂蛋白、血清胆固醇，以及减少高血压、动脉硬化、脑中风等发病率，同时可起到润燥、滑肠、通淋、活血、降脂及皮下毛细血管微循环的促进作用。"田禾"北寨小麻油，2008年取得了QS标志食品生产许可证、国家绿色食品认证；2011年荣获"山西省著名商标"，并通过国家有机认证，多次荣获山西省特色农产品和中国农博会畅销产品等奖项。

榆社木梁压榨小麻油工艺，现为山西省非物质文化遗产项目。

四、榆社干面饼

傍晚时候的榆社街头，总会听到"梆梆梆"的擀面杖敲击桌案的声响。当地人都知道，那是打饼子的摊点又开始营业了。但见细长的短小擀面杖，在打饼师傅的手中飞舞，白面团在案板上旋转，看得使人眼花缭乱。然后，擀面杖在案板右下角，快速地敲打几下，声音又响又脆又短。当闻声低头看去时，一个个面饼已经擀制完成。也许正是由于擀杖敲击声的缘故，当地人不称之为"烧饼子"，而叫"打饼子"。

榆社人"打"的饼子俗称"干面饼"，那是因为制作其他饼子时要在鏊上抹食用油，而打干面饼子则不用在鏊上抹油，俗称"干烙"。当面饼在鏊上烧烫到一定程度，就放置到鏊下炉火周壁开始烘烤，数分钟后，即可取出

榆社干面饼（摄影　张卫兵）

成品。干面饼子在制作时，中间要夹一小块用香油、食盐揉成的油面，烧熟后中空而层多，色泽鲜亮，香脆可口。尤其是刚出炉的热饼子，外脆不焦，内湿不腻，香脆绵长，食之不舍。通常情况下，有打饼子的地方，旁边就有熟咸肉摊子。买一个热腾腾的干面饼，夹上二两咸肉，味道更美。榆社人到外地时，通常都要为亲友携带一些榆社干面饼。家乡的美食已成为最牵动游子的一种思乡情结。外地人来到榆社，也要带一些回去让家人品尝。只是，不能吃到刚出炉的热饼子，那美味，便会大打折扣。

　　传说，干面饼自宋朝就已有之，是一种御用宫廷食品。其制作工艺仅为御膳房厨师专有，传承也只限于家族单传。到明朝初年，干面饼仍是皇家御膳。建文帝时，发生宫廷争斗，那位专给皇家做干面饼的御膳房师傅流落到了民间，在京城以卖干面饼为生。同时，建文帝的后代也在街头乞食。在燕王朱棣的监视下，这位卖饼师傅和建文帝的后人偷偷约定，只要打饼子的擀面杖一响，就来拿饼子吃。后来，这个秘密终被发现，无奈之下，面饼师傅逃离京都，辗转流落到了榆社云竹。卖饼师傅到云竹后，重操旧业。只是，每当擀制干面饼时，总要不自觉地将手中的擀杖在案板上敲几下。时间一久，习惯成自然，竟难以改变，一直沿袭至今。这种声音对他来说，既是一种警醒，警醒他切勿再走进人世间的权力纷争；也是一种怀念，怀念人与人之间那种不因身份和地位的变迁而有所改变的情意。不过，更有意思的是，这种声音还起到了另外一种作用，那就是乡民们每当听到这擀面杖的敲击声，就知道卖饼师傅开始卖饼子了。所以，这种声音似乎慢慢也就变成代替叫卖的招牌了。

这正是"旧时王谢堂前燕，飞入寻常百姓家"。榆社干面饼走过数百年，其制作手艺一直流传至今。如今，榆社干面饼烧制工艺，已被列入了晋中市非物质文化遗产。现在，它已经不仅仅是乡民们日常生活中不离不弃的一种美食，还早已成为一种具有浓郁地方色彩的民俗文化标识和名片，并深深地镌刻在了每一个榆社人的心中。

五、榆社枣糕

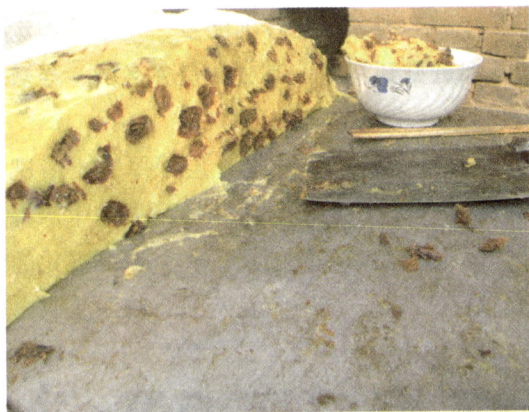

榆社枣糕

枣糕也叫软米糕，是榆社逢年过节、红白宴席不可或缺的一种地方特色食品。它是用糜子（或软谷子）脱壳后的黄米碾成面，配以红枣，经多道手工工序制作而成的。

糜子，又称黍、稷，生长期短，耐旱，耐瘠薄，适宜种植于干旱半干旱地区。糜子脱壳后的米俗称软米，而软米磨成面即可馏糕。用软米面馏糕时，可适当掺点黄玉米面，也可只用软米面。榆社人把只用软米面馏的糕称为"精大软米糕"。糜子去壳后的黄米，除可以馏糕之外，还可以用来做焖饭、包粽子。

糜子的营养成分极高，蛋白质含量12%左右，最高可达14%以上；淀粉含量70%左右，其中糯性品种为67.6%，粳性品种为72.5%；此外，还含有β胡萝卜素、碳水化合物、维生素E、维生素B_6、维生素B_1、维生素B_2等，以及丰富的钙、镁、磷、铁、锌、铜等矿物质元素。糜子性味甘、微寒、无毒，不仅具有很高的营养价值，也有一定的药用价值，具有益阴、利肺、利肠之功效，其蛋白质质量在谷类中属上乘，能促进安眠、提高大脑神经的功能状态，更具健脑益智的效果。而且，黄米和糯米一样，都有温补的特性，格外适合冬日食用。糜子也是中国传统的中草药之一，《黄帝内经》《本草纲目》等书中都有记述。

正因如此，用糜子为主料加工而成的枣糕，自然就成为榆社民众争相追捧的一种美食了。

枣糕更是包含着浓郁地方文化的一种食品。榆社人参加婚宴（或生日宴会），不说是去赴宴，而是说去"吃糕"。"糕"谐音"高"，自然就有了登高向上的寓意。而"枣糕"中的"枣"，既有甜蜜之本意，又与"早"同音，所以在旧时婚嫁风俗中，又成为祝福新人"早生贵子"的隐喻。

难怪有人说："榆社人吃糕不是吃糕，吃的是文化。"

六、前庄酥梨

榆社是晋中最适宜生长梨属果树的山区之一。在榆社，家家户户都喜欢在小院子里或房前屋后栽植梨树。榆社的产梨区主要在河峪乡，这里的沟沟壑壑里、山圪梁上、田间地头，随处都可见到梨树。其中久负盛名的，当数前庄村的酥梨。连续举办多年的岩良村梨花文化节，引人瞩目。

前庄村位于榆社河峪乡西南部的云竹湖湖畔。这里土层深厚，土壤肥沃，光照充足，雨量适中，昼夜温差大，有效积温高，为优质酥梨的生产提供了得天独厚的生长环境。前庄种植酥梨已有50多年的历史，采取标准化的无公害技术，统一修剪、统一上药、统一套袋、统一疏花疏果、统一采收，年总产量可达100多万斤。2008年分别荣获农业部和省农业厅颁发的无公害农产品证书，注册了"前庄金蜜"酥梨品牌。"前庄金蜜"牌极品酥梨，以其果形端正、皮薄肉细、香甜酥脆、果汁多、糖分高、营养丰富、品质上乘，享有"果中一绝""中华名果""梨之极品"等美誉，畅销北京、广

前庄酥梨（摄影 王春兰）

东、香港等地，还出口新加坡、马来西亚、澳大利亚等海外市场。

前庄充分发挥良好的资源优势、传统优势和区位优势，通过规模化种植、标准化生产、商品化处理、品牌化销售、产业化经营，逐步走出了一条

富民之路，成为榆社酥梨种植示范基地。2008年，全村酥梨种植面积达800亩。成立前庄酥梨经济专业合作社以来，经几年努力，全村酥梨种植面积已达2 000亩，辐射带动全乡种植酥梨达4 000亩，带动全县酥梨种植面积达1.3万亩。

前庄的百姓，因前庄酥梨过上了富裕美好的日子；前庄人的脸上，也因此而洋溢着酥梨一样甜美的笑容。

七、榆社棉核桃

"壳儿硬，核儿脆，四个姐妹隔墙睡，从小到大背靠背，盖的一床疙瘩被"。这是一首儿歌，也是一条并不难猜的谜语，说的就是四大干果之首的核桃。

核桃，又称胡桃、羌桃，为胡桃科胡桃属植物的统称。它与扁桃、腰果、榛子并称为著名的世界"四大干果"。核桃既可生食、炒食，也可榨油、配制糕点、糖果等；不但味美，而且营养价值很高，人称"大力士食品""营养丰富的坚果""益智果"，享有"万岁子""长寿果""养人之宝"的美誉。李时珍认为，核桃能"补肾通脑，有益智慧"。传统中医理论认为，核桃形似人脑，所以有益大脑。

榆社盛产棉核桃，且品质上乘，以仁饱、皮薄、个大、味香而著称，外观壳面洁净，呈自然黄白色，是百姓普遍喜爱的干果。它含有17%～27%的蛋白质、60%～70%的脂肪，还含有钙、磷、铁、钾，以及维生素A、维生素B、维生素C等营养物质，不仅可以生吃，还可作为制作阿胶、月饼、元宵、糕点的原料。孕妇、儿童、老人更宜食用核桃，也是馈赠佳品。棉核桃有补血养气、补肾填精、止咳平喘、润燥通便等良好功效。经常食用核桃，能健身强体、预防衰老。榆社棉核桃栽植基础好，且历史悠久。相传，榆社棉核桃种植最初由"胡人"引进，称胡桃。后赵皇帝石勒当政时期，颁布法令，"禁止言胡"，故改名为核桃。至明清时期，榆社商贩、字号经营核桃更为普遍，并成为太行山区传统的核桃产区。

小小棉核桃，滋太行之灵韵；片片核桃林，浴日月之华萃。榆社绵核桃这一传统产业，随着更加广泛的培植，必将焕发出崭新的光彩，迎来更加灿烂的未来。

八、榆社月饼

每逢八月中秋佳节来临之时，榆社老百姓便早早地忙碌着开始烧制月饼，久而久之，便形成了具有浓郁地方特色的"榆社月饼"。榆社老百姓称自己手工制作的月饼为"假月饼"，而把市场上琳琅满目且包装华丽的机制月饼称为"真月饼"。乡民之淳朴、谦逊，可见一斑。

榆社月饼没有精致的包装，没有好看的纹理，甚至有时还会带有一点点炭火烧焦的痕迹。然而，正是这种传统的手工月饼，却有着纯朴自然的外表与淳厚的味道，更有着浓浓的情怀，有着绵绵的爱意。

榆社月饼在制作时，需要模子。模子大多是泥坯烧制，也有用红枣木制成，内雕花色，古朴而自然。原料主要为白面，也有的配少许玉米面。旧时，只有家庭条件好的才在做月饼时，包进少许红糖。现在，人们做月饼，不仅包红糖，还包花生、芝麻、桂圆、核桃仁、葡萄干等。月饼包好后，先轻轻捏成圆饼，再用模子一按，有时甚至还要精心地把饼子四周雕刻出花样来，一个个置入鏊上烧烤。

目前，榆社保存最早的月饼模子，为榆社文化馆农耕展馆收藏的一副明代月饼模子。

当夜幕低垂，十五的圆月冉冉地升起来的时候，人们会在院子里将一方桌几摆满月饼、水果，燃起几炷香，面向明月磕头而拜，祈福祝愿，敬赏明月。此刻，天地之间，没有喧嚣，没有纷争，有的只是平静与安详……

九、榆社罐肠

罐肠（亦书灌肠）是榆社一种地道的特色小吃。

传统的榆社罐肠由荞麦面糊蒸熟后在碗碟中冷却凝固成型后，配以陈醋、蒜泥、韭花、芥末、香油调制而成的调料，即可切食，口感劲道细腻、爽滑利口。

罐肠起初叫"荞麦饼"。相传，古时候有人在庙会上叫卖"荞麦饼"，恰好有位官员路过，随意吃了一碗，觉得味道很美，不禁夸了一番。那人便借这名头，在叫卖的独轮车上插了一个小旗，小旗上写着"俺的饼官尝过"，作为招牌。就这样，"官尝、官尝"地叫开来。时间一长，以讹传讹，就传成了"罐肠"。

十、榆社拉面

拉面，又称"甩面""扯面""抻面"，口感柔软、筋韧、光滑，是榆社具地方风味的一种面食名吃。

制作拉面，十分考究，技术性很强。名师大厨曾把要领总结为：和面防脱水，晃条须均匀，出条要圆滚，下锅要撒开。在榆社，通常有"小拉面""大拉面"一说。所谓"小拉"，平常指一根或数根为一束而抻成，需好几次下锅，才能捞一碗。所谓"大拉"，指由一截或一团面而抻成，下到锅里，一捞好几大碗。在榆社，除酒店、饭店等规模稍大的餐饮单位皆有这种主食外，也有不少以拉面为主营的小饭馆。

小小的饮食习惯，往往蕴含着大大的传统文化。榆社人过生日的饮食，早上少不了的是烙饼，中午不可少的是拉面，正所谓"翻身的烙饼""长寿的面"。

十一、榆社和子饭

和子饭也称和和饭，有多种做法，所用材料也各有迥异，大多为小米、蔬菜和各种面食；其特点是"饭菜合一"，即所谓的"调和饭""菜饭"。有的以小米为主、面食为辅，也有的以面食为主、小米为辅。以面食为主的和子饭，又有多种花样，如糊面和子饭、拌面和子饭、擀面和子饭等；面食的品种分有白面、豆面、高粱面、荞面、玉米面等多种和子饭。此外，还有以加入辅料为名的和子饭，如红薯和子饭、山药蛋和子饭、南瓜和子饭、西葫芦和子饭、萝卜和子饭、小米钱钱捞饭汤和子饭，等等。

和子饭，由于混合了小米、蔬菜、面食等多种原料，营养丰富，清淡可口，利于消化。和子饭做好后，可直接放盐、醋食用，也可佐之以葱花、西红柿、摘蒙花（类似野韭菜花，也称山葱花）之类的"油菜"食用。

十二、玉米面煮疙瘩

榆社称玉米为玉茭。玉米是榆社最主要的粮食作物之一。勤劳智慧的榆社人，将玉米面的做法发挥到了极致，如煮疙瘩、窝窝头、玉茭面"片子"、黄蒸，等等。其中，玉米面煮疙瘩，在过去粮食匮乏的年代，曾经是乡民早、晚两餐最重要的主食之一。

玉米面煮疙瘩的制作，较为简单，但也颇有讲究，需先把玉米面（有细面、粗面之分）盛在面盆中，再用锅中煮沸的米汤水和匀，然后揪下一小团，在手上反复揉捏成圆团，再用两掌左右拍打成饼状的薄片，然后放入锅中的小米粥中煮熟即可食用。

现在，玉米面煮疙瘩早已经退出了乡民的食谱，但它承载的农村几代人苦涩的乡愁，将永远留在人们的记忆当中。

十三、榆社拨烂子

拨烂子，又名谷垒、馈里。拨烂子的食材主要包括土豆或豆角、苗子白等蔬菜，以及白面或高粱面、玉米面等；其做法多种多样，有散蒸、握成团蒸、擦成丝蒸等多种蒸法，有拌白面、拌高粱面、拌杂粮面等多样拌法，有蘸调料吃、热炒吃等各式吃法，简直五花八门，让人眼花缭乱。

榆社盛产土豆。在过去，土豆是乡民家中最主要的蔬菜，几乎天天食用。榆社人对土豆可谓情有独钟，或炒或煎，或蒸或煮，做法多样。所以，榆社拨烂子所用蔬菜，多以土豆为主。在面食上，过去多用高粱面、玉米面，现在则多用白面，或白面掺搅少许高粱面、玉米面。

严格来说，拨烂子和馈里是有区别的，区别主要在制作方法的不同。拨烂子的做法是将加工好的菜类和面粉一起调拌成均匀的小条块状或小疙瘩状，放沸水上蒸熟，再加调料略炒，即可食用。而馈里的制作是将加工好的菜类炒至半熟，加少许水，再将调拌成的小疙瘩状的面粉撒到炒菜上蒸熟，搅拌均匀，即可食用。

十四、榆社饸饹

饸饹，是一种传统久远的面食，也叫"饸饹面""饸饹面"，古称"河漏"，又称"活络"，属北方面食"三绝"之一。相传在1 400多年前，先人就在牛角上钻出麻线粗细的六七个小孔，再将面糊放入牛角内，用木棒挤压，面糊形成长条后落入沸水锅中煮熟食用。这些，都应该是饸饹面的雏形。再后来，到清康熙年间，康熙指派专人对全国的风味小吃进行统计，"河漏"作为其中一种特色小吃也被上报到了朝廷。康熙看到此面名字古怪，随即命人烹制，食用后龙颜大悦、赞不绝口，只因其名字与河道治理不协调，心中不快，便御笔一挥，将"河漏"更名成了"饸饹"。

　　饸饹的制作需要专用工具——"饸饹床"。古时的饸饹床，用弯曲的硬木制成，就像凳子一样，前后有四条腿支撑。弯曲的木头中部，凿出一个圆眼，圆眼下钉上一个硬铁皮做成的底，铁皮上还要凿出81个像十号铁丝粗细的圆眼，暗喻九九重阳之意，也寓意吃上饸饹面人就能健康长寿。饸饹床的上端有一根压杆，压杆的中部还要旋一个木头压塞，正好对着饸饹床挖好的圆眼处。压饸饹面时，需先把和好的软面团塞进饸饹床圆眼中，再将压杆上的木塞对准圆眼，用力压动压杆。圆眼中的软面团在木塞挤压下，就会变成均匀饸饹面条落进锅里，煮熟后即可食用。

　　随着时代变迁，现在的饸饹床大多已由木制变为铁质，甚至由人工压制变为机床压制。

　　饸饹所用的面粉，过去多用高粱面、玉米面，但需掺兑一定比例的榆皮面（将榆树枝干或根部表皮晒干、碾压加工成的面粉，可以增加韧性），现在主要用白面，间或有用荞面、杂面者，也主要是为了吃"稀罕"。饸饹面的浇菜种类繁多，无须俗称，各随口味，荤素皆可。

　　现在，吃饸饹在榆社已经表现为一种文化。当然，这不是指日常生活当中的饮食行为，而是指人们参加婚宴（或生日宴会）前一天中午时的餐饮活动。此时，饸饹成为餐桌上的主角，前来贺喜、帮忙的亲朋好友，围着压饸饹的热锅前呼后拥、打闹说笑，看似为着早"抢"到一碗饸饹面而争先恐

榆社婚宴前一天吃饸饹的热闹场面（摄影　胡晋军）

后，实质上是为着尽情享受平时难得的人多热闹、无拘无束、喜庆祥和的欢乐氛围。

近年，因国家提倡简办婚丧嫁娶仪式，许多人家在婚庆待客上，大多已将繁杂的宴席改为简易的饸饹，参加人数和热闹氛围也随之大减，让风俗得到较好的净化。

十五、榆社包皮面

包皮面，又称"夹心面""鸳鸯面"，乡间亦称"金裹银"，是粗粮与细粮精心搭配的典型面食，普遍见于晋中、吕梁、忻州等地。但由于各地食俗不同，所包的面种和吃法也不尽相同。在榆社，最普遍的吃法是"白面包红面"，食时一般浇上各种荤素，味感独特，十分可口。其中，当属用香菜酸汤、辣椒、葱丝为调料调出的包皮面口味最佳。关于包皮面，在榆社曾有过这样一个故事。相传古时候有一位刻薄的婆婆，经常会给媳妇出难题。一天，她让儿媳用白面和红面（高粱面）擀面条，擀好后的面条要黑白分明。这位聪明的媳妇灵机一动，先将红面和白面用温水分别和好，然后，以红面团为"馅"，以白面团为"皮"，捏成包子状，放在食案板上，用擀面杖擀开，便做成了一种色彩分明、层叠清晰的包皮面。这种包皮面，红白相映、韧滑可口，完全折服了那位难伺候的婆婆。从此，包皮面便在民间流传开来。

包皮面的产生，一方面反映的是劳动人民的智慧，另一方面也是旧时物质匮乏的无奈之举。

十六、榆社豆腐干

榆社豆腐干，外褐而内黄，鲜湿温润，细腻清香，是榆社久负盛名的地方小吃。

由于土质、气候适宜，榆社大豆颗粒饱满，富含蛋白质、脂肪、维生素等多种营养成分。以这种优质大豆为原料，用传统工艺精制而成的豆腐干，低糖、微咸，具有高蛋白质、高维生素、低胆固醇等特点。榆社豆腐干以传统手工制作为主，生产作坊十分普遍，其制作工艺主要包括磨浆、煮浆、凝固、划脑、上包、浸泡、煮干等多道工序，并添加食盐、陈皮、茴香、花椒、大料等调料，精工细作而成。

榆社豆腐干含水率为豆腐的40%~50%，是豆腐的再加工制品。豆腐干有卤干、熏干、酱油干等多种品种，可凉拌，也可热炒，其营养丰富，含有大量蛋白质、脂肪、碳水化合物，以及钙、磷、铁等多种人体所需的矿物质，是老少皆宜的美食佳品。

十七、榆社小米

榆社是炎帝八世榆罔"留在北方最后的家园"，是农耕文化发祥地太行山的重要单元，是传统久远的谷子产区，更是演绎"小米加步枪，打败小东洋"英雄史诗的革命老区。榆社的早晚饮食习惯，家家户户都离不开小米粥。尤其妇女坐月子，更是以小米粥为传统主食，有增加营养、催乳下奶之功效。

金谷飘香

榆社小米品牌众多，其中佼佼者当数"河峪小米"。河峪乡位于榆社县县城西部，北靠悟云山，南临云竹湖，是榆社谷子生产的重点乡镇。这里气候温和湿润，昼夜温差大，土层深厚，土地肥沃，水源充足，适宜种植各种小杂粮，尤其适宜大量种植优质的晋谷21号。"河峪小米"颗粒饱满，色金黄，质上乘，味醇正，口感绵滑，不仅在当地广受欢迎，还在太原、晋中等大中城市享有盛誉；不但通过了国家农业部无公害产地认证和无公害农产品质量认证，而且成为国家地理保护标志产品。

十八、榆社槐花蜜

榆社蜂蜜品种多，但尤以槐花蜜最为有名。

每年5—6月春夏之交，榆社的崇山峻岭，绿意葱葱，素雅的槐花竞相开放，挂满枝头，清香四溢。无数的小蜜蜂，沉醉在槐海之中，闪动着薄薄灵动的翅膀，轻盈地在花叶间辛勤地采蜜。也是这个时节，在群山脚下、山路边的宽敞地带、山村乡野间，养蜂人携带蜂箱，安营扎寨，追花采蜜。

榆社蜜粉植物源非常丰富，野酸枣、野玫瑰、野菊花、野荆棘漫山遍野。尤其是1999年退耕还林以来，在山坡沟岔新种植耐旱苗木洋槐20万亩，现均已成材，加上以往的洋槐，为发展养蜂业提供了丰富的蜜粉资源，也为蜂产品加工带来了机遇。

槐花蜜专指在洋槐花盛开期间蜜蜂酿的蜜，所以也称洋槐蜜。榆社槐花蜜呈水白色，透明状，颜色浅，味鲜洁，甜而不腻，有洋槐花特有的清香味，全部采自无任何污染的蜜源区；经农业部天津检测中心检测，26项指标全部合格。国家蜜蜂研究所所长、高级研究员周炜称赞榆社"然晶蜂蜜"品质一流，是难得的精品。同时，榆社洋槐蜜有舒张血管、改善血液循环、防止血管硬化、降低血压等作用，临睡前服用能起到催眠作用，常服本品能改善人的情绪，达到宁心安神效果。

"然晶蜂蜜"是榆社槐花蜜的品牌产品。然晶蜂业开发有蜂王浆、洋槐蜜、荆条蜜、枣花蜜、蜂花粉等系列产品，并在北京、太原、晋中等地设有专卖店。2007年，产品获山西省十佳特色产品称号；2008年，获得了食品"质量安全"QS认证；2009年，所产洋槐蜜获山西特色农产品称号；2009年，然晶牌蜂蜜、蜂王浆获国家有机认证，然晶牌商标被认定为山西省著名商标。

2010年，"榆社洋槐蜜"正式通过农业部农产品质量安全中心的审查和专家评审，被确定为国家农产品地理标志保护产品，产地保护范围包括榆社4镇5乡的182个自然村。

十九、箕城牌白酱油

箕城牌白酱油是具有榆社地方特色的名牌产品，是山西省名特优产品和"国家部优产品"，荣获第六届中国民间艺术节名特产品汇展金奖。

白酱油即无色酱油，是中西餐常用的一种调料。箕城牌白酱油，主要以黄豆和小麦面粉为原料，在传统工艺的基础上，采用了国内先进的高盐稀态发酵技术，即"原池淋油高盐稀态回浇发酵生产工艺"精心酿制提取而成。该产品含有十几种氨基酸、糖类和有机酸，营养成分极其丰富，具有色味鲜美、口感纯正、风味独特等特色。白酱油因富含多种维生素和硒等矿物质，可降低人体胆固醇，防癌，降低心血管疾病的发病率，并能减少自由基对人体的损害，也具有解热除烦、调味开胃的功效等。

制作白酱油时，需先蒸豆。将黄豆放入水中浸泡至肥大，浸泡的时间长短需适宜，既要使黄豆中的蛋白质最大限度地吸收水分，又要防止浸泡时间过长变酸而破坏蛋白质。浸水时，把黄豆放缸内，加清水1倍，通常浸1小时，豆皮起皱纹为度；然后倒进箩筐内，排掉水分，置于蒸桶里；水开后，蒸煮4~6小时即可。其次就是发酵。待蒸熟的黄豆冷却后，摊铺于竹篱上，送进室内发酵。室内要密封，设若干木架层，便于装置竹篱。温度要在37℃以上，若室温不够，可加炭火或煤火以促进发酵。发酵时间约为6天。入室3天后要翻动搅拌一次，使其发酵均匀。经过发酵的黄豆，当表面出现黄绿色的曲霉和酵母菌时遂取出倒入缸内，按100千克黄豆加清水40千克的比例添加清水并搅拌，使其吸足水分。把余水倒掉后，装入竹篓内，上面加盖棉布，然后放在37℃~38℃的室内继续发酵；约过8小时，当手插进豆内有热感、鼻闻有酱油香味时，即可停止发酵。接是着酿制。将经过发酵的黄豆，装入木桶酿制。酿制用的木桶或缸，其上面要能密封，底层应设有出油口。具体操作是，装一层黄豆，撒一层食盐，泼一次清水，这样交替地装进桶内或缸内，最上层为食盐；然后盖上桶盖或缸盖，并用牛皮纸封好。接下来就是出油。经过4个月的酿制后，把出油口的木塞拔掉，套上用尼龙丝编织成的罗网进行过滤；接着将配好的盐水，分5天冲桶或缸内，从出油口流出的即为酱油。酱油通常都要按比例加入糖浆。最后是曝晒。将酱油用缸装好，置于阳光下曝晒10~20天，即可上市。但要注意，曝晒时，晴天夜间可以露天放，让其接受露水；雨天需加盖。一般夏天晒10天，秋、冬晒20天即可。若发现缸内有虫蛆或上面有一层白色霉菌时，应捞起齐去。酱油制作成功后，装瓶或者桶贴上注册号的商标就可出售了。

箕城牌白酱油，是晋中市非遗项目。

二十、榆社阿胶

阿胶，原产于山东省平阴县东阿镇（古乐平郡东阿镇），故名；始于秦汉，是传统的名贵滋补剂，又称"驴皮胶""傅致胶""盆腹胶"，是驴皮煎煮浓缩后的固体动物胶块。我国阿胶的制作与药用，迄今已有两千多年的历史。据现存最早的中药学典籍《神农本草经》称，阿胶"久服轻身，延年益寿"，并将其列为上品。由于阿胶在滋补和药用方面的神奇功效，受到历代帝王青睐，将其列为贡品，故有"贡阿胶"之称。李时珍在《本草纲目》中将阿胶称为"圣药"，亦称为"中药三宝"之一。

山西榆社是全国著名的阿胶生产基地之一。老牌子的"紫金山泉"品牌榆社阿胶，是我国传统名产及滋补佳品，其主要原料为驴皮、冰糖、黄酒和豆油，因用紫金山泉水熬制而成，故名。

据文献记载，榆社紫金山泉水流经地下岩石和沙砾层滤过，不但纯净清新，水质优良，同时带入钙、钾、镁、钠等矿物质，与驴皮配合熬制成胶，有利于药效发散，不易变形、变质。"紫金山泉"阿胶，取紫金山之甘泉，选用纯正整张驴皮原料，经科学熬制浓缩而成，口感纯正，是补血、养血之上品，并经历代传人的传承发展形成了品质独特的"榆社阿胶"。榆社阿胶就是在这特殊的地理条件下、在历代传承人的不断摸索和研发创新及广阔的市场前景下发展起来的。

榆社阿胶厂创建于1958年；2004年改制为山西天生制药有限责任公司；同年进行了大规模的技术改造并通过GMP认证。在半个世纪的发展历程中，榆社阿胶秉承传统工艺的精髓，进行了现代化工艺技术改造，加上优质的紫金山泉水精心熬制，使传统的阿胶焕发出新的勃勃生机，在华北大地声誉鹊起，被业内誉为"华北第一阿胶"。"紫金山泉"牌阿胶以其选料精良、工艺精湛、品质优良及独有的DNA鉴别技术而驰名中外。经研究和长期实践证明，榆社阿胶除了补血、安胎、调经功能外，具有滋阴养血、补肺润燥功效，主治虚劳咳嗽、肺痿吐血、便血、妇女崩漏及阴虚心烦、失眠等症，还有止血、增强机体免疫力、促进钙质吸收、间接抑制肿瘤细胞等多方面作用，"补血之圣药，滋补之佳品"当之无愧。而且，研制开发出的参芪阿胶、阿胶远志膏、阿胶三宝膏、阿胶冲剂、阿胶生化膏等阿胶系列产品，畅销全国；自1980年以来，连续被评为山西省名、优、特产品，连续被山西省工商局认定为"山西省著名商标"。元胡胃舒胶囊、丹苓补骨胶囊、参氏阿胶、阿胶远志膏等均为全国独家产品，成为国内外很多中医专家处方首选。

在20世纪50年代前，阿胶主要是手工制作，具体工艺如下：先将宰杀后剥取的驴皮浸泡，刮毛涤垢，切成小块，再浸漂数日，置开水锅中煮约15分钟，至皮卷时换水，用桑柴火熬3昼夜，去滓滤清后加少量明矾细末搅匀，静置数小时，待杂质沉淀后，取上层清胶液，用武火浓缩。在出胶前2小时内，加入绍兴黄酒矫臭及冰糖（或白砂糖）溶液矫味，改用温火煎熬，直至锅面起大泡，用胶铲挑出少许胶液能粘成一团不再滴落时（俗称挂旗），再加入香油或豆油搅匀，以降低黏性，即可停火。将胶汁注入凝胶槽内，待其自然冷却成块，再取出切成一定规格的长方块，置网架上晾至半干，每两三天翻动一次，收入木箱内密封5~6天，使胶块内部水分渗出回软，再取出晾至外皮发硬，如此反复3次，至干透（含水14%以下）盖上朱砂印记，经检验后包装成盒即为成品。

榆社阿胶深受市场青睐，畅销大江南北，并大量出口东南亚。2009年，榆社阿胶熬制技艺被山西省人民政府列为"山西省非物质文化遗产"，同年通过GMP换证验收。

二十一、榆社药用胶囊

山西广生胶囊有限公司是亚洲第二、中国第一大的胶囊生产企业。其前身是榆社胶丸厂，始建于1983年。经过30多年的持续发展，在中国的医药品市场，每5粒胶囊中就有1粒产自广生公司。长期以来，该公司已成为中美史克、北京同仁堂、武汉健民、哈药集团、石药集团等国内大中型制药企业的胶囊固定供应商。

山西广生胶囊有限公司目前拥有包括世界最先进的胶囊生产线32条；2011年，国内销售数量为175亿粒，占国内市场份额的20%，出口加拿大、美国、英国、法国等国家和地区空心胶囊30亿粒；2014年，销售收入达3.2亿元，利润8 000多万；2015年，销售收入3.5亿元，利润达1亿元；2016年，销售收入3.7亿元，利润达9 000多万元。尤其是2014年，该公司与河北梅花集团合作，投入两个亿，新增产能一百亿粒。

榆社胶囊生产线（局部）（摄影　张卫兵）

该公司生产的药

用空心胶囊均采用国内有质量信誉保证的、著名明胶生产企业的药用级优质明胶，从原材料进厂到成品出厂，均严格按照GMP生产规范进行严格检验，各项指标特别是卫生和安全性指标，均完全满足《中华人民共和国药典》（2010年版）的标准要求。该公司出厂的空心胶囊内控标准比药典标准均要严格2倍以上，而且不断追求创新卓越，研发制造出目前在行业内颇受青睐且利润率较高的植物胶囊，即从榆社随处可见的玉米秸秆中提取原材料，与传统的动物胶囊相比，更具环保、天然、健康的优点。这项技术的突破，填补了国内空白，主要销往欧美市场。"广生"品牌胶囊被评为山西省名牌产品；"广生"商标被认定为"山西省著名商标"。

二十二、榆社聚氯乙烯

榆社化工股份有限公司（以下简称榆化公司）是全国化工500强企业。该公司生产的聚氯乙烯是山西省名牌产品，是晋中化学工业的主导产品之一。

实际上，聚氯乙烯与烧碱是"一根藤上的两个瓜"。在大型化工企业中，这两种产品都是同步生产的。榆化公司就是20万吨烧碱与20万吨聚氯乙烯同时投产。在规模化生产中，在电石法制备PVC中，原盐电解后氯化氢用于生产PVC，剩余的钠部分用于生产烧碱。

聚氯乙烯，全名Polyvinylchlorid，简称PVC，主要成分为聚氯乙烯，另外加入增塑剂、稳定剂、润滑剂等成分来增强其耐热性、韧性、延展性等。聚氯乙烯易加工，可通过模压、层合、注塑、挤塑、压延、吹塑中空等方式进行加工，主要用于生产人造革、薄膜、电线护套等软PVC制品，也可生产板材、门窗、管道和阀门等硬PVC制品。它是当今世界上深受人们喜爱、颇为流行并且也被广泛应用的一种合成材料。它的全球使用量在各种合成材料中高居第二。PVC具有防雨、耐火、抗静电、易成型等独特的

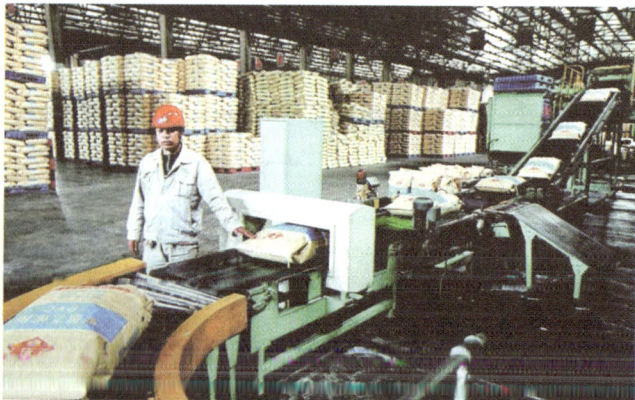

聚氯乙烯生产线一角（摄影　张云）

性能，同时还有低投入高产量的市场优势。

榆化公司采用美国古德里奇技术生产的聚氯乙烯树脂，外观为白色稳定性粉末，品质全国一流。

二十三、榆社烧碱

山西榆社化工股份有限公司（以下简称榆化公司）生产的榆社烧碱，在国内化工行业中占有重要地位。

烧碱，即工业用氢氧化钠，俗称烧碱、火碱、苛性钠，常温下是一种白色晶体，具有强腐蚀性。它易溶于水，其水溶液呈强碱性，能使酚酞溶液变红。氢氧化钠是一种极常用的碱，是化学实验室的必备药品之一，主要用于印染、洗涤和氧化铝行业，是一种很重要的化工原料。

榆社化工股份有限公司，是国内最大的乙炔工业基地和山西最大的氯碱生产企业。"漳河"牌烧碱被评为国家免检产品，并荣获"山西省著名商标"。

榆化烧碱分为固体片碱和液碱两种，为国家免检产品。"漳河"牌固体片碱为白色略具纤维状的结晶体，纯品相当透明，质量规格与国外生产的粒碱直径0.5mm~2.7mm的球形颗粒一致，色泽洁白，流动性极佳，溶解速度快，使用和储存十分方便，产品极具竞争力、十分畅销，是业内固体碱的替代产品，广泛用于人造纤维、造纸、印染、制皂、染料、纺织、医药、玻璃搪瓷、金属制品等行业，也是农药、蓄电池、制革、有机合成、电镀工业的主要原料。

"漳河"牌液碱为无色透明液体，相对密度2.130，熔点3 184.40℃，沸点1 3900℃。液碱属一级无机碱性腐蚀物品，需用槽车或贮槽装运。液碱是非常重要的化工原料，它的应用领域较为广泛：在化学工业中，主要用于制造甲酸、草酸、硼砂、苯酚、氰化钠，以及肥皂、合成脂肪酸、合成洗涤剂等；在纺织印染工业用作棉布退浆剂、煮炼剂、丝光剂和还原染料的溶剂；在冶炼工业用来制造氢氧化铝、氧化铝及金属表面处理剂。

"漳河"牌液碱的生产工艺处于世界领先地位。榆化公司也借此建立起了以"长三角""珠三角"和环渤海经济圈为依托，辐射全国的市场营销体系，成为国内大型知名企业的可靠供应商。

后 记

◎李旭清

　　这个正月，我宅在办公室里把基本成型的《榆社文化记忆》书稿又仔细地"捋"了一遍。2016年年底，我调任县文化局局长后，很快接受了两项任务，一项基于晋中市和晋中各县，都已经编印出版了各自的文化丛书，可我县还是一个空白，县委宣传部王晓峰部长力主立即筹划，抓紧落实。另一项是副县长王轩在得知榆社的历史文化长河中曾有石勒这么"一块坚硬的河卵石"，希望文化部门可以从提升榆社知名度的角度出发，尽快创作一部关于石勒的电视连续剧剧本。几乎是马不停蹄，2017年2月，由县宣传部统筹安排，文旅局负责"招兵买马"，很快组织起一支10多人的临时写作队伍，并按条目分工，责任到人，要求一年之内完成初稿。而有关石勒的电视连续剧剧本的创作，因我之前已出版过长篇历史小说《枭雄石勒》，又是省级非遗"石勒传说"的传承人，所以只能是责无旁贷"自作自受"了。

　　2018年夏，由我执笔的电视连续剧剧本《乱世枭雄石勒》完成创作；一年之后，付梓出版。相比之下，由众人拾柴的"文化记忆"却显得有点不温不火，直到半年后方完成初稿，但其中较大一部分稿件，因未能较为准确地体现写作初衷，不得不忍痛割爱、推倒重来。就这样，又经过大家的一番艰辛，初稿终于在2019年开春的时候基本都"回"到我的办公桌上了。至此，稿件结束热闹的"广场舞"阶段进入孤寂的"独角戏"——令我既感愁苦又欲罢不能的反复修改阶段。所谓愁苦，是指除少数稿件需动文字、文风上的大手术之外，更愁的是时间；所谓欲罢不能，讲大点是一种责任，讲小点是爱好。既然在文化部门工作，就应该干点与文化相关的事情。如果说，在过去我的《榆社"黑瞎话"》《沧桑榆社》《石勒枭雄》等已经对榆社文化做了一定的探索与思考，那么，现在这本《榆社文化记忆》就是在此基础上对榆社文化所做的一次更为全面的总结和记录。

　　《榆社文化记忆》的内容主要包括榆社化石、山川、民俗（其中部分内容在出版时有所删减）、红色文化、佛教石刻、文学创作、文化艺术、名优产品八个方面。2019年年底，断断续续一年数次的书稿修改终于完成。十年磨一剑，这本书从筹划到采编、从初稿到完成修改、再到出版，几近四年的时光。但遗憾的是，尽管千难万难、心力疲惫，还是会存在许多不尽如人意的地方。比如，从历史文化角度来讲，应该对榆罔、箕子、石勒等这些与榆社历史文化密切相关的历史人物有一定篇幅的介绍；应该更多地将榆社文化人才，特别是对在外工作的所有榆社籍文化人才来一次全方位的成果展示；应该对榆社历史上一些重大事件，做一些深层次的文化透视；应该对榆社名优产品等在文化意义方面多做一些挖掘……但所有的"应该"都被信息的闭塞、资料的失缺、能力的"非专业化"等因素冲撞成一腔空想，包括原来设想的这本"文化记忆"成品，该是由若干个单行本组成的一大套布局宏大、内容丰富的探究地方文化丛书的"伟丈夫"，但最终还是因资源的不足，而缩减成了现在这样40余万字的"小家碧玉"。

"文化是一个国家、一个民族的魂。"《榆社文化记忆》虽然不敢说会有这样的高度，但至少可以让大家从中品出一丝故乡的味道，可以闻到一缕故土的芬芳，可以读出一点故园的记忆。

特别感谢关注和支持《榆社文化记忆》创作的各位领导和朋友们；特别感谢为本书采编付出艰辛劳动的每一位文朋诗友，没有你们的生花妙笔，这朵小小的文化之花，可能还会"养在深闺人未识"；特别感谢为本书插图而锦上添花的摄友们！

"为什么我的眼里常含着泪水？因为我对这片土地爱得深沉。"太行苍茫，浊漳汤汤，让我们用文化的方式，诠释故乡的沧桑；大地寂寥，江河奔流，让我们用文化的情怀，讴歌故土的壮美。

2020年2月8日
于榆社县文化和旅游局